21세기 중국문화산업시장의 이해

21세기
중국문화
산업시장의
이해

유재기 지음

중국 소프트파워의 최신 동향과 분석

RHK
알에이치코리아

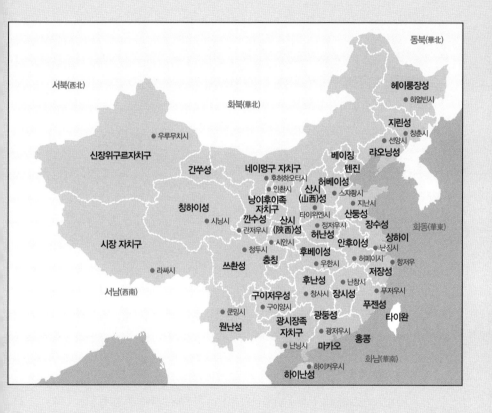

동북(華北)

서북(西北)

헤이룽장성
● 하얼빈시

지린성
● 선양시   창춘시

화북(華北)

● 우루무치시

라오닝성

신장위구르자치구   간쑤성   네이멍구 자치구   베이징
후허하오터시   텐진
● 인촨시   산시
(山西)성   허베이성
● 스자좡시
● 지난시

칭하이성   낭이후이족
자치구   타이위엔시   산둥성
● 시닝시   깐수성   산시
(陝西)성   정저우시   장수성   회동(華東)
● 란저우시   허난성   상하이
시짱 자치구   ● 청두시   ● 시안시   안후이성   ● 난징시
● 허페이시   ● 항저우
● 라싸시   쓰촨성   충칭   후베이성
● 우한시   저장성

서남(西南)   구이저우성   후난성   ● 난창시   ● 푸저우시
● 쿤밍시   ● 구이양시   ● 창사시   장시성   푸젠성

원난성   광시장족
자치구   광둥성   타이완
● 광저우시   홍콩
● 난닝시   마카오
하이난성   화남(華南)
● 하이커우시

한중 양국은 수교 사반세기를 지나 여러 가지 변화를 겪었다. 그 와중에 한류(韓流)와 한풍(漢風)이 탄생한 지도 이미 성년이 된 지 오래다.

이웃 중국은 문화산업을 자국의 지주산업으로 설정하고 2009년 9월 26일 국무원은 '문화산업진흥규획'이라는 중장기 로드맵을 제시하여 이로 인한 급속한 발전을 꾀하고 있으며, 이듬해 3·19선전부, 재정부, 문화부, 광전총국, 신문출판총서, 인민은행 등 9개 부위(部委)가 재원지원책을 공동으로 공포, 시행함으로써 자국의 문화산업 발전은 더욱더 가속페달을 밟게 된다.

세계적으로 많은 네티즌 수를 보유한 중국은 이에 걸맞는 '인터넷+'라는 발전 모델을 개발, 문화산업시장과 융복합을 통한 신산업 발전 동력으로 삼고 있으며, 이로 인해 시장에서는 현대판 백가쟁명(百家爭鳴)이 재현되고 있다.

문화산업 분야에서 한중 양국은 오랫동안 함께 누리고(共享), 함께 이익을 얻으며(共贏), 서로가 윈윈(互利)이라는 목표 설정과 문화산업 공동 발전을 위한 다양한 협력을 진행해왔다. 하지만 뚜렷한 결과물은 제한적일 수밖에 없는 것 같다.

상대국의 문화산업시장에 대한 올바른 이해 없이는 공동 발전을 찾기가 쉽지 않고, 어쩌면 불가능하다는 것을 우리는 이미 인지하고 있다. 상대 문화에 대한 올바른 이해 없이는 진정한 우위가 있을 수 없다는 말들을 우리는 적지 않게 사용해왔다.

필자는 중국문화산업시장을 이해하는 데 도움이 될 만한 책들을 국내에서 찾기가 쉽지 않아 항상 안타깝게 생각해오면서 수년간 틈틈이 관련 자료들을 모아 왔고, 이제 그 자료들을 하나의 책으로 묶어 내게 되었다.

중국문화산업시장 영역이 워낙 광범위하지만 이 책에서는 문화산업시장에서 비교적 비중이 큰 TV프로그램시장, 게임시장, 영화시장, 음악시장, 애니메이션시장, 다큐멘터리시장, 공연시장과 더불어 문화산업시장 동향과 함께 현지 전문가들의 분석이나 평가 그리고 시장의 의견들을 함께 모았다.

다만 필자의 통찰력 한계와 여러 가지 사정 등으로 독자들이 바라는 다양한 분석과 비평을 기술하지 못한 점을 부끄럽고 안타깝게 생각한다. 또한 이 책에서 TV프로그램 이름을 포함하여 지명이나 기업의 이름 등 고유명사에 대해서는 혼란을 방지하기 위해 중국어 간체자를 안배했는데 독자 여러분들의 따가운 질책과 깊은 이해를 구하고자 한다.

이 책이 거대한 중국의 문화산업시장을 올바르게 이해하고 미래의 한중 문화산업 발전에 조금이나마 도움이 되어 문화 교류 협력이 이전보다 확대, 강화되는 데 일조하기를 기대한다.

2019년 3월
유재기柳在沂

1장

최근 중국문화산업시장의
동향

'최근'이란 단어를 본서에서 사용한 기준은 주로 2016년 말과 2017년 말을 기준하였음을 먼저 밝혀둔다. 중국의 문화산업 부가가치 증가율은 GDP 증가율과 함께 십 수 년째 증가를 멈추지 않고 있으며 문화산업 부가가치 증가율이 GDP 증가율을 계속하여 앞서 나아가고 있다. 그리고 해가 갈수록 네티즌들을 대상으로 한 영업수익 모델이 지속적으로 확대 개발되고 중국 공산당과 정부의 끊임없는 강력한 지원이 함께 진행되면서 중국의 문화산업시장은 대체적으로 목표 달성을 초과하는 양상을 보인다. 따라서 2017년도의 문화산업 부가가치 규모는 3조 5462억 위안(元)으로 집계했다.

〈최근 10년간 중국의 문화산업 부가가치, GDP, 네티즌 증가율 비교〉

연도	2008	2009	2010	2011	2012	2013	2014	2015	2016	2017
문화산업부가가치증가율(%)	18.5	12.63	28.6	21.96	25.72	25.5	12.1	11.0	7.5	4.29
GDP증가율(%)	9.63	9.21	10.45	9.3	7.65	7.67	7.4	6.9	6.7	6.9
네티즌 증가 추이(만 명)	29800	38400	45730	51310	56400	61758	64875	68826	73125	77198

출처: ①Study Report of the Development of Chinese Documentary in 2017. P.170 ②China Cultural Industries Annual Report 2017 p.2 ③Statistical Communique of the people's Republic of China on the 2017 National Economic and Social Development p.2 ④Annual Report on Digital Publishing Industry in china 2017-2018 p.12 자료 재정리.

중국의 문화 및 문화 관련 10개 업종 영업수입을 비교해보면 해가 거듭될수록 총액 측면에서는 줄어드는 부문은 보이지 않고 직접적인 문화사업보다 문화산업 관련 업종의 영업수입이 확연하게 많은 것으로 나타난다.

〈중국 문화산업 및 문화산업 관련 기업 10개 업종 영업수입 비교〉

업종별	문화상품 생산							문화관련상품 생산		
	신문출판발행	R/TV, 영화	문화예술	문화정보전송	문화디자인, 창의	문화레저, 오락	공예, 미술	문화상품생산보조	문화용품생산	전문문화설비
2016년 상반기 (亿元, 억 위안)	1288	712	125	2520	4341	496	6921	3920	13842	2022
2017년 상반기 (억 위안)	1521	762	169	3397	5171	640	8503	4593	16626	2492
증가율 (%)	18.1	7.0	35.2	34.8	19.1	29.0	22.9	17.2	20.1	23.2

출처: China Cultural Industries Annual Report (2018/知識産權出版社) p.4 자료 재정리.

중국의 신문출판 발행 서비스부문에서 2017년 신규로 개설한 서점이 100여 개에 이르고 R/TV및 영화서비스 부문에서도 여러 가지 통계수치가 늘어나는데 영화티켓 판매 홍행수입이 559.11억 위안으로 증가했고 영화관 수도 9504개로 늘었으며 중앙텔레비전방송(CCTV)의 위성채널로 방송된 드라마는 700여 편에 이르러 대단히 활발했다.
종합예능 프로그램의 선호도가 2016년 48.6%였으나 2017년도에 와서는 -2.2%가 줄어든 46.4%로 여전히 드라마 다음으로 선호도가 높다. 그리고 2017년도 상반기의 공예, 미술품의 수입액(輸入額)이 3.22%가 늘어난 9.95억 달러(USD)에 이르고 수출액은 13.7%가 증가한 134.4억 달러의 좋은 실적을 보이고 있다.

중국의 문화산업시장에서는 시간이 갈수록 인터넷동영상(視频)을 통하여 드라마를 시청하는 이용자가 TV를 통하여 드라마를 시청하는 이용자수에 접근하면서 TV 광고수입은 하락하고 있는 반면, 인터넷동영상 광고수입은 힘차게 고공행진을 계속하고 있는 형국이다.

〈최근 5년간 중국의 TV 광고수입 변화 추이〉

연도	2013	2014	2015	2016	2017
수입액(억 위안)	1119.26	1116.19	1065.16	1004.87	968.34
증감률(%)	6.97	-0.27	-4.57	-5.66	-3.64

출처: Annual Report on Development of China's Radio, Film and Television 2018 p.122 자료 재정리.

또한 지난 2016년 2/4분기 인터넷동영상 광고시장규모가 91.1억 위안으로 전년 동기대비 51.6%가 증가했고 2016년 3/4분기 광고투자비율도 전통적인 매체인 TV는 -3.1%, 신문 -40.0%, 잡지 -29.9%인 반면, 영화동영상 57.3%증가를 비롯하여 인터넷동영상광고는 24.1%가 늘어난 것들이 이를 증명해준다. 그리고 중국의 최근 미디어산업시장 구조는 대단히 빠르게 변화하고 있다.

<중국 미디어산업시장 구조 변화 추이>

연도	2011	2012	2013	2014	2015	2016	2017
R/TV 점유율(%)	22	20	20	19	18	15	13
평면미디어 점유율(%)	19	16	14	11	9	7	6
인터넷 점유율(%)	14	15	18	19	18	16	15
모바일인터넷 점유율(%)	24	22	21	27	34	44	51
기타부문 점유율(%)	20	27	27	25	21	18	15

출처: Report on Development of China's Media Industry 2018 p.13 자료 재정리.

중국의 미디어산업시장에서 인터넷 광고와 인터넷 게임이 이미 주된 업종으로 자리했고 인터넷동영상, 휴대폰게임, 디지털음악, 디지털열독 등이 잠재력이 큰 시장으로 각광받고 있다. 2017년 세계인터넷기업 20강 중 8개가 중국기업이라는 사실이 이를 증명한다.

2017년도의 인터넷 광고시장규모는 무려 전년도에 비해 31.9%가 증가한 3828.7억 위안(한화 약 65조 879억 원)으로 2020년도에는 7,650억 위안에 이를 것으로 전문가들은 추산한다(출처: Report on Development of China's Media Industry 2018 p.128).

또한 중국 정부의 문화예술 서비스부문을 눈여겨보면 문화예술과 문화산업에 대한 정부의 강력한 의지를 읽을 수 있다. 하나의 실례로 2016년 11월 재정부(財政部)는 본래의 교육과학문화사의 문화처(文化處)와 중앙문화기업 국유자산관리판공실 기능을 통폐합하여 대형 문화사(文化司)를 설립하여 문화행정과 문화산업을 포함한 선전, 문화, 체육, 관광 등의 관련 예산과 재정자금 지원 및 자산관리 업무를 통일적으로 관리, 효율화를 기하도록 했다. 여기서 중국의 최근 문화산업 주요정책을 포함하여 몇 가지 특징을 살펴보자.

1. 중국의 문화산업 정책 주요 시스템

중국의 문화산업 관련 정책 수립과 관리 시스템을 살펴보면 ①문화부는 문화예술, 애니메이션게임, 문화과학기술, 문화유산(문물국)을, ②新闻出版广播电影电视总局은 신문(News), 출판, 저작권 관리, R/TV방송 등을 ③공업과정보화부(工业与信息化部/약칭 공신부(工信部))는 인터넷, 통신, 전신 분야를 각각 관장한다. ④体育总局은 스포츠 분야를 ⑤国家旅游局은 여행산업 분야 등을 관장하는데 이러한 중앙정부는 중국공산당중앙선전부(中宣部)와의 지도와 협조로 이루어진다. 또한 중앙 측면에서는 중국공산당중앙과 국무원의 지도하에 진행되고 측면 관련 각 중앙정부기관의 협조 등으로 입체적으로 이루어지는데 ①국가발전개혁위원회 ②재정부 ③상무부 ④민정부 ⑤인력자원과 사회보장부 ⑥국토자원부 ⑦환경보호부 ⑧국유자산감독관리위원회 ⑨통계국 ⑩해관총서 ⑪세무총국 ⑫지식재산국 ⑭국무원법제판공실 ⑮전국인민대표대회(全人大) 등 적지 않은 중앙 관련 부서의 협조로 진행된다. 그런데 2018년 3월 양회(两会) 이후 정부 조직에 변화가 온다. 新闻出版广播电影电视总局이 관장하던 영화, 판권(版权: 저작권) 업무 등이 당의 중앙선전부로 옮겨가고 관광과 E-Sports 등의 업무는 文化部로 이관되었다. 이러한 시스템 운용 속에서 각 지방의 성(省), 시(市), 주(州), 현(县)정부로 이루어진다.

무수히 많은 정책들 중 우선 2016년 중국의 문화산업 정책 수립 주체별 정책시행수량이 다양한 기관에서 진행되고 있는데 아래 표와 같다. 이와 같이 주체별 정책시행수량이 많다는 것은 중국의 문화산업에 대한 분야별 전문화와 다양한 의견들을 모아 정책에 반영하고 있다는 뜻이기도 하다.

〈중국의 정책 수립 각 주체별 문화산업 정책 시행 수량/2016년〉

정책 수립 주체	정책수량	정책 수립 주체	정책수량
文化部	9	中国资产评估协会	1
新闻出版广播电影电视总局	2	国家文物局	1
国务院	11	국가인터넷정보판공실	1
全国人民代表大会	2	工业与信息化部	2
国家知识产权局	2	공동수립시행	14
합 계			45

출처: China Cultural Industries Annual Report 2017.P.223.

또한 제13차 5개년계획을 담고 있는 '중화인민공화국 국민경제와 사회발전 13·5규획 강요(2016년 3월 17일 전국인민대표대회)'를 비롯하여 '13·5 국가전략성 신흥산업발전규획', '13·5국가과기(科技)혁신규획', '13·5국가정보화규획', '국가혁신구동(驱动)발전전략요강' 등의 갖가지 중장기 정책들이 13·5규획 기간의 첫해인 2016년 전반기에 제출되었는데 이들 모두가 문화산업 발전과 관련 있는 주요정책들이다.

아울러 지방의 각 성 정부는 별도로 당해 성 실정에 맞는 59건의 정책들을 수립하여 시행한다. 상기표의 10개 기관별로 수립, 시행되고 있는 문화산업 정책들을 기능별로 구분해보면 ①기획류 32% ②규범관리류 30% ③지도의견류 26% ④교육훈련지원류 8% ⑤문화입법류 4% 순이다. 특히 주목해야 할 정책으로 두 가지 법률이 있는데, 수년간 장고 끝에 결실을 보아 2016년 11월 7일 전국인민대표대회 상무위원회에서 심의·통과된 '중화인민공확국 영화산업촉진법'과 2016년 12월 25일 역시 전국인민대표대회 상무위원회에서 심의·통과시킨 '중화인민공화국 공공문화서비스보장법'이다. 법·제도적으로 문화산업의 발전을 뒷받침하는 사안들은 여기서 접어두고, 2016년 문화산업 관련 재정지원에 접근해보자.

중국은 문화산업 발전을 위한 국가재정 지원을 지속적으로 강하게 추진해오고 있는데 2016년에는 무려 264.35억 위안(한화 약 4조 4939.5억 원)에 이른다. 구체적인 내용을 들여다보면 현대 공공문화서비스 시스템 구축 지원 208.62억 위안, 문화산업발전 전용자금 44.2억 위안, 문화기업발전 중앙재정지원금 11.53억 위안 들로 요약된다. 뿐만 아니라 문화산업단지 2,500여 개 중에 국가지정문화산업단지가 350여 개를 넘어서고, 선택과 집중이라는 중장기 정책 기조하에 실행되고 있는데 이들 단지에서 중국문화산업 부가가치의 약 70%를 생산해낸다.

VR(Virtual Reality: 가상현실) 및 AR(Augmented Reality, 증강(增强)현실)과 문화산업 각 영역별 융합 발전 속에 2016년 중국의 VR시장규모는 56.6억 위안으로 전년도에 비해 무려 268.3%나 성장했고 2020년 제13·5규획 기간이 끝나는 해에는 그 시장규모가 556.3억 위안(한화 약 9조 4571억 원)에 이를 것으로 '중국문화산업 연도보고 2017'는 전망했다. 특히 중국 국내 굴지의 인터넷 문화기업들인 바이두(Baidu, 百度), 러스(乐视), 왕이(网易), 샤오미(小米), 360, 바오펑(暴风) 등이 연이어 VR 영역에 진입하고 있으며, 투자 규모도 2014년 17건 2.7억 위안, 2015년 57건 24억 위안, 2016년 상반기 38건 15.4억 위안으로 계속 늘어나고 있는 추세다. 그리고 '2017 China Cultural Industries Annual

Report'(p.278)에 의하면 2016년 기금 모금, 은행 대출 잔액 등을 포함하는 문화산업자금 유입 규모가 4542.19억 위안(한화 약 77조 2172.3억 원)에 이르고 있는데 이 중 직접융자가 19.61% 증가한 3709.1억 위안으로 전체 규모의 81.65%를 차지한다. 다음은 날이 갈수록 시장을 달구고 있는 인터넷동영상 시장에 대하여 개략적으로 접근해보자.

2. 인터넷동영상시장

2017년 말을 기준으로 중국의 인터넷동영상 이용자 규모는 계속 늘어나 전년도보다 3437만 명이 증가한 5.79억 명에 이르고 휴대폰으로 동영상을 이용하는 네티즌도 전년도보다 4870만 명이 늘어난 5.49억 명이다. 인터넷 생방송(直播) 이용자도 2016년도보다 22.6%가 증가한 4.22억 명, 게임 생방송 이용자도 2.24억 명, 리얼리티쇼(眞人秀, Reality Show) 생방송 이용 네티즌 수는 2.2억 명으로 시장은 계속 확대되고 있다.

〈최근 10년간 중국의 네티즌 수 변화 추이〉

연도	2008	2009	2010	2011	2012	2013	2014	2015	2016	2017
네티즌 수 (만 명)	29800	38400	45730	51310	56400	61758	64875	68826	73125	77198
휴대폰 네티즌 수 (만 명)	11760	23344	30274	35558	41994	50006	55678	61981	69531	75625
인터넷 보급률(%)	22.6	28.9	34.3	38.3	42.1	45.8	47.9	50.3	53.2	55.8

출처: Annual Report on Digital Publishing Industry in China 2017-2018 p.14, p.64 자료 재정리.

21세기 중국문화산업시장의 이해

중국의 인터넷동영상시장은 이미 3대 진용(阵容)으로 형성되어 있다. ①제1진으로 텅쉰동영상(腾讯视频)과 아이치이(爱奇艺)는 콘텐츠 저작권의 酷6网우세 속에 유료회원수의 지속적인 증가로 두 업체의 우열을 가리기가 쉽지 않은 가운데 요우쿠(Youku, 优酷)가 합류하고 있다. ②제2진에는 후난(湖南)TV 소속의 芒果TV, 乐视视频, Souhu동영상(搜狐视频), 聚力传媒, 暴风影音, Bilibili 등이 있고 ③제3진으로 酷6网, 風行网, 56网, 天天看看 등이 버티고 있다.

그리고 종합예능프로그램에서도 인터넷 종합예능프로그램과 TV 종합예능프로그램이 시장의 절반씩을 점령하고 있는 상황인데 2017년 개봉된 상황을 보면 TV 종합예능(시즌)프로그램이 149편에 류량(流量)이 566억 번(亿次)인데 비해, 인터넷 종합예능프로그램은 133편에 방송량 440억 차가 이러한 현상을 증명해 보인다.

다음은 중국의 인터넷동영상 중 드라마, 생방송, 종합예능프로, 영화, 다큐멘터리 등에 대하여 개략적인 설명을 곁들이고자 한다.

가. 시장의 폭발적 성장

중국에는 온라인동영상사이트 유료회원으로부터 거두어들이는 수입이 전체수입의 19.3%로 급증했는데 유료회원 1억여 명 속에 유료동영상 시장 규모도 108억 위안(한화 약 1조 8360억 원)에 이르는 것으로 알려져 있다. 인터넷동영상 광고수입 규모는 371.1억 위안(한화 약 6조 3087억 원)에 이른다. 그것도 그럴 것이 2016년 전국의 인터넷동영상사이트 클릭 수가 무려 8240.3억 회로 집계되었다(출처: 2017 중국 다큐멘터리 발전연구보고 p.176). 이는 중국의 네티즌 1인 평균연간 1,127회를 클릭하는 것이고, 이는 1일 평균 3회를 클릭하는 것으로 계산된다.

〈최근 7년간 중국의 온라인동영상산업시장 규모〉

연도	2011	2012	2013	2014	2015	2016	2017
시장규모(억 위안)	62.9	92.0	116.5	145.3	243.0	371.1	593.8
증가율(%)	-	46.3	26.6	24.7	67.2	52.7	60.0

출처: Annual Report on Digital Publishing Industry in China 2017-2018 p.159 자료 재정리.

특히 주목할 만한 사건은 인터넷동영상사이트들의 광고수입이 중국의 일류 TV방송국 광고수입을 능가하고 있다는 점이다. 2016년도 이들 관련 매체들의 광고수입을 보면 중국 TV방송국으로 영업활동을 가장 잘하고 있는 TV방송국으로 알려져 있는 후난 TV방송국의 광고수입이 100억 위안(한화 약 1조 7000억 원)에 이르고, 상하이 문광(文广)그룹의 광고수입이 85억 위안(한화 약 1조 4450억 원)인데 비해, Baidu(白島)의 아이치이(爱奇艺) 동영상사이트의 광고수입이 약 70억 위안(한화 약 1조 1900억 원)에 이르고, 2017년도에는 약 100억 위안(한화 약 1조 7000억 원)에 이를 것으로 전망하고 있다. 그리고 2016년도 Youku(优酷) 동영상 광고수입도 약 60억 위안(한화 약 1조 200억 원), 텅쉰동영상(腾讯视频) 광고수입도 약 60억 위안에 이른 것으로 알려져 있다.

또한 이들 동영상사이트들의 무서운 돌풍을 직감할 수 있는 사례로 2016년 시청률 2%를 상회하는 드라마 중 TV방송국이 방송한 드라마는 2편에 불과한데, 인터넷동영상사이트를 통해 방송된 인터넷드라마 11편이 100억 회(차) 이상의 클릭 수를 거두었다. 이 11편의 드라마 중 ①青云志 256.56억 회(차) ②锦绣未央 196.91억 회(차) ③欢樂颂

185.15억 회(차)로 집계됐다. 13·5규획 기간 첫해부터 인터넷동영상시장의 가파른 변화를 겪고 있는 것이다.

그리고 근래 와서는 현대인들의 바쁜 일과 속에 짧은 동영상(短视频)을 선호하는 경향이 있는데 이러한 5분 내외의 짧은 동영상 시장에 접근해보면, 2017년 12월 기준으로 월간 이용자가 4.14억 명이며 시장규모도 2016년도보다 201.58%나 폭등한 57.3억 위안에 이른다. 2017년 1인 1일 평균이용시간도 2016년의 45.7분보다 43.98%가 늘어난 65.8분에 이르렀다.

〈짧은 동영상 시장규모 변화 추이〉

연도	2016	2017	2018(예측)	2019(예측)	2020(예측)
시장규모(억 위안)	19	57.3	118.1	215.3	356.8
증가율(%)	-	201.58	106.11	82.30	65.72

출처: Annual Report on Digital Publishing Industry in China 2017-2018 p.142 자료 재정리.

그런데 시장에서의 쟁탈전도 치열하게 전개되고 있는 상황이다. 여기에서도 여지없이 마태효과(Matthew Effect, 马太效应) 적용되어 대기업이 이를 독식하고 있다.

〈2017년 1/4분기 주요 기업별 동영상시장 점유율〉

기업별	텅쉰동영상	아이치이	요우쿠	러스(乐视)	망궈TV	Souhu(搜狐)
점유율(%)	28.1	25.9	20.6	16.8	5.9	2.7

출처: Annual Report on Digital Publishing Industry in china 2017-2018 p.159.

그러나 온라인동영상 APP의 월간 활용인 수에 있어서는 순위가 일부 바뀌면서 이용자 숫자가 크게 차이나지 않는다. 이는 텅쉰처럼 고정적인 유료회원이 우세한 기업의 시장점유율이 높다는 것을 보여준다.

〈2017년 12월 주요 온라인동영상 APP별 월간 이용자 수〉

동영상명	爱奇艺	腾讯	优酷	芒果TV	搜狐	乐视	聚力	风行
월간이용자 수(만)	41,842.6	40,587.2	31,155.5	9,558.1	6,500.5	6,156.3	5,529.9	4,485.2

출처: Annual Report on Digital Publishing Industry in China 2017-2018 p.160 자료 재정리.

2016년도에 와서 중국에서 유료 드라마를 포함한 유료 영상콘텐츠 소비가 보편화되고 있는 상황 속에서 드라마의 경우 2015년도에 비하여 564%의 폭증현상을 보였으며, 10~30세층의 젊은 유저들이 시청자의 88%를 차지하고, 20~30세 젊은 유저 중 여성이 70% 이상을 차지하고 있는 것으로 전해지고 있다.

모바일 이용자 1일 평균이용시간도 1~3시간이 34.9%로 가장 많고, 3-5시간은 24.1%, 5시간 이상도 22.5%를 점하고 있는 것으로 집계됐다. 2016년 12월 7일 '중국인터넷시청각프로그램 서비스협회'가 발표한 '2016년 중국 인터넷시청각발전연구보고'에 의하면 중국에서 인터넷동영상을 보는 네티즌들의 연령층 중 29세 이하가 57.4%이고 40세 이상도 18.4%로 2015년도보다 11.5%가 증가했다. 이는 인터넷동영상의 소비층이 전 연령층으로 확대되고 있다는 것을 말해주고 있는 것이다. 또한 중국의 인터넷동영상 시장규모가 2017년 864.3억 위안(한화약 14조 6931억 원)에서 2018년도에는 1102.8억 위안(한화 약 18조7476억 원)에 이를 것으로 전문가들은 예측한다.

21세기 중국문화산업시장의 이해

연령층별	10세 미만	10-19세	20-29세	30-39세	40-49세	50세 이상	계
중국의 총 네티즌 수	3.1	19.4	29.7	23.0	14.1	10.7	100.0
동영상 네티즌 수	2.4	20.9	32.7	22.4	13.1	8.5	100.0

출처: Report on Development of China's Media Industry 2018, p.167.

여기서 다시 중국 인터넷의 각종 동영상시장 중 드라마, 생방송, 종합예능프로, 영화, 다큐멘터리 등으로 보다 구체화하여 접근해보자.

나. 인터넷드라마

인터넷드라마도 인기가 만만치 않다. 2017년 인터넷으로 시청한 인터넷드라마가 206편으로 방송량만 833억 차에 이른다. 2016년 알리바바(阿里巴巴) 소속의 Youku가 100억 위안을 투자하고 이에 못지않게 2017년 아이치이(爱奇艺)도 100억 위안을 투자한다고 공포했다.

2016년 1월부터 11월 말까지 중국 국가신문출판광전총국(國家新聞出版廣播電影電視總局)네트워크사(网络司)에 등록한 각종 인터넷 시청각 프로그램 수량을 보면 ①인터넷드라마 4,430편 1만 6938집 ②인터넷 영화 및 웨이필름(微电影) 4,672편 ③인터넷 종합예능프로 618건, 시즌 프로 6,637개로 특히 인터넷드라마 총 시간은 2015년도보다 196%가 폭증한 12만여 분(分)에 이르고 있으며, 나날이 정품화(精品化) 및 전문화가 진행되고 있다고 '2016 드라마산업조사보고'를 인용하여 설명하고 있다.

2014년도는 중국의 인터넷드라마 원년으로 총 205편이었고 연간 방송량도 123억 뷰였다. 당시는 저비용으로 제작이 다소 조잡하다는 얘기를 듣기도 했으나 2015년도에 와서는 황금시장을 맞이하면서 인터넷드라마 시장은 총 제작발행량이 470편에, 연간 방송량이 229억 뷰로 급증한다. 2016년에 와서는 600편으로 폭증했는데 등록된 수량은 4,430편 1만 6938집에 이르는 대전환의 계기를 맞이한다.

제작비 또한 적은 돈이 아니다. 2015년도의 경우 인터넷드라마 편당 제작비로 2,000만 위안 이상을 투자한 드라마가 20편이 넘고 심지어 5,000만~1억 위안을 투자한 드라마도 있다고 한다. 이 정도면 기존의 TV드라마 편당 제작비에 버금간다는 설명이다.

2016년 12월 18일 인터넷드라마 방송량 상위 10위의 작품류 양이 370억 뷰에 달하고 〈老九门〉이라는 하나의 작품 방송량이 100억 뷰에 이르는 것으로 시장은 집계했다. 2015년 10월 1일부터 2016년 9월 30일까지 1년간 중국의 인터넷동영상 업체를 대표하는 아이치이(爱奇艺), 텅쉰동영상(腾讯视频), 러스(乐视), Souhu(搜狐), 요우쿠투도우(Youkutudou, 优酷土豆) 등 소위 5대 주요 동영상사이트들이 자체 제작한 드라마는 창작드라마 5,162편 9만 747집에 이르고, 국내 판권 구입 드라마 1만 5941편 60만 771집, 해외 판권 구입 드라마 7,847편 15만 8258집으로 실로 엄청난 수량이다. 이를 다시 시간 양으로 보면 자체 제작 창작드라마 1만 981시간, 국내 판권 구입 드라마 21만 1148시간, 해외 판권 구입 드라마 6만 4,839시간으로 집계된다(출처: China Cultural Industries Annual Report 2017).

다. 인터넷 생방송

2017년 온라인 생방송(直播) 이용자 수는 3.98억 명이고, 모바일 생방송 이용자도 1.6억 명으로 지속적으로 늘어나고 있으며, 시장의 영업수입도 39%가 증가한 304.5억 위안에 이른다.

중국의 유저들이 선호하는 인터넷 생방송 콘텐츠 유형을 보면 공연장에서 일어나고 있는 엔터테인먼트 시청비율이 44.5%로 가장 높다.

〈2016년 중국 유저들의 인터넷 생방송 선호 콘텐츠 유형〉

콘텐츠별	공연/예능	스포츠	게임	교육	재경(財經)	기타
시청비율(%)	44.5	19.8	14.8	6.6	8.2	6.1

출처: China Cultural Industries Annual Report 2017, p.29.

이러한 인터넷 생방송에 대한 유저들의 관심도 증가는 관련 기술의 발달, 모바일인터넷 4G 시대 진입, 류량(流量) 코스트의 지속적인 인하, 와이파이 인터넷 보급 확대 등과 더불어 시민들의 생활오락 방식과 습관의 변화를 들 수 있을 것이다. 2015년도의 인터넷 생방송 시장규모가 90억 위안에 이르고, 2016년도의 시장수입도 250억 위안을 넘어섰다. 중국의 인터넷 생방송 관련 회사들은 77.5%가 2014년 이후에 설립이 되었고 2015년에 와서는 그 수가 배가 되었으며 2016년도에 전국 인터넷 온라인 생방송 플랫폼 수량도 200여 개가 넘는데 YY, 두이(斗魚), 화지아오생방송(花椒直播) 등이 대표적이고, 영상을 보면서 댓글을 남기는 탄막(弹幕)동영상의 플랫폼은 AcFun과 Bilibili가 있다.

그러나 2016년 인터넷 생방송 콘텐츠 유형별에서 인터넷 생방송 전체 방송량의 16%를 게임으로 집계했고 종합예능프로인 리얼리티쇼 프로 34%, 산업 간 경계를 허무는 범 엔터테인먼트 44%, 기타 6%로 '2017 중국미디어산업발전보고'에서 밝히고 있는데, 앞에 제시한 표에서의 수치와는 다소 차이가 있을 수 있음을 이해해주기 바란다. 그러나 범 엔터테인먼트의 방송량이 많은 것은 2016년도 중국의 범 엔터테인먼트 시장규모가 드라마 및 종합예능시장규모 1000억 위안, 연출 등 체험형 엔터테인먼트 시장규모 450억 위안을 포함하여 약 3800억 위안(한화 약 64조 6000억 원)에 이르는 사실과도 직결된다.

이러한 인터넷동영상 시장에서의 생방송은 네트워크라는 왕루(网絡)와 잘나가는 사람이라고 하는 홍런(紅人)을 합쳐 인터넷 스타라는 왕루홍런(网络红人, 약칭 왕훙网紅)이라는 신조어 탄생과 함께 소위 인터넷 생방송은 왕훙경제(网紅經濟)를 촉발시켰다. 인터넷 생방송 관련하여서는 뒷장에서 더 상세하게 설명하겠다. 2017년 현재 중국에서 생방송(直播) 플랫폼 기업을 분야별로 구분해보면 다음과 같다.

①기업생방송: 微吼(weihou), 云视互动, 目睛直播, 算云直播, 的视界, 咪咕直播 ②전자상거래생방송: 淘宝, 京东 ③Sports생방송: 企鹅体育, 章鱼直播, ④재경(财经)생방송: 视吧直播, 知牛直播, ⑤교육생방송: 酷学直播, 荔技微课 ⑥Social Live: 陌陌, Now直播 ⑦게임콘텐츠류 생방송: 全民直播, 战旗直播, 熊猫直播, 龙珠直播, 斗鱼直播 ⑧오락콘텐츠류: 花椒(huajiao), 映客, 一直播, YY直播, KK直播, 秀色秀场, 六间房, 棒直播 등으로 구분된다.

21세기 중국문화산업시장의 이해

라. 종합예능, 영화, 다큐멘터리 동영상

중국에서는 2016년을 인터넷 종합예능프로의 원년(元年)으로 보고 있다. 특히 2016년 중국이 자체적으로 제작한 인터넷 종합예능프로그램이 상당한 인기를 누렸는데 '2016년 텅쉰오락백서'에서 밝힌 내용을 보면 자체 제작 인터넷 종합예능프로그램이 무려 111편에 이른다. 이러한 프로그램들은 주로 음악, 야외, 생활체험, 혈연관계 등의 내용을 다루고 있어 한국 작품들과 별반 다를 바가 없다. 여기서 2016년도 인터넷 종합예능프로그램의 방송량 상위 10위를 보면 그 인기를 알 수 있다.

〈2016년 인터넷 종합예능프로 방송량 상위 10위 현황〉

프로그램명	방송 플랫폼	방송량(억 뷰)
爸爸去哪儿	망궈, 요우쿠	20.61
火星情报局	요우쿠	10.47
明星大侦探	망궈	8.90
暴走法条君	요우쿠	8.04
约吧大明星	텅쉰	7.94
黄金单身汉	망궈	7.64
偶滴歌神啊3	아이치이	7.07
作战吧偶像	텅쉰	6.81
妈妈是超人	망궈	6.72
拜托了冰箱2	텅쉰	6.30

출처: Annual Report on Digital Publishing Industries in China 2016-2017 p.173-p.174 자료 재정리.

상기 표에서와 같이 모두가 방송 분야에서 막강한 영향력을 행사하는 기업들이다. 후난TV방송국 산하의 망궈를 비롯하여 바이두의 아이치이, 텅쉰 등이 그것이다.

주요 5대 인터넷동영상사이트 중 요우쿠투도우는 19개 작품을 출시했는데 〈火星情報局〉이라는 작품은 클릭 수가 100억 회(차)를 넘어섰다. 텅쉰동영상은 20개 작품을 출시했으며 바이두의 아이치이 동영상은 23개 작품을 출시했다. 이 중 〈나 학교 갈 거야(我去上学啦)〉 시즌2 프로 클릭 수는 12억 회(차)를 넘어서 상당한 인기를 얻은 것으로 알려져 있다.

앞 장에서 일부 언급되었지만 이미 중국에서는 인터넷동영상 유료화가 보편화 되어가고 있는 상황인데 주요 인터넷동영상사이트들이 언급하고 있는 유료회원수가 1억 명을 넘는다.

러스(乐视)는 2016년 11월 영상, 음악, 스포츠 등의 동영상 유료회원수가 5000만 명에 달했다고 선포하였고 텅쉰동영상도 2016년 11월 유료회원 2000만 명 도달을 선포했다. 2016년 12월 요우쿠투도우도 유료회원수가 3000만 명에 돌파했음을 시장에 알렸고 2016년 6월 아이치이는 VIP 유료회원수가 2000만 명을 돌파했다는 소식들을 고려해보면, 중국의 인터넷동영상 유료회원수는 나날이 늘어나고 있음에는 의심의 여지가 없다.

2016년 국가신문출판광전총국은 창작프로그램 제창과 관련 정책을 시행하는 가운데 과거 해외로부터의 대량 수입을 지금은 자체 제작으로 전환하고 있다. 2016년 주요 TV위성채널에서 방송한 종합예능 신규프로그램 29개 중 해외로부터 판권을 수입한 종합예능프로는 고작하여 4개 작품뿐으로 종합예능프로의 대거 국산화 추진이 강력히 진행되고 있음을 알 수 있다. 그리고 2016년 총 400여 개의 종합예능프로가 방송되었는데 이는 2015년보다 185개의 프로그램이 증가한 것으로 그만큼 인터넷동영상을 통한 종합예능프로그램 자원이 풍부해지고 있음을 말해준다.

인터넷영화 동영상부문을 보면 2016년도 한해에 방영된 인터넷영화가 2,500여 편에 달했는데 이는 2015년보다 3.7배가 증가한 숫자이다. 인터넷영화는 일반영화 체인관 상영에 비하면 저비용, 고수입 등과 관련하여 여러 가지 어려움이 상존한다. 2016년 하반기에 인터넷영화에 투자한 내용을 보면 50만 위안 이하가 투자된 영화는 겨우 5%이고 50만~80만 위안이 전체의 55%를 차지하며 80만~150만 위안을 투자한 인터넷영화도 전체의 30%에 이르렀다. 그리고 150만 위안 이상을 투자한 인터넷영화도 전체의 10%에 이른 것으로 시장은 집계했다.

그리고 인터넷동영상사이트 5대 기업의 2015년 10월 1일부터 2016년 9월 30일까지 최근 해외로부터 판권을 구입한 인터넷영화는 4,618편에 시간량 7,716시간에 이른다고 '2017 중국문화산업연도보고'에서 언급하고 있다.

다큐멘터리영화 등을 볼 때 앞장에서 잠시 언급했지만 2016년 중국에서는 8240.3억 회(차)라는 인터넷동영상 클릭 수를 달성했는데 이 중에는 다큐멘터리 동영상의 클릭 수도 114.2억 회(차)로 전체 인터넷동영상 클릭량의 1.39%에 이른다. 어쨌든 인터넷 융복합을 통한 다양한 수익모델이 빠르게 확산되고 있음을 가볍게 여겨서는 안 될 것이다.

3. 문화레저서비스 주요시장

중국의 문화레저서비스산업에는 다양한 산업이 복합적으로 구성되어 있으나 여기서 대표적인 몇몇 산업시장을 대상으로 살펴보겠다.

즉 KTV(가무청: 歌舞廳) 오락활동, PC방 오락활동, 놀이공원(主題公园, Theme Park), 음악찻집, 기원, 당구장, 골프장, 볼링장 등 다양한 시장들이 존재한다.

KTV는 계속 증가 추세에 있다는 것이 시장관계자들의 언급이지만 다른 한편의 사정들을 종합하면 반드시 그런 것만은 아닌 것 같다. 어쨌든 2016년 말 전국에는 약 6만여 개의 가무오락기업이 있으며 상하이 2,433개소, 베이징 2,080개소, 수저우(苏州) 1,310개소, 텐진 1,247개소, 광저우 1,071개소 등 대체적으로 1선급의 대도시에 집중되어 있다. 전국적으로는 약 9만여 개의 KTV 영업장소가 있는데 이들의 영업수입은 약 1000억 위안에 이르고 경쟁이 치열하다는 것이 관계자들의 전언이다(출처: China Cultural Industries Annual Report 2017 p.170).

그리고 게임, 영화, 음악감상, 대화방으로 이용되고 있는 PC방이 전국적으로 15만 6000여 개소가 있고 놀이공원도 3,000여 개사가 있는데 이 3,000여 개의 놀이공원 중 국내투자규모가 5000만 위안(한화 약 85억 원) 이상인 곳은 300여 개사 정도이며 적자를 보는 기업이 약 70%, 현상 유지가 20% 정도, 이익을 보는 기업은 단지 10%에 불과하다고 시장 관계자들은 전언한다.

어쨌든 중국의 네티즌들은 모바일 단말기로의 대이동이 대세를 이루었고 1995년 이후 출생한 젊은층인 소위 쥬링호우(95호(后))세대들은 우선적으로 인터넷동영상을 선택하고 있다고 한다. 80%의 인터넷동영상 이용자가 모바일 단말기로 드라마를 시청하고 있고 쥬링호우(95호)세대 90% 이상은 휴대폰으로 동영상을 보며 그다음 컴퓨터로 동영상을 보는 것은 54.1%, 태블릿PC로 보는 것은 22.5%, TV를 이용하는 것은 고작 16.3%에 지나지 않는다고 '2017 중국미디어산업발전보고'에서 기술하고 있다.

중국도 여느 국가와 마찬가지로 문화산업시장의 성장은 인터넷 발전과 맞물려 병행 발전되어가고 있는 양상임에는 틀림이 없어 보인다. 다른 분야에서도 그렇겠지만 중국의 문화산업 분야에서는 네티즌들에 대한 여러 가지 분석 없이는 문화산업 발전을 꾀할 수 없다는 점을 시사해주고 있다. 물론 콘텐츠의 동질화(同质化)라든지 치열한 시장경쟁 속에 일부 인터넷문화 대기업들의 문화산업영역 진입으로 빈익빈 부익부라는 마태효과가 갈수록 심해지고 있어 이에 대한 장단점을 분석하여 적절한 대책이 강구되어야 할 것이다.

4. 중국 문화소비의 새로운 특징

가. 주요 경제 사회적 환경 변화

중국인들의 가처분소득이 경제 성장과 더불어 매년 증가한다.

〈중국인들의 1인 평균 가처분소득 및 증가율 추이〉

연도	2011	2012	2013	2014	2015	2016	2017
가처분소득(위안)	14,551	16,510	18,311	20167	21,966	23,821	25,974
증가율(%)	10.3	10.6	8.1	8.0	7.4	6.3	7.3

출처: ①Statistical Communique of the people's Republic of China on the 2016 National Economic and Social Development p.60 ②Statistical Communique of the People's Republic of China on the 2017 National Economic and Social Development p.28 자료 재정리.

이러한 경제 사회적 환경의 변화 속에 근래에 와서는 중국 사회의 새로운 소비 패턴이 ①양노 ②교육 ③스포츠 ④여행 ⑤문화 ⑥건강레저산업 등 6대 산업으로 변화되었다는 것이 대체적인 분석이다.

중국인들의 문화소비환경의 많은 변화 속에 2017년 주민 1인 평균 소비지출액이 1만 8322위안이었는데 이 중에 1인 평균 문화, 교육, 오락 등으로 2086위안을 소비한 것으로 나타나고, 문화소비종합지수도 매년 조금씩 늘어난다.

〈중국 문화소비 종합지수 변화〉

연도	2013	2014	2015	2016
문화소비 종합지수	73.7	79.2	81.2	81.5

출처: China Cultural Industries Annual Report 2018 p.58.

또한 1급 지표 중에는 문화소비환경, 문화소비의향, 문화소비능력지수, 문화소비만족도가 균일하게 상승 추세에 있으며 특히 문화소비환경지수의 상승 속도가 가장 빠르게 나타나고 있는데 연평균 8.8%의 증가율을 보인다고 전문가들은 지적했다.

그리고 문화소비와 문화산업 발전이 비교적 강한 관련성이 있는데 매년 문화산업의 부가가치가 계속 증가 추세에 있는 가운데 베이징, 상하이, 장쑤성(江苏省), 광둥성(广东省) 등의 성시(省市)의 문화산업부가가치가 당해 지역 연간 GDP 비중을 이미 5% 초과 달성하면서 이미 당해 지역에서 지주산업으로 자리매김하고 있는 사실들이 이를 반증한다.

'인터넷+'가 위주인 문화정보전송 영업수입은 30.3%가 증가하고 문화예술서비스 영업수입은 22.8%가 늘어났으며 문화레저오락서비스 영

21세기 중국문화산업시장의 이해

업수입도 19.3%가 늘었다. 또한 인터넷 생방송, 모바일E-Sports게임, 유료콘텐츠, 문화+VR/AR, 문화+건강·양육 등은 이미 문화산업 발전 등에서 각광을 받고 있는 분야이기도 하다.

중국은 1980년 이후 출생한 신세대의 소비층이 빠르게 성장하고 있다. 80%의 가정은 가정지출액의 30~50%를 아동들을 위한 지출이라고 한다. 2016년 주민 1인당 평균지출액이 1만 7,000위안이라고 한다면 한 가정의 부부 지출액은 3만 4000위안이 된다. 이들 가정의 아동 관련 지출을 30%로만 계산해도 매년 지출액이 1만 위안이 되고 따라서 중국의 연간 아동소비시장의 규모는 1조 위안(兆元)이라는 엄청난 규모의 소비시장으로 나타난다.

나. 왕훙경제

네트워크라는 왕루(网絡)와 잘나가는 사람이라는 뜻의 훙런(紅人)을 합쳐 인터넷 스타라는 왕루훙런(网絡紅人, 약칭 왕훙(网紅))이라는 신조어가 탄생했는데 이러한 인터넷 생방송이 왕훙경제를 촉발시켰다.

이에 좀 더 접근해보면 2016년을 중국에서는 왕훙의 원년(元年)으로 보고 있는데 여기서 트레이드마크 사건이 하나 발생한다. 그해 3월 21일 중국의 네티즌 스타 파피장(Papi醬, 姜逸磊)이 뤄지쓰웨이(逻辑思维)와 쩐거펀드(真格基金)로부터 1200만 위안(万元)의 투자를 받는다. 당시 일주일 한 차례씩 파피장이 동영상을 올리면 조회수가 500만 회가 기본이었다. 이러한 조회수는 상품광고 하나만 붙여도 효과가 상당함을 느낀 광고주는 가만히 있을 수가 없었을 것이다. 안젤라 베이비(Angela Baby)의 전 매니저였던 양밍(楊明)이라는 든든한 매니저가 파피장 곁에 있어 더욱 좋은 성과를 낸 것으로 알려져 있기도 하다.

　이러한 사건은 왕홍으로 하여금 역사상 유래가 없는 관심도를 얻었다는 사실을 보여주었고, 따라서 왕홍이 대중(群众)들의 시야에 진입하면서 상업활동의 길을 걷게 된 것으로 보면 이해가 될 것 같다.

　또한 왕홍현상은 왕홍경제를 업그레이드하고 대단히 많은 상업적 가치와 넓은 영업 판매 관점을 갖추고 있다는 것을 의미하기도 한다. 곧바로 창업, 금융, 투자, 합작 등의 영역에서 왕홍의 눈부신 그림자가 나타나기 때문일 것이다.

　타오바오망(淘宝网)여장은 울 판매액 100만 위안을 초과하는 왕홍 점포를 1,000개나 넘게 보유하고 있는데 이러한 대다수의 점포들은 C2B(Customer-to Business: 고객과 기업 간의 전자상거래) 예약 판매 방식을 취하고 있다.

　소비자와 기업 간에 인터넷 비즈니스로 인터넷이 등장하면서 생겨난 새로운 거래방식의 하나인 C2B 방식은 소비자가 개인 또는 단체를 구성하여 상품의 공급자와 연결시키는, 소위 기업에서 고객으로 나가는 일방적 관계가 아니라 고객에서 기업으로 연결되는 역방향, 즉 양자를 통합하는 쌍방향이기도 하다.

　왕홍 점포는 왕왕 전문단체가 운영하는 상품의 설계에서부터 영업판매 확장 등 모두에 이르기까지, 또한 또 다른 전통적 전자상거래 방식에 이르기까지 그들은 상품을 먼저 SNS플랫폼상의 열기를 예견하고 왕홍과 팔로어의 피드백 정보 수집에서 서로 영향을 주며 소비자의 예매 수량에 따라 생산을 진행하는 것으로 알려져 있다.

　왕홍의 세대 간 차이를 구분해보면 대체적으로 3대로 구분된다.

①제1대 왕홍은 2007~2010년 기간으로 여기에는 淘麻豆, 罗玉凤이 있고 ②제2대 왕홍은 2009~2015년 기간으로 여기에는 YY/六间房과 王思聪을 들고 있으며 ③제3대 왕홍은 2016년부터로 여기에는 파피장과 羅休休를 지칭하고 있는 것이 대체적인 평가이다.

어쨌든 시간이 갈수록 콘텐츠생산자의 창작저장장치의 변화가 발생한다. 2006년 말 웨이보(微博)가 시작한 140자 단문에서 타오바오(TaoMaDou, 淘麻豆)의 판매자 사진쇼에서, 다시 8초라는 짧은 동영상 녹화방송에 이르기까지 2017년에도 많은 변화를 겪고 있는 것이 현실이다.

다. 중국의 Z세대 특징

중국 문화산업의 주된 소비층은 Z세대라고 분석된다. 1995~2016년 사이에 태어난 Z세대의 인구는 3.78억 명이고 이는 전체인구의 27%를 차지하는 것으로 알려져 있다.

인터넷의 급성장에 따라 이들의 소비행위는 1970년대 이후 출생한 (70후)세대와 1980년대 이후 출생한(80후)세대들과는 많은 차이를 보인다. 이들은 시대적 소비중의 성향과 중간에서 서로의 관계를 맺어주는 새로운 매개를 선호한다. 문화산업의 새로운 운영방식에 공동으로 하나의 집단을 구축하는 소비에 대하여 연구하는 특징을 가지고 있다. 인터넷, 빅데이터, SNS, 사물인터넷, 가상현실, 대규모 온라인학습과정 등이 1995년 이후 출생한(90후) 대학생들의 성장환경과 행동방식에 적지 않은 영향을 미쳐 개성을 추구하는 것으로 보인다. 중국의 Z세대는 인터넷 라이브방송(생방송) 시청자의 주체로 활발하게 참여하고 있다.

인터넷 생방송의 급속한 발전과 Z세대의 호감은 불가분의 관계에 있다. 현재 Z세대 다섯 명 중 네 명은 인터넷 생방송을 시청한 적이 있고 중국 전체 인터넷 생방송 이용자 중 Z세대가 차지하는 비중은 71.5%에 이르고 있는데, 이들 대부분이 95후(1995년 이후 출생한 사람)와 2000년 이후 출생한(00후) 사람들이다. 또한 이들은 76%가 오락을, 48%는 지식 탐구를, 41%는 사교를 요구한다.

〈중국의 1995년 이후 출생자(95후) 소비 항목 분포 비율(%)〉

구 분	디지털 상품	여행	사치품	차량, 주택 구입	계
비율(%)	44	35	18	3	100

출처: 2018 China Cultural Industries Annual Report p.51(知識産權出版社).

정신적 긴장을 해소하는 레저 생방송을 제외하고 Z세대들은 지식 전달 성취에 강한 의욕을 가지는데, 특히 취미화, 과학기술적 지식류, 생방송 콘텐츠에 강한 기대감을 가지고 있어 이러한 것들이 날이 갈수록 95후, 00후, 05후의 젊은 세대들의 환영을 받고 있다. 특히 95후 세대들은 문화콘텐츠에 대하여 완전히 다른 소비관과 소비능력을 가지고 있으며, 이들은 인터넷 콘텐츠 상품의 강한 소비 경향으로 향후 5~10년 후면 콘텐츠 혁명이 올 것으로 전망되기도 한다.

5. 문화산업 부가가치와 문화사업부문 정부재정 지원

중국 문화산업 부가가치 규모는 해마다 증가하여 2017년에 무려 3조

5462억 위안(한화 약 602조 8540억 원)으로 GDP의 4.29%에 달했다.

〈최근 7년간 중국의 문화산업 부가가치 규모 추이〉

연도	2011	2012	2013	2014	2015	2016	2017
규모(억 위안)	1 3479	1 8071	2 1351	2 4017	2 5829	3 0785	3 5462
GDP점유율(%)	2.85	3.48	3.63	3.77	3.82	4.14	4.29

출처: ①2016 Statistical Analysis Report on Cultural Development p.11 ②2017 China Statistical Yearbook on Culture and Related Industries p.32 ③Statistical Communique of the People's Republic of China on the 2017 National Economic and Social Development p.28 ④Annual Report on Digital Publishing Industry in China 2017-2018 p.12 자료 재정리.

　중국은 정부 중앙재정으로 문화사업비 지원을 매년 증가시켜 왔으며 2015년도 기준으로 보면 문화산업 고정자산 투자액 규모도 2조 8898억 위안(한화 약 520조 1640억 원)에 이른다.

　바이두(百度), 알리바바, 텅쉰, 완다(万達)그룹 등의 대형문화기업들도 M&A나 주식출자, 지주회사 등 다양한 방법과 업무합작방식 등으로 문화산업 영역에 이미 전면적인 진입이 이루어졌다. 12·5규획 기간 동안 중국은 중앙재정으로 202억 위안(한화 약 3조 6360억 원)을 문화산업 전용자금으로 지원했는데 이러한 재원은 문화산업 분야의 약 3,500여 개 항목에 배분·지원되었다. 지원 분야 중에는 신문출판발행업에 전체항목의 35.89%인 1,268개 항목에 87.17억 위안이 지원되었는데, 이는 지원금액으로 보면 전체의 43.15%에 해당된다. 이는 2015년도에만 국한된 것이 아니고 매년 일정 규모의 예산이 지원된다.

〈최근 7년간 중국의 문화사업비 지원과 정부재정지출비율(%) 현황〉

연도	2011	2012	2013	2014	2015	2016	2017
사업비 규모(억 위안)	392.62	480.10	530.49	583.44	682.97	770.69	855.80
증가율(%)	21.53	22.28	10.50	9.98	17.06	12.8	11.04
정부재정지출비중(%)	0.36	0.38	0.38	0.38	0.39	0.41	0.42

출처: ①中國文化文物統計年鑒2017 p.7 ②2018 Statistical Analysis Report on Cultural Development p.365 자료 재정리.

2017년도 문화사업비 지원규모가 855.80억 위안(한화 약 14조 5486억 원)으로 집계하고 있으며 중국 문화부는 중앙재정의 문화사업비 지원 비율을 2011년 0.36%, 2012년 및 2013년과 2014년에 각각 0.38%, 2015년 0.39%, 2016년 0.41%로 0.4%를 크게 넘지 않은 것으로 기술하고 있지만 중국의 문화산업 분야를 관장하고 있는 중앙정부가 신문출판광전총국, 당선전부 등 여러 부서가 관장하고 있는 것을 감안하면 중국 문화부만의 문화사업비에 대한 중앙재정 점유율은 큰 의미가 없어 보인다.

중국의 문화시장을 보면 문화 및 문화 관련 법인 수가 2016년 말 기준으로 130만 214개사로 집계하고 있는데, 이는 문화예술서비스 분야 18만 5436개사, 문화정보서비스 분야 3만 7399개사 등 다양하다.

2015년도 중국의 문화기업투융자와 M&A현상을 찾아보면 거래 총 규모가 1499.04억 위안(한화 약 26조 9827억 원)으로 2014년도 1,000억 위안보다 무려 50%나 증가했다. 주요 영화나 텔레비전, 매스미디어, 게임, 애니메이션, 인터넷 모바일, 교육 훈련 등의 영역에서 지속적으로 확대되었다.

중국인들의 문화 소비도 해가 갈수록 지속적으로 증가한다. 베이징,

상하이, 광저우, 선전(深圳) 같은 1선(线) 대도시에서 2~3선의 중도시로의 문화향수층이 지속적으로 확대되어가고 있다.

2017년 말 기준으로 중국 대륙 인구는 13억 9008만 명으로 지난해보다 737만 명이 증가했는데 이는 당해연도 출생인구 1723만 명과 사망인구 986만 명을 제외한 숫자다. 도시화가 지속적으로 확대 발전되어 도시인구가 8억 1347만 명으로 전체인구의 58.52%이고 인구의 남녀 성별에서 남성인구가 7억 1137만 명으로 여성인구 6억 7871만 명보다 3266만 명이 많다. 유동인구도 2.44억 명이며 농민공(農民工) 숫자도 2016년 말 기준 2억 8171만 명으로 1.5%가 증가했는데, 이 중에 외지(外地) 농민공은 1억 6934만 명인 동시에 같은 성에서 온 농민공은 3.4%가 증가한 1억 1237만 명에 이른다.

중국인들의 여행도 상당히 증가하고 있다. 2017년도의 중국 국내 여행객은 연 50억 명에 여행수입도 무려 4조 5661억 원으로 2016년보다 15.9%가 늘어나 중국인들의 경제 사정을 엿보게 해준다. 해외에서 중국으로 들어온 여행객은 0.8%가 증가한 1억 3948만 명인데 이 중에는 홍콩, 마카오, 대만으로부터 입국한 여행객을 제외한 순수 외국인들의 중국입국 여행객은 3.6%가 늘어난 2,917만 명이다.

특히 중국인들의 해외 나들이도 2016년보다 5.6%가 증가한 1억 4273만 명으로 집계되었다. 이 중에는 개인여권 소지자가 1억 3582만 명으로 전체 해외여행객의 95.16%를 차지하고 있으며 이는 2016년도보다 5.7%가 늘어난 숫자다. 이들 중국인들의 해외여행객 중에는 홍콩, 마카오, 대만으로 출국한 여행객이 8698만 명으로 전체 해외여행객의 60.94%를 차지하고 있으며, 이는 전년도보다 3.6%가 증가한 수치다.

그리고 제3국으로 여행을 떠난 여행객은 5575만 명으로 세계 각국의 여행업계에서는 이 5118만 명을 대상으로 자국 유치에 갖가지 여행상품을 쏟아내고 있다. 그리고 2017년에는 전국적으로 문화계통의 예술 공연단이 모두 2,054개에 이르고 유선TV 이용객도 2.20억 명에 이르렀다. 2017년도 연간 TV드라마 제작·발행이 310편 1만 3310집에 달했고 TV용 애니메이션 8만 3599분과 극영화 798편, 과학교육·기록·동화 및 특수 종류의 영화를 172편 제작·발행하여 새로운 문화콘텐츠를 생산했다.

한편 중국의 문화산업시장뿐만 아니라 전체 시장에서 막강한 영향력을 행사하는 소위 네티즌 수는 2016년도보다 4074만 명이 늘어난 7.72억 명에 이르고 휴대폰을 보유한 네티즌 수도 전년도보다 5734만 명이 늘어난 7.53억 명으로 집계했다. 인터넷보급률은 55.8%인데 농촌의 인터넷보급률은 35.4%에 머물었다.

6. 주요 문화산업기업 동향

2017년 말 현재 규모 이상의 문화 및 문화 관련기업 수는 5만 5,000여 개사이고 영업수입은 2016년도보다 10.8%가 증가한 9조 1950억 위안(한화 약 1563조 1500억 원)에 이른다. 2015년 말 현재 핵심문화기업(骨干)이 약 4만 7000여 개사가 있는데 이들 기업들의 영업수입도 7조 3690.9억 위안(한화 약 1326조 4362억 원)으로 연평균 7.3%의 증가세를 유지한다.

콘텐츠와 저작권, 나아가 IP(Intellectual Property)가 왕(王)이라는 상황은 이미 보편화된 지 오래이고 인터넷 문화산업의 급속한 발전과 BAT(Baidu, Alibaba, Tencent)와 같은 핵심 기업들은 M&A와 투자를 지속적으로 진행하고 있는 추세다.

2015년 말 기준으로 증시에 상장된 게임 관련 기업들의 가치가 4조 7605.84억 위안(한화 약 856조 9052.2억 원)이며 이들 증시 상장지역을 보면 상하이, 베이징, 선전 등 국내증시에 상장된 게임기업의 가치는 65.2%에 이른다. 홍콩증시 상장 게임기업 가치는 32.3%, 미국 증시에 상장된 게임기업의 가치는 상대적으로 적은 2.5%에 머물고 있는 상황이다. 2016년도 상황 등 보다 구체적 상황은 뒷장의 게임산업시장부문을 참고하기 바란다.

또한 중국에는 예술가, 수장가, 투자자가 하나의 예술품 거래시장을 형성하고 있는데 현재 7,000만 명 내외의 예술품 수장층이 있고, 이들은 1인당 연평균 10만 위안(한화 약 1800만 원) 내외를 거래하고 있는 것으로 파악하고 있어 중국의 연간 예술품 거래 규모는 7조 위안 내외로 추산하고 있다.

스포츠 문화산업 역시 중국 국내 10대 지주산업에 진입한 것으로 파악하고 있는데 시장규모도 1조 4000억 위안으로 GDP의 0.70%에 이른다고 한다. 여기에는 스포츠 복권 시장이 1000억 위안과 스포츠 관련 복장, 신발, 운동, 경기(競技)시합 등의 규모가 약 800억 위안이 포함되어 있는 가운데, 특히 축구산업은 중국의 새로운 스포츠 문화산업의 상업적 가치로 연구개발이 진행 중이다.

여기서 중국 문화부가 밝히고 있는 분야별 문화산업기업들의 활동실적을 보면 중국문화산업에 대한 전체를 이해할 수 있다.

〈12·5규획 기간 및 2016년 중국의 주요 분야별 문화산업 관련기업 활동 현황I〉

구분		2011년	2012년	2013년	2014년	2015년	2016년
문화산업 시장경영 기구 (합계)	기구 수(개)	238,455	231,132	226,584	220,164	231,709	242,686
	근무자 수(명)	1,415,526	1,416,028	1,451,818	1,323,902	1,564,660	1,609,329
	영업수입(만 위안)	9,766,472	10,337,954	13,665,714	16,142,494	29,656,347	44,989,191
	이윤총액(만 위안)	3,620,262	3,585,366	3,930,246	4,682,894	10,020,910	10,345,244
오락장소 (가무, 유회 (游藝)장소)	기구 수(개)	92,577	90,271	89,652	84,179	79,816	77,071
	근무자 수(명)	758,377	765,250	835,658	729,516	673,640	632,527
	영업수입(만 위안)	5,661,798	6,048,764	8,842,052	11,023,662	5,570,354	5,387,254
	이윤총액(만 위안)	1,939,320	1,982,344	2,084,672	2,606,315	1,361,661	1,257,926
PC방 (인터넷 전속서비스 영업장소)	기구 수(개)	141,275	135,683	131,013	129,368	134,847	141,587
	근무자 수(명)	567,170	529,362	478,242	452,368	480,260	488,209
	영업수입(만 위안)	3,754,922	3,539,807	3,879,399	4,479,929	4,009,643	4,323,160
	이윤총액(만 위안)	1,565,375	1,431,361	1,425,890	1,962,960	1,302,975	1,312,916

출처: 中國文化文物統計年鑒2014-2017(p.293-p.303) 자료 재정리.
주: 상기 표에서 문화산업시장경영기구(합계)란 ①오락장소 ②PC방(인터넷 접속서비스영업장소) ③영업성 인터넷 문화사업단위 ④예술품경영기구 ⑤연출경영기구 ⑥비공유제(非公有制/자영업자(个体戶), 사영(私营)기업, 3자기업(三資企業): 중외합자(中外合資), 중외합작(中外合作), 외국상사독자기업) 예술공연단체 및 공연장을 말함.

그런데 문화산업시장 경영기구 전체의 운영실적에는 수익이 감소된 것을 발견하기 어려우나 가무오락장소, 유희오락장소 등과 PC방 운영에서 2014년과 2015년도의 영업수입 및 이윤은 급격하게 줄어들고 있다. 이의 원인으로는 여러 가지가 있을 수 있으나, 2013년 이후부터 엄격하게 시행되고 있는 한사령(限奢令)과 무관치 않은 것으로 보인다.

구분	영업성 인터넷 문화사업단위 (게임, 애니메이션, 음악 등)	연출(공연)경영 단위(기구)	예술품경영기구(단위)
단위 수(개)	5,642	2,234	5,039
근무자 수(명)	185,665	34,422	29,586
영업수입(만 위안)	31,393,996	1,601,738	587,504
이윤총액(만 위안)	7,130,783	-76,864	229,279
국고보조(만 위안)	157,952	-	*거래금액: 493,879만 위안

출처: 中國文化文物統計年鑒2017 p.298 자료 재정리

상기 표에서 관심이 집중되고 있는 분야는 영업성 인터넷 문화사업 단위들의 활동인데 영업수입부문에서 인터넷게임 수입이 106억 5405 만 위안으로 가장 많고 인터넷게임수량도 1,891개에 이른다는 사실이 다. 예술품 경영기구라고 하면 가장 먼저 떠오르는 것이 경매업체라 볼 수 있는데 201년도에 6만 1661건 거래에 49억 3879억 위안의 거래 실 적을 올렸다.

그리고 예술품 판매업소가 3,702개사인데 이들이 판매한 실적을 보 면 127억 8767억 위안의 거래실적을 거둔 것과 예술품 전시회에서도 1,995건에 14억 30만 위안의 수입을 확보했다. 수입이 된다면 가능한 최선을 다하는 모습이다.

그리고 독자들의 이해를 확대하기 위하여 중국의 문화기업 분류에 대하여 간단히 소개하고자 한다. 중국은 문화기업을 네 가지 유형으로 구분하고 있는데, 이의 기준은 2011년 재정부, 공신부, 국가통계국, 국 가발전과 개혁위원회 등 4개 기관이 공동으로 '중소기업획형표준규정 (中小企业划型标准规定)'을 공표·시행한 것에 기인한다. 이 규정은 기업

의 근로자 수에 따라 획정하고 있는데 ①근로자 300명 이상의 문화기업을 대형문화기업 ②근로자 100~300명 사이를 보유한 문화기업은 중형문화기업 ③근로자 10~100명 사이를 보유한 문화기업을 소형문화기업으로 구분하고 있다. 그리고 ④근로자 10인 이하를 고용하고 있는 문화기업을 미니(微型)문화기업으로 칭하고 있음을 참고 바란다.

7. 지식재산권

가. 법적·제도적 보완

중국도 지식재산권 보호를 위한 법적·제도적 보완을 진행해오고 있는 가운데, 2015년 12월 22일 국무원이 '새로운 형세하의 지식재산권 강국의 발 빠른 건설에 관한 약간 의견'을 하달하고 같은 해 '네트워크 전재(转载)판권질서 규범에 관한 통지'와 '네트워크 음악상(音乐商)의 음악작품 미수권(未授權) 시 책임을 갖는 것에 관한 통지' 등을 공포·시행함으로써 여러 가지 법적·제도적 보완책들을 시행해나가고 있다.

또한 2016년 6월 28일 국가인터넷 정보판공실이 공포, 같은 해 8월 1일부터 시행에 들어간 '모바일인터넷 응용프로그램 정보서비스 관리 규정'에서는 모바일인터넷 응용프로그램(APP)정보 서비스 분야의 저작권(版權)보호규범을 강화하고 있다. 즉 APP제공자는 반드시 정보안전관리 책임과 지식재산권을 엄격하게 존중하고 APP제공자와 인터넷 응용상점(Store) 서비스 제공자는 타인의 지식재산권을 침범하는 응용프로그램 이용과 합법적인 권익등의 법률·법규에서 금지하고 있는 활동을 할 수 없도록 이를 강화하고 있는 것이다.

그리고 저작권법을 새로운 환경에 맞도록 수정·보완하고 인터넷 정판화(正版化)사업을 추진해오면서 2005년부터 매년 '검망행동(劍網行動)'의 지속적 추진으로 시장에서의 지식재산권 정화실적을 거두면서 건실한 질서를 유지하는 데 이바지하고 있다.

한편, 중국 인민최고법원은 2009년부터 매년 '중국법원지식재산권사법보호상황백서'를 공포·시행하고 있으며 '2016~2020 지식재산권사법보호요강'도 발표·시행함으로써 국가의 지식재산권 사법보호 역량을 꾸준히 강화해나가고 있다.

이러한 배경하에서 중국인민최고법원은 2014년 12월 베이징, 상하이, 광저우에 지식재산권 전담법원을 설치 운용하고 있으며, 2017년에 와서는 난징(南京) 등 전국 11개 주요 대도시에 지식재산권 전문법정설치도 승인했다.

나. 저작권 사법적 보호

전국의 3개 지역(베이징, 상하이, 광저우)에 지식재산권 전문법원이 응용되고 있고 2017년부터 난징, 텐진 등 11개 지역에서 지식재산권 전용법정이 세워졌으며 2018년 3월 정저우(鄭州) 등 3개 지역에서의 지식재산권 전용법정 추가지정과 함께 항저우(杭州)에는 인터넷 전문법원이 설립되는 등 인터넷 시대에 적절한 저작권에 대한 사법적 보호시스템을 진행해나가고 있는 것으로 알려져 있다.

2017년 지식재산권 사건 중 특허권, 상표권 사건보다 저작권 분규사건이 대폭 증가되고 있다는 사실에 주목해야 한다. 지식재산권 민사1심사건 중 저작권부문이 57.8%나 증가한 137,267건에 이른다는 사실이 이를 증명한다.

〈최근 중국의 지식재산권 소송 사건 연도별 법원 신규 접수량〉

연도	2010	2011	2012	2013	2014	2015	2016	2017
전국법원신규 접수사건 총 수량	42,931	59,612	87,419	88,583	95,522	109,386	136,534	213,480
1심저작권신규 사건 수량(건)	24,719	35,185	53,848	51,351	59,493	66,690	86,989	137,267
1심특허권신규 사건 수량(건)	5,785	7,819	9,680	9,195	9,648	11,607	12,357	16,010
1심상표권신규 사건 수량(건)	8,460	12,291	19,815	23,272	21,362	24,168	27,185	37,964

출처: Annual Report on Digital Publishing Industry in China 2017-2018 p.221~p.222 자료 재정리.
주: 동자료는 중국인민최고법원자료를 상기 출처에서 인용한 자료임.

지식재산권 소송량의 지역별 분포를 보면 ①베이징 ②상하이 ③장쑤성 ④저장성(浙江省) ⑤광둥성 등 5개 성시(省市) 법원에 접수된 수량이 전국 법원에 접수된 사건총량의 70.65%를 차지하고 있어 이는 경제적으로 비교적 발전된 지역에서 지식재산권 분규사건이 상대적으로 많음을 의미한다.

지역별로 다시 접근하면 ①베이징법원이 전년대비 49.2%가 늘어난 2만 5,932건 ② 상하이법원도 전년대비 43.17%가 늘어난 1만 4,012건이며, 지린성, 후난성, 푸제성, 네이멍자치구 등에서도 전년도보다 적지 않게 증가한 것으로 알려져 있다.

21세기 중국문화산업시장의 이해

8. 한중 교역

가. 한중 간 상품교역 및 모바일폰 생산

12·5규획과 13·5규획 기간이 시작하는 2016년도의 한중 간 교역과 문화산업 발전과 깊은 관련성이 있는 모바일폰 생산량을 찾아보았다.

〈2011~2017년 기간 한중 간 교역 규모〉

연도	2011	2012	2013	2014	2015	2016	2017
수출액 (한국→중국)	1,627 억 달러	1,686 억 달러	1,831 억 달러	11,677 억 위안	10,847 억 위안	10,495 억 위안	12,013 억 위안
-증감(%)	17.6	3.7	8.5	2.8	-7.1	-3.2	14.4
수입액 (한국←중국)	829 억 달러	877 억 달러	912 억 달러	6,162 억 위안	6,291 억 위안	6,185 억 위안	6,965 억 위안
-증감(%)	20.6	5.7	4.0	8.9	2.1	-1.7	12.6
합계	2,456	2,563	2,743	17,839	17,138	16,680	18,978

출처: ①Statistical Communique' of The People's Republic of China on the 2011-2016 National Economic and Social Development ②Statistical Communique of the People's Republic of China on the 2017 National Economic and Social Development p.18 자료 재정리.
주: 중국의 연도별 평균환율(USD=위안: ①2011년 1USD=6.1428위안 ②2012년 1USD=6.2855위안 ③2013년 1USD=6.0969위안 ④2014년 1USD= 6.1428위안 ⑤2015년 1USD=6.2284위안 ⑥2016년 1USD=6.4623위안 ⑦2017년 1USD=6.7518위안.

한중간의 교역 규모는 2016년도에 와서는 수출입 모두가 마이너스 성장을 기록한다. 이는 세계 경제의 여러 가지 어려움도 한몫한 것으로 보인다. 2017년도에는 양국 간 정치, 안보문제에도 불구하고 오히려 수출입 규모가 증가했다.

그리고 2017년도 중국 상품의 한국 수출 규모가 12.6% 증가했는데 이는 중국 상품 전체 수출액의 4.5%를 차지했다. 중국의 수입상품 전체에서 한국이 차지하는 비중은 12.6%에 이르고, 이 또한 중국의 상품수입 전체의 9.6%에 이른다.

그러면 여기서 12·5규획 기간과 13·5규획 기간이 시작되는 해인 2016년도의 중국에서 모바일폰을 얼마나 생산하고 있는지 알아보자.

〈12·5규획 기간 및 2016년도 중국의 모바일폰 생산량 추세〉

연도	2011	2012	2013	2014	2015	2016
총생산량(만 대)	113,257.6	118,154.3	145,561.0	162,719.8	181,261.4	205,819.3
증감(%)	13.5	4.3	23.2	6.8	7.8	13.6
스마트폰생산량(만 대)	-	-	-	-	139,943.1	153,764.1
증감(%)					11.3	9.9

출처: Statistical Communique' of The People's Republic of China on the 2011-2016 National Economic and Social Development 자료 재정리.

2017년도의 모바일 휴대폰 생산량도 18억 8982.4만 대에 이른다.

중국의 내수시장 판매 규모가 2015년 30조 931억 위안인데 이 중에 온라인 판매액이 3조 8773억 위안이고 2016년도에는 내수시장 판매 규모가 33조 2316억 위안인데 온라인 판매액은 5조 1556억 위안으로 급상승하고 있는 추세다. 온라인 판매액 중에는 식품류가 2015년 40.8%, 2016년은 28.5%이고 의류 판매가 2015년 21.4%에서 2016년에는 18.1%로 모두가 다소 줄었다. 따라서 온라인 상품 구매가 다양해졌다는 것을 의미한다.

나. 문화상품 교역

한중 간에 문화산업 영역에서 무엇이 얼마나 거래되고 있는지 12·5

규획 기간 동안의 교역 현황을 살펴보자. 특히 본장에서 중국이 문화상품이라고 하는 범주는 ①출판물(도서, 신문, 잡지, 음상(音像)제품 및 전자출판물) ②문화용품(문구, 악기, 완구, 레크레이션 설비, 오락용품) ③문화전문기자재(인쇄전문 설비, 라디오, 텔레비전영화 관련 전문용품) ④공예미술품 및 소장품으로 분류하고 있음을 착오 없기 바란다.

① 한중 간 문화상품 교역

중국은 2017년 자국의 다양한 문화상품을 해외에 수출하여 881.9억 달러를 벌어들였고 해외 각국으로부터 89.3억 달러에 해당하는 문화상품을 수입했다. 중국의 문화상품들의 주요 교역대상은 대체적으로 한국을 비롯하여 홍콩, 미국, 일본으로 이들 국가의 비중이 매우 높다.

그런데 중국이 한국에 매년 평균 10억 달러 내외의 자국 문화상품을 수출해오다가 2016년 이후 갑자기 수출액이 대폭 증가한다. 반면 한국은 중국에 매년 평균 20억 달러 내외의 문화상품을 수출해오다가 갑자기 10억 달러대로 급감했다. 물론 국가순위에서는 상위를 지키고 있다. 한국의 경우는 중국의 문화상품 수출면에서 세계 8위 내지 10위에 머물고 있고 중국의 연간 문화상품 해외수출 총액의 1~2%선에서 머문다.

〈중국의 문화상품 수출입 및 한중 간 수출입 규모 비교〉

중국의 대 한국 문화상품 수출

연도	2011	2012	2013	2014	2015	2016	2017
중국의 연간 총수출액 (억 달러)	582.1	766.5	898.6	1,118.3	870.9	784.9	881.9
수출 대상국 순위	8위	9위	8위	10위	9위	8위	10위

중국의 대한국 수출액 (억 달러)	11.86	10.86	13.66	10.95	13.52	15.50	14.23
한국의 비중(%)	2.04	1.42	1.52	0.98	1.55	1.97	1.61

출처: ①China Statistical Yearbook on Culture and Related Industries 2016 p.50-p.53, 2017. p.52-p.54 ②China Statistical Yearbook on Culture and Related Industries 2018 p.55-p.57 자료 재정리.

중국의 한국 문화상품 수입

연도	2011	2012	2013	2014	2015	2016	2017
중국의 연간 총수입액 (억 달러)	89.3	121.0	172.2	155.4	142.3	96.6	89.3
수입대상국 순위	1위	1위	1위	1위	1위	2위	1위
한국 문화상품 수입액 (억 달러)	17.32	20.14	22.59	22.15	22.35	8.98	11.81
한국의 비중(%)	19.39	16.64	13.12	14.25	15.71	9.30	13.22

출처: ①2016 및 2017China Statistical Yearbook on Culture and Related Industries p.50-52, p.52-p.54 자료 ②2018 China Statistical Yearbook on Culture and RelatedInsustries p.52-p.57 자료 재정리.

그러나 한국 문화상품의 중국 진출에서는 상황이 다소 달라지는데 중국의 연간 총수입액의 평균 15% 내외를 차지한다. 한편 지난 5년간 한국이 중국 진출에 1위 자리를 계속 유지해왔으나 2015년의 경우를 보면 중국의 해외문화상품 수입대상국 상위 2위에 갑자기 베트남이 등장한다. 지금까지 중국의 해외문화상품 수입대상국 상위 15위에 전혀 포함되지 않았던 베트남이 2015년 21.74억 달러를 중국에 수출한 것이다. 물론 베트남의 문화상품이 그만큼 국제적 경쟁력을 갖췄다는 반증이기도 하지만, 중국의 수입선 다변화와도 무관치 않은 것으로도 분석이 가능하다. 2016년도에 와서는 베트남의 대 중국 문화상품 수출액이 12.56억 달러로 세계 1위를 차지했다. 그리고 2016년도에 와서는 중국의 한국문화상품 수입이 대폭 줄어들고 중국이 외국으로부터 수입하는 문화상품 전체에서 차지하는 한국의 비중도 9.11%로 뚝 떨어지고 있다.

그럼 여기서 한국보다 시장이 큰 미국과 일본과의 문화상품 교역이 얼마나 이루어지는지 파악하여 현황을 다음 표와 같이 정리했다.

〈최근 7년간 중국의 대 미·일·홍콩 문화상품 수출 현황〉

연도	2011	2012	2013	2014	2015	2016	2017
연간 총수출액(억 달러)	582.2	766.5	898.6	1,118.3	871.2	784.9	881.85
대미 수출액(억 달러)	150.58①	163.05②	190.18②	217.60②	240.47①	227.76①	273.35①
미국 수출액 비중(%)	25.87	21.27	21.16	19.46	27.60	29.02	31.0
대일 수출액(억 달러)	34.86③	31.93③	40.90③	36.97③	29.16⑤	30.47⑤	38.98⑤
일본 수출액 비중(%)	5.99	4.17	4.55	3.31	3.35	3.88	4.42
대홍콩 수출액(억 달러)	132.02②	257.86①	323.17①	514.64①	224.93②	157.97②	122.97②
홍콩 수출액 비중(%)	22.68	33.64	35.96	46.02	25.82	20.13	13.94

출처: ①2016 및 2017China Statistical Yearbook on Culture and Related Industries p.50-52 및 p.51-p.54 ②2018 China Statistical Yearbook on Culture and Related Industries p.52-p.57 자료 재정리.
주: ○ 속의 숫자는 중국의 수출대상국대상 수출액 순위를 말함.

중국의 자국 문화상품 해외수출 측면에서 보면 홍콩이 차지하는 비중을 제외하더라도 미국이 차지하는 비중은 지난 7년간 연간평균 25.04%를 점하고 있어 양국 간의 문화상품 교역은 대체로 활발하게 진행되고 있음을 보여준다. 그러나 중국의 미국이나 일본 문화상품 수입액에서는 홍콩에 비해 그 비중이 현격하게 떨어진다.

〈최근 7년간 중국의 대(對) 미·일·홍콩 문화상품 수입 현황〉

연도	2011	2012	2013	2014	2015	2016	2017
연간 총수입액(억 달러)	89.3	121.0	172.2	155.4	142.3	96.6	89.3
대미 수입액(억 달러)	4.89④	5.38④	5.45④	6.31④	6.52⑤	6.09③	7.13⑤
미국 수입액 비중(%)	5.48	4.45	3.16	4.06	4.58	6.30	7.98
대일 수입액(억 달러)	12.93②	11.56②	9.92②	8.92②	7.29③	6.04④	7.18④
일본 수입액 비중(%)	14.48	9.55	5.77	5.74	5.12	6.25	8.04
대홍콩 수입액(억 달러)	1.32⑩	2.60⑦	5.33⑤	5.31⑤	2.30⑪	1.80⑫	1.81⑫
홍콩 수입액 비중(%)	1.48	2.15	3.10	3.42	1.62	1.86	2.03

출처: ①2016 및 2017 China Statistical Yearbook on Culture and Related Industries, p.50-52/ p.51-p.54 ②2018 China Staistical Yearbook on Culture and Related Industries, p.52, p.57 자료 재정리.

그리고 중국의 해외 문화상품 수입대상국가 중에는 2011년부터 독일도 줄곧 3위를 유지해오다가 2015년도에는 6.90억 달러, 2016년 5.96억 달러로 각각 4위를 기록하고 있으며, 여타 선진국가들의 중국과의 교역량도 모두 상위 15위에 포함되어 있다. 어쨌든 중국에서 각종 문화상품의 거래는 대체적으로 한국, 미국, 일본, 홍콩과의 거래량이 적지 않다.

다. 한국 TV 주요 프로그램 최근 중국 방영 사례

한국 TV드라마는 2010년 중국 정부가 인터넷사이트동영상 채널에 광고수입을 허가하면서 기존의 지상파 TV방송채널과 함께 인터넷 사이트 동영상 채널을 통하여 드라마를 시청하는 사람들이 급격하게 늘어나면서 성공을 거두는 사례들이 발생한다.

이는 2016년 말을 기준으로 할 때 중국의 인터넷보급률 53.2%, 네티즌 수 7억 3125만 명, 휴대폰 네티즌 수 6억 9531만 명, 인터넷사이트 동영상 채널 이용자 5.45억 명, 전체 네티즌의 77.8%가 39세 이하의 젊은 층으로 구성되어 있는 등 중국의 인터넷 환경이 드라마뿐만 아니라 문화산업 전반에 네티즌들의 영향력이 지대하다는 것을 증명해보이는 환경임을 분명히 보여준다.

2013년 후난위성TV 채널에서 방영한 중국판 종합예능(시즌)프로 〈아빠! 어딜 가세요〉와 〈런닝맨(Running Man, 奔跑吧!兄弟)〉의 중국 내 시청률은 상당한 것으로 알려져 있고 판권 거래에 있어서도 〈아빠! 어딜가세요〉는 1100만 위안(한화 약 20억 원)에, 2014년 방송된 〈별에서 온 그대(来自星星的你)〉는 1집당 18만 5000위안(한화 약 3330만 원)에 각각 거래가 된 것으로 알려져 있다.

그리고 2014년 〈별에서 온 그대〉는 바이두의 인터넷사이트동영상채널인 '아이치이(愛奇艺)' 등에서 22억 뷰를 기록하고 2016년 〈태양의 후예〉는 26억 뷰를 기록하는 등 선전한 것으로 시장에서는 전언한다. 중국은 2014년 25편의 해외 종합예능프로(포맷)을 수입했는데 이 중 48%에 해당하는 12편이 한국 프로그램인 것으로 알려져 있어 TV 프로그램에서 한중 간에는 보이지 않은 부분에서 공유하고 있는 것이 자연스러운 일이 아닌가 하는 생각이 든다.

여기서 한국의 TV프로그램 중 대중성이 강한 리얼리티쇼 등 주요 프로그램의 중국 수출 현황을 일목요연하게 정리해보았다.

<한국의 주요 TV프로그램 중 리얼리티쇼프로그램등 중국 수출 현황>

연도	프로그램명	채널명	방송일	원판프로명	프로 유형	제작자/ 저작권자	비고
2013	爸爸去哪儿	후난위성	2003.10-12 2014.6-10 2015.7-10	아빠! 어딜가?	리얼리티쇼 프로	MBC	저작권 수출
	妈妈咪呀, 做女人就这样	상하이 둥팡	-	Super Diva	리얼리티쇼 프로	CJ E&M	
	我是歌手	후난위성	2013.1-4 2014.1-4 2015.1-4	나가수	리얼리티쇼 프로	MBC	
	我的中国星	湖北위성		Super Star K	리얼리티쇼 프로	CJ E&M	
2014	奔跑吧!兄弟	저장위성	2014.10-12 2015.4-7 2015.10- 2016.1	Running Man	리얼리티쇼 프로	SBS	저작권 수출
	喜从天降	댄진위성	-	위대한시댁	리얼리티쇼 프로	-	
	2天1夜	상하이 둥팡	-	1박2일	리얼리티쇼 프로	KBS2	
	不朽之名曲	상하이 둥팡	-	불후의명곡	리얼리티쇼 프로	KBS2	
2015.1 - 2016.6	背着青春去旅行之花样爷爷	상하이 둥팡	-		리얼리티쇼 프로	CJ E&M	한중 합작
	今天不烦恼	湖北위성	-		리얼리티쇼 프로	-	
	我去上学啦	상하이 둥팡	2015.7	-	-	JTBC	저작권 수출
	了不去的挑战	CCTV 종합	2015.12	-	-	MBC	

2015.1 – 2016.6	我们的法则	안후이위성	2016.6	-	-	SBS	저작권수출
	谁是大歌神	저장위성	2016.3	-	-	JTBC	
	看见你的声音	장쑤위성	2016.3	-	-	CJ E&M	

출처: China TV Rating Year Book 2017. p.234-238자료 재정리.

상기와 같이 소위 중국의 표준이 되는 전형의 모델류에 속한 프로그램들은 1998년 영국의 도박 프로인 〈고 빙고(Go Bingo)〉를 도입하면서 꾸준히 이어져왔는데 2012년도에 와서 최고조에 이른다. 이런 프로들에는 대체적으로 리얼리티쇼 프로들이 많다.

2013년의 경우 시청률이 비교적 높은 이러한 류(類)의 프로그램 저작권수입이 17개 작품이었는데 한국 작품은 4개 작품이다. 미국 5개 작품, 영국과 네덜란드가 각각 3개 작품, 독일과 아일랜드가 각각 1개 작품인 것으로 집계되어 있다.

그러나 2014년도에 와서는 국가신문출판광전총국의 오락프로그램제한령(娛限令)으로 중국 측 수입 TV 방속국 측과 해외수출저작권자 측의 공동제작 형식으로 바뀐다. 2014년 저작권 수입작품 중 4개 작품이 한국 작품이었으며 중국과 외국과의 공동제작 작품 19개 중에서도 한국의 CJ E&M에서 2개의 작품을 공동제작했다.

2015년부터 2016년 6월까지 위성채널에서 높은 시청률을 기록한 38개 프로그램 중 5개 작품이 한국으로부터 저작권을 수입한 작품이다. 그리고 위 표와는 별개이긴 하지만 2016년도의 중국 각급 TV방송국 측이 자체 제작 생산한 인터넷 종합예능 프로는 93개 작품으로 다소 줄었다. 안타깝게도 2016년 7월 이후에는 중국 내 한국 드라마, 영화, 종합예능 프로 등이 방영되지 않았다.

다음은 중국의 TV드라마를 포함한 다큐멘터리, TV용 애니메이션, 영화 등 TV프로그램인 영상류(影視类)를 이해하기 위해서는 우선 중국의 미디어산업에 대한 개략적인 설명이 필요하므로 다음과 같이 간단하게 파악, 기술하고자 한다.

9. 매스미디어산업

가. 시장환경

2016년의 경우 2015년보다 미디어산업의 시장규모가 19.1%가 늘어난 1조 6078.1억 위안(한화 약 272조 3277억 원)에 이르고 있다. 특히 2016년도는 중국공산당 성립 95주년을 맞는 해이고, 국민경제와 사회발전 제13차 5개년계획(13·5규획)의 첫해이기도 하다. 중국은 소위 미디어산업의 건강한 발전을 위한 주요정책부문에서 국가공상총국(国家工商总局)이 공포·시행하고 있는 '인터넷광고관리임시규정(互联网广告管理暂行办法)'과 국가신문출판광전총국이 공포·시행하고 있는 '네트워크출판서비스관리규정(网络出版服務管理规定)', '한동령(限童令)', 'TV드라마콘텐츠제작통칙(电视剧内容制作通则)', '모바일게임출판서비스관리에 관한통지(关于移动游戏出版服務管理的通知)' 등과 2016년 11월 전국인민대표대회에서 비준하여 시행에 들어간 '네트워크안전법(网络安全法)' 및 '영화산업촉진법(电影产业促进法)' 등의 문화, 미디어 관련법규들이 상당히 정비되었다.

또한 중국은 인터넷 강국 건설에 팔을 걷어붙이고 강력한 정책들을 추진한다. 2016년 국가급기금 설립이 계속되는데, 같은 해 8월 기금총액이 2,000억 위안(한화 약 35조 원)인 '중국국가자본벤처투자기금주식유한공사'를 설립하여 시장화 운영방식으로 하는 국가전략 실행에 이미 들어섰고, 같은 해 9월에는 기금규모 3500억 위안(한화 약 59조 5000억 원)의 '중국 국유기업구조조정기금'도 설립했다.

그리고 2017년 1월에 와서는 처음으로 인터넷 영역의 국가급 투자기금인 '중국인터넷투자기금'을 설립했는데, 규모 역시 1000억 위안(한화 약 17조 5,000억 원)으로 이 기금의 출자회사는 중국이동(中國移動, China Mobile), 중국련통(China Unicom), 중국전신(China Telecom) 통신사 3사와 중국공상은행, 중국농업은행 등이 참여했다(출처: Annual Report on Development of New Media in China (2017) p.5).

2017년 3월 1일에는 외교부와 국가인터넷정보판공실 공동으로 '네트워크공간국제합작전략'을 발표했는데, 이를 통해 평화, 주권, 공치(共治) 보혜(普惠) 등 4개 항을 기본원칙으로 하는 네트워크 공간 국제합작을 촉진하기도 했다.

2016년도의 미디어산업부문에서 주요업종별 현황을 보면 모바일 데이터 및 인터넷 부가가치 수입이 4330억 위안으로 39.7%가 증가했고 인터넷광고수입은 29.7%가 늘었다. 그러나 신문광고수입은 -28.3%, 신문발행수입은 -11.5%, 잡지광고수입도 -16.1%로 소위 전통적인 미디어들의 광고수입은 마이너스 성장을 진행하고 있음을 보여준다.

여기서 최근 7년간 중국 매스미디어산업 총규모와 증가율은 다음 표와 같다.

연도	2011	2012	2013	2014	2015	2016	2017
시장규모(억 위안)	7503.3	9433.4	10619.2	12359.1	13599.9	16270.5	18996.7
증가율(%)	14.5	25.7	12.6	16.4	10.0	19.6	16.6

출처: Report on Development of China's Media Industry(2018) p.10 자료 재정리.

역시 중국의 매스미디어산업시장은 끝이 보이지 않는 것 같다.

나. 뉴미디어산업의 급속한 발전과 현주소

모바일이 보편화되어 있는 중국의 문화산업시장에서 전국의 TV 시청자들은 어떠한 종류의 매체들을 가장 많이 접속하고 있는지 파악해보면 2015년도의 경우 TV가 98.6%로 가장 많고 두 번째가 휴대폰, PAD 등 모바일 단말기 56.0%, 세 번째는 PC 컴퓨터 44.0%, 네 번째는 Portal TV 40.5% 등으로 이어진다. 전통적인 미디어인 신문이나 잡지 등은 접속률이 계속 줄어들고 TV 역시 2014년 99.2%에서 2015년 98.6%로 감소했다.

그런데 2017년에 와서 보면 각종 미디어 시청자들의 미디어 접촉률에서 인터넷이 1위로 85.0%에 이르고, 그다음이 TV로 83.6%, 3위는 라디오방송 45.7%, 4위는 신문 32.4%, 5위 잡지는 17.3%로 나타났다 (출처: Report on Development of China's Media Industry(2018) p.49).

그리고 1994년부터 2017년까지 약 20년이 넘게 인터넷 발전의 역사를 가진 중국은 2017년 오늘날 약 7억 7,198만 명의 네티즌들을 보유한 세계 최대의 네티즌 보유국가이다. 인터넷 광고시장에서 BAT와 이들과 관련 있는 기업들의 수입이 전체 시장의 70~80%를 차지하고 있고, 인터넷 전자상거래 영역에서도 알리바바(Alibaba, 阿里巴巴)와 징 둥의 시장 점유율을 합치면 90%에 이르고 있으며 게임시장에서는 텅쉰 1개사의 게임시장 점유율이 50%를 넘어섰다는 것이 문화산업시장에서의 대체적인 분석이다.

특히 게임 분야에서 휴대폰게임이 단말기게임으로 대치되어 게임업 성장의 중요한 성장동력이 되고 있으며 2015년 12월 19일까지의 55개의 게임 판매가 호조를 보이는 가운데 어린이 게임 앱스토어(APP Store) 중 28개가 텅쉰이 발행한 게임이고 상위 50위 중에서도 40개의 게임이 일년 내내 순위가 바뀌지 않았고 새로운 게임의 50위 진입은 겨우 10개에 머물고 있다는 사실은 텅쉰이 게임시장에서 맹주임을 확인시켜주는 것을 의미한다.

근래에 와서는 1980년대 출생자들이 사회의 버팀목이 되었고 1990년대 출생자들은 1980년대 출생자들과 사회의 핵심 세력으로 등장하면서 이들은 인터넷 세대로 함께 성장해나가고 있다. 또한 이들 세대들이 주요 소비층으로 각광받으면서 생활방식과 소비패턴 내용에 있어 대단히 빠른 속도로 새로운 것을 요구하고 있으며 정보전파속도 역시 대단히 빠르다. 따라서 이러한 젊은 네티즌들이 문화산업 분야에 미치는 영향력은 나날이 확산되고 강하게 일고 있는 것이 현실이다.

중국의 도서 판매에 있어서도 인터넷 도서 판매 규모는 365억 위안으로 30%나 늘어남으로써 처음으로 서점에서의 판매액을 넘어섰다.

2016년 한 해 동안 중국 정부는 3,800개라는 적지 않은 국산게임을 비준했고, 이 중 92%가 모바일게임으로 수입도 전체 수입의 49.5%를 차지한 바 있다.

광고료와 회원들의 회비로 운영되고 있는 인터넷동영상과 인터넷생방송은 지속적으로 급속한 발전을 거듭하면서 2016년도 인터넷동영상 시장은 56%나 급등한다.

TV드라마 시청률이 2%를 돌파한 TV드라마는 전체의 경우 2%에 불과하지만 인터넷동영상사이트에서 방영된 인터넷드라마 11편이 100억 회 이상의 클릭 수를 기록했다. 인터넷드라마 〈青云志〉의 클릭 수가 무려 256.56억 회이고 〈錦繡未央〉의 클릭 수도 196.91억 회를, 〈歡乐頌〉은 185.15억 회의 클릭 수를 기록하고 있어 이러한 현상은 평판TV를 통하여 시청하던 드라마 시대는 서서히 저물어가고 인터넷동영상을 통한 드라마를 시청하는 시대가 급속하게 보편화되었다는 것을 전해준다. 중국의 미디어산업은 이미 인터넷 시대를 지나 모바일 시대와 동시에 콘텐츠 시대를 향하여 질주하고 있다고 해야 맞을 것 같다.

중국의 인터넷 광고증가율도 30%로 대단히 가파르다.

〈2011~2016년 기간 중국의 인터넷광고수입(억 위안) 증가율(%)〉

연도	2011년	2012년	2013년	2014년	2015년	2016년
광고수입	513.0	753.1	1,100.0	1,540.0	2,096.7	2,769.4
증감(%)	57.6	46.8	46.1	40.0	36.1	32.1

출처: Annual Report on Development of New Media in China 2017, p.316.

그런데 2016년도 중국의 인터넷광고수입이 2769.4억 위안(한화 약 47조 798억 원)인데 대기업 쏠림현상이 뚜렷하다.

〈2015~2016년 중국의 주요 인터넷미디어 광고수입 및 증가율(%)〉

	영업수입			순이윤			광고수입		
	2015년	2016년	증감(%)	2015년	2016년	증감(%)	2015년	2016년	증감(%)
바이두(억 위안)	663.82	705.49	6.3	336.64	116.32	-65.45	640.37	645.25	0.8
알리바바(억 위안)	943.84	1438.8	52.44	688.44	366.88	-46.71	541.00	-	-
腾讯 (억 위안)	1028.6	1519.4	47.71	291.08	410.95	41.18	174.68	269.0	54.0
搜狐 (억 달러)	19.41	16.5	-15.0	-	-2.26	-	11.63	11.08	-4.73
新浪 (억 달러)	8.807	10.309	17.05	0.257	2.251	775.88	7.432	8.712	17.0
新浪웨이보 (억 달러)	4.787	6.558	17.0	0.347	1.08	211.0	4.021	5.71	42.0
网易 (억 위안)	228.03	381.79	67.43	67.35	116.05	72.31	17.89	21.52	20.29
凤凰新미디어 (억 달러)	16.10	14.4	-10.56	0.736	0.806	9.51	12.30	12.30	0

출처: Annual Report on Development of New Media in China 2017, p.317 자료 재정리.

광고수입에서는 중국인들이 아끼는 바이두 기업이 단연 앞선다. 영업수입에서는 중국 게임업계의 거상인 텅쉰이 압도적이다. 뿐만 아니라 중앙정부는 문화, 스포츠, 미디어 등의 부문에 정부중앙재정을 엄청나게 지출하고 있는데 2017년의 경우 3391.93억 위안(한화 약 57조 6628.1억 원)으로 이 중에 라디오, 영화, 텔레비전, 신문(Press), 출판부문에만도 770.88억 위안(한화 약 13조 1049.6억원)에 이른다.

이러한 적지 않은 예산은 일반공공예산이라 할지라도 중국의 문화산업 발전과 상당한 관련이 있어 2017년도 중국의 문화산업 분야별로 지원된 중앙재정 규모에 접근해보았다. 이러한 지원액들의 92.01%가 지방정부에서 집행된다.

<중국의 문화산업 관련 일반공공예산 정부재정 지원 현황/2016년 및 2017년>

구분		합계	문화 분야	문화재 분야	스포츠 분야	R/TV, 영화, 신문, 출판	기타
중앙재정 지원 (억 위안)	2017년	270.92	53.43	18.82	22.62	160.14	15.91
	2016년	247.95	56.56	15.50	21.39	134.78	19.72
지방정부 지원 (억 위안)	2017년	3,121.02	1,201.26	336.72	452.24	610.75	520.06
	2016년	2,915.13	1,103.90	335.36	368.09	606.09	501.09
합계	2017년	3,391.93	1,254.68	355.54	474.85	770.88	535.98
	2016년	3,163.08	1,160.46	350.86	389.48	741.47	520.81

출처: ①2017 China Statistical Yearbook on Culture and Related Industries p.55 ②2018 China Statistical Yearbook on Culture and Related Industries p.58 자료 재정리.

그리고 지방정부 중에 어느 지역이 가장 많은 재정 지원을 받아 문화와 문화산업 발전에 공헌했는지를 보면 단연 경제적으로 발전된 지역이 상위를 차지하고 있다. 여기서도 마태효과가 나타나는 것을 볼 수 있다.

<중국의 문화산업 관련 일반공공예산 정부재정 지원액(억 위안) 상위 5위/2017년>

지역별	합계	문화분야	문화재분야	스포츠분야	R/TV,영화, 신문,출판	기타
광둥성	285.87	146.07	17.92	33.48	24.41	63.99
베이징시	208.96	105.08	25.54	31.05	29.54	17.75
장쑤성	194.37	84.64	16.28	28.46	23.72	41.28
상하이시	191.32	63.14	18.26	72.73	5.85	31.34
저장성	159.66	74.25	17.51	18.04	17.15	32.71

출처: 20178 China Statistical Yearbook on Culture and Related Industries, p.58 자료 재정리.

상기 표 이외의 지역으로 6위의 후난성이 148.93억 위안, 7위 쓰촨성(四川省) 142.46억 위안, 8위 산둥성(山東省) 141.90억 위안으로 집계를 하고 있다.

어쨌든 문화 및 문화산업부문의 발전에는 자금 지원이 필수라는 점을 고려한다면 중국 정부의 이와 같은 일반공공예산의 규모는 대단한 영향을 받을 수밖에 없다.

2장

게임산업시장

1. 시장 동향

2017년도까지 시장 상황에 접근해보면 중국의 게임시장 수입은 끊임없는 성장세를 유지한다. 이러한 성장의 기저에는 여러 가지 요인들이 복잡하게 연결되어 있겠지만 인터넷의 가파른 보급과 이의 생활화 및 기술 향상 등이 게임산업 발전에 적지 않은 환경을 조성하고 있다고 봐야 한다.

게임시장의 흐름은 모바일게임이 시장을 좌우하고 중국이 자체적으로 연구, 개발하여 해외로 수출하여 벌어들인 금액만 2017년 무려 82억 달러에 이른다. 그리고 중국에서 자체적으로 연구, 개발하여 생산해낸 게임 수입이 전체 게임 수입 총액의 70% 내외를 넘나든다.

중국이 문화산업에 본격적으로 뛰어든 2002년을 기점으로 보면 불과 15년 만에 중국의 게임시장은 괄목할 만큼의 급성장을 한 셈이다. 2002년 초기에는 한국게임들이 중국에서 서브되면서 상당한 수입을 창출할 때인 점을 감안하면 중국의 내수시장환경과 당과 정부의 끊임없는 지원책들이 창출해낸 결과물로 여겨진다. 이러한 환경 속에서 게임시장에 대한 자본시장의 관심은 여전히 높아 좋은 게임산업에 주목하면서 투자 과정이 대단히 정확하고 치밀하게 진행되고 있음도 엿볼 수 있다.

엔터테인먼트, 영화체인관, 교육, 전통적인 미디어, 인터넷 및 여타 산업과 비교해보면 게임산업의 증장속도가 여전히 가장 빠르게 나타나고 있기 때문일 것이다.

지난 3년간 중국 정부가 출판발행을 비준한 게임수량은 해외수입게임을 포함하여 2015년 750개에서 2016년 3,800개, 그리고 2017년도에는 무려 9,800개에 이른다. 이러한 현상은 게임시장의 수익 측면을 알 수 있는 현상이면서 치열한 경쟁을 의미하기도 한다.

게임생산지를 보면 베이징, 상하이, 광둥성 등 소위 경제력이 비교적 우세한 이 세 개 지역에서 중국 전국에서 생산하는 게임의 60% 이상을 생산해내고 있다.

2. 제작, 생산

중국은 정부가 비준하는 게임출판, 발행량이 매년 증가한다. 2015년도는 750개를 비준했고 2016년도 비준한 3,800개의 게임 중에는 해외수입 게임이 260개가 포함되어 있으며 2017년에 비준한 9,800개의 게임 중에는 해외수입 게임이 490개가 포함되어 있는 숫자이다. 어쨌든 국산게임 비준량은 2016년 93.16%이고 2017년도는 95.0%에 이른다.

그런데 제작, 생산되어 정부의 비준을 받은 게임 유형을 보면 모바일게임이 대세를 이룬다.

<최근 3년간 중국의 게임 유형별 정부 비준비율(%)>

구분	모바일게임	클라이언트(Client)게임	웹게임	가족게임기게임	비고
2017년	96%	1.5%	2.3%	0.2%	국산게임 9,310개 대상
2016년	92%	2.0%	6.0%	.	정부비준 전체 대상
2015년	49.7%	11.2%	32.8%	TV게임 6.3%	정부비준 전체 대상

출처: ①2015, 2016, 2017 China Gaming Undustry Report(Abstract) p.19/p.20/p.13 ②Annual Report on Digital Publishing Industry in China 2016-2017 p.138-139/2017-2018 p.101-p.102 자료 재정리.

그리고 게임시장에서의 수입은 게임유형별 점유율이 다소 다르게 나타난다.

<최근 3년간 중국의 게임유형별 시장수입 구성비율(%)>

구분	모바일게임	클라이언트게임	웹게임	싱글게임	소셜게임	가족게임기게임	합계
2017년	57.0	31.9	7.6	0.1	2.7	0.7	100.0
2016년	49.5	35.2	11.3	0.4	3.5	0.1	100.0
2015년	36.6	43.5	15.6	0.1	4.04 *기타포함	0.16	100.0

출처: ①2015, 2016, 2017 China Gaming Industry Report(Abstract) p.1-p.2/p.12/p.7 자료 재정리.

또한 2017년도 중국 정부가 비준한 중국 국산게임 9,310개를 유형별로 구분하면 모바일게임이 96.0%를 차지하고 클라이언트게임은 1.5%, 웹게임은 2.3%, 그리고 가족(가정)게임기게임이 0.2%를 각각 차지했다.

그리고 2017년도 해외수입게임 490개를 유형별로 구분하면 모바일게임이 75.0%, 가족(가정)게임기게임 13.6%, 클라이언트게임 9.8%, 웹게임 1.6%로 각각 집계되었고 2016년도 해외수입게임 260개는 가정(가족)게임기게임 46.0%, 모바일게임 33.0%, 클라이언트게임 19.0%,

웹게임 2.0%로 각각 집계됐다(출처: 2017 China Gaming Industry Report(Abstract) p.14/2016 China Gaming Industry Report(Abstract) p.22).

그런데 앞서 일부 기술했지만 게임출판량의 지역별 분포와 게임기업 상장지역별 분포를 보면 중국 게임시장 형국 파악이 가능하다.

〈최근 3년간 중국의 게임출판량 게임기업 상장지역별 분포〉

구 분	게임출판량 지역별분포비율(%)				게임기업 상장사수 및 지역별분포비율(%)			
	베이징	상하이	광둥성	기타	상장기업수	A주식(중국 국내상장기업)	홍콩증시 상장기업	미국증시 상장기업
2017년	38.4	15.2	9.6	36.8	185	151개사 (81.6%)	26개사 (14.1%)	8개사 (4.3%)
2016년	25.0	31.0	5.0	39.0	158	129개사 (81.6%)	17개사 (10.8%)	12개사 (7.6%)
2015년	16.2	51.2	9.0	23.6	171	136개사 (79.6%)	17개사 (9.9%)	18개사 (10.5%)

출처: ①2015 China Gaming Industry Report(Abstract) p.20-p.21 ②2016 China Gaming Industry Report (Abstract) p.16, p.21 ③2017 china Gaming Industry Report (Abstract) p.10, p.15 자료 재정리.

중국 국산게임출판 지역별 분포에서 예외 없이 1선 대도시에서 전체의 60% 이상을 차지한다. 게임사들의 증시상장 지역에서도 중국 국내증시에 상장하는 기업이 80% 이상을 차지하고 있고 미국증시에 상장하는 중국 기업들은 대단히 적다.

2017년도 중국의 지역소재지별 게임사들의 증시상장 내역을 좀 더 구체적으로 접근해보면 총 185개사 중 ①광둥성 지역소재의 증시상장 기업이 37개사로 전체의 20.0% ②베이징 지역소재 증시상장게임 기업들은 33개사로 전체의 17.8%를 점유한다. 그리고 ③저장성 지역소재

21세기 중국문화산업시장의 이해

게임기업들의 상장게임기업은 22개사인데 전체의 11.9%를 차지하고 ④상하이 지역소재 게임기업들의 증시상장게임기업은 18개사로 전체의 9.7%, ⑤푸젠성 지역소재 게임기업들의 상장게임기업은 12개사로 역시 전체의 6.5% ⑦기타 지역소재 게임사들의 상장게임기업은 63개사로 전체의 34.1%를 각각 차지하고 있는 것으로 알려져 있다.

3. 게임시장 판매수입과 이용자

〈최근 10년간 중국의 게임 시장규모 변화 추이〉

연도	2008	2009	2010	2011	2012	2013	2014	2015	2016	2017
규모(억 위안)	185.6	262.8	333.0	446.1	602.8	831.7	1,144.8	1,407.0	1655.7	2036.1
증가율(%)	72.5	41.6	26.7	34.0	35.1	38.0	37.7	22.9	17.7	23.0
자체개발게임 수입(억 위안)	110.1	165.3	193.0	271.5	368.1	476.6	726.6	986.7	1182.5	1397.4
증가율(%)	60.0	50.1	16.8	40.7	35.6	29.5	52.5	35.8	19.9	18.2

출처: ①2017 China Gaming Industry Report(Abstract) p.6, p.9 ②Report on Development of China's Media Industry(2018) p.154, p.158 자료 재정리.

게임시장 전체판매수입은 물론이고 중국이 자체적으로 연구 개발한 게임시장수입도 끊임없이 성장으로 질주한다. 따라서 중국의 전체 게임시장 수입이 2036.1억 위안(한화 약 34조 6137억 원)인데 이 중에 자체개발한 국산게임의 시장수입이 1397.4억 위안(한화 약 23조 7558억 원)으로 전체 게임 시장수입의 68.63%를 차지한다.

그런데 중국에서 게임을 즐기는 이용자가 해마다 계속 늘어나 2017년에는 5.83억 명에 이르고 있는데 전체 인구수에 비하면 계속 확대될 것임이 분명해 보인다.

〈최근 10년간 중국의 게임 이용자 수 변화 추이〉

연도	2008	2009	2010	2011	2012	2013	2014	2015	2016	2017
규모(억 명, 亿名)	0.67	1.15	1.96	3.30	4.10	4.95	5.17	5.34	5.66	5.83
증가율(%)	-	70.0	71.1	68.5	24.1	20.6	4.6	3.3	5.9	3.1

출처: 2017 China Gaming Industry Report (Abstract), p.8 자료 재정리.

여기서 게임이용자들에 대한 게임의 유형별 또는 이들 이용자들이 유료이용액은 얼마나 되는지, 그리고 새로운 게임 출시 자료 취득 방법은 어떻게 이루어지는지 찾아보자. 남여 성별에서는 남성이 약 70% 선이고 여성은 30% 선에 머문다.

〈2016년 게임유형별 이용자 남녀성별 구성 및 인터넷동영상 이용 단말기 비율(%)〉

게임유형	모바일게임	클라이언트게임	웹게임	PC싱글게임	인터넷동영상이용단말기 이용자비율(%)			
					휴대폰	PC	PAD	기타이용자
남성비율	65.6%	78.1%	68.2%	72.7%	61.9%	35.3%	2.7%	0.1%
여성비율	34.4%	21.9%	31.8%	27.3%				

출처: ①2016 China Gaming Industry Report(Abstract) p.23 ②Report on Development of China's Media Industry(2016) 자료 재정리.

2016년도를 기준으로 하여 보면 중국의 게임이용자 약 4분의 3 정도가 유료로 게임을 이용하는데 그들이 어느 정도를 소비하고 있는지 파악해보자. 500위안 이하가 26.0%로 가장 높고 그다음으로 500~1,499위안은 21.4%, 1,500~2,999위안 사이가 9.5%이며 3,000~4,999위안

21세기 중국문화산업시장의 이해

사이는 7.5%, 5,000위안 이상을 소비하는 이용자가 9.1% 조사되었고 한 푼도 내지 않는 이용자도 26.5%에 이른다고 전해진다.

　새로운 게임 출시 관련 자료 입수 경위는 소셜소프트웨어인 웨이신, QQ, 웨이보를 이용하는 경우가 가장 많은 45.6%를 차지한다. 그다음 이 공식 사이트 32.3%, 종합류 포털사이트 및 게임매체 APP 30.2%, 친구 또는 게이머 추천이 22.6%로 나타났다.

　다음은 게임유형별 시장 상황에 접근해보겠다.

가. 게임시장 64.2%를 휩쓴 모바일게임

　2017년도에 중국의 게임시장 중 모바일게임 시장수입인 한화 약 20조 원은 이용자 5.54억 명이 창출해낸 숫자이다. 이러한 모바일게임 이용자들의 연령층별 구성을 보면 ①26~35세 49.4%, ②16~25세 36.0%, ③36~45세 11.7% ④46세 이상 2.7% ⑤15세 이하 0.2%로 구분되고 있어 젊은층인 16~35세 사이의 이용자가 전체 이용자의 85.5%를 차지한다.

〈최근 10년간 중국의 모바일게임 시장수입 및 이용자 규모 변화 추이〉

연도	2008	2009	2010	2011	2012	2013	2014	2015	2016	2017
규모(억 위안)	1.5	6.4	9.1	17.0	32.4	112.4	274.9	514.6	819.2	1161.2
증가율(%)	25.0	326.7	42.0	86.8	90.6	246.9	144.6	87.2	59.2	41.7
이용자(억 명, 亿名)	0.10	0.21	0.30	0.51	0.89	3.10	3.58	4.55	5.28	5.54
증가율(%)	25.0	115.2	43.6	70.2	73.7	248.4	15.1	27.4	15.9	4.9

출처: ①Annual Report on China's Mobile Internet Development(2018) p.247, p.251 ②2017 China Gaming Industry Report(Abstract), p.17-p.18 자료 재정리.

그리고 2017년도의 모바일게임 시장수입액 1161.2억 위안(한화 약 19조 7404억 원)은 중국 전체 게임시장 수입액의 57.0%를 차지한다. 그런데 이 중 중국 국산 IP의 모바일게임 시장수입은 745.5억 위안으로 모바일게임 전체수입액의 64.2%를 점하고 나머지 수입액은 해외수입 게임들의 수입이다.

게임 내용별로 접근해보면 액션RPG류게임이 가장 많은 404.5억 위안으로 모바일게임 전체의 34.8%를 차지하고 MOBA류 게임은 262.7억 위안으로 모바일게임 전체수입액의 22.6%를 차지했다. 카드류 게임 103.4억 위안, 사격류 게임 59.7억 위안, 캐주얼류게임 58.3억 위안 턴제 롤플레잉게임 184.9억 위안으로 각각 시장을 형성하고 있는 것으로 알려져 있다.

2015년도 세계 모바일게임 시장규모가 300억 달러 중 중국의 모바일게임 시장규모가 65억 달러로 세계 1위로 알려져 있다. 그리고 2016년도 중국의 모바일게임 수입을 주요 게임 기업별로 구분하면 텅쉰 모바일게임이 중국 전체 모바일게임 시장의 46%를 점하고 그다음은 왕이 모바일게임 수입이 20%, 나머지 주요기업들의 모바일게임 수입이 34%를 각각 차지한다.

나. 답보상태의 클라이언트게임

최근 5년간의 중국의 게임시장에서 시장수입과 이용자 규모에 큰 변화를 보이지 않고 있는 게임 유형이 클라이언트게임시장이다.

<캐근 10년간 중국의 클라이언트게임 시장수입 및 이용자 규모 변화 추이>

연도	2008	2009	2010	2011	2012	2013	2014	2015	2016	2017
수입 (억 위안)	167.1	233.2	271.6	366.9	451.2	536.6	608.9	611.6	582.5	648.6
증가율(%)	21.7	39.5	16.5	35.1	23.0	18.9	13.5	0.4	-4.8	11.4
이용자(억 명)	0.50	0.70	1.10	1.20	1.40	1.52	1.58	1.54	1.56	1.58
증감율(%)	72.4	34.7	65.2	10.1	12.5	8.6	3.9	2.8	1.4	1.7

출처: 2017 China Gaming Industry Report (Abstract) p.22, p.23 자료 재정리.

2017년도에 와서 클라이언트게임 시장수입이 다시 반전된 것을 보면 아직도 여전히 시장의 수요가 있다는 것을 증명한다. 그러나 모바일게임이 대세인 점을 감안하면 클라이언트게임 시장수입이 한계에 이를 수밖에 없어 보인다.

다. 하강을 지속하는 웹게임시장

2015년도를 정점으로 한 웹게임 시장수입은 연속 내리막길을 걷고 이용자 규모는 2014년부터 줄어든다.

<캐근 10년간 중국의 웹게임 시장수입 및 이용자 규모 변화 추이>

연도	2008	2009	2010	2011	2012	2013	2014	2015	2016	2017
수입(억 위안)	4.5	14.0	41.8	55.4	81.1	127.7	202.7	219.6	187.1	156.0
증감률(%)	161.2	211.1	198.9	32.4	46.4	57.4	58.8	8.3	-14.8	-16.6
이용자(억 명)	0.59	0.91	1.38	2.03	2.71	3.29	3.07	2.97	2.75	2.57
증감율(%)	107.4	54.6	51.8	47.5	33.4	21.2	-6.5	-3.3	-7.5	-6.6

출처: ①2017 China Gaming Industry Report(Abstract) p.26, p.27 ②2016 China Gaming Industry Report(Abstract) p.16 자료 재정리.

중국게임시장에서 웹게임의 위축은 게임 이용자들의 선호도가 바뀌었고 경쟁력 있는 새로운 상품 출시가 감소하는 등에서 그 원인을 찾을 수 있을 것 같다.

다음은 중국이 자체적으로 연구 개발한 게임이 해외로 얼마나 수출되고 있는지 알아보자.

4. 국산게임 해외 진출 확대

중국이 자체개발한 게임의 해외수입은 매년 증가하여 2017년도에는 무려 82.8억 달러에 이르렀다.

〈최근 10년간 중국의 자체연구개발 게임 해외 판매수입 변화 추이〉

연도	2008	2009	2010	2011	2012	2013	2014	2015	2016	2017
규모(억 달러)	0.7	1.1	2.3	3.6	5.7	18.2	30.8	53.1	72.3	82.8
증감율(%)	28.6	55.7	111.0	56.5	57.5	219.3	69.0	72.4	36.2	14.5

출처: 2017 China Gaming Industry Report (Abstract), p.39 자료 재정리.

그리고 해외에서 각광을 받고 있는 중국 국산 우수게임 상품개발업체를 보면 왕이(岡易)의 〈阳阳师〉, 完美世界의 〈最终幻想: 觉醒〉과 〈诛仙〉, 텅쉰(腾讯)의 〈王者荣耀〉, 英雄互娱의 〈一去来飞车〉, 叁七互娱의 〈永恒纪元〉등이 있다.

다음은 게임산업시장에서 하나의 연결고리로 엮여져 있는 소위 게임산업의 사슬시장에 접근해보자.

21세기 중국문화산업시장의 이해

5. 게임산업 사슬

중국의 게임산업시장에서 또 다른 형태의 게임산업들이 상당한 시장을 형성하고 있는데 이 중에 E-Sports게임산업시장이 초고속으로 진행되고 있다.

2017년도에는 무려 730.5억 위안으로 전년동기대비 44.77%나 급증한 것이 이를 반증한다.

〈중국의 최근 E-Sports게임 시장수입 변화 추이〉

연도	2017년	2016년
모바일단말기E-Sports게임 수입(억 위안)	346.5	171.4
클라이언트 E-Sports 게임 수입(억 위안)	384.0	333.2
계	730.5	504.6

출처: China Gaming Industry Report(Abstract) 2016 p.48, 2017 p.33 자료 재정리.

중국의 E-Sports 게임산업은 2016년에 이미 종합적인 성격의 경기로 굳어졌는데 전문가 경기, 도시 간 경기, 상업적 경기 등 다층적인 경기시스템으로 시장의 다양한 요구가 반영된 것으로 보면 옳다. 경기 주최 측이 나날이 다원화되고 경기의 주최 측 중에는 기존의 경기조직이나 게임사, 인터넷회사, 관련 업계, 생방송플랫폼 등의 진행조직들이 있다.

여기서 중국에서 치뤄지고 있는 E-Sports게임 주요경기 일람표를 정리해보면 다음 표와 같이 정리가 가능하다.

〈중국 국내 개최 주요 E-Sports게임 경기대회 〉

경기명	주최기관 또는 단체	주요경기 내용	상금(만 위안)
WCA세계e-sports 게임대회	银川市인민정부, 银川 圣地게임투자유한공사	DOTA2, 炉石传说(Heart Stone), 英雄聯盟(리그오브레전 드), Starcraft2 등	20,000
TGA모바일게임 경연대회	텅쉰(腾讯: Tencent)	天天酷跑, 天天炫斗, 穿越火线	300
LPL英雄聯盟직업연합 춘계대회	香蕉计划(바나나계획)	英雄聯盟(리그오브 레전드)	350
황금시리즈경기	왕이(网易) 暴雪	炉石传说, Star Craft 2, 风暴 英雄, 魔曽争覇3(모쇼우전3)	600
SL-1세계총결산 연합대회	Imba TV, Star Ladder	炉石传说(Heart Stone) DOTA2	588
DOTA 2 상하이 챔피언십	完美世界	DOTA2	1,963
HPL리그오브 레전드 세계결선대회	중국모바일 전자경기 (e-sports)연맹	天天炉舞, 像叁国, 梦叁国모 바일게임	300
CMEG전국모바일 e-sports게임 경기운동회	국제체육총국정보중심, 大唐电信	全民총격전(枪战), 穿越火线 虚荣, 97高青版, 叁国杀 등	500
WESG세계e-sports 게임 경기대회	阿里体育	DOTA2,Heart Stone2 Star Craft2(炉石传说2)	3,600

출처: 2016 China Gaming Industry Report(Abstract), p.52-p.53 자료 재정리.

상기 E-Sports게임(电子競技游戏)들의 상금액수가 적은 액수가 아니
다. 따라서 E-Sports게임에 대한 시장의 반응이 얼마나 뜨거운지 알 수
있다.

게임에 대한 생방송시장도 작지 않다. 이용자들의 게임생방송플랫폼
일일 평균소비시간을 보면 1~2시간 사이가 44.6%로 가장 많고 그 다

음이 1시간 이내로 36.3%이다. 2~3시간 사이가 11.0%, 3~4시간 사이는 4.5%, 그리고 4시간 이상의 비율도 3.6%나 된다. 그만큼 게임에 대한 생방송에 관심이 크다는 것을 알 수 있고, 관련하여 시장의 규모도 예측이 가능하다 할 것이다. 따라서 게임에 대한 생방송 이용자 규모도 2013년 1200만 명, 2014년 3000만 명, 2015년도에는 4800만 명, 2016년도에 1억 명을 초과했다.

이러한 게임생방송 이용자들의 월평균 게임생방송 플랫폼 소비액 비율을 살펴보면 100위안 이하가 40.1%로 가장 많고, 500~999위안 사이의 소비가 37.0%로 2위다. 3위는 100~499위안 사이인데 12.4%이고, 4위의 1,000~1,999위안 사이 소비액이 6.3%, 2,000위안 이상을 소비하는 이용자는 4.3%로 알려져 있다(출처: 2016 China Gaming Industry Report(Abstract) p.55-p.57).

또한 2016년도에는 VR게임이 새로이 시장에 등장했고 VR게임단이 탄생했으며 대형 게임단체들도 관련 부문을 창설하면서 VR게임 개발과 함께 점차 확대되어가는 추세였다.

또 다른 시장으로 각광을 받고 있는 산업으로 게임산업 융합발전의 하나인 IP(Intellectual Property: 지적재산권) 모바일게임시장이다. 이 IP모바일게임시장은 상당한 규모로 발전하는데, 2016년 547.3억 위안이었던 시장이 2017년도에는 36.2%가 늘어난 745.6억 위안(한화 약 12조 6752억 원)에 이른다. 이는 2017년도 중국의 모바일게임 전체 시장수입 규모의 62.4%를 차지한다. 비지적재산관 모바일게임의 시장수입은 2016년 271.9억 위안에서 2017년 415.6억 원이었다.

이 밖에 카드보드게임시장의 2017년도 수입은 145.1억 위안으로

2016년 70억 위안에서 무려 107.4%나 급등했다. 이용자는 2.58억 명에서 2.79억 명으로 8.1% 정도 증가했지만 시장수입은 엄청나게 늘어난 것으로 알려졌다. 이는 이용자 개개인의 소비액이 그만큼 증가한 것을 뜻한다.

6. 주요게임 기업

알려진 바와 같이 중국에는 몇 백개의 게임기업들이 활동하고 있는데 여기서는 중국의 게임시장에서 상당한 영향력을 행사하고 상위에 위치하고 있는 몇몇 게임기업에 대하여 접근하고자 한다.

우선 중국의 게임기업으로 대표적인 텅쉰게임(游戏: Tencent)을 보면 2017년 11월 기준, 이 회사의 시장가치가 3조 3000억 위안(한화 약 561조 원)에 이르고 중국 상장게임기업 185개사 전체 시가총액의 35.3%를 차지한 것으로 평가되었다.

그다음으로 회사의 같은 시기 시가총액이 450억 달러에 이르고 중국 게임시장의 18.07%를 점하고 있는 왕이게임(岡易游戲)가 있다.

세 번째로는 2017년 11월 같은 시기 시가총액 400억 위안과 상반기 영업수입이 전년동기 대비 69.68% 급등하여 35.88억 위안을 확보했으며 2017년 세계 게임기업 상위 20위에 포함된 完美世界홀딩스(控股集團)이다. 이 세 기업이 중국의 게임기업 1~3위를 차지한다고 보면 틀림이 없을 것 같다.

〈텅쉰게임 및 왕이게임의 수입 추이〉

연도	2009	2010	2011	2012	2013	2014	2015	2016	2017 1-9월
텅쉰(억 원)	53.9	95.1	158.2	228.5	319.7	447.6	565.9	708.4	735.2
왕이(억 위안)	33.7	49.4	65.5	72.9	83.1	98.2	173.1	279.8	282.8

출처: 2017 China Gaming Industry Report (Abstract), p.52, p.67 자료 재정리.

텅쉰게임의 경우 2017년도 게임수입을 1000억 위안으로 전문가들은 추산했고 자체연구개발게임의 수입도 540억 위안에 이를 것으로 전망했다. 순이익은 2016년 414.47억 위안, 순이익율이 27%에 이르고 2017년 상반기 순이익은 328억 위안으로 순이익율이 30.9%에 이른 것으로 알려졌다.

자체연구개발게임의 강자로 알려져 있는 왕이게임은 중국게임시장에서 수입규모 2위를 차지한다. 2017년 게임수입이 368억 위안으로 중국의 연간 전체 게임수입의 18.07%를 점한다는 것을 앞서 지적했다. 그런데 중국 전체 게임시장에서 차지하는 비율이 해마다 늘어난다. 2014년 13.5%에서 2015년 12.3%로 잠시 줄었다가 2016년 15.5%, 2017년 18.07%에 이른 것이다.

2016년도의 순이익이 116.0억 위안에 이르고 2017년 상반기 순이익은 68.9억 위안을 확보한 것을 보면 평가받을 만하다 하겠다. 특히 왕이게임이 2016년 벌어들인 전체수입 중에 87.9%인 246억 위안의 수입이 자체적으로 연구개발한 게임수입이다. 이 숫자는 중국에서 자체적으로 연구·개발한 국산게임 전체수입액의 20.8%를 차지하는데 어쨌든 왕이게임은 자체연구개발에 있어 선두주자를 달리고 있는 것으로 회자

되고 있다.

게임시장에서 영향력이 적지 않은 완미세계도 좀 더 가까이 들여다 보자. 완미세계는 2016년도에는 미국, 유럽, 말레이시아, 태국, 싱가포르, 한국 등 해외에 완전출자한 자회사 20개사를 두고 전체수입의 20% 내외를 해외에서 벌어들였다고 전해진다.

이 밖에도 ①叁七互娛 ②盛大游戏 ③游族罔络 ④中手游 ⑤多益罔络 ⑥蜗牛数字 ⑦乐元素 ⑧途游游戲 ⑨空中罔 ⑩微摒 등과 같은 기업의 영업실적들도 각종 자료에서 대단하게 발표된다.

특히 모바일게임 및 웹게임 연구개발과 운영에 치중하는 叁七互娛는 2017년 게임개발비로 5억 위안을 투자하는 등 단일항목투자로는 가장 큰 액수를 투자한 것으로 알려져 있고 클라이언트게임과 모바일게임 양대 영역에 주된 역량을 쏟고 있는 盛大游戏, 2017년 회사의 시가총액이 129억 위안에 발전성장 과정 중에 있는 英雄互娛, 모바일게임 및 웹게임 양대 영역뿐만 아니라 2017년 상반기 해외시장에서 110.06%로 급격하게 확장한 실적을 올린 游族罔络, 2017년 중국 인터넷기업 100강 중 25위를 차지하고 2,000명의 근무자 중 86%가 자체연구개발에 적극적인 多益罔络, 2017년 10월 현재 140개 국가 및 지역으로 게임수출 확대에 진력하는 蜗牛数字, 인터넷 카드보드게임 업계의 선두주자를 달리는 微摒 등의 활동들이 업계의 시선을 한몸에 받고 있다고 전해진다.

7. 맺는말

모바일인터넷게임 이용자 수와 수입규모가 단기간 내 급속하게 진행되고 있는 중국의 게임시장에는 모바일인터넷게임사들의 빠른 성장과 이들 생산제품들의 정품(精品)이 보다 많이 출시된 데다 이용자들의 성실함과 유료의식 향상이 깔려 있어 성장이 가능했던 것으로 보인다. 또한 전통적인 단말기 게임이나 웹게임사들이 모바일화를 서두르면서 다소 일부 세련미가 덜하지만, 이러한 상황도 중국의 모바일인터넷 게임시장의 빠른 성장을 이끈 배경이 된다. 그러나 몇 년 내 지금의 PC나 모바일스마트단말기에 머물지 않고 다양한 융합을 통해 새로운 게임시장을 예견하면서 끊임없는 변화와 개혁을 추진할 것으로 보인다.

2017년 3월 이후 텅쉰, 바이두, 360, 잉허연맹(硬核聯盟), 알리바바 등 대형게임 운영플랫폼 기업들은 온라인상 반드시 완비된 저작권 정보, 게임출시 허가사항 등을 공유토록 약속하는 등 필요한 정보 교류에도 힘을 합치는 협력 방안을 추진하기도 했다.

2015년 5월 20일에는 텅쉰, 왕이, Changyou(畅游), Dayu(大宇) 등의 게임 거상(巨商)들은 연이은 전략 발표를 통하여 기업운영을 강화하고 浙報미디어, 阅文集团, 중국게임산업망(中国游戲産業网)은 공동주최로 2015년 6월 19일 '제2차 중국국제IP총회'를 베이징 국제회의중심에서 개최 했으며 같은 해 7월 28일에는 상하이 국제회의중심에서 국가신문출판광전총국 주최로 '2015년도 중국게임산업 연차총회'가 개최되어 중국 게임산업 발전을 위한 다양한 국내외 사업들을 진행했다.

국무원 판공청은 2015년 1월 4일 지적재산권국 등의 단위기관들에게 국가지적재산권전략행동계획(國家知識産權戰略行動計劃: 2014-2020년)의 철저한 시행에 관한 통지문을 내려보내 인터넷 작품 사용의 규범화를 요구하고, 인터넷의 권익침해와 해적판을 엄격하게 배격하며, 아울러 2013년 4월 11일에는 소위 영상계(영상류) 거목인 360이 텅쉰의 시장지배위법 남용에 관한 광둥성 고등법원의 선고 결과에 불복하여 국가인민최고법원에 상소하고 2014년 3월 16일에는 텅쉰이 게임사 37Wan를 상대로 '斗战神' 상표 등에 대한 권익침해를 제소했으나 같은 해 5월 6일 화해가 이루어졌으며 같은 해 8월 11일 完美世界는 게임 '무협Q전: 武侠Q传'에 권익침해를 기소하면서 1480만 위안의 배상을 요구하는 등 여러 가지 법적소송 등도 여전히 진행되고 있다.

2017년 7월 26일에는 상하이 국제센터에서 영국국제무역부와 중영무역협회(中英貿易協會), 핀란드투자촉진서, 핀란드게임협회가 공동으로 협력하고 중국음상과 디지털출판협회 등이 공동주최한 〈2017국제게임비지니스대회〉뿐만 아니라 이보다 다소 빠른 2017년 3월 14일 중국문화산업협회와 영국대사관문화교육처가 공동으로 주최한 〈中英 게임창의작업실〉이라는 행사를 베이징에서 개최했다. "함께 이익을 얻어 함께 기쁨을 나누자(分享.共贏)"라는 주제하에 양국의 게임 분야 종사자들 간 고급대화플랫폼을 건설하고 쌍방이 이익을 가질 수 있도록 발전시스템을 공동 모색하는 등 국제간의 교류와 협력사업들을 꾸준히 진행하고 있는 것이다.

2017년 5월 중국공산당중앙판공청과 국무원판공청은 '국가십삼오(十三五)기간(2016-2020년) 문화발전규획개혁강요'를 내려 보냈는데 여기에는 '중국 중앙의 사회주의문예 번영 발전에 관한 의견'의 깊이 있는 관철을 요구하고 있다. 특히 우수한 문화상품의 창작과 생산에 지원을 강화하고 인터넷 시청각 분야의 빠른 발전과 모바일 멀티미디어, 디지털출판, 애니메이션게임, 창의적인 디자인, 3D와 아이맥스영화 등 신흥산업발전 등을 촉진해야 한다는 요구도 포함되어 있다.

어쨌든 중국게임시장의 급속한 발전과 특히 중국 자체연구개발게임의 해외수출 신장세가 두드러지게 나타나고 있어, 머지않아 중국이 세계 1위 자리를 차지하는 건 시간문제일 것 같다.

3장

TV프로그램산업시장

1. 연간 1880만 시간의 방대한 방송량

중국의 TV프로그램 변화의 역사를 보면 대체로 초기인 1958년경 정치적 선전에 비중을 많이 두었다가 1980년대에 와서는 후기 사회주의 시대와 작품성에 기울어졌으며 1990년대 중반부터 하나의 상품으로 인식되어왔다. 그러다 2000년대에 와서는 다양한 경제적 요소들이 중국의 문화산업 콘텐츠로 연결되어지고 있다고 평가한다.

중국은 지난해 한 해 동안 2,522좌(R/TV방송국포함)라고 하는 각급 채널을 통하여 연간 총 1881만 200시간에 해당하는 엄청난 양의 프로그램들이 전파를 타고 전국의 중국 인민들에게 전달되었다. 그런데 매년 새로이 신규 제작, 발행되는 TV방송프로그램 양은 연간 TV방송 전체 양의 20%를 넘지 못하는 365만 1,800시간에 머물렀다. 이는 신선한 방송 콘텐츠만 제작, 생산된다면 시장성이 충분하다는 의미이기도 하다. 하나의 방송프로그램이 재방, 삼방 등으로 방송프로그램을 활용하는 데는 분명 한계가 있을 수밖에 없다고 이해될 수 있기 때문이기도 하다.

〈중국의 TV프로그램 연간 방송량 및 당해연도 신규 제작량 비교〉

연도	2011	2012	2013	2014	2015	2016	2017
총 방송 시간	16753,029	16985,291	17,057,212	17,476,126	17796,010	17924,388	18810,200
신규 제작 시간	2,950,491	3,436,301	3,397,834	3,277,394	3,520,200	3,507,217	3,651,800
신규 제작 비중(%)	17.6	20.23	19.92	18.75	19.78	19.56	19.41

출처: ①2012, 2013, 2014, 2015 ,2016 China Statistical Yearbook of the Tertiary Industry ②China TV Rating Yearbook 2016 ③Annual Report on Development of China's Radio, Film and Television 2017, p.382 ④China TV Rating Yearbook 2018, p.4 자료 재정리.

　　상기 표와 같이 매년 신규 제작, 방송되는 TV프로그램 중에는 단연 뉴스정보류가 가장 많은데 25~28% 사이였으나 2016년도에 와서는 다소 줄어든 22.2%에 그친다. 이는 다른 요인들도 있겠지만 중국 네티즌들의 인터넷을 통한 뉴스정보류 접촉이 가장 많은 것과 관련 있는 것으로 보인다. 그런데 연간 신규 제작량이 가장 적은 양의 TV프로그램이 드라마, 영화 등 영상류(影視类) 제작, 발행량은 전체 방송량의 3~5% 내외인데 이 분야의 연간 방송량은 10년 넘게 계속하여 43%대를 유지하고 있다. 이 또한 드라마에 대한 시청자뿐만 아니라 방송계 측에서도 드라마의 위력을 멀리할 수 없기 때문일 것이다.

〈중국의 TV프로그램 분야별 신규 제작, 발행 시간량〉

연도	2011	2012	2013	2014	2015	2016	2017
뉴수정보류	802,376	886,905	866,756	918,296	978,801	989,934	1,085,100
특집류	775,565	892521	854,124	848,276	930,283	899,782	909,000
종합예능류	416,289	483,174	464,977	468,355	511,398	484,081	474,300

영상류	75,452	163,348	201,177	116,750	120,604	119,102	153,100
광고류	508,294	555,192	542,823	510,275	481,973	483,620	534,900
기타류	372,515	455,161	468,035	415,441	497,131	530,698	495,400
합계	2,950,491	3,436,301	3,397,834	3,277,394	3,520,190	3,507,217	3,651,800

출처: ①2012, 2013, 2014, 2015, 2016 China Statistical Yearbook of the Tertiary Industry ②2016 China Statistical Yearbook on Culture and Related Industry ③Annual Report on Development of China's Radio, Film and Television(2017) p.382, (2018) p.398 자료 재정리.

이 또한 당해연도 신규 제작, 발행되어 TV채널을 통하여 모두가 당해연도에 방송이 되지 않고 있다는 상황 등을 감안한다면 적어도 1년 또는 2~3년 이전에 제작, 발행된 드라마, 영화류(影視類)가 상당히 포함되어 있고, 재방, 삼방 등이 적지 않게 진행되고 있음을 의미하기도 한다. 여기서 중국의 각급 TV방송국의 TV프로그램 분야별 연간 방송량이 얼마나 되는지 살펴보자.

〈중국의 최근 7년간 TV프로그램 분야별 연간 방송량(시간)〉

연도	2011	2012	2013	2014	2015	2016	2017
합계	16,753,029	16,985,291	17,057,212	17,476,126	17,796,010	17,924,388	18,810,197
뉴스류	2,264,318	2,304,049	2,352,285	2,443,782	2,520,624	2,601,767	2,718,463
특집류	1,942,275	2,022,171	2,108,917	2,196,434	2,254,774	2,286,042	2,508,151
综艺类	1,425,749	1,454,231	1,419,911	1,436,727	1,446,914	1,445,203	1,471,166
影視类	7,364,317	7,359,530	7,366,010	7,476,126	7,621,202	7,651,965	7,988,062
광고류	2,010,858	2,017,196	1,951,125	2,032,610	1,953,734	1,923,282	2,081,640
기타	1,745,512	1,818,114	1,858,964	1,939,603	1,998,761	2,016,128	2,042,715

출처: ①2012, 2013, 2014, 2015, 2016 China Statistical Yearbook of the Tertiary Industry ②Annual Report on Development of China's Radio, Film and Television(2017), p.382, (2018), p.400 ③2018 China Statistical Yearbook on Culture and Related Industries, p.136 자료 재정리.

상기 표와 같이 여러 분야 TV방송프로그램 중에 드라마, 영화, 애니메이션류(影視類)가 두드러지는데 이러한 드라마, 영화, 애니메이션류 TV방송은 대부분 중국 국산드라마, 영화, 애니메이션류가 차지한다. 해외로부터 수입된 드라마, 애니메이션류의 방송량은 극히 제한적이고 적은 분량이다. 지난 7년간의 중국 TV방송국에서 방송된 해외 수입드라마, 애니메이션류 방송 실적은 점점 줄어든다.

〈최근 7년간 중국의 드라마, 애니메이션류 연간 방송량(시간) 및 비중(%)〉

구분	2011	2012	2013	2014	2015	2016	2017
총 방송시간	16,753,029	16,985,291	17,057,212	17,476,126	17,796,010	17,924,388	18,810,197
드라마 총 방송시간	247,100편 6,636,300집	242,298편 6621,013집	240,996편 6614,157집	232,802편 6,690,010집	233,105편 6,863,633집	227,183편 6,886,441집	231,379편 6,987,376집
수입드라마 방송시간	6,400편 166,400집	4,872편 107,103집	3,616편 98,939집	2,878편 80,527집	2,889편 81,535집	2,427편 72,473집	1,473편 40,319집
수입드라마 방송비율(%)	2.59 2.51	2.01 1.62	1.50 1.50	1.24 1.20	1.24 1.19	1.07 1.05	0.64 0.58
동화(動畫) 총 방송시간	380,300	304,877	293,140	304,839	309,060	328,864	362,825
수입동화 방송시간	14,800	12,062	14,015	15,883	9,655	8,945	11,480
수입동화 방송비율(%)	5.28	3.96	4.78	5.21	3.12	2.72	3.16

출처: ①2012 China Statistical Yearbook of the Tertiary Industry ②2013, 2014, 2015, 2016 China Statistical Yearbook on Culture and Related Industries p.132, p.166, p.151 ③2017 China Statistical Yearbook on Culture and Related Industries p.149 ④2018 China Statistical Yearbook on Culture and Related Industries p.137 자료 재정리.

해외로부터 수입된 드라마나 TV용 애니메이션의 방송량이 적은 것은 자국 방송콘텐츠 진흥책과 맥을 같이하고 있다. 그러나 TV방송국에

21세기 중국문화산업시장의 이해

서 해외로부터 저작권을 구입하여 방송하는 관계 등으로 이들 수입 콘텐츠들은 대체로 시청률이 높고 따라서 광고수입도 동시에 올라 TV방송국 경영에 크게 보탬이 된다.

그런데 TV프로그램의 제작, 방송량을 보면 대체적으로 프로그램을 구입하거나 상호교환하여 방송하는 평균비율이 50% 내외를 차지하고 있고 당해 방송국이 자체 제작하여 방송하는 프로그램의 비중은 평균 35% 내외를 맴돈다. 따라서 이는 TV프로그램의 교역이 적지 않게 이루어지고 있다는 것을 의미하기도 한다.

〈2014년 및 2015년 중국의 각급 TV방송기구 자체 제작프로그램 방송비율〉

구분	자체 제작 방송비율(%)		구입 및 교환 프로 방송비율(%)	
	2014년	2015년	2014년	2015년
전국 평균	33.64	34.44	51.90	50.77
광전총국직속기구	72.42	60.72	18.69	17.67
성급(省級)기구	39.88	41.36	58.99	57.58
지시급(地市級)기구	40.46	41.37	55.44	54.79
현급(县級)기구	26.67	27.66	49.01	48.01

출처: Annual Report On Development of China's Radio, Film and Television 2016, p.198.

여기서 다시 TV프로그램 중 상당한 비중을 차지하고 있는 드라마와 애니메이션 제작, 발행에 중국이 얼마를 투자하고 한편으론 얼마를 벌어들였는지 파악해보면 다음과 같다.

연도	2014	2015	2016	2017
TV프로그램 총 제작비(만 위안)	16,477,475	3,271,287	3,169,421	4,264,588
- 드라마제작비(만 위안)	1,242,552	1,203,629	1,285,293	2,422,570
드라마제작비 비중(%)	7.54	36.79	3.77	56.8
- 카툰(Cartoon)제작비(만 위안)	149,049	129,417	119,386	144,343
카툰(Cartoon)제작비 비중(%)	0.9	3.96	3.77	3.38
TV프로 총판매액(만 위안)	2,378,540	2,283,103	2,431,501	3,603,686
- 드라마 판매액(만 위안)	1,556,941	1,544,760	1,479,586	2,654,072
드라마 판매액비중(%)	65.46	67.66	60.85	71.15
- 카툰(Cartoon) 판매액(만 위안)	110,871	146,258	116,950	137,677
카툰(Cartoon) 판매액비중(%)	4.66	6.40	4.81	3.82

출처: ①2015 China Statistical Yearbook on Culture and Related Industries p.146/2016, p.140/2017 p.144 ②2018 China Statistical Yearbook on Culture and Related Industries p.132 자료 재정리.

우선 드라마의 경우 제작비(투자비)에 비해 국내판매액에 훨씬 많으며 TV프로그램 전체판내액에서도 드라마의 판매액 비중이 71% 이상을 차지한다.

중국은 2017년 한 해 동안 TV드라마 제작비로 242억 2570만 위안(한화 약 4조 1183.69억 원)을 소비한다.

2. 12.87억 명의 다양한 시청자와 시청률

일반적으로 4세 이상을 TV시청자에 포함하고 있는 중국의 TV시청자 수는 매년 늘어나고 있는 추세인데 이는 4세 이상 인구의 97.5%이다. 2017년 말 현재 12.87억 명에 이르고 이들 시청자들의 1인 1일 평균시청시간은 다양한 뉴미디어의 발달 등에 힘입어 매년 줄어드는 경향에 있다. 중국의 TV시청자 1인 1일 평균시청시간을 연도별로 보면 2011년 166분에서 2012년 169분, 20113년 165분, 2014년 161분, 2015년 156분, 2016년 152분, 2017년 139분으로 계속 줄어든다(출처: China TV Rating Yearbook 2018 p.19). TV시청자들의 연령층별 시청시간을 보면 55세 이상의 나이 많은 시청자들의 1인 1일 평균시청시간이 상대적으로 높다.

〈중국의 TV시청자 연령층별 1인 1일 평균TV시청시간(분)〉

	4-14세	15-24세	25-34세	35-44세	45-54세	55-64세	65세이상
2017년	114	70	89	108	177	240	273
2016년	124	83	103	124	194	254	281
2015년	126	86	106	134	202	257	278
2014년	132	90	113	144	211	253	275
2013년	134	95	119	150	214	254	274

출처: ①China TV Rating Yearbook 2017 p.21 ②China TV Rating Yearbook 2018 자료 재정리.

15~24세층은 주로 학생층으로 TV를 시청하는 시간이 상대적으로 적은 것으로 파악된다.

그러면 여기서 중국의 TV시청자들이 TV 화면에 접근할 수 있는 환경을 알아보자. 중국은 알려진 바와 같이 국토면적이 워낙 방대해서인지 TV방송국의 위성채널이 위력을 떨친다. 위성채널의 가시청인구가 10억 명 내외로 워낙 많아서 여러 가지 이로운 점이 적지 않다. 따라서 중국에서는 95.7%의 도시가정과 96.0%의 농촌가정이 TV방송 위성채널 프로그램을 수신할 수 있다.

각 가정별 시청 가능 평균채널 수도 매년 늘어남으로써 시청자들의 선택의 폭이 넓어지고 있다. 2017년도 전국 각 가정별 시청 가능 평균 채널 수는 83.3개로 집계했다.

〈최근 7년간 중국의 각 가정별 평균시청 가능 TV채널 수〉

연도	2011	2012	2013	2014	2015	2016	2017
전국 평균	47.6	54.3	59.4	64.8	67.7	75.2	83.3
도시가정 평균	58.5	63.8	68.7	73.1	77.2	83.7	91.8
농촌가정 평균	40.4	47.7	52.9	59.2	61.1	69.2	77.4

출처: ①China TV Rating Yearbook 2017(中國電視收視年鑒2017) p.6 ②China TV Rating Yearbook 2018 p.6 자료 재정리.

중국에는 원칙적으로 전국 성, 자치구, 직할시에 각 한 개의 TV방송국 위성채널이 허가되어 있고 그 외 선전 등과 같이 일부 예외 지역과 중앙텔레비전방송(CCTV) 및 실화다큐 전문채널 중 베이징, 상하이, 진잉(金鷹)카툰채널 등 위성채널이 2017년 말 현재 52개에 이른다.

중국의 소위 5대 위성채널은 ①후난위성 ②저장위성 ③장쑤위성 ④상하이 둥팡위성 ⑤베이징 위성채널로 이들의 프로그램 시청률과 광고수입 등을 보면 위력이 대단하다.

다시 중국의 각 가정에는 TV수상기를 어느 정도 보유하고 있는지 파악해보면 2017년 말 기준으로 TV수상기 보급률이 96.9%이며 TV수상기를 2대 이상 보유한 가정도 26.6%에 이른다. 다만 도, 농간 TV수상기 보유량에는 현격한 차이가 있다.

21세기 중국문화산업시장의 이해

〈최근 3년간 중국의 전국 도·농가정 TV 수상기 보유율(%)〉

구 분	전국 평균			도시가정(평균)			농촌가정(평균)		
	2015년	2016년	2017년	2015년	2016년	2017년	2015년	2016년	2017년
1대 보유	67.4	69.7	70.3	69.9	71.6	71.6	65.7	68.4	69.3
2대 이상 보유	30.1	27.3	26.6	26.3	24.2	23.9	32.7	29.5	28.5
수상기 없는 가정	2.5	3.0	3.1	3.8	4.2	4.5	1.6	2.1	2.2

출처: ①China TV Rating Yearbook 2016, p.4, 2017, p.4 ②China TV Rating Yearbook 2018, p.8 자료 재정리.

'2015 Chinese Culture Enterprises Report'에 의하면 2014년 1월 부터 11월까지 중국의 국내 관련 업계가 생산하는 컬러TV수상기는 전 년도보다 8%가 늘어난 1억 4162만 5,000대로 이 중에 액정TV수상기 가 전체의 93.3%인 1억 3209만 3,000대로 집계했는데 이 또한 17.4% 가 증가한 숫자이다. 그런데 2017년 액정수상기를 보유한 가정이 전체 의 72.1%이고 비액정TV수상기를 보유한 가정도 38.7%, 그리고 스마 트TV수상기 보유 가정도 33.2%나 된다.

또한 TV수상기 역시 상대적으로 부유한 지역인 화동지역(상하이, 저 장성, 장쑤성, 산둥성, 푸젠성, 안후이성) 사람들의 38.3%가 TV수상기 2대 또는 그 이상의 수량을 보유하고 있는 것으로 조사되었다. 여기서 다시 최근 3년간 중국의 각 지역별 가정의 TV수상기 보유 현황을 보면 다음 과 같다.

구분	东北지방			华北지방			华东지방			华中지방		
	'15년	'16년	'17년	'15년	'16년	'17년	'15년	'16년	'17년	'15년	'16년	'17년
1대	80.0	82.8	83.5	73.2	74.4	74.7	55.5	58.0	58.7	63.4	69.1	68.5
2대 이상	17.4	14.1	13.5	25.0	23.1	22.1	41.4	38.3	37.6	34.5	28.3	28.4
수상기 없음	2.7	3.1	3.0	1.8	2.5	3.2	3.2	3.7	3.7	2.1	2.6	3.1

구분	华南지방			西北지방			西南지방		
	2015년	2016년	2017년	2015년	2016년	2017년	2015년	2016년	2017년
1대 보유	78.8	79.2	80.8	79.5	83.1	82.9	71.6	71.1	72.2
2대 이상	18.9	17.6	15.9	18.7	15.4	15.2	26.4	26.4	25.4
수상기 없음	2.6	3.2	3.3	1.7	1.5	1.9	2.1	2.5	2.4

출처: ①China TV Rating Yearbook 2016 및 2017, 각 p.4 ②China TV Rating Yearbook 2018, p.4 자료 재정리.

상기 표를 쉽게 이해하기 위해 각 지역이 포함하고 있는 각 성, 자치구, 직할시를 구분해보면 ①东北지방은 랴오닝성(辽宁省), 지린성, 헤이룽장성을 포함하고 ②华北지방은 허베이성, 톈진시(天津市), 산시성(山西省), 네이멍자치구를 포함하며 ③华东지방은 상하이, 저장성, 장쑤성, 산둥성, 푸젠성, 안후이성을 포함한다. 그리고 ④华中지방은 허난성, 후베이성, 후난성, 장씨성을 포함하고 ⑤华南지방은 광둥성, 광시장족자치구, 하이난성를 포함하며 ⑥西北지방은 산시성간쑤성, 칭하이성, 닝시아회족자치구, 신강위구르자치구를 포함한다. ⑦西南지방은 충칭시, 쓰촨성, 구이저우성, 윈난성, 시장자치구를 포함하며 베이징시는 수도권으로 별도 분리하고 있다.

어쨌든 매년 중국인들의 TV수상기 보유율이 점점 확대되고 있는 것만은 분명한 사실이다.

뿐만 아니라 유선TV 이용자와 디지털 TV 이용자가 각각 2억 명 내외이며 디지털 TV 유료이용자도 매년 증가하여 지난해에는 7013만 7,800명에 이른다.

〈최근 7년간 중국의 각종 TV 이용자(만 명) 변화 현황〉

연도	2011	2012	2013	2014	2015	2016	2017
유선TV(만)	20,264.39	21,508.97	22,893.8	23,458.23	23,566.75	22,829.53	21,445.63
디지털TV(만)	11,448.96	14,303.07	17,159.69	19,143.21	19,775.59	20,157.24	19,404.43
디지털유료TV	1,760.59	2,501.12	3,498.41	4,505.41	5,559.08	5,817.15	7,013.78

출처: ①Annual Report on Development of China's Radio, Film and Television 2017, p.22 ②China TV Rating Yearbook 2018, p.4 자료 재정리.

중국의 문화산업 분야에서의 디지털화는 이미 보편화되어 있다. 특히 영화의 경우 필름은 완전히 디지털화되어 있는 것으로 알려져 있으며 인터넷 광고, 모바일 출판, 인터넷게임, 온라인 교육, 인터넷 애니메이션을 포함한 2016년도 디지털출판산업시장 규모만도 5720.85억 위안(한화 약 100조 원)에 이른다(출처: Annual Report on Digital Publishing Industry in China 2016-2017, p.17- p.21 자료 재정리).

다음은 중국의 TV시청자들을 살펴보자. 중국의 TV시청자들은 교육 수준이 높을수록 1일 평균시청시간이 줄어든다. 이는 그만큼 여타 다른 미디어를 접촉한다는 것으로도 이해할 수 있다.

〈최근 5년간 중국 도·농 시청자 교육수준별 1일 평균TV시청시간(분)〉

	정규교육 미이수	초등학교	중학교	고등하교	대학 및 그 이상
2017년	143	170	161	137	103
2016년	154	180	173	150	118
2015년	152	184	177	153	121
2014년	160	181	178	159	130
2013년	157	177	181	166	136

출처: ①China TV Rating Yearbook 2017, p.22 ②China TV Rating Yearbook 2018, p.22.

여기서 중국의 TV방송프로그램 분야별 시청률 시장 구성에 있어 단연 드라마 분야가 앞선다. 이 드라마 분야는 십 수년간 30%대를 계속 유지해왔는데 그만큼 시청자들의 관심이 중국도 마찬가지로 많다는 것이다. 드라마류 다음으로 시청률시장에서 2위를 위치하고 있는 프로그램이 뉴스시사프로그램인데 드라마류 1위, 뉴스시사프로그램 2위의 시장점유율은 몇 년간 크게 변화를 보이지 않는다. 다만 기타 분야에서 법제(法制), 재경, 음악, 희곡, 교학, 외국어 등인데 이들 분야의 시청률시장에서 차지하는 비중이 극히 미미하고 큰 변화가 없다. 2017년도 시청률이 가장 높았던 프로그램은 CCTV-1(종합)에서 방송한 〈2017春节联欢

〈최근 5년간 중국 TV방송프로그램 분야별 시청률 시장점유율(%)〉

	드라마	뉴스·시사	종합예능	생활서비스	특집	청소년	영화	스포츠	기타
2017년	30.9	13.9	12.0	7.2	6.6	5.4	4.8	3.0	16.2
2016년	29.6	13.8	13.7	7.6	6.4	5.0	4.6	3.5	15.8
2015년	30.9	14.1	13.0	8.2	6.5	4.6	4.4	2.8	16.4
2014년	31.1	14.2	11.4	8.5	6.2	5.2	4.3	3.0	16.1
2013년	31.5	14.8	11.5	7.7	6.1	5.1	4.0	2.4	16.9

출처: China TV Rating Yearbook 2015, p.48, 2016, p.45, 2017, p.46, 2018, p.47 자료 재정리.

晚会〉인데 8.9%에 이르렀고 드라마는 후난위성의 〈人民的名义〉가 3.8%를 1위를 기록했다.

계속 시청률 시장 3위에 머물고 있는 종합예능프로그램의 역사가 그리 길지 않은데도 시청률시장에서 계속 3위에 머문다는 것은 오락프로그램의 매력으로 보인다. 또한 이러한 종합예능프로그램의 지속적인 선전은 2013년부터 본격적으로 사치풍조퇴치운동과 근검절약운동이 방송계와 문화예술계에 본격 영향을 미치면서 TV프로그램시장에서도 종합예능프로의 풍선효과로 이어졌다는 분석이 설득력을 얻는다.

시청률시장에서 TV방송국 채널별 경쟁은 치열하다. 중앙텔레비전방송(CCTV),교육TV(CETV), 성급TV위성채널, 성급TV지상파채널, 지방의 지시급 TV채널 등 각급 TV채널 등 중에 성급TV 위성채널이 CCTV와 함께 경쟁력이 단연 앞서고 있다. 그러나 날이 갈수록 TV 방송에 대한 시청률은 다소 떨어지고 있다. 이는 뉴미디어 발달과 밀접한 관련이 있어 시청자들의 미디어 접촉범위가 확대되고 있음을 의미한다.

〈최근 4년간 중국의 각급 TV방송채널별 시청률 시장점유율(%)〉

	CCTV	CETV	성급위성채널	성급지상파채널	지시급TV채널	기타TV채널
2017년	29.9	0.1	28.7	19.2	7.4	14.7
2016년	30.0	0.1	30.0	20.0	8.5	11.4
2015년	28.5	0.2	31.2	21.1	9.6	9.4
2014년	29.2	0.3	32.6	20.1	9.5	8.3

출처: ①China TV Rating Yearbook 2017, p.29 ②China TV Rating Yearbook 2018, p.29 자료 재정리.

상기 표에서 국유인 중앙텔레비전방송(CCTV)과 성급TV위성채널은 위성으로 방송되어 가시청 인구가 8억~10억 명으로 이들 TV방송들의 시청률 시장점유율은 높을 수밖에 없다.

그러나 일반적으로 TV프로그램의 시청률은 그리 높지 않은 수치를 유지한다. 이는 인터넷 등 뉴미디어의 급속한 발전으로 시청자들은 다양한 미디어를 통한 각종 정보를 접하고 오락프로그램 등을 즐기는 현실을 감안하면 시청자들은 TV프로그램에 대한 매력을 예전처럼 느끼지 못하는 것 같다. 여기서 중국 TV프로그램 중에 가장 시청률이 높은 프로그램으로 여기는 〈완후이(晚会)〉의 경우를 파악해보면 일반적인 중국 TV시청자들의 시청률을 알게 된다. 국경일이나 주요 명절 저녁에 각급 TV방송에서 펼쳐지는 대형음악공연쇼 프로인 완후이는 중국인민들로부터 적지 않은 사랑을 받는다.

2016년 설날(春节) 저녁에 방영된 〈련환완후이(聯歡晚会)〉는 중국 국내 6.9억 명의 시청자가 TV를 통하여 시청하고 1.38억 명은 인터넷으로 생방송을 보았는데, 이러한 CCTV의 설 특집프로그램인 춘완(春节(晚會), 春晚) 프로그램의 시청률은 무려 30.98%에 이르러 2015년보다 더 높은 것으로 기록되었다. 2015년 설날 휴가 기간 방송된 〈앙스춘완〉 완후이 프로그램의 시청률은 CCTV시청률 및 지방TV시청률, 인터넷 등을 통한 종합 시청률이 무려 46.03%에 이르는 무서운 시청률을 기록했고, 2015년 2월 18일 첫방송 시청률만도 28.68%로 이 중에 TV단말기 시청률은 28.37%, CCTV망(网) 시청률은 0.78%로 집계했다. 이렇게 1주일 동안 시청률이 계속하여 상승, 최종 합계 46.03%에 이른 것이다.

이를 좀 더 구체적으로 접근해보면 중국중앙텔레비전방송(CCTV)가 2015년 2월 18일 22:00에 방송한 설맞이 대형가요쇼프로그램인 〈앙스춘완(央视春晚)〉을 〈가화만사흥(家和萬事興)〉이라는 주제로 전국 189개

21세기 중국문화산업시장의 이해

TV채널을 통하여 동시에 중계방송하였고 전국에 산재해 있는 28개의 TV위성채널에서도 방송하였다.

그리고 TV위성채널은 CCTV위성채널 3개와 25개 각급 지방TV위성 채널이었는데 이들은 재방송을 진행했다. 이들 프로그램을 TV단말기를 통하여 시청한 시청자 수는 9억 254만 3,000명이며 CCTV망을 통하여 시청한 시청자는 1억 8184만 5,000명으로 집계했다. 생방송 시청자 규모는 6억 8990만 5,000명, 방송시간은 155.55분으로 CCTV망 생방송 시청자 규모도 5784만 7,000명으로 집계했다(출처: China TV Rating Yearbook 2016).

이러한 특별대형공연프로 TV방송 시청률을 제외하면 유력 TV위성 채널의 일부 인기 있는 TV드라마나 종합예능프로그램(시즌)의 경우 시청률이 가장 높은 프로그램은 4%대, 그렇지 않은 프로그램은 1~2%대에서 맴돈다. 일반 TV의 시청률은 거의 0.5% 미만이다.

〈완후이〉프로그램에 대하여 좀 더 깊이 있게 접근해보면 중국은 2012년 12월 중국 공산당중앙의 소위 약칭 '팔항규정(八項規定)' 시달의 영향으로 2013년부터 완후이 프로그램이 상당히 줄어드는데 그해 추석(仲秋節), 10월 1일 국경일 기간에 전국의 TV방송 위성채널 8개에서만 완후이라는 대형음악공연프로를 진행함으로써 동기대비 69%가 감소했고 2014년 원단(元旦) 기간에 9개의 위성채널에서 완후이 프로그램을 진행함으로써 동기대비 55%가 줄었다.

여기서 2016년도 주요 TV방송국의 위성채널 시청률을 보면 역시 빈익빈 부익부인 마태효과가 뚜렷하게 나타남을 알 수 있다.

채널별	후난 위성	저장 위성	상하이 둥팡	장쑤 위성	베이징 위성	안후이 위성	산둥 위성	金鷹 카툰	선전 위성	장시 위성
시청률	2.74	2.67	2.58	2.11	1.97	1.52	1.30	1.20	1.11	1.02
시청시장 점유율	0.308	0.300	0.290	0.237	0.221	0.171	0.146	0.135	0.125	0.115

출처: China Cultural Industries Annual Report 2017, p.93 자료 재정리.
주: 대상기준: 2016년 1월-11월

　　이렇게 중국에서 TV시청률을 확보하기란 그리 쉽지 않고 앞서 지적했듯 채널별 경쟁이 심한 편이다.

　　TV방송프로그램에서 완후이라는 특별 대형저녁공연쇼프로그램을 제외하면 최근 몇 년간 인기리에 주요 위성채널에서 방송되고 있는 리얼리티쇼 프로그램인 후난위성의 〈나가수〉, 저장위성의 〈런닝맨(Running Man, 奔跑吧兄弟)〉〈The Voice of China(中国好声音)〉, 상하이 둥팡위성의 〈무한도전(極限挑戰)〉 등은 시즌마다 다소 차이는 있지만 2~4.5%라는 시청률 고공행진을 계속해왔다. 더 구체적인 사항은 다음 장「종합예능프로그램」편에서 상세히 다루겠다.

　　여기서 중국의 영상시청각TV프로그램 제작사들을 보면 규모도 크지 않고 발전할 수 있는 기반도 취약하며 노하우 등에서도 차이가 많다. 이러한 조건들 속에 여러 가지 어려움이 상존해있다는 현실을 살필 필요가 있다. 2016년도 R/TV프로그램 제작사들 중에 이윤 확보 상황을 보면 쉽게 이해가 되는데 연간 이윤이 5000만 위안 이상인 제작사는 전체 제작사의 2%에도 미치지 못하고 1000만~5000만 위안 사이의 이윤을 확보한 제작사도 전체의 2% 수준이다.

500만~1000만 위안 사이의 이윤을 획득한 R/TV프로그램 제작사는 전체 제작사의 6% 내외이고 연간 이윤이 100만 위안 이하가 29%, 아예 이윤을 얻지 못했거나 적자를 본 R/TV제작사가 59%에 이르고 있는 상황 등을 감안하면 TV프로그램 시청률 경쟁 확보가 적지 않은 어려움이 있음을 인식하게 된다. 이러한 현상은 TV광고수입과도 무관치 않은데 2013년 TV광고수입이 정점으로 계속 내리막길을 걷고 있는 추세다. TV광고수입에서 2012년 1046.29억 위안, 2013년 1119.26억 위안, 2014년 1116.19억 위안, 2015년 1065.16억 위안, 2016년에는 1004.87억 위안으로 하강하고 있음이 이를 반증한다. TV채널별로 광고수입의 기복이 심하다.

　2016년도의 경우 연간 TV광고료 수입이 100억 위안을 넘긴 채널은 국영(国营)인 CCTV가 276.21억 위안으로 1위이고 2위는 후난성 TV방송국으로 107.35억 위안, 3위가 저장성 TV방송국으로 101.95억 위안으로 세 개 방송국뿐이다. 그다음으로 장쑤성 TV방송국이 79.34억 위안으로 4위를 마크했고 상하이 TV방송국이 71.21억 위안으로 5위에 그쳤다. 베이징 TV방송국은 66.24억 위안을 획득하여 6위에 머문다(출처: Annual Report on Development of China's Radio, Film and Television 2017 p.111-p.112, p.115, p.374-p.375). 이들은 TV프로그램 시청률 상위를 차지하고 있어 광고수입도 계속 증가하고 있는데, 이 역시 몇몇 TV방송 위성채널들의 빈익빈부익부라는 마태효과 현상이 뚜렷이 나타나고 있는 현실이다.

　어쨌든 일일 시간대별 시청률이 가장 높은 시간대는 저녁 프라임 시간대인 19:00~22:00로 이 중에도 20:30 전후가 가장 높은 36%에 근접한다. 그다음 시간대는 11:30~13:00로 이 중 12:30 전후가 13%에 이른다.

다음은 TV프로그램 중에 시청자들로부터 비교적 적지 않은 사랑을 받는 드라마와 종합예능프로그램에 대하여 집중 분석토록 하겠다.

3. TV드라마의 고품격화 및 경쟁력 강화

중국은 대체로 연간 TV드라마를 400~500편 생산, 발행하고 250~350편을 해외로 수출하고 있다.

그러나 중국의 TV드라마가 정부로부터 최종 발행 허가를 받는 수량은 점점 줄어든다. 이는 양적 확대보다 질적 향상을 꾀하고자 하는 데 그 목적이 있는 것 같다. 이러한 TV드라마를 제작, 발행하는 업체는 TV드라마만을 전문으로 제작, 생산하는 'TV드라마제작허가증(갑종(甲種)) 보유업체'가 113개사가 있고 군(軍)부대 각종 영상물 등을 제작하는 을종(乙種) 11개사가 있다.

이와는 별도로 'R/TV프로그램제작경영허가증' 보유 업체가 2014년 8,563개사에서 2015년 1만 232개사, 2016년 1만 4,389개사, 2017년에 와서는 무려 1만 8,728개사로 4,339개사가 늘어난다. 2016년도 1만 4,389개사 중에 민간업체가 1만 2,927개사로 전체의 89.8%를 차지하는데 이는 2015년도의 8,847개사에서 1만 2,927개사로 46.1%가 급증한 숫자이다. 제작사들의 소재지별로 보면 ①베이징 4,473개사 ②저장성 1,994개사 ③상하이 1,343개사 ④광둥성 848개사 ⑤장쑤성 547개사로 누계 9,205개사이다. 이들 5개 지역에 산재해 있는 제작사들은 전체의 64%를 차지한다. 'R/TV프로그램제작경영허가증보유업체' 중에는 ①TV드라마 제작사 1,343개사 ②애니메이션 제작사 825개사 ③다큐멘터리 제작사 1,544개사 ④종합예능프로그램 제작사 등 5,312개사가 포함되어 있다. 그런데 2016년 발행된 TV드라마 334편 1만 4,912집 중에 234편 1만 27집을 민간기구에서 제작, 발행함으로써 편수에서는 70%, 집수에서는 67%를 각각 차지한다. 그리고 발행, 완성된 TV용 애니메이션 261편, 9,117집 중에도 민간제작사가 제작, 발행한 양이 216편 7,887집에 이르고 있어 편수에서 82.8%, 집수에서는 86.5%를 각각 점하고 있다. 중국 TV드라마와 TV용 애니메이션시장에서 민간 제작사들의 역할이 비교적 높게 나타나고 있는 것이다.

가. 주요시장 동향

중국 드라마시장의 최근 흐름을 보면 TV드라마와 인터넷드라마의 경계가 파괴되고 있다는 점을 발견하게 된다.

2016년도 및 2017년 1~7월간 중국의 Top50 동영상플랫폼의 방송형식과 드라마의 류량을 비교하면 다음 표와 같이 나타나는데 이러한 현상들이 이를 반증한다.

〈중국의 Top50 동영상플랫폼 방송 형식 및 드라마 류량 비교〉

	선(先)TV방송, 후(后)인터넷방송	선인터넷방송 후TV방송	순수 인터넷방송	해외수입 드라마 방송
2017.1-7 기간 류량비중	93%	2%	4%	1%
2016년 류량비중	78%	11%	7%	4%

출처: China TV Drama Industry Investigation Report 2017, p.105 자료 재정리.

2015년과 2016년 그리고 2017년 1월부터 8월까지의 선인터넷방송, 후TV방송에서 방송된 드라마를 보면 2015년 5편, 2016년 12편, 2017.1~8 13편으로 총 30편에 이른다. 인터넷드라마 방송이 상당한 인기를 얻었으나 상기 표에서와 같이 선TV드라마 방송, 후인터넷드라마 방송의 류량이 90% 이상을 차지하고 있는 원인은 아직도 전통적인 TV드라마의 방대한 방송 수량에 기인한다고 봐야 한다.

① IPTV(Internet Protocol Television) 이용자

초고속인터넷망을 이용하여 제공되는 양방향TV인 IPTV이용자는 끊임없이 증가하는데 2018년 5월 말 현재 중국의 전국 IPTV이용자 규모는 1.39억 호(亿戶)에 이른다. 모바일 사용 TV 이용자는 제외된 숫자이다.

〈최근 7년간 중국의 IPTV 이용자 증가 추이〉

연도	2011	2012	2013	2014	2015	2016	2017	2018(추정)
규모(万戶)	1400	2250	3025	3375.6	5102.4	8698.6	12218.1	16798.6
증가율(%)	60.7	34.9	11.2	51.2	70.5	40.5	37.5	25.0

출처: Annual Report on Development of China's Audio-Visual New Media (2018), p.38 자료 재정리.

21세기 중국문화산업시장의 이해

TV드라마 방송시장도 인터넷드라마 방송시장과 거의 유사하게 진행되어가는 것으로 보인다. 2017년 1~8월 기간 TV위성채널의 저녁 프라임시간대 방송된 드라마를 보면 첫(개봉)드라마가 31%이고 비개봉드라마는 69%로 파악되었다.

방송 형식도 독점방송(独播)이냐 비독점방송(非独播)이냐가 팽팽하게 진행되는 상황 속에서 첫(개봉)드라마일 경우 독점방송이 44%, 비독점방송이 56%인데 비하여 드라마가 첫(개봉)방송이 아닐 경우에는 독점방송은 72%, 비독점방송은 28%로 상황이 확 달라진다(출처: China TV Drama Industry Investigation Report 2017, p.11-p.12).

② 마태효과의 악화

예전부터 그래왔지만 2017. 1. 1.~11. 30 기간 TV드라마 시청률 1% 이상을 확보한 TV채널을 보면 총 8개인데 모두가 TV위성채널로 TV드라마시장을 완전히 장악한 것으로 나타난다.

〈2017. 1. 1~11. 30 기간 중국의 TV드라마 시청률 1% 이상 확보 주요채널〉

TV채널명	후난 위성	동팡 위성	CCTV-8	장수 위성	CCTV-1(종합)	저장 위성	베이징 위성	산둥 위성	계
시청률 1% 이상 드라마 편수	9	8	6	3	2	2	2	1	33
점유율(%)	28	24	18	9	6	6	6	3	100

출처: China TV Drama Industry Investigation Report 2017, p. 14 자료 재정리.

인터넷드라마시장에서도 마태효과가 계속하여 지속되고 있는 상황이다. 이러한 마태효과는 TV드라마시장에서뿐만 아니라 인터넷드라마

시장에서도 마찬가지다.

〈2016. 10. 16~2017. 10. 15간 주요동영상 인터넷드라마 방송 편수 및 방송량〉

동영상 플랫폼	아이치이 동영상	텅쉰 동영상	요우쿠 동영상	소후 동영상	러스 동영상	망궈 TV	쥐리(聚力) 동영상	펑신(风行) 동영상	계
독파(独播)편수	87	53	25	15	10	1	2		86
비독파(非独播) 편수	9	2	6	6	2	1	1	1	28
총 방송량(억 번)	153	244	341	79	25	32	18	0.04	888.04
점유율(%)	17.23	27.48	38.4	8.90	2.82	3.60	2.03	0.00	100.00

출처: China TV Drama Industry Investigation Report 2017, p.18 자료 재정리.

소위 중국의 3대 동영상플랫폼인 아이치이, 텅쉰동영상, 요우쿠의 인터넷드라마 방송량이 인터넷 방송량 전체의 83.11%를 차지하고 있다는 점은 마태효과가 지속적으로 악화되고 있음을 보여준다.

나. 제작, 발행

중국에서는, TV드라마를 임의로 제작, 생산하면 발행허가증을 발급받아 TV방송으로 방영하는 시스템이 아니고 정부의 엄격한 심사과정을 거처 비준을 받아야 발행허가증을 발급받을 수 있다. 여기서 사전에 제작, 등록공시량과 실제 정부의 최종 발행허가증을 교부받은 수량과는 상당한 차이를 보인다. 여기에는 여러 가지 이유들이 존재하겠지만 우선 양보다 질적수준 제고에 비중을 두고 있는 것으로 파악된다.

그리고 앞서 언급했지만 TV드라마 제작사들이 상당수가 영세하고 규모도 그리 크지 않은 것으로 알려져 있다. TV프로그램을 포함하여 각종 영상시청각프로그램들을 제작하고 있는 주요제작사들을 보면 ①华谊兄弟 ②华策影视 ③光线传媒 ④华录百纳 ⑤新文化 ⑥中视传媒 ⑦浙江长城影视 등이 2013년 증시 상장 후 상승세를 타고 있다. 이 밖에도 지난해에는 ①完美世界股份有限公司 ②北京华录百纳影视股份有限公司 ③慈文传媒股份有限公司 ④浙江唐德影视股份有限公司 ⑤幸福蓝海影视文化集团股份有限公司 등이 상당한 실력을 갖추고 활동 중이다.

〈최근 10년간 중국의 TV드라마 제작·등록 공시량 및 실제 발행허가증 교부량 비교〉

연도	제작, 등록공시수량		심사비준통과 편수비율(%)	발행(배급)비준량		편당평균 집수
	편수(片數)	집수(集數)		편수	집수	
2017	1,175	46,685	27	314	13,470	42.9
2016	1,232	48,638	27	334	14,912	44.6
2015	1,146	43,077	34	394	16,540	42.0
2014	1,073	39,931	40	429	15,983	37.3
2013	1,111	38,077	40	441	15,770	35.8
2012	1,515	49,600	33	506	17,703	35.0
2011	1,435	46,190	33	469	14,942	31.9
2010	1,204	36,140	36	436	14,685	33.7
2009	999	30,684	40	402	12,910	32.1
2008	974	30,064	52	502	14,498	28.9

출처: ①China TV Rating Yearbook 2017(中國電視收視年鑒2017) p.96 ②Chuna TV Rating Yearbook2018, p.21 ③Annual Report on Development of China's Radio, Film and Television(2018) p.151 자료 재정리.

그런데 중국은 각급 TV방송국의 각종 채널을 통하여 연간 23만 내지 24만여 편의 드라마를 방송하고 있다. 2011년 247,060편, 2012년

242,298편, 2013년 240,996편, 2014년 232,802편, 2015년 233,105
편, 2016년 227,183편, 2017년 231,379편, 2018년 6,987,376편으로
집계하고 있다(출처: 2015, 2016, 2017, 2018 China Statistical Yearbook on
Culture and Related Industries).

그리고 2016년 2편 이상의 TV드라마를 생산한 제작사는 단지 50여
개사에 불과하고 87.6%의 제작사들은 연간 1편의 드라마를 생산, 발행
하는 것으로 집계되었는데 제작 역량이 비교적 여러 제작사로 분산되어
있다는 점이 하나의 특징으로 보이지만 동시에 제작사들이 여전히 베이
징, 상하이, 저장성, 광둥성 등에 집중되어 있는 쏠림현상은 피할 길이
없어 보인다.

2017년도에도 역시 연간 10편 이상의 드라마를 제작하는 지역이 6개
지역으로 줄어들었는데도 총 발행편수는 전체의 68.79%를 차지한다.

〈중국의 TV드라마 10편 이상 제작, 발행 지역 현황〉

순위	지역별	편수		점유율(%)		2016년 집수	2016년 점유율(%)
		2017년	2016년	2017년	2016년		
1	베이징	73	63	23.25	18.86	2,655	17.80
2	저장성	45	55	14.33	16.47	2,509	16.83
3	상하이	40	51	12.74	15.27	2,176	14.59
4	광둥성	22	25	7.01	7.49	2,098	14.07
5	장쑤성	14	14	4.46	4.19	595	3.99
6	톈진시	12	14	3.82	4.19	572	3.84
7	산시성	-	11	-	3.29	461	3.09
8	후난성	10	10	3.19	2.99	401	2.65
9	충칭시	-	10	-	2.99	356	2.39

출처: Annual Report on Development of China's Radio, Film and Television(2017), p.146 및 (2018)
자료 재정리.

21세기 중국문화산업시장의 이해

상기 표와 같이 일부 지역으로의 제작, 발행편수의 쏠림현상은 제작사들이 같은 지역에 상대적으로 많이 산재해 있는 점을 고려하지 않을 수 없다. 베이징, 저장성, 장쑤성, 상하이, 후난성, 광둥성 등은 TV드라마뿐만 아니라 일반 시청각 각종 콘텐츠제작기구들이 상대적으로 많이 위치해 있고 경제력도 타 지역에 비해 월등히 나은 점 등 여러 가지 요소들이 우수하여 문화산업과 관련하여 우수하고 경쟁력 있는 콘텐츠들을 많이 생산하고 있다.

다만 베이징, 저장성, 상하이, 광둥성, 장쑤성 등 5개 지역이 제작, 발행한 TV드라마 편수는 208편으로 2016년 전체 334편의 62.28%를 차지한다. 민영 제작사로 가장 왕성한 제작, 발행량을 보이고 있는 华策影视는 20편, 949집을 제작, 발행하여 전체 제작, 발행량의 편수에서는 5.99%, 집수에서는 6.36%를 점하고 있어 민영 제작사의 역량도 상당히 크다는 것을 보여준다. 여기서 지난 8년간 TV드라마 연간 제작, 발행 편수 수량별 제작사 수가 얼마가 되는지 파악해보자.

〈최근 8년간 중국의 TV드라마 제작, 발행 편수별 제작사 분포 비중(%)〉

	2009년	2010년	2011년	2012년	2013년	2014년	2015년	2016년
1편 제작	70.5	57.5	75.6	73.7	75.4	76.7	76.3	87.6
2편 제작	15.2	24.9	17.2	15.3	13.0	12.0	15.6	10.3
3편 제작	5.7	7.3	2.7	4.6	5.8	7.0	4.2	1.6
4편 제작	3.7	4.7	2.7	1.5	2.7	1.0	1.5	0.5
5편 제작	1.2	2.6	1.2	2.5	1.4	3.0	0.8	–
6편이상	3.7	3.0	0.6	2.4	1.7	0.3	1.5	–

출처: ①China TV Rating Yearbook 2015, p.124 ②China TV Rating Yearbook 2017, p.96 ③Annual Report on Development of China's Radio, Film and Television 2016, p.188 자료 재정리.

상기 표와 같이 연간 TV드라마 한 편만을 제작, 발행하는 제작사들이 계속 늘어나고 있다. 연간 다섯 편 이상을 제작, 발행하는 제작사들이 2015년부터는 아예 없다. 이는 TV드라마를 제작한다고 해도 정부의 심의과정을 거처 최종 비준을 받아 발행허가증을 교부받는 데 상당한 어려움이 작용하는 것 외에, 앞서 언급했듯 제작사 59%가 이윤은 고사하고 적자를 보고 있다는 시장의 어려움도 크게 작용하는 것으로 보인다.

그런데 2014년도의 경우 429편의 TV드라마를 301개 제작사가 제작, 발행하였고 2015년도에는 총 262개 제작사가 총 394편을 제작하여 발행허가증을 교부받은 것으로 알려져 있다. 이들 262개 제작사들 중 한 편을 제작한 제작사가 200개사이고 두 편을 제작, 발행한 제작사는 41개사, 세 편을 제작, 발행한 제작사 11개사, 네 편을 제작, 발행한 제작사 4개사 다섯 편을 제작, 발행한 제작사 2개사, 여섯 편 이상을 제작, 발행한 제작사는 4개사였다고 전해진다. 특히 2015년도의 경우 華策影視 등 상위 10개 우수 제작사는 총 80편, 4,114집을 제작, 발행하여 전체의 편수에서 20.30%와 집수에서의 24.87%를 차지한 것으로 선두에 선 華策影視 공사의 실적은 계속 질주하고 있다.

여기서 매년 제작, 발행되고 있는 중국의 TV드라마들을 소재(題材)별로 구분해보자.

〈최근 7년간 중국의 TV드라마 소재별 발행(편/집(集)현황〉

연도	2011	2012	2013	2014	2015	2016	2017
사회현실	237/7,114	284/	242/8143	243/8335	202/8608	177/8080	190/7597
역사소재	219/7,436	216/	192/7366	178/7383	185/7606	151/6604	118/5663

중대(重大)	13/392	6/243	7/261	8/265	7/326	6.228	6/210
계(편/집)	469/14942	506/17703	441/15770	429/15983	394/16540	334/14912	314/13470

출처: ①Report on Development of China's Media Industry 2013~2016 ②Annual Report on Development of China's Radio, Film and Television 2013 p.68, 2016 p.188, 2017 p.144, 2018 p.152 자료 재정리.

　중국의 TV드라마 소재는 대체로 두 종류인데 사회적 현실을 소재로 하는 드라마와 역사를 소재로 한 드라마로 양분된다. '중대(重大)'라고 하는 드라마 소재는 특정 사안을 소재로 하는 드라마로, 예를 들면 혁명 역사물 등을 다루는 특집 형태의 드라마를 말한다.

　여기서 다시 중국의 TV드라마 소재 구성을 시대별로 구분해보면 역시 당대(当代: 1949년~현재)를 소재로 한 드라마가 가장 많은데 2017년도에는 전체 드라마의 55.41%를 차지했다.

〈최근 4년간 중국의 TV드라마 소재 시대별 발행 현황〉

구분	2014년		2015년		2016년		2017년			
	편수	집수	편수	집수	편수	집수	편수	비율(%)	집수	비율(%)
당대현실	234	8,024	186	7,990	177	8,080	174	55.41	6,914	51.33
현대현실	9	311	16	617	13	537	16	5.10	683	5.07
근대역사	132	5,034	138	5,559	99	4,216	80	25.48	3,660	27.17
고대역사	46	2,079	47	2,064	39	1,851	38	12.10	2,003	14.87
중대	8	265	7	326	6	228	6	1.91	210	1.56

출처: ①Annual Report on Development of China's Radio, Film and Television2016 p.186 ②Annual Report on Development of China's Radio, Film and Television (2017), p.144, (2018), p.152 자료 재정리.
주: ①고대(1840년 이전) ②근대(1840~1919년) ③현대(1919~1949년) ④당대(1949년~현재)

상기 표에서 나타나듯 중국에서는 당대인 1949년 신중국 성립 이후의 다양한 소재들을 드라마 소재로 제작, 발행하는 드라마가 대체로 많다.

그렇다면 중국에서는 과연 매년 TV드라마를 제작, 발행하는 데 연간 얼마를 투자하고 국내에서 어느 정도가 거래되는지 파악해보자.

다. 제작비와 국내판매

① TV드라마 재작비 시장 동향

2018년 1월 보고된 'China TV Drama Industry Investigation Report 2017'에서 지적한 보고서 내용을 토대로 중국 드라마 제작비에 대한 시장 상황을 요약, 기술토록 함을 밝혀둔다.

중국 역시 매년 드라마 제작비가 상승하고 있는데 제작비 중에 배우들의 출연료가 차지하는 비중이 너무 높다.

2017년 9월 국가신문출판광전총국, 국가발전개혁위원회, 재정부, 상무부, 인력자원과 사회보장부 등 5부위(部委)가 공동으로 'TV드라마 번영발전에 관한 약간의 정책적 통지'를 공포, 시행했는데 이 통지에는 TV드라마 제작에 합리적 투입과 배분의 메커니즘 구축 및 보완을 요구하고 있다.

즉 TV드라마 제작에 합리적 투입비용 구조와 배우(탤런트)들의 출연료 배분 시스템의 최적화를 요구하는 한편, 방송기관에서 시행하는 유일한 협상가격표준을 금지토록 하고 있어 적어도 이 통지문의 시행은 TV드라마 제작업계에서는 하나의 전환점이 될 것으로 보인다.

TV드라마 제작비가 매년 끊임없이 상승하면서 대체로 괜찮다는 평가를 받는 작품일 경우 편당 이미 억 위안 시대를 넘어 대형시대극(Costume Drama)드라마의 투입액은 5~6억 위안(한화 약 850억~1020억 원)에 이르는 것으로 파악되었다.

20세기인 1900년대에는 대체적으로 1집당 제작비가 2만~3만 위안으로 해외에서 촬영한 작품도 1집당 평균 12만 위안이었으며 총 제작비 150만 달러 정도면 당시 대작이었다는 것이 전문가들의 평가분석이다. 그러다 2000년 이후부터 TV드라마 제작비가 급속하게 상승했는데 2003년〈射雕英雄传〉작품인 경우는 총 투입액이 5000만 위안으로 42집으로 구성된 이 드라마의 1집당 제작비가 약 120만 위안이 소요되었고 당시 네 명의 배우들, 李亚鹏, 周迅, 周杰, 蒋勤勤의 출연료는 총 투입액의 25%정도였다고 한다.

그런데 2000년 초반기에는 중국의 문화산업시장이 태동하면서 질주를 시작할 사회적 분위기와 정부 시책들이 나오고 있었던 시기였음을 이해해야 한다.

근래에 와서는 TV드라마 제작비가 급증하는 사례가 빈번해졌는데 대형시대극 제작비를 보면 2012년 촬영한〈甄嬛传〉은 7,000만 위안, 2015년에 촬영한〈花千骨〉은 1억 위안, 그리고 같은 해에 촬영한〈武媚娘傳奇〉와〈芈月传〉은 각각 3억 위안, 2017년 촬영한〈如懿传〉,〈扶摇皇后〉등의 장편시대극드라마는 기본적으로 각각 5억 위안(한화 약 850억 원)을 훨씬 초과한 것으로 전해진다. 2010년 전후에는 1집당 평균 200만 위안이면 대단히 좋은 드라마를 제작할 수 있었다고 하는데 시간이 지날수록 제작비는 계속하여 고고행진을 하고 있는 형국이다.

TV드라마와 별도로 2016년은 인터넷드라마 시장이 성숙되는 해였는데 연간 약 600여 편을 제작, 생산한 것으로 알려져 있다. 그러나 인터넷드라마도 좋은 작품은 1편 제작비가 억 위안 시대를 맞이했으며 〈美人为馅〉과 〈如果蜗牛有爱情〉의 제작비는 각각 3억 위안을 초과하여 인터넷드라마의 제작비도 TV드라마 제작비와 다를 바 없는 상황에 와 있다는 시장의 전언이다.

② TV드라마 제작비 상승 주요원인

중국시장에서는 TV드라마 제작비 상승의 주요원인으로 배우들의 높은 출연료를 들고 있다. 여타 국가들의 배우들 출연료가 총 제작비의 30% 내외를 차지하고 있는데 비해 중국의 경우는 총 제작비의 60% 이상을 차지하고 있다고 지적한다.

배우들의 출연료가 1편당 평균, 적게는 5000만 위안, 많은 사람은 8000만 위안, 심지어 1억 위안을 받는 배우들도 있어 이러한 현상은 배우들의 출연료가 총 제작비의 60% 이상은 물론이고 일부 작품은 70~80% 까지 가는 경우도 허다하다고 비판하는 불만이 적지 않다고 전해진다.

또 다른 측면을 보면, 하나의 드라마를 두 곳의 위성방송에서 방영하는 게 가능한 정책인 일극량성(一劇兩星) 2015년 5월 1일 시행 이후 위성채널들의 정품(精品)드라마 쟁탈전이 보다 치열하게 전개되면서 유전유세(有钱有势)의 형국으로 동영상플랫폼 회사들이 자원 분배의 일원으로 방송 분야에 진출한 것이 또 하나의 요인이 되었다고 보는 게 일반적인 시각이다.

남자 중견배우를 40~50세 사이로 인식하고 여성 중견배우는 30~40

세 사이로 인식하면서 현재 20대 배우들의 출연료 1억 위안이 오히려 적다고 불평하는 분위기를 감안하면, 소위 투자가 부족한 중소형드라마 제작사들의 어려움이 이해되기도 한다.

따라서 이러한 여러 가지 제작시장의 모순들을 타개하기 위하여 중국 정부는 2017년 9월 상기 약칭 '십사조(十四条)'라고 하는 'TV드라마 번영발전 지원에 관한 약간의 정책적 통지'를 공포, 시행하였는데, 이 조치로 다소 조정되어가는 느낌이다.

이 통지에서는 TV드라마와 인터넷드라마에 대하여 동일한 표준을 적용, 관리함으로써 TV드라마와 인터넷드라마의 쌍방융합 방향을 제시했다. 이러한 융합단계를 보면 2015년 전후 이미 진행된 선(先) TV방송, 후(后) 인터넷방송의 구조가 2016~2017년 사이에는 드라마의 TV방송과 인터넷방송을 동시방송으로 진행해왔으며 2017~2018년 사이에는 선 인터넷방송, 후 TV방송으로 이어지고 있으나 2018년 이후부터는 드라마의 인터넷방송과 TV방송의 경계가 허물어 없어지는 추세로 이어질 것이라는 것이 시장 전문가들의 분석이다.

2018년 2월 바이두 소속의 아이치이와 텅쉰동영상의 유료회원수가 6,000만 명을 돌파했으며 이 중 아이치이 유료회원 수입 규모가 65.36억 위안(한화 약 1조 1111억 원)으로 광고수입 81억 위안(한화 약 1조 3770억 원)과 크게 차이가 나지 않는 것을 보면 중국의 대형 동영상플랫폼업체들은 인터넷드라마 방송의 유혹에서 벗어나기 어려울 것으로 보인다.

그런데 중국은 대체로 한해 약 2조 원 내외를 들여 다양하고 질 좋은 TV드라마를 제작, 발행한다.

2017년도의 경우 TV드라마 제작, 발행에 따른 투자액이 242억

2570만 위안(한화 약 4조1183.7억 원)으로 전년도보다 무려 88.48%가 폭증했다.

〈최근 7년간 중국의 TV드라마 제작, 발행 투자액〉

연도	2011	2012	2013	2014	2015	2016	2017
투자액 (만 위안)	711,270	910,326	1,037,305	1,242,552	1,203,629	1,285,293	2,422,570

출처: ① 2014, 2015, 2016 China Statistical Yearbook on Culture and Related Industries ②2014 China Radio and TV Yearbook, p.466 ③2016 China Radio and TV Yearbook, p.515 ④Annual Report on Development of China's Radio, Film and Television 2017, p.6 ⑤2018 China Statistical Yearbook on Culture and Related Industries, p.132 자료 재정리.

TV프로그램 총 제작비에서 드라마 제작, 발행비가 차지하는 비율을 보면 2013년의 경우 TV프로그램 총 제작비가 313억 5608만 위안인데, TV드라마 제작비는 103억 7305만 위안으로 전체의 33.08%를 차지했고, 2015년의 경우는 TV프로그램 총 제작비의 36.79%를 차지한 것으로 집계했다. 따라서 특별한 경우를 제외하면 대체적으로 TV드라마 제작, 발행비는 TV프로그램 전체 투자액의 35% 내외를 투자하는 것으로 이해하는 것이 좋을 것 같다.

다음 표에서 2014년도의 TV프로그램 제작비가 대폭 증가한 것은 산둥성이 특별히 많은 액수의 투자를 한 것 외에 타 지역은 크게 변함없이 일반적인 증감 상황을 보인다. 그리고 중국의 TV프로그램 제작비 투자는 대체로 여느 국가와 마찬가지로 수도권 지역과 중앙직속인 중앙텔레비전방송국(CCTV)에서 상대적으로 적지 않은 투자가 이루어진다. 한편 투자액 상위 5위에 포함되는 지역은 크게 변함없이 지속적으로 상위 그

21세기 중국문화산업시장의 이해

2014년			2015년			2016년		
순위	제작비 (만 위안)	비중 (%)	순위	제작비 (만 위안)	비중 (%)	순위	제작비 (만 위안)	비중 (%)
산둥성	13,151,970	79.82	중앙직속	1,339,432	40.94	중앙직속	873,331	27.56
중앙직속	1,195,885	7.26	베이징	727,555	22.24	베이징	864,901	27.28
베이징	797,247	4.84	저장성	393,719	12.03	저장성	481,238	15.18
저장성	450,426	2.73	상하이	174,285	5.33	상하이	236,428	7.46
산시성	164,997	1.00	광둥성	147,087	4.50	광둥성	125,961	3.97
5개 지역 누계	15,760,525	95.65	5개 지역 누계	2,782,078	85.04	5개 지역 누계	2,581,859	81.45
전국 총 합계	16,477,475		전국총 합계	3,271,287		전국 총합계	3,169,421	

출처: ①China Statistical Yearbook on Culture and Related Industries 2015, p.146 ②China Statistical Yearbook on Culture and Related Industries 2016, p.140 ③China Statistical Yearbook on Culture and Related Industries 2017, p.144 자료 재정리.

룹을 형성한다.

2017년도의 TV드라마 제작비 상위 5위를 보면 ①신강위구르자치구 632,313만 위안 ②저장성 604,674만 위안(한화 약 1조 279억 원) ③베이징 565,043만 위안(한화 약 9605억 7310만 원) ④장쑤성 187,392만 위안 ⑤상하이 159,467만 위안 순이다. 신강자치구를 제외하면 비교적 경제적으로 부유한 지방들이다.

③ 국내 판매

중국의 TV프로그램 교역이 국내에서 얼마나 이루어지고 있는지도 찾아보자.

〈최근 3년간 중국의 TV프로그램 국내 판매 지역별 상위 5위 비교〉

2014년			2015년			2016년		
순위	판매액 (만 위안)	전체비 중(%)	순위	판매액 (만 위안)	전체비 중(%)	순위	판매액 (만 위안)	전체비 중(%)
저장성	817,290	34.36	저장성	831,501	36.42	베이징	710,168	29.21
베이징	501,358	21.08	베이징	662,575	29.02	저장성	664,815	27.34
陝西성	171,307	7.20	상하이	184,422	8.08	상하이	295,954	12.17
산둥성	166,476	7.00	중앙직속	120,506	5.25	중앙직속	189,259	7.78
중앙직속	163,640	6.88	광둥성	108,115	4.73	陝西성	117,576	4.83
5개지역 누계	1,820,071	76.52	5개 지역 누계	1,907,119	83.53	5개 지역 누계	1,977,772	81.33
전국 총 합계	2,378,540		전국 총 합계	2,283,104		전국 총 합계	2,431,501	

출처: China Statistical Yearbook on Culture and Related Industries 2015, p.146, 2016 p.140, 2017 p.144 자료 재정리.

저장성의 경우를 보면 TV프로그램에 40억 위안 내외를 투자했는데 TV프로그램의 국내 판매액은 80억 위안 내외를 벌어들여 중국 내에서 TV프로그램 판매 1위를 선점하고 있다. 2017년도에도 891,283만 위안(한화 약 1조 5151.8억 원)의 판매수입을 거두면서 1위를 차지했다. 저장성은 문화산업 각 부문의 콘텐츠 제작에 지대한 관심을 기울이는 성이기도 하다.

그 밖에 6위 이하를 기록한 지역을 보면 장쑤성의 경우 2015년도는 10억 5400만 위안의 TV프로그램 판매액을 확보했고 2014년도에는 7위로 14억 6400만 위안의 판매액을 거두었다. 2014년도 6위의 상하이는 15억 790만 위안을, 8위인 광둥성은 10억 5900만 위안의 TV프로그램 판매액을 확보했다. 그해 상위 8위 이상이 판매액 10억 위안 이상을 거둔 것으로 집계하고 있다. 그러면 여기서 다시 중국의 TV프로그램 중 중요한 위치를 점하고 있는 TV드라마 제작비와 국내판매액을 비교해 보자.

<최근 3년간 중국의 TV드라마 제작비 투자 지역별 상위 5위 비교>

2 014년			2015년			2016년		
순위	제작비 (만 위안)	전체 비중(%)	순위	제작비 (만 위안)	전체 비중(%)	순위	제작비 (만 위안)	전체 비중(%)
베이징	505,165	40.66	베이징	425,615	35.36	베이징	490,016	38.12
저장성	390,360	31.42	저장성	353,456	29.36	저장성	290,022	22.56
陝西성	62,649	5.04	상하이	127,502	10.59	상하이	182,861	14.23
장쑤성	53,326	4.29	광둥성	47,085	3.91	장쑤성	118,121	9.19
광둥성	45,924	3.69	陝西성	31,720	2.64	陝西성	50,940	3.96
5개 지역 누계	1,057,424	85.10	5개 지역 누계	985,378	81.86	5개 지역 누계	1,131,960	88.07
전국 총 합계	1,242,552		전국 총 합계	1,203,629		전국 총 합계	1,285,293	

출처: ①China Statistical Yearbook on Culture and Related Industries 2015, p.146 ②China Statistical Yearbook on Culture and Related Industries 2016, p.140 ③China Statistical Yearbook on Culture and Related Industries 2017 p.144 자료 재정리.

상기 여러 가지 표에서 상위 5위까지만을 소개한 것은 일반적으로 5위를 넘어가면 당해 시장에서의 영향력에 큰 변화가 없는 것으로 이해해주기 바란다.

역시 TV드라마 제작비 투자부문에서도 경제력과 문화 수준이 상대적으로 높은 지역의 투자액이 많다. 2015년의 경우 베이징은 2,878집의 드라마를 제작, 발행했는데 1집 제작에 평균 1,478,900위안(한화 약 2억 6620만 2,000원)이 소요된 것으로 나타났다. 그러나 저장성의 경우는

1집 제작에 평균 1,216,300위안(한화 약 2억 1893만 4,000원)이 투자된 것을 보면 중국에서 TV드라마 1집을 제작하는 비용이 평균 한화(韓货) 약 2억 원 내외가 소요되는 것으로 파악된다.

그런데 TV드라마 투자액과 국내 판매액을 비교해보면 저장성은 여전히 투자액의 1.5배의 이익을 창출해내고 있다. 상하이 역시 손해를 보지 않는다. 물론 국내 판매액 외에 해외 판매액은 여기에 포함되지 않은 숫자다.

〈최근 3년간 중국의 TV드라마 국내 판매액 지역별 상위 5위 비교〉

2014년			2015년			2016년		
순위	판매액(만 위안)	진체비중(%)	순위	판매액(만 위안)	전체비중(%)	순위	판매액(만 위안)	전체비중(%)
저장성	664,050	42.65	저장성	764,231	49.47	저장성	501,015	33.86
베이징	365,352	23.47	베이징	344,398	22.32	베이징	395,071	26.70
상하이	72,632	4.67	상하이	130,068	8.42	상하이	237,082	16.02
장쑤성	72,150	4.63	장쑤성	102,640	6.64	장쑤성	116,927	7.90
陝西성	65,587	4.21	산둥성	53,581	3.47	陝西성	62,519	4.23
5개 지역 누계	1,239,771	79.63	5개 지역 누계	1,395,316	90.32	5개 지역 누계	1,312,614	88.71
전국 총 합계	1,556,941		전국 총 합계	1,544,760		전국 총 합계	1,479,586	

출처: ①China Statistical Yearbook on Related Industries 2015, p.146, 2016 p.140 ②China Statistical Yearbook on Related Industries 2017, p.144 자료 재정리.

상기 표에 의하면 어쨌든 중국의 TV드라마 제작비 투자에서는 투자액 상위 5위 지역이 전체의 80~85%를 차지하고 있고 국내 판매액도 상위 5위 지역이 80~90% 사이를 점하고 있다. 투자하는 데 이익이 창출될 수밖에 없다는 시장의 논리가 나타나는 것이다.

이제 TV드라마를 얼마나 방송하고 시청률은 어떠한지 알아보자.

라. TV드라마 방송과 시청률

2017년 말을 기준으로 하여 보면 중국에는 TV드라마를 방송한 지시급 TV방송 채널 수는 473개로 사실상 이들 채널에서 중국의 TV드라마 시장을 장악하고 있다고 보는 것이 틀림없어 보이며, 또한 이 중에는 전국의 위성채널 52개가 포함되어 있다.

드라마 방송의 경우 TV화면을 통해 일반 시청자들이 즐기는 방송과 2010년부터 중국 정부가 인터넷동영상사이트 방송에 광고를 승인한 이후부터 급격하게 발전, 확대되고 있는 인터넷동영상사이트를 통한 드라마 시청으로 구분할 수 있다. 특히 최근에 와서 인터넷동영상사이트를 통한 드라마 시청자는 일반 TV화면을 통하여 시청하는 드라마 시청자 수에 근접하고 있는 추세이고 일부 성급TV방송국의 연간 광고수입을 오히려 능가하는 사례도 있는 형국이다.

2016년도에는 IP(지식재산권)를 기반으로 한 콘텐츠들의 열풍이 초점이 된 한 해였다. 상표권, 특허권, 설계권(디자인) 등 수많은 요소를 포함하고 있는 중국의 IP는 이미 법률적 권리 범주로 여러 가지 종류로의 변화와 발전을 거듭해왔다. 드라마 간에 치열한 경쟁이 여전히 주위를 둘러싸고 있는 상황 속에서 IP가 전개, 확산되고 있는 형국이다. 2016년 주요 4대 성급TV위성채널에서 방송된 IP드라마를 보면 상하이 둥팡위성은 〈欢乐颂〉 등 4편, 저장위성도 〈欢乐颂〉 등 4편, 장쑤위성도 〈수려강산장가행(长歌行)〉 등 4편, 후난위성은 〈마작(麻雀)〉 등 9편의 IP드라마를 방송, 성공을 거둔 바 있다.

중국의 TV드라마 방송 상황을 찾아보면 당해연도 제작, 생산되어 발행허가증을 교부받은 수량과 당해연도에 첫(개봉)방송을 하는 드라마 수량과는 적지 않은 차이를 보인다.

〈최근 7년간 중국의 TV드라마 당해연도 제작, 생산, 허가량과 첫(개봉)방송량〉

연도	2011	2012	2013	2014	2015	2016	2017
발행편수	469	506	441	429	394	334	314
개봉 방송편수	381	391	368	351	311	271	241

출처: ①China TV Rating yearbook 2014, 2015, 2017, p.99 ②Report on Development of Media Industry 2017, p.80 ③Annual Report on Development of China's Radio, Film and Television 2016, p.189 ④Statistical Communique of the people's of China on the 2015 National Economic and Social Development ⑤China TV Rating Yearbook 2018, p.96, p.155 자료 재정리.

다만 상기 표에서 적시하고 있는 연도별 드라마의 첫(개봉)방송작품이 반드시 당해연도에 제작, 생산되어 발행허가증을 발급받은 작품이 아닐 수도 있기 때문에 당해연도 발행편수와 당해연도 첫(개봉)방송된 편수를 단순비교하는 데는 한계가 있을 수 있다. 그러나 당해연도에 제작, 발행되지 않은 드라마의 첫(개방)방송편수는 많지 않다. 왜냐하면 1 내지 2년 이상 제작년도가 지난 작품의 첫(개봉)방송드라마에 대한 시청자들의 관심이 낮아 시청률 확보에 문제가 있기 때문이다.

실례로 2013년의 경우를 보면 TV드라마가 제작, 발행된 당해연도에 첫(개봉)방송된 드라마 작품편수는 54.9%이며 제작, 발행한 지 1년이 지난 드라마의 첫(개봉)방송편수는 32.9%, 제작, 발행된 지 2년이 지난 작품의 첫(개봉)방송편수는 7.1%, 3년이 지난 작품의 첫(개봉)방송편수

21세기 중국문화산업시장의 이해

는 2.7%, 4년이 지난 작품편수는 2.4%로 TV드라마의 제작, 발행 신선
도에 따라 TV방송에 영향을 주고 있음이 이를 반증한다.

TV방송의 드라마방송시장 상황을 읽으려면 반드시 각급TV방송국
위성채널을 봐야 한다. 드라마방송에서 시청률 확보의 성공을 거두려면
반드시 위성채널을 통해야 한다는 것이 일반적인 사실이다.

중국에는 52개의 위성채널이 있는데 2013년부터 2016년도까지 저
녁 프라임시간대인 19:00~21:00사이에 각급 위성채널에서 방송된 드
라마 편수를 보면 2013년 520편, 2014년 502편, 2015년 462편, 2016
년 421편, 2017년도는 569편 24,042집으로 수량이 일정하지 않은데,
이는 또 다른 요인이 있을 수 있으나 2015년 1월 1일부터 정부가 시행
하고 있는 하나의 드라마를 두 개의 위성채널에서 동시에 방영하는 동
시방송(一劇兩星)정책과 무관치 않다.

그런데 프라임시간대를 조금 넓혀 19:00~22:00까지로 한 2013년도
각급 위성채널에서의 드라마 방송편수는 조금 늘어 616편으로 조금 늘
었다. 이 중 당해연도 제작, 발행된 신규 작품수는 266편으로 드라마 총
방송량의 43%를 차지한다. 이렇게 당해연도 제작, 발행된 드라마의 첫
(개봉)방송편수 266편 중에는 특정 1개의 위성채널 단독(독점)방송이
174편으로 65.4%를 차지한다. 방송 형식을 보면 후난위성채널은 주간
(周间) 3집+주말(周末) 1집으로 독점방송으로 진행되고 장쑤위성채널의
경우는 주간 3집+주말 2집으로 하는 방송 형식을 택했다. 그 외 많은 위
성채널들은 한 편의 드라마를 공동으로 구매하여 2~3개 위성채널에서
동시에 방송하는 형식을 택했는데 제2, 제3급류의 위성채널들은 이러한
드라마 방송 형태를 선호하는 분위기였다.

그러나 TV방송국 위성채널들은 우수한 드라마를 타 채널과 동시방영하는 것보다 단독으로 독점 첫(개봉)방송을 수입(收入)모델로 하고 있었다. 해가 갈수록 단독(독점) 첫(개봉)방송을 선호하고 있는 가운데 2014년도 저녁 프라임시간대인 19:00~22:00 사이에 위성채널에서 첫(개봉)방송된 드라마는 249편이다. 이 중에 특정 1개의 위성채널 단독(독점) 첫(개봉) 방송 작품이 138편으로 전체 방송량의 55%, 2개 위성채널 드라마 동시방송 작품수는 32편으로 13.0%, 3개 위성채널 동시방송 작품수도 32편으로 전체의 13.0%를 차지했다. 그리고 4개 위성채널 동시방송 작품 편수도 47편으로 전체의 19.0%을 차지했는데 위성채널에서의 드라마 첫(개봉)방송 총 편수 249편 중에 시청률 1% 이상을 확보한 드라마 편수는 67편뿐인 것으로 파악되었다.

이러한 드라마방송시장 상황 속에 2014년 4월 15일 국가신문출판광전총국은 '2014년도 전국 TV드라마 방송공작회의'를 개최하면서, 2015년 1월 1일부터 동일한 드라마 한 편을 매일 저녁 프라임시간대에 위성채널에서 동시방영할 시, 2개 방송 위성채널을 초과할 수 없다고 선언했다. 따라서 2015년 1월 1일부터 소위 한 개의 드라마를 2개의 위성채널에서 동시방영하고, 하루저녁에는 1개 위성채널에서는 2집 방송을 원칙으로 하는 '一剧两星, 一晚两集' 정책이 시행된다.

위성채널들의 드라마 방송 형식에 있어 후난위성채널과 상하이 둥팡위성채널이 일직 주간드라마 방송을 시작한 후 2016년에는 베이징위성채널도 주간드라마방송극장을 열었는데 후난위성, 상하이둥팡위성, 장쑤위성 등과 더불어 이들은 주간드라마로 총 18편의 드라마를 방영했다. 이러한 주간드라마방송으로 시청률이 급속하게 높아지는 시장 상황에

21세기 중국문화산업시장의 이해

자극받은 여타 위성채널들은 그냥 지나칠 수가 없었다. 2017년 저장위성채널과 안후이위성채널도 주간드라마 방송극장 운영을 선포했다.

그런데 2017년 TV방송 위성채널의 저녁 프라임 시간대에 개봉한 드라마의 시청률이 1%를 넘는 드라마가 고작 48편에 불과하고 더더욱 시청률 2%를 넘는 드라마는 8편으로 초라한 성적표를 얻었다. 이 48편의 드라마 중에는 시대극이 15편이고 당대(当代, 1949년 신중국 성립 이후 현재까지) 드라마가 23편으로 제일 많으며 가장 시청률이 높았던 드라마는 장쑤위성채널과 상하이 동방위성채널이 방송한 〈那年花开月正圆〉인데 평균시청률이 3.98%였다.

〈최근 4년간 중국의 TV드라마 첫(개봉)방송 채널별 방송 비율(%)〉

	2013년	2014년	2015년	2016년
중앙텔레비전방송	12.6	10.3	9.3	8.5
성급TV 위성채널	21.7	24.8	28.9	31.0
성급지상파 TV채널	49.7	45.0	41.2	38.7
성수도(省会) TV채널	7.1	8.3	6.8	7.4
지시급 TV채널	8.6	11.1	13.8	13.7
기타 TV채널	0.3	0.6	-	0.7

출처: Report on Development of China's Media Industry 2017, p.81.

다만 상기 자료는 2013년과 2014년도의 조사대상 도시가 전국의 80개 주요 도시를 대상으로 조사되었고 2015년도 및 2016년도는 대상도시를 확대하여 전국 100개 주요 도시를 대상으로 표본조사한 것이며 방송시간대는 전일(全日), 그리고 같은 이름의 드라마는 제외되었다는 것이 '중국미디어산업발전보고2017'의 발표 내용이다.

그리고 성급TV위성채널의 드라마 첫(개봉)방송 비율이 크게 높게 나타나지는 않지만 드라마 작품 선택으로 시청률 측면에서는 여타 채널의 추종을 불허한다.

2016년도에는 중앙텔레비전방송(CCTV)채널을 제외하고는 모두가 시청률이 조금씩 떨어졌다. 성급TV위성채널의 저녁 프라임시간대와 주간방송극장에서는 총 187편의 드라마가 방송되었는데 이는 2015년도보다 26편이 줄어든 숫자로 알려졌다.

여기서 각급TV채널별 드라마 시청시장 점유율을 알아보자.

〈최근 6년간 중국 각급 TV채널별 드라마 시청시장 점유율〉

	2011년	2012년	2013년	2014년	2015년	2016년
중앙텔레비전방송	14.2	15.0	15.8	16.1	17.3	19.7
성급TV위성채널	44.9	48.0	48.4	49.8	45.6	44.1
성급TV지상파채널	27.2	24.7	24.1	23.0	25.1	24.8
지시급채널	12.0	11.0	10.7	10.3	11.2	10.5
기타 TV채널	1.9	1.5	1.3	0.9	0.9	0.9

출처: ①China TV Rating Yearbook 2015, p.119 ②Annual Report on Development of China's Radio, Film and Television 2016, p.189 ③Report on Development of China's Media Industry 2017, p.85 자료 재정리.

상기 표에서와 같이 드라마 방송의 시청시장 점유율 역시 성급TV방송 위성채널이 확실히 위력을 발휘하고 있다는 것이 증명된다.

그러면 방대한 국토면적과 수많은 TV채널을 보유하고 있는 중국의 각 지역별(성(省), 자치구(自治区), 직할시(直辖市)) TV방송국에서 드라마를 연간 얼마나 방송을 하고 있으며 해외로부터 수입된 드라마는 어느 정도 방송되고 있는지 살펴보자.

〈최근 6년간 중국의 각 지역별 TV드라마 연간 방송량(편수) 비교〉

	2011년	2012년	2013년	2014년	2015년	2016년
합계	247,060편 (6,377편)	242,298편 (4,872편)	240,996편 (3,616편)	232,802편 (2,878편)	233,105편 (2,889편)	227,183편 (2,427편)
중앙직속 (广电总局)	2,478 (127)	1,790 (30)	1,500 (41)	1,447 (69)	1,367 (93)	1,096 (90)
베이징	479(22)	494(34)	455(2)	505(2)	483(-)	447(-)
톈진	3,124(6)	3,450(740)	3,309(40)	3,752(-)	2,844(-)	2,612(-)
허베이성	13,990(169)	14,361(144)	13,140(87)	13,127(25)	13,049(21)	13,289(14)
山西성	5,758(23)	6,255(44)	5,989(42)	5,932(46)	5,758(40)	6,191(40)
네이멍	12,504(192)	12,416(62)	12,324(65)	12,694(46)	11,881(11)	10,144(20)
랴오닝성	9,973(250)	9,598(231)	9,125(256)	8,598(213)	8,739(199)	8,760(179)
지린성	7,897(222)	7,608(222)	7,010(207)	6,899(119)	6,808(94)	6,264(42)
헤이룽장	4,097(92)	3,912(53)	7,794(190)	4,365(102)	4,061(5)	3,872((6)
상하이	1,304(84)	1,162(56)	1,249(49)	1,191(39)	993(13)	953(4)
장쑤성	10,072(126)	9,631(55)	9,910(65)	8,765(56)	8,314(74)	8,860(69)
저장성	9,470(151)	8,754(107)	9,290(77)	8,811(61)	8,996(37)	8,796(21)
안후이성	10,914(239)	10,404(178)	10,091(175)	8,604(65)	8,426(57)	8,061(77)
푸젠성	3,679(20)	3,475(60)	3,362(-)	3,133(-)	3,021(31)	3,025(9)
장씨성	9,428(1040)	10,071(427)	10,178(323)	9,777(311)	9,273(300)	8,933(267)
산둥성	12,234(138)	11,309(69)	11,449(102)	13,603(-)	13,560(167)	13,383(106)
허난성	15,807(140)	15,590(105)	15,132(52)	15,157(32)	14,712(33)	14,322(8)
후베이성	14,718(140)	13,728(86)	13,162(80)	13,154(88)	12,800(60)	12,393(58)
후난성	11,083(410)	10,784(23)	10,830(57)	11,251(62)	11,342(128)	11,065(100)
광둥성	6,228(122)	6,496(84)	5,803(54)	5,446(101)	4,989(53)	5,257(36)
광시자치구	6,039(235)	6,358(240)	6,573(63)	5,439(28)	5,666(118)	6,096(87)
하이난성	568(2)	759(4)	889(-)	875(-)	733(36)	679(25)
충칭시	4,176(181)	4,716(157)	4,779(277)	5,142(67)	3,651(39)	3,739(-)
쓰촨성	18,359(298)	18,046(207)	17,884(181)	18,079(304)	20,465(252)	17,671(234)
구이저우성	2,663(127)	2,619(115)	2,471(107)	2,141(50)	2,381(50)	2,658(65)
윈난성	10,064(-)	9,984(-)	9,936(-)	10,359(5)	10,951(1)	10,885(3)

시장자치구	521(-)	568(1)	674(3)	738(-)	711(-)	602(-)
陝西성	9,205(14)	8,261(29)	8,559(12)	7,243(-)	9,278(-)	8,686(-)
깐쑤성	6,709(54)	7,069(10)	6,773(5)	6,646(110)	7,414(100)	7,257(10)
칭하이성	1,065(16)	1,164(4)	973(-)	1,084(1)	1,240(20)	1,102(-)
닝샤자치구	1,795(20)	1,823(15)	2,026(12)	2,492(15)	2,111(3)	2,120(-)
신장자치구	20641(1717)	19643(1280)	18,357(992)	17,389(859)	17,092(854)	17,964(857)

출처: ①2012, 2013, 2014, 2015, 2016 China Statistical Yearbook of the Tertiary Industry ②2016 China Statistical Yearbook on Culture and Related Industries p.145 ③2017 China Statistical Yearbook on Culture and Related Industries p.149 자료 재정리.
주: ( )의 숫자는 해외수입드라마 편수이며 전체방송량(편수)에 포함된 숫자임.

상기 표에서 나타나듯 중국은 TV방송국의 각종 채널을 통하여 연간 드라마 방송을 23만~24만여 편과 690만 집 내외의 드라마를 방송한다. 정확히 말하면 2015년의 경우 총 233,105편, 6,863,633집의 드라마를 방송했다. 여기에는 해외로부터 수입한 2,889편, 81,535집의 드라마 수량이 포함되어 있다. 그러나 해외수입드라마 방송량은 편수는 전체 방송량의 1.24%, 집수는 1.19%에 머문다. 드라마 방송량에서 가장 많이 방송하는 지역은 대체로 쓰촨성과 신장위구르자치구이다.

다음은 TV드라마에 대한 시청률이 과연 얼마나 되는지 파악해보자. 중국에서 TV화면을 통한 드라마 시청률은 그다지 높지 않다. 어떻게 보면 그렇게 많은 돈을 투자하기에 걱정이 될 정도로 시청률이 낮다. 특히 각급TV 위성채널에서 방송되지 않은 일반 지상파방송의 드라마 시청률은 더욱더 낮은 편이다.

〈최근 중국의 저녁 프라임시간대(19:30~21:30) 위성채널 드라마 첫(개봉)방송 시청률(%)〉

	시청률 2% 이상 드라마 비중	시청률 1%-2% 미만 드라마 비중	시청률 0.5%-1% 미만 드라마 비중	시청률 0.5% 미만 드라마 비중
2016년	0.4%	6.1%	17.1%	76.4%
2015년	1.2%	5.0%	17.8%	76.0%

출처: ①China TV Rating Yearbook 2017 p.105 ②China TV Rating Yearbook 2016 p.94 자료 재정리.

상당한 액수의 투자를 통하여 연간 340여 편의 드라마를 생산, 발행하고 있는데 시청률이 고작 0.5% 미만의 드라마가 76% 전후에 머물고 있어 시청률 확보가 쉽지만은 않은 것 같다.

물론 뉴미디어의 급속한 발달과 신세대들이 미디어를 접촉하는 트렌드가 변화하는 등 다양한 이유들이 존재하겠지만 TV방송국으로서는 긴장하지 않을 수 없는 것 같기도 하다. 드라마 분야에서 시청률을 가장 잘 확보하고 있다는 위성채널들도 어려움을 겪는 것은 마찬가지인 것 같다. 2014년도 한 편의 드라마 시청률 1% 이상을 확보한 위성채널들의 실적을 보면 쉽게 이해될 것이다.

〈2014년 중국의 한 편의 드라마 시청률 1%이상을 확보한 위성채널별 성적 비교〉

위성채널	시청률 1% 이상 드라마 편수	방송 총 편수	목표치 달성 비율 (%)	위성채널	시청률 1% 이상 드라마 편수	방송 총 편수	목표치 달성 비율 (%)
CCTV1	13	13	100	베이징	5	24	21
후난위성	15	20	75	CCTV8	6	43	14
장쑤위성	8	20	40	상하이 둥팡위성	2	26	8
산둥위성	10	37	27	톈진위성	1	24	4
저장위성	6	26	23	안후이	1	38	3

출처: China TV Rating Yearbook 2015 p.119.

상기 표에서 나타나듯 안후이위성채널의 경우 총 38편의 드라마를 방송했는데 시청률 1% 이상을 확보한 드라마는 겨우 1편으로 목표달성치가 3%에 불과한 것을 보면 1% 이상의 드라마 시청률 확보가 대단히 어렵다는 정황을 설명해준다.

2014년도 각급 위성채널에서 저녁 프라임시간대인 19:00~22:00 사이 드라마 시청률 1% 이상을 확보한 편수는 총 67편으로 이는 전국의 주요 80개 도시를 대상으로 한 시청률 조사에 의한 것이다. 이 조사에 의하면 상기와 같은 데이터가 작성되는데 총 67편의 드라마 방송형식을 보면 독자(독점)방송이 39편으로 58.0%를 차지하면서 가장 높고 2개의 위성채널이 동시방송드라마 편수는 3편으로 4.5%, 3개 위성채널 동시방송드라마도 3편으로 4.5%를 차지했는데 4개 위성채널에서의 동시방송 편수는 무려 22편으로 전체 방송편수의 33%를 차지했다. 이는 2015년 1월 1일부터 시행에 들어간 一剧两星, 一晚两集 정책시행 이전의 상황이었다. 그러면 一剧两星, 一晚两集 정책 시행 이후인 2015년 1월 1일 이후의 주요 위성채널들의 드라마 평균시청률은 얼마나 변했을까 접근해보자. 상위그룹에 속하는 후난위성과 CCTV1(종합), 산둥위성, 저장위성은 오히려 시청률이 줄었으나 CCTV8, 상하이둥팡위성, 베이징위성은 미미할 정도의 증가세를 보였다.

시청률은 계속하여 낮아지고 있다. 여러 가지 원인이 있을 수 있으나 시청자들이 나날이 발전되어가는 뉴미디어의 출현으로 접할 수 있는 다양한 콘텐츠들에 대한 선택의 폭이 점차 확대되어가는 것과 무관치 않은 것만은 사실인 것 같다.

채널명	2015년			2016년			2017년		
	평균 시청률 (%)	시청률 1% 이상 편수	시청률 1% 이상 비중(%)	평균 시청률 (%)	시청률 1% 이상 편수	시청률 1% 이상 비율(%)	평균 시청률 (%)	시청률 1% 이상 편수	시청률 1% 이상 비율(%)
후난위성	1.88	15	32	1.47	12	27	1.43	10	29
CCTV1	1.42	11	23	1.16	7	16	0.91	2	6
동방위성	0.85	3	6	0.93	4	9	1.17	7	21
CCTV8	0.73	4	9	0.90	8	18	0.91	9	26
장쑤위성	0.83	4	9	0.83	3	7	0.86	2	6
저장위성	0.85	3	6	0.82	4	9	0.82	2	6
베이징위성	0.79	2	4	0.79	4	9	0.70	2	6
산둥위성	0.86	5	11	0.68	2	5	0.56	-	-

출처: ①China TV Rating Yearbook 2017 p.104, p.106 ②China TV Rating Yearbook 2018 p.97, p.98 자료 재정리.

앞서 일부 언급되었듯 각급 위성채널의 저녁 프라임시간대 1% 이상 시청률을 확보한 드라마 편수가 계속 감소하고 있는 추세인데 2014년 67편에서 2015년 47편으로, 2016년에는 다시 44편으로 줄어들었다. 그리고 상기 표와 같이 주요위성채널들의 시청률도 계속 하강곡선을 그린다. 중국의 TV드라마시장에서 시청률 2% 이상인 드라마는 최고등급을 받고 1~2% 사이는 우수작품으로 불려지며 0.5~1% 사이의 드라마는 중급 작품으로 대우받는다. 그리고 시청률 0.5% 미만인 드라마는 열세의 드라마로 불리는데, 이 열세의 드라마가 지난해 76%를 넘어섰다고 앞서 지적한 바 있다.

여기서 드라마 시청률과 관련 있는 또 다른 시장 상황을 찾아보면 중국 정부가 2015년 9월 1일부터 20년 만에 대대적인 수정 끝에 시행에 들어간 '중화인민공화국 광고법'의 영향을 들 수 있을 것이다. 이 법에는 허위거짓광고에 대한 정의, 신증(新增)광고 대리인의 법률적 책임과 의무, 대중전파매개광고공포행위 관리감독 역량 강화, 공익광고방송 등 다양한 분야의 광고관리강화를 담고 있다. 제19조에는 라디오방송국, TV방송국, 신문잡지음상출판단위, 인터넷정보서비스 제공자는 건강, 보건위생 등의 변형된 형식으로 의료, 약품, 의료기기, 보건식품광고를 소개할 수 없도록 하고 있고, 제74조에서는 국가가 공익광고 선전활동, 사회주의 핵심가치관, 문명기풍제창 등에 대해서는 지원과 격려토록 하고 있다.

그런데 이 새로운 광고법의 시행 이후 특집광고 방송량이 동기대비 격감하고 있는 것으로 분석되고 있는데 이는 의료 분야의 광고량의 광고시장 위치를 감안하면 드라마방송 광고 유치에 어려움으로 작용하고 있다는 것으로 귀결된다는 것이 시장의 분석이다.

그런데 여기서 중국의 TV드라마시장에서 주요위성채널이 빠질 수 없는 구조적 문제에 대해 앞서 가시청인구 등 일부를 언급했지만 여기서 다시 드라마시장에서의 빈익빈, 부익부 현상인 마태효과를 외면할 수 없어 설명을 곁들이고자 한다.

2015년 드라마 시장에서 一劇兩星, 一晚兩集 정책의 시행으로 위성방송국들의 저녁 프라임시간대 시청률이 다소 떨어졌다. 한편 이 정책 시행으로 베이징위성과 상하이둥팡위성을 드라마 연간 시청률 3강(强)으로 끌어올리는 데 기여를 한 셈이 되었고 드라마시장에서 가장 강자로 군림하는 후난위성은 혼자 질주하여 시청률 상위 15위 작품 중 13개 작품을 휩쓸었다. 그해 중국에서 인기리에 방송되었던 드라마 〈武媚娘

傳奇〉의 1집 촬영비용에 300만 위안(한화 5억 4000만 원)이라는 고가를 들였다는 점과 〈花千骨〉이라는 드라마 한 편 구입비에 무려 2억 위안(한화 약 350억 원)을 초과한 것으로 알려져 시장에 충격을 주면서 최근 들어 드라마 제작비 고공행진이 진행되고 있는 상황임을 보여주었다.

하나의 드라마를 4개 위성채널에서 동시 방영하는 소위 '一劇四星' 정책 시행 때의 TV방송기관들은 당해 TV방송기관들이 비용을 분담하는 방식으로 투자비용을 줄였으나 2015년 1월 1일 이후의 '一劇兩星' 정책으로 전환한 이후에는 대작 드라마 제작에 대한 위험성이 커지면서 제작사들은 투자에 신중을 기할 수밖에 없었다. 한편으론 드라마 시청률 시장에서 인기를 누리는 드라마 제작비용은 높아질 수밖에 없는 상황 속에서 제작자나 드라마 구매자는 자금력이 튼튼한 재력이 없으면 시장에서 퇴출될 수밖에 없는 형국을 맞았다. 따라서 지금은 2급류 위성채널에 영향력이 커진 '一劇兩星' 정책 시행이 이어지고는 있지만 이들의 자금력과 제작 능력이 없으면 기본적으로 중국의 드라마 편당 TV 시청률 50강(强)에 진입한다는 것은 사실상 불가능하다는 것이 전문가들의 분석이다.

2015년도의 중국의 TV시청률 상황에 접근해보면 후난위성, 장쑤위성, 저장위성, 상하이둥팡위성, 베이징위성, 산둥위성들은 TV드라마 시청률 상위 50강을 분할시켰고 하나의 드라마를 저녁 프라임시간대 4개 위성채널 방송을 허가한 소위 '一劇四星' 정책 때 기병처럼 일어났던 안후이위성과 텐진위성 등은 가장자리로 밀려 더 이상 여지가 없는 어려운 상태에 빠지게 되었다는 시장의 분석이 힘을 얻는다.

그리고 2015년도에 와서 특히 IP의 프로그램화, 프로그램의 IP화가

TV방송기관들의 산업 연결고리로 확장시키는 모델이 되었는데 TV방송위성채널의 IP경영은 드라마와 종합예능프로그램부문에서 양대 콘텐츠로서 나란히 무게를 같이한다. 종합예능프로그램은 이미 중국에서 드라마 이후 제작과 방송을 분리하여 생산하는 방식이 성행하고 있다. 〈아빠어디 가세요〉와 〈런닝맨〉 등이 인기리에 방송되었는데 종합예능프로그램 모두가 휴대폰시장에 진입함으로써 산업적인 사슬이 확장되는 결과를 빚었다. 당시 중국 시청자들은 TV시청시간이 평균 주간 31시간이고 인터넷 접속시간은 주간 25.6시간으로 2011년의 30시간과 18.7시간을 각각 비교하면 그 사이가 점점 좁혀지는 현상을 알 수 있다.

인터넷웹드라마는 2014년도에 와서 상당한 호황을 이루었는데 소재도 다양하게 나타났다. 아이치이, 요우쿠동영상, 텅쉰동영상, 러스 등과 같은 주류 동영상사이트들이 자체적으로 제작한 드라마 수량도 늘어났는데 이들 드라마들의 시청자접속량 상위 5위는 드라마당 평균 2억 뷰에 이른다. 이들 주류 동영상사이트들의 자체 제작 드라마에 대한 시청자들의 반응을 보면 텅쉰동영상의 〈大牌駕到〉는 7.2억 뷰, 〈H1가(歌)〉는 3.1억 뷰, 소후의 〈大鵬嘚吧嘚〉도 2.3억 뷰를 기록했으며, 아이치이의 〈娱乐猛回头〉는 1.7억 뷰라는 시청자들의 시청접속량을 확보한 것을 보았을 때 이미 동영상사이트에서의 드라마 인기를 짐작할 수 있다(출처: Report on Development of China's Media Industry 2015 p.84). 2014년도 중국 바이두의 〈아이치이〉 동영상사이트에서 한국의 〈별에서 온 그대〉 드라마가 인터넷상 동영상사이트를 통하여 인기를 누렸던 것은 우연의 일치가 아니다.

중국의 드라마시장규모가 900억 위안(한화 약 15조 3000억 원) 상당에 이른 것으로 알려져 있고 시장에서는 광고 확보를 위하여 시청률 높일 수 있는 방법 찾기에 골몰하는 분위기는 어느 나라와 다르지 않다.

여기서 TV드라마시장과 관련이 깊은 인터넷동영상사이트를 통하여 이용자에게 전달되는 드라마시장에 접근해보겠다.

4. TV드라마의 위기와 인터넷드라마의 굴기

가. 인터넷드라마의 시장 동향

중국에는 인터넷의 발달과 더불어 여러 가지 요인으로 드라마시장에서도 급속한 변화가 일어나고 있다. 특히 2010년 중국 정부가 처음으로 인터넷동영상사이트 광고를 비준한 이후 인터넷동영상사이트 측은 발빠른 시청자(이용자) 확보에 나섰다. 여기서 인터넷동영상사이트시장의 대표적인 분야가 드라마, 게임, 애니메이션, 스포츠, 종합예능프로, 공연 등 시청각 영상물을 포괄한다. 다시 말해 인터넷을 통하여 이용자에게 전달될 수 있는 영상물 모두를 다 포함한다는 것이다. 따라서 중국의 문화기업 거두들은 인터넷동영상시장에 이미 발 빠른 접근을 했다.

〈중국 문화기업 거두 BAT의 인터넷동영상사이트 생방송 시장 진출 현황〉

모기업별	바이두	알리바바	텅쉰
진출업종 및 동영상 소속 업체	Ala생방송(범오락(泛娛乐)), 百秀생방송(범오락), 奇秀생방송(범오락), 百度지도(도로사정), 百度동영상(저작권), 아이치이(저작권)	陌陌, 모모(범오락), 疯생방송(범오락), 타오바오 생방송(전자상거래), 텐마오 생방송(전자상거래), 요우쿠동영상(저작권), 火猫생방송(게임)	NOW생방송(범오락), 斗鱼생방송(게임), 텅쉰생방송(범오락), 龍珠생방송(게임), QQ空间(범오락), 红点생방송(교육), 花样생방송(범오락), 哔哩哔哩(비리비리)(2차원), 텅쉰동영상(저작권), 企鹅생방송(스포츠), 呱呱(구구)커뮤니티(범오락), 텅쉰뉴스(신문뉴스)

출처: Annual Report on Development of New Media in China 2017, p.64.
주: 상기 자료는 아이루이(예서(艾瑞))컨설팅(iresearch) 회사의 '2016년 중국 모바일동영상생방송연구보고'(2016.11) 자료를 '中國新媒体發展報告2017'에서 인용한 자료임.

상기 자료에 나오는 범오락이란 단어는 중국의 IT최대기업인 텅쉰이 가장 먼저 제시한 개념으로 하나의 문화콘텐츠 지식재산권(IP)으로서 다양한 형태로 파생되는 생태계를 구축한다는 내용을 말하며, 범오락화란 영화, 게임, 음악 등 하나의 저작권이 하나의 단위사업에만 국한되는 기존의 엔터테인먼트시장과는 달리 하나의 저작권으로 여러 분야 문화산업콘텐츠를 제작, 생산하는 것을 지칭하는 것인데 현재 중국의 문화산업시장에서는 대단히 성행하고 있다.

2017년 12월 1일까지 11개월간 중국 3대 동영상 업체인 아이치이, 텅쉰동영상, 요우쿠의 동영상사이트에서 방송된 드라마 수량이 무려 7,116편에 이르고 이 중에 신규 제작, 발행된 드라마는 898편으로 알려져 있다.

인터넷드라마 생산량도 매년 완만하게 증가세를 유지해오고 있는데 2015년에는 459편에 이르렀다.

그리고 2017년 인터넷드라마시장에서는 독점방송(独播) 드라마와 유료 드라마가 주류를 형성하고 있는데 인터넷드라마 중 독점방송 드라마가 전체 드라마의 94%를 차지하고 방송량도 93%를 차지한다.

인터넷드라마 유료 드라마 비율도 2016년 45%에서 2017년 85%로 급등하여 상당히 보편화되어 있고 콘텐츠만 좋으면 정당한 대가를 지불하고 시청하는데 소비자들은 이에 주저함이 없어 보인다. 한편 2017년 인터넷드라마 촬영에서도 경험이 있는 감독들이 대거 참여했는데 참여감독 총 185명 중 102명이 영상물 연출감독 경험을 가지고 있는 사람들로 이는 작품과 직결되어 시청자들의 만족을 사는 것으로도 보이기도 한다(출처: Annual Report on Development of China's Audio-Visual New Media 2018 p.54).

TV위성채널에서는 첫(개봉)드라마의 인터넷 방송량이 지속적으로 증가 추세인데 클릭 수를 보면 다음과 같이 시청자들의 관심을 읽을 수 있다.

〈TV위성채널 첫(개봉)드라마의 인터넷 방송량 클릭 수 비교〉

구분	1-10억 차		10-50억 차		50-100억 차		100억 차 이상	
	2016년 상반기	2017년 상반기	2016년 상반기	2017년 상반기	2016년 상반기	2017년 상반기	2016년 상반기	2017년 상반기
첫방송드라마 편수	129	126	26	37	6	8	2	7

출처: China TV Drama Industry Investigation Report 2017 p.15.

2017년도 상반기 경우 방송 클릭량이 200억 차 이상의 드라마는 3편에 이르고 무려 300억 차를 넘어선 드라마도 한 편(三生三世十里桃花) 있는 것을 보면 인터넷방송의 위력도 직감할 수 있을 것 같다.

나. 인터넷드라마 판매

2006년 80집의 대형드라마인 〈武林外传〉의 인터넷 판권료는 1집당 1,250위안으로 총 10만 위안에 판매되었다.

그러나 2017년에 와서는 TV드라마 板权(저작권)은 인터넷드라마 판권료를 따라잡지 못하고 있는 실정이다.

TV드라마 〈天亂之白蛇传说〉의 총 60집 판매가는 3.3억 위안으로 아이치이가 독점방송했는데 1집당 550만 위안이었으나 맞춤 가격의 인터넷드라마 〈監墓筆記3〉는 총 12집으로 2.88억 위안을 받고 판매했는데 이는 1집당 2400만 위안으로 인터넷드라마의 시장가격이 대단함을 직감할 수 있다.

2017년도 화제의 드라마 가격이 천정부지로 치솟았는데 동영상사이트에서 아주 우수한 상위의 콘텐츠인 드라마 1집당(單集) 판권구입비가 평균 781만 위안으로 10년 전 1집당 1,250위인에 비하면 기히 폭발적이 아닐 수 없다.

그런데 2017년 TV드라마업을 주로하는 잉스류(影视类)증시상장사 30개사들의 수입을 보면 2016년도보다 19%가 증가한 50.3억 위안으로 시장의 훈훈함을 느낄 수 있지만 영업수입 1위를 마크한 화처잉스(华策影视)의 2017년도 상반기 영업수입은 증가했으나 이윤은 오히려 3억 7120만 위안이나 줄었다. 외형보다 내실에는 다소 위험이 있다는 얘기이다.

다. BAT의 군웅할거(群雄割據)

2017년 3/4분기까지 중국의 인터넷드라마 수량이 251편인데 중국

21세기 중국문화산업시장의 이해

의 3대 동영상플랫폼인 아이치이, 텅쉰동영상, 요우쿠동영상이 시장의 대부분을 장악하고 있고 방송량에서도 마찬가지로 위세를 떨친다.

〈2017년 1~9월간 인터넷드라마 방송 Top 100 현황 비교〉

동영상 플랫폼	인터넷드라마 편수(%)	방송량		동영상 플랫폼	인터넷드라마 편수(%)	방송량	
		편수	점유율(%)			편수	점유율(%)
아이치이	54	30	30	PPTV聚力	1	1	1
텅쉰동영상	21	32	32	러스	2	3	3
요우쿠	7	18	18	기타플랫폼	9	7	7
소후	6	9	9	합 계	100	100	100

출처: China TV Drama Industry Investigation Report 2017, p.93-p.94 자료 재정리.

2016년도 중국은 자체 제작 인터넷콘텐츠 투자비가 약 270억 위안으로 2015년도보다 125%나 급등했으며 콘텐츠의 제작량도 42%가 늘어난 사실들은 중국의 시청각 콘텐츠시장의 뜨거운 열기를 느끼게 한다. 또한 2017년 세계 인터넷 종합예능프로가 264개로 알려져 있는데 이 중에 중국 작품이 98개로 알려져 있다. 그런데 이 98개 종합예능프로 종류를 보면 여타 국가들과 별 차이가 없으나 예능N세대, 아이돌오디션 프로, 토크쇼, 리얼리티쇼프로가 대부분인 것으로 전해진다.

그런데 BAT 중 강력한 업체 중의 하나인 텅쉰동영상은 2017년 자체 제작비를 2016년도에 비해 8배나 대폭 증가시켰다고 알려졌는데 주요 영역별로 보면 자체 제작 드라마 제작비는 65% 증액, 종합예능프로 제작비에는 무려 140%를 늘렸으며, 자체 제작 애니메이션 제작비도 100%나 증액한 것으로 전해진다. 특히 자체 제작 다큐멘터리 분야에는 233% 증액이라는 폭증을 가져왔는데 이는 다큐멘터리시장이 요동칠 것이 우려되는 면도 있다. 그리고 더욱 중요한 것은 회사 내에 동영상 분야의 핵심인력 200명을 특별히 구성하여 치열한 시장을 선점하겠다는 강한 의지가 보인다.

BAT의 2018년도 인터넷동영상 콘텐츠의 자체 제작을 보면 아이치이 79편, 텅쉰 67편, 요우쿠 58편으로 발표하고 있다.

다음은 인터넷동영상사이트 이용자 수가 TV시청자 수에 근접하고 있는 상황을 살펴보자.

라. TV시청자와 인터넷동영상 이용자 비교

인터넷의 급속한 발전으로 인터넷을 통한 다양한 콘텐츠들을 접속하고자 하는 네티즌들이 나날이 늘어나고 있는 상황은 이미 수차례 언급된 바 있다. 그러면 여러 가지 다양한 방송콘텐츠별로 TV시청자들과 인터넷동영상사이트 이용자들의 관심도에 접근해보면 드라마의 경우 인터넷동영상사이트 이용자들의 관심도가 TV시청자들의 관심도에 접근하고 있음을 발견하게 된다.

〈2016년도 중국의 TV프로그램 종류별 관심도(%) 비교〉

프로그램별	드라마류	뉴스시사류	종합예능오락류	영화류	스포츠류	생활서비스류	음악류	법제류	특집류	희극류
TV시청자 관심도	67.1	65.8	51.1	31.1	13.8	24.1	11.3	21.2	16.9	5.8
동영상이용자 관심도	57.3	34.5	48.6	39.3	11.5	11.3	8.2	6.1	7.9	2.7

출처: 2017 China Cultural Industries Annual Report p.93.

상기 표에서 나타나듯 인터넷동영상사이트를 통하여 동영상을 이용하는 사람들은 드라마뿐만 아니라 종합예능오락프로그램과 영화류는 TV시청자 못지않게 동영상을 접하고 있음을 보여준다. 이러한 현상은 여러 가지 복합적인 요인들이 작용하고 있겠으나 인터넷세대인 80년대 이후(80后) 출생한 젊은이들이 현재 중국사회의 주류를 형성하고 있는 사회적 환경과 다양한 새로운 미디어 출현으로 접촉 통로가 다원화되고 있는 상황으로 인식하는 것이 옳은 것 같다. 이러한 상황은 TV채널에만 의존하던 기존의 TV업계는 긴장하지 않을 수 없는 형국이다.

다시 여기서 드라마 시청문제에 국한하여 접근해보면 TV드라마계의 위기의식을 이해할 수 있다. 2007~2013년 초기 6년간의 온라인상 인터넷드라마 총 발행편수는 170편에 머물렀는데 2014년도에 와서는 205편에 이르렀고 2015년 정부에 제작등록 공시한 인터넷드라마 편수는 무려 805편, 1만 2,705집에 이른다(출처: 2016中國廣播電影電視發展報告 p.99).

동영상사이트를 통하여 드라마시청을 과연 얼마나 즐기고 있는지를 보면 시장의 뜨거움을 느낄 수 있다.

2016년 각종 인터넷동영상사이트를 통하여 방송된 드라마가 1만 1,431편인데 이를 시청한 이용자들은 5117.2억 회를 클릭했다. 이 중에 중국 국산드라마는 5,118편, 이용자 클릭량 4394.5억 회로 클릭량은 전체의 85.86%였다. 해외로부터 수입한 인터넷드라마 방송량은 6,313편으로 방송비율은 전체의 55.22%, 클릭량은 총 723.2억 회로 전체의 14.14%에 머물고 있어 네티즌들의 이용률은 상대적으로 낮은 편이다. 그러나 2016년 중국은 해외로부터 수입한 인터넷드라마는 총 765편

4,961집으로 알려져 있는데 적지 않은 숫자이다. 2017년도에도 인터넷 드라마의 인기는 계속된다. 클릭량이 무려 8175.8억 차에 이른다.

그러나 인터넷드라마의 길이는 일반 TV방송국에서 방송되는 드라마 길이보다 적다. 그리고 최근에 와서는 드라마를 인터넷동영상사이트에 먼저 내보내고 그다음에 같은 드라마를 TV방송으로 내보내고 있어 과거 기존의 전통적인 드라마 TV방송의 우선원칙이 깨지고 있는 실정이다.

2016년도 인터넷동영상사이트들이 인터넷드라마를 당초 1,646편, 6만 4,674집을 제작기획하였으나 제작등록 공시량은 1,208편 4만 7,802집으로 파악되었다(출처: 2017中國廣播電影電視發展報告 p.152). 물론 최종 정부의 비준, 발행허가증 교부는 엄격한 심의를 거쳐 현격하게 드라마량이 줄어든다. 그러나 일반적으로 2016년도의 TV방송용 드라마 제작, 발행량이 334편 1만 4,912집인 사실을 감안하면 인터넷동영상사이트들이 제작하는 드라마 수량이 적지 않아 이들의 위세가 대단함을 엿볼 수 있다. 한편 전국의 각급TV방송 위성채널들은 인터넷동영상사이트 측과 꾸준한 합작을 통하여 공동의 이익 창출을 위한 새로운 협력모델을 만들어나가고 있다.

마. 인터넷동영상 이용자 특징

중국의 인터넷동영상사이트 이용자 규모는 2016년 말 기준하여 5억 4455만 명으로 전년도 5억 391만 명보다 무려 4064만 명이 늘었다. 휴대폰 인터넷동영상사이트 이용자 규모도 2015년도의 4억 508만 명보다 9479만 명이 증가한 4억 9987만 명이다. 이들 동영상사이트 이용자들의 연령층도 29세 이하가 전체의 57.4%이고 40세 이상도 18.4%에

　　　　　　　　　　　21세기 중국문화산업시장의 이해

이르고 있어 동영상사이트 이용자들의 연령층이 전 연령층으로 확대되어가는 형국이다.

이렇게 인터넷동영상사이트 이용자들이 매년 증가하는 가운데 유료 이용자들도 계속 증가세를 보인다. 2016년 13월 31일 현재 전국의 인터넷동영상사이트 유료 이용자는 7500만 명이다. 이들 이용자들은 대체로 바이두의 아이치이, 텅쉰동영상, 요우쿠동영상, 러스(乐视)동영상, 소후동영상 등 5대 동영상사이트의 플랫폼상에 분포되어 있다.

이렇게 이용자 규모가 2016년도에 와서는 2015년도보다 241%나 폭증하면서 증가 속도 역시 세계 제1위이고 미국의 증가 속도보다 9배라고 전해진다(출처: Annual Report on Development of New Media In China 2017 p.263).

나날이 인터넷동영상사이트 유료화가 보편화되어가고 있는 중국의 동영상사이트 유료 이용자 구성을 보면 1, 2선의 대도시에 거주하는 젊은층과 화이트컬러들이 주를 이룬다.

남여 성별에서는 남성 50.70%, 여성 49.30%, 지역별에서는 ①베이징, 상하이, 광저우, 선전 등 1선 대도시는 36.6% ②기타 2선의 대도시인 성 수도 성회 36.0% ③지시급 18.9% ④현(县) 또는 현급시(县级市) 7.3% ⑤농촌 0.7% ⑥해외 및 기타 0.4% 비율로 분포되어 있다. 연령층 분포에서는 ①18세 미만 0.7% ②18~25세 18.9% ③26~30세 31.0% ④31~40세 39.0% ⑤41~50세 8.1% ⑥51~60세 2.0% ⑦60세 이상 0.2%의 비율로 각각 분포되어 있고 이들 유료 이용자들의 월수입(月收入)을 보면 ①3,000위안 이하 14.3% ②3,001~5,000위안 51.0% ③5,001~8,000위안 18.4% ④8,001~10,000위안 10.0% ⑤10,001위안

이상의 수입이 있는 이용자의 비율은 6.2%에 머무는 것으로 조사되었다(출처: Annual Report on Development of New Media in China p.264-p.265).

중국에서 월수입이 3,000~5,000위안 사이에 있는 사람들은 대부분 일반 서민들인데 이들의 동영상사이트 이용자가 무려 51.0%에 이르고 있다는 사실은 인터넷동영상시장에서 유료화가 이미 보편화되고 있다는 것을 의미하기도 한다. 그렇다면 인터넷동영상사이트들은 드라마를 얼마나 생산해내고 있을까? 연간 적지 않은 드라마를 비롯한 각종 시청각 영상물을 생산해내는 것으로 알려져 있다.

바. 인터넷동영상 시청각 프로그램 제작, 생산

중국의 5대 인터넷동영상사이트라고 하면 ①아이치이 ②텅쉰동영상 ③요우쿠투도우 ④소후 ⑤러스를 일컫는데 이들은 중국의 인터넷동영상 사이트시장을 종횡무진하고 있다. 이들이 2015년 10월부터 2016년 9월까지 1년간 확보한 인터넷동영상 TV프로그램 수량은 엄청난 숫자이다.

〈중국의 5대 동영상사이트 측 각종 TV프로그램 확보 현황〉

기간: 2015. 10. 1~2016. 9. 30

구분	시간량	편수	집수
자체 제작	10,981	5,162	90,747
국내 판권 구입	211,148	15,941	600,771
해외 판권 구입	64,839	7,847	158,258
합계	286,968	28,950	849,776

출처: China Cultural Industries Annual Report 2017 p.257-p.258 자료 재정리.

5대 동영상사이트 측의 자체 제작량이 증가한 이유는 2016년 6월 중국 국가신문출판광전총국의 'R/TV프로그램자주혁신공작촉진에 관한 통지' 발표가 영향을 미친 것으로 보인다.

2016년 말 현재 중국에는 인터넷 시청각프로그램서비스업체로 비준받은 업체가 590개사로 2015년도보다 14개 업체가 감소했다. 어쨌든 각종 시청각프로그램인 TV프로그램부문에서도 마태효과가 나타나고 있으며 아이치이, 텅쉰동영상, 요우쿠, 투도우(tudou, 土豆) 등은 이러한 시장의 70~80%를 석권하고 있다는 것이 전문가들의 분석이다.

그리고 2016년 1월 1일부터 11월 30일까지 인터넷동영상사이트 측에서 제작, 등록 공시한 인터넷드라마는 4,430편 1만 6,938집에 이르고 있어 이는 2015년도보다 폭증한 숫자이다. 그리고 2016년 12월 11일까지의 동영상사이트 유료 드라마는 2015년도보다 36편이 증가한 239편에 이르는 것으로 알려졌다. 2016년도 인터넷동영상사이트 측에서 자체 제작한 드라마 중 이용자들로부터 114억 뷰라는 최고의 시청량을 자랑한 드라마는 바이두 소속의 아이치이가 생산, 방영한 〈老九门〉이다(출처: Annual Report on Development of New Media in China 2017 p.270). 그런데 인터넷동영상드라마 역시 공시를 거쳐 제작, 발행심의 비준을 통과하는 수량은 그리 많지는 않지만 드라마시장의 트렌드가 변화하고 있는 것만은 분명해 보인다.

한편 인터넷드라마의 연도별 수량과 자체 제작 수량을 파악해보면 인터넷드라마의 생산량은 기대 이상의 증가세를 나타낸다. 그러면 여기서 최근 4년간의 인터넷드라마와 자체 제작. 발행량을 파악해보자.

〈최근 4년간 중국의 인터넷드라마 및 자체 제작, 발행 드라마 수량 비교〉

	2013년	2014년	2015년	2016년
인터넷드라마 제작·발행 편수	50	205	470	600
자체 제작 인터넷드라마 제작·발행 편수	22	56	57	60
인터넷드라마 증가율(%)	-	155	2	5
자체 제작 드라마 증가율(%)	-	310	129	28

출처: China Cultural Industries Annual Report 2017 p.97 자료 재정리.

여기서 2017년 1월부터 10월 31일까지 국가신문출판광전총국이 인터넷 시청각 프로그램 제작·생산 관련 등록·수리 접수량을 보면 ①인터넷드라마 555편 6,921집 ②인터넷영화 5,620집 ③인터넷 애니메이션영화 659편 ④종합예능, 오락, 재정경제, 스포츠, 교육 등과 관련한 인터넷 전문 유형의 각종 프로그램도 2,725건으로 중국의 인터넷동영상 시장은 뜨겁게 달아오르고 있는 추세이다.

그런데 2016년도 인터넷동영상사이트들이 국가신문출판광전총국에 제작, 등록을 공시한 각종 시청각 동영상프로그램 중에는 ①인터넷드라마 4,558편 ②인터넷영화(웨이영화) 5,556편 ③인터넷애니메이션 197편 ④인터넷다큐멘터리 140편 ⑤인터넷동영상 기획시리즈프로그램 1,616개로 엄청난 양으로 알려져 있는데 이러한 수량들이 실제 정 제작비도 만만치 않다. 초기인 2007~2011년 사이에는 한 편의 인터넷드라마 제작비 중 1분당 평균제작비가 600 위안(한화 약 10만 원)이었으나 2014년도에는 1만 5,000위안으로 급등했다가 2015년도에는 다시 한 편에 평균 1000만 위안으로 일반영화 한 편을 촬영하는 제작비와 맞먹는다는 평가가 나오고 있다. 물론 초기에는 인터넷드라마 한 편의 길이가 평균 15분 내외로 짧은 탓도 있긴 하지만 제작비가 급상승하고 있는 것만은 분명해 보인다(출처: 中國廣播電影電視發展報告 2017 p.176, 2016 p.100).

상기 표와 같이 2016년도에 600편의 인터넷드라마가 심의를 통과하여 비준을 받아 발행허가증을 발급받았으나 국가신문출판광전총국의 자료에 의하면 2016년 1월부터 10월까지 10개월간 인터넷드라마 141편 중에 동영상사이트 측의 유료 드라마는 45%인 63편에 이른다. 2016년도 연간 인터넷동영상사이트를 통하여 방영된 유료 인터넷드라마는 총 239편이라는 것은 앞서 언급했지만 이는 2015년도의 7배에 달한다.

그런데 TV방송국의 광고수입에 인터넷동영상사이트들의 광고수입 액수가 점점 근접해가고 있고 일부이긴 하지만 TV방송국의 광고수입액을 능가하는 경우도 있다. 2016년도 TV방송국 중에는 후난TV 광고수입이 100억 위안을 초과하였고 상하이 문광그룹은 85억 위안 내외에 이른 것으로 알려지고 있는데 인터넷동영상사이트의 선두주자인 아이치이동영상의 광고수입이 약 70억 위안, 요우쿠는 약 60억 위안, 텅쉰동영상도 약 60억 위안의 광고수입을 거두고 있어 인터넷동영상사이트들의 영업실적이 일반 TV방송국들을 긴장시키기에 충분하다 하겠다. 이러한 시장 상황은 여러 가지 또 다른 환경이 적지 않게 작용하겠지만 중국의 모바일 단말기 이용자들의 1일 이용시간과 밀접한 관련이 있어 모바일 이용자의 1인당 1일 평균 모바일 사용시간을 보면 상당히 많은 시간을 모바일에 접속하고 있음을 알 수 있다.

〈중국 모바일 이용자 1일 평균이용시간〉

사용시간	0.5시간 이내	0.5-1시간	1-3시간	3-5시간	5시간 이상
전체 비중(%)	4.4	14.10	34.9	24.10	22.50

출처: 中國傳媒産業發展報告 2017 p.22.

남녀 이용자들의 이용시간을 보면 1일 평균 1~3시간을 이용하는 시간 층은 남성 36.0%, 여성 33.6%이며, 3~5시간 이용시간 층은 남성 22.2%, 여성 26.3%이다. 1일 평균 5시간 이상의 모바일을 이용하는 사람들 중에는 남성이 19.5%, 여성은 26.1%로 남성에 비해 여성이 훨씬 이용시간이 높다.

다음은 드라마 다음으로 수요가 많은 종합예능프로그램인데 동영상 사이트상의 종합예능프로와 인터넷동영상 생방송 등을 살펴보자.

사. 인터넷동영상사이트의 기타 프로그램

앞서 언급했듯 2016년도 중국의 인터넷동영상사이트를 통하여 드라마에 접속한 이용자들의 클릭 수가 5117.2억 회인데 여기에 종합예능프로그램을 비롯하여 공연, 스포츠, 생방송 등을 포함한 인터넷동영상사이트 각종 프로그램 이용자들의 전체 클릭 수는 8600억 회로 2015년도보다 50%가 증가한 것으로 알려져 있다. 이는 2014년도의 총 클릭 수 2839억 회의 3배에 이르며 이는 광고수입과 직결되어 2016년도 인터넷동영상사이트 측의 광고수입도 375억 위안으로 늘었다.

종합예능프로그램도 인터넷동영상사이트를 통하여 적지 않게 시청된다. 2015년도의 인터넷으로 전송된 창작 종합예능프로그램도 100여 개 작품에 이르렀는데 이는 2014년도보다 2배에 이르는 수량이다. 이러한 시장의 상황이 2016년도에도 이어지고 있다는 것이 시장의 전언이다.

2015년도 아이치이의 종합예능프로그램인 〈奇葩说〉의 인터넷동영상사이트 클릭 수는 11.6억 회로 상당한 인기를 얻었고 2016년도의 동영상사이트 측이 자체 제작한 종합예능프로그램의 상위 20위 작품에 대한 클릭 수량도 150억 회에 이르고 있어 이 또한 2015년도의 2배에 가까운 수치라고 한다.

다음으로 인터넷동영상사이트의 생방송(罔絡視頻直播) 분야로 이를 이용하는 이용자 규모는 2016년 3.44억 명이며 시장규모는 2015년도 90억 위안에서 250억 위안(한화 약 4조 2500억 원)에 이른다. 13·5규획 기간이 끝나는 2020년에는 1060억 위안(한화 약 18조 200억 원)으로 전망한다. 초기에는 게임생방송, 공연장(秀場)생방송, 전자상거래생방송 등 세 가지 분야로 정립이 되었다.

그러나 이러한 3국정립 현상이 점점 더 보완되고 규모도 제2선, 제3선 도시로 확산되어감으로써 '생방송+산업모델' 방식으로 발전되었다.

중국의 인터넷 생방송 관련 공사(公司)들의 77.5%가 2014년 이후에 창립되었으며 2016년도에 이르러 최고봉에 이르렀는데 인터넷동영상사이트의 플랫폼은 200여 개로 알려져 있다. 인터넷동영상사이트의 생방송 내용을 들여다보면 감동이 비교적 빠르게 일어나는 게임생방송, 소위 인터넷 스타가 자신의 팬을 대상으로 마케팅을 진행하는 사회경제적 현상이라 할 수 있는 왕홍생방송, 연예인들을 모으는 공연장 생방송, 그리고 나날이 뜨거워지고 있는 일반 대중을 겨냥한 범 엔테인먼트의 비전문가 생방송 등이 있다.

여기서 혼란을 피하기 위하여 잠시 왕홍에 대하여 몇 가지 설명을 곁들인다. 왕홍경제의 규모도 적지 않다. 왕홍이란 단어는 '왕루+홍런'의 합성어로 2016년도 상반기 생방송업시장을 보면 범 엔터테인먼트 생방송 44%, 공연장 생방송 34%, 게임생방송 16%, 기타 6%로 집계되었다. 팬 규모도 3.85억 명에 이른다. 전자상거래왕홍, 동영상왕홍, 생방송왕홍, 투원(図文)왕홍, 사건왕홍 등 5가지로 분류되기도 한다.

다시 인터넷동영상사이트의 생방송 분야로 돌아가 보자. 앞서 언급했듯 네티즌의 47.1%인 3.44억 명의 이용자를 가진 인터넷 생방송은 월 활동 이용자가 가장 많을 때는 1억여 명에 이르고 생방송 이용자들의 관심이 많아 가장 많이 이용되는 분야는 연창회(演唱会), 스포츠, 리얼리티쇼이며 전국 인터넷동영상사이트 플랫폼 200여 개사 중 대형 생방송 플랫폼이 시장을 지배하는데 이들의 플랫폼은 매일 높은 시간대에서 접속자 수가 400여만 명에 이른다고 한다. 동시에 생방송 룸(Room)숫자도 3,000여 개가 넘는다(출처: 中國新媒体發展報告 2017).

인터넷동영상사이트 플랫폼 이용자 층은 1985년 이후 세대나 1990년 이후(90后) 출생한 신세대들로 월수입이 비교적 많지 않은 계층에 많은데 이들의 월수입은 3,000위안 이하가 주를 이룬다. 연령층에서는 24세 이하가 44.2%로 가장 많고 25~30세 사이가 29.0%, 31~35세 10.30%, 36~40세 6.7%, 41세 이상이 9.8%로 집계되었다(출처: Report on Development of China's Media Industry 2017 p.184).

그런데 오락프로그램 전체에 대한 생방송 이용자들의 월별 활동 규모를 보면 대체로 2억 명 내외 수준이다.

〈2016년 중국의 오락프로그램 생방송 이용자(만 명) 월별 활동 규모 변화〉

월별	1월	2월	3월	4월	5월	6월
pc단말기 이용자	6634.8	7598.7	7835.7	8366.0	9157.0	9756.0
모바일단말기 이용자	9071.1	7110.1	8303.5	8654.7	9517.1	10278.6

월별	7월	8월	9월	10월	11월	12월
pc단말기 이용자	10025.0	11034.2	10258.3	12301.2	14098.1	12578.6
모바일단말기 이용자	10640.0	10611.5	11067.8	9626.1	9469.2	9507.2

출처: Annual Report on Development of New Media in China 2017, p.63.

어쨌든 중국의 동영상 생방송 이용자들은 나날이 증가하고 있음은 분명해 보인다. 왜냐하면 네티즌들도 해마다 증가하고 있고 새롭고 다양한 문화오락 콘텐츠들의 등장은 인터넷동영상사이트의 생방송부문을 더 뜨겁게 달굴 것이기 때문이기도 하다.

다음은 2013년부터 TV프로그램으로 시청자들에게 인기를 끌면서 지금도 높은 관심 속에 방송되고 있는 종합예능(시즌)프로그램에 대하여 살펴보자.

5. 종합예능프로그램(시즌)시장과 TV위성채널의 위력

가. 해외수입

중국의 TV종합예능프로그램 역사를 거슬러 올라가면 영국에서는 이미 30년 전에 방송했던 도박프로그램의 일종인 '고 빙고'를 중앙텔레비전방송(CCTV)이 1998년 저작권을 구입, 1년이 지나 추첨 형식 등을 새롭게 개편하여 중국식 프로그램으로 전환한 〈행운52〉를 시발점으로 보면 된다. 그다음 잇따라 성급위성채널의 대표 격인 후난위성채널에서 계속하여 해외로부터 보다 성숙한 프로그램을 도입하여 중국식 방식으로 전환을 시도해왔는데 그 수량은 그렇게 많지 않은 것으로 알려졌다.

2012년 말에 와서는 대단히 성행하게 되는데 이는 앞서 일부 언급했듯 중국공산당중앙의 소위 '팔항규정' 시행과 관련한 사치풍조 퇴치, 근검절약운동 추진이 진행되면서 문화예술계에도 그 영향이 미친 것으로 이와 무관치 않다고 봐야 한다. 2007년부터 2012년까지 초기의 각성급 TV위성채널이 해외로부터 수입한 종합예능프로그램은 총 32개 작품으로 이들 작품을 방송한 위성채널별로 분류하면 ①CCTV 4 ②후난위성 5 ③상하이둥팡위성 4 ④저장위성 4 ⑤선전 위성 1 ⑥랴오닝위성 2 ⑦산둥위성 1 ⑧푸젠둥난위성 2 ⑨광둥위성 2 ⑩장쑤위성 3 ⑪안후이위성 3개 작품 등 총 11개 위성채널이다.

이를 다시 해외수입 연도별로 구분해보면 후난위성이 2007년 수입한 〈舞动奇迹〉(원작 Strictly Come Dancing)을 비롯 2007년 1편, 2009년 2편, 2010년 4편 2011년 13편, 2012년 12편으로 집계하고 있다(출처: China TV Rating Yearbook 2017 p.233-p.234).

2013년 10월 12일 국가신문출판광전총국은 '2014 TV위성종합채널 프로그램 편성과 공작 준비 임무 완성에 관한 통지'를 하달했는데 이는 오락프로그램 저작권 제한을 강화하고 각급위성채널이 매년 방송할 수 있는 해외수입 프로그램의 저작권은 한 편을 초과할 수 없도록 했다. 이 통지문 발포 이후인 2013년 3/4분기부터 해외로부터의 TV프로그램 저작권수입은 감소되었다. 그러나 종합예능프로그램의 경우 해외로부터 저작권수입에서 2013년 30개 작품, 2014년 25개 작품에 이른다. 2014년의 경우 해외수입 종합예능프로그램 25개 작품 중 48%에 해당하는 12개 작품이 한국 작품이다.

그리고 2013년 중국의 각급TV방송 위성채널에서 시청률이 비교적 높은 저작권 해외수입 프로그램은 총 6개국 17개 작품인데 이를 국가별로 분류해보면 ①한국 4 ②미국 5 ③영국 3 ④네덜란드 3 ⑤독일 1 ⑥아일랜드 1개 작품으로 분류된다. 이를 다시 수입 방송채널별로 분류하면 ①후난위성 3 ②상하이 둥팡위성 3 ③저장위성 3 ④CCTV1(종합) 2 ⑤CCTV3 2 ⑥장쑤위성 1 ⑦후베이위성 2 ⑧선전 위성 1개 작품으로 구분된다. 이와 같이 해외로부터 수입되는 종합예능프로그램 역시 상기에 기술한 후난위성, 저장위성, 상하이둥팡위성 등 몇몇 위성채널에 고정되어 있다. 한편 1개의 위성채널이 연간 해외로부터 1개 작품에 해당하는 프로그램의 저작권 수입이 가능한데 위 기술한 내용에서 2개 이상의 프로그램을 수입하는 위성채널이 많은 이유는 타 위성채널로부터 쿼터를 구입하거나 교환하는 등 여러 가지 방법이 강구된 것으로 이해하는 것이 좋을 것 같다. 그리고 일부 위성채널의 쏠림현상은 저작권 구입에 따른 투자비뿐만 아니라 운영의 노하우 등 여러 가지 조건들이 영향을 미치는 것으로 분석된다. 특히 중국의 각급위성채널들이 한국의 프로그램을 선호하는 경향을 보인 사례를 발췌해보았다.

〈2013년 중국 위성채널방송의 한국 저작권수입 종합예능프로그램 현황〉

프로그램 중국명	방송 채널	원작 프로그램명	저작권국
爸爸去哪儿	후난TV위성채널	아빠, 어디 가	한국 MBC

妈妈咪呀.做女人就这样	상하이둥팡위성	Super Diva	한국 CJ&M
我是歌手	후난TV위성채널	나가수	한국 MBC
我的中国星	후베이TV위성채널	Super Star K	한국 CJ&M

출처: China TV Rating Yearbook 2017 p.235 자료 재정리.

오락프로그램의 해외로부터의 저작권수입 제한령 강화로 2014년도에 와서는 대형 위성채널과 해외저작권 측과의 합작방식이 전면으로 진행되었다. 2014년도의 위성채널에서 높은 시청률을 기록한 리얼리티쇼 50편 중에 해외저작권수입 프로그램은 7개국 12개 작품으로 ①한국 4 ②미국 2 ③독일 2 ④이스라엘 1 ⑤EU 1 ⑥일본 1 ⑦네덜란드 1개 작품 등으로 분류되는데 이는 지난해보다 줄어든 수량이다. 그러나 중국 측 위성채널과 중국 측 또는 해외저작권 측과 합작한 작품 수는 19개 작품으로 증가했는데 해외저작권 측은 유독 한국의 CJ&M의 2개 작품뿐이며 나머지 합작 제품 모두가 중국 국내 관련 유수 제작기관들과 공동제작 작품들이다.

〈2014년 중국의 리얼리티쇼 한국저작권수입 또는 공동 합작품 방송 현황〉

구분	프로그램 중국명	위성채널	프로그램종류	원작프로그램명	저작권자
한국의 저작권 수입 작품	奔跑吧!兄弟	저장위성	옥외(야외)	Running Man	한국 SBS
	喜从天降	텐진위성	체험	대단한 시집	한국 JTBC
	2天一夜	상하이둥팡	옥외(야외)	1박2일	한국 KBS2
	不朽之名曲	상하이둥팡	음악	불후의명곡	한국KBS2
한중공동 제작 작품	背着青春去旅行之花样爷爷	상하이둥팡 위성채널	옥외(야외)	상하이둥팡위성과 한국 CJ&M과 합작제작	
	今天不烦脑	후베이위성	토크쇼	후베이위성과 CJ&M 합작	

출처: China TV Rating Yearbook 2017 p.235-p.236 자료 재정리.

21세기 중국문화산업시장의 이해

2015년부터 2016년 말까지는 해외저작권수입 TV프로그램 수는 대폭 줄어든다. 2015년 1월 1일부터 2016년 6월 30일까지 중국 위성채널에서 저녁 프라임시간대 높은 시청률을 기록한 종합예능프로그램 38개 작품 중에 저작권해외수입 작품은 유독 한국 TV프로그램 5개 작품뿐이며 나머지 33개 작품은 제작자나 저작권자 측 모두 중국의 유수 위성채널이거나 전문 제작기관들이다. 다시 말해 33개 작품은 중국 측의 창작품이다. 이는 정부 정책의 영향을 받긴 했지만 이미 중국의 TV방송계에서의 종합예능프로그램 퀄리티가 상당히 향상되었다는 것을 의미하기도 한다.

〈중국 위성채널 프라임시간대 한국저작권수입 종합예능프로그램 방송 현황〉

기간: 2015. 1. 1 ~ 2016. 6. 30

프로그램 중국명	방송채널명	방송월	제작 또는 저작권자
我去上学啦	상하이 둥팡위성	2015. 7	한국 JTBC
了不起的挑战	CCTV1	2015. 12	한국 MBC
我们的法则	안후이성위성	2016. 6	한국 SBS
谁是大歌神	저장위성	2016. 3	한국 JTBC
看见你的声音	장쑤위성	2016. 3	한국 CJ E&M China

출처: China TV Rating Yearbook 2017, p.237-p.238 자료 재정리.

그런데 2015년도 종합예능프로그램의 경우 옥외(야외) 리얼리티쇼프로그램이 분출되었으나 2016년도 종합예능프로의 새로운 특징으로는 옥외(야외) 리얼리티쇼프로그램이 다소 감소하고 대신 스튜디오에서 제작, 방송되는 종합예능프로가 많았다는 점이다. 후난위성의 〈快乐大本营", 베이징위성의 〈我是演说家〉 등 기존의 오래된 프로그램을 제외하고 CCTV3의 〈全家好拍档〉, 상하이 동팡위성의 〈今夜百樂门〉, 저장위성의 〈王牌对王牌〉 등 새로운 작품들이 인기를 끌었다. 다시 말해 이는 중국 국산프로그램 역시 경쟁력 확보에 성공했다는 것을 의미한다. 그리고 2016년도 스튜디오 제작 종합예능프로그램은 17개 TV방송사에서 17개 작품을 방송했는데 여기에는 6개 TV지상파방송채널이 포함되어 있어 반드시 위성채널만의 전유물만은 아닌 것 같다(출처: China TV Rating Yearbook 2017 p.130).

나. 시청자와 시청률

중국의 종합예능프로그램에 대한 연간 1인 평균시청시간이 매년 증가해왔지만 2016년 8월 올림픽 방송 관계로 하반기에는 다소 낮아졌고 2017년에 와서는 시청시간이 현격하게 더 낮아졌다.

〈최근 7년간 TV방송국의 종합예능프로그램 1인 연간평균 시청시간(분) 비교〉

연도	2011	2012	2013	2014	2015	2016	2017
시간량(분)	6,630	6,340	6,587	6,386	6,980	7,011	5,384
증감률(%)	10.1	-4.4	3.9	-3.1	9.3	0.4	-23.21

출처: ①China TV Rating Yearbook 2016 p.124 ②China TV Rating Yearbook 2017 p.127 ③China TV Rating Yearbook 2018 p.118 자료 재정리.

월별 시청률에서는 1월이 11%로 가장 높고 설날(春节)이 끼어 있는 2월은 전년동기대비 -31%, 국경일이 끼어 있는 10월은 -34%로 급격히 하락한다. 시청자 개개인의 시청시간이 비교적 긴 시간대는 주말에 주로 방송되는 종합예능프로그램(시즌)이다. 각급 TV방송국의 위성채널

이 시청률시장의 82.1%를 차지하고 있는 상황을 감안하면 위성채널에
서의 드라마와 함께 종합예능프로그램(시즌) 영역에서도 일정 수준의
시청률이 확고히 견지되고 있다.

〈최근 중국 각급 TV방송국별 종합예능프로그램 시청률시장 점유율(%)〉

연도	CCTV채널	성급위성채널	성급비위성채널	지시급TV채널	기타 TV채널
2017	35.6	45.3	15.5	3.2	0.4
2016	34.0	48.1	14.3	3.3	0.4
2015	35.1	47.8	15.7	3.8	0.5
2014	35.1	44.8	15.1	4.4	0.5

출처: China TV Rating Yearbook 2015 p.125, 2016 p.127, 2017 p.130, 2018년 p.121 자료 재정리.

　　2015년도 TV위성채널들의 종합예능프로그램부문에서의 새로운 특
징을 든다면 서로가 앞다투어 한국 종합예능프로그램(시즌) 방식의 프
로그램들을 방송했다는 점을 들 수 있다. 한국으로부터 저작권을 수입
하여 중국식으로 전환하여 방송된 프로그램들이 적지 않았는데 〈런닝
맨2(奔跑吧!兄弟)〉, 〈아빠! 어딜 가세요(爸爸去哪儿)〉 등의 시청률은 기
대 이상으로 높았다. 2016년도의 경우는 2015년도와 비슷한 형국이었
는데 야외에서 제작되는 종합예능프로그램 수량이 다소 줄었다. 야외
리얼리티쇼프로그램에 대한 위성채널의 전일 매 분당(每分当) 평균 60
만 5,000명의 시청자가 시청한 것으로 집계되었다. 종합예능프로그램
의 제작 수준도 대단히 향상되어 시청자들의 기대에 부응한 것으로 평
가받았다.
　　2016년도 음악 분야 종합예능프로그램도 다소 줄어들었다. 여기서

2016년도 각급위성채널에서 높은 시청률을 확보한 종합예능프로그램 음악부문 중 시청률 우승자 명단에 선발된 프로그램을 보면 다음 표와 같다.

〈2016년 중국 TV방송 위성채널 음악류 종합예능프로그램 시청률 우승자 선발 명단〉

프로그램명	방송채널	방송일	방송시간	평균시청률(%)
我是歌手(시즌4)	후난위성	2016. 1. 15-4. 8	금요일 22:00	2.0
中国好歌曲(시즌3)	CCTV3	2016. 1. 29-4. 8	금요일 19:30	1.3
看见你的声音	장쑤위성	2016. 3. 27-6. 12	일요일 22:00	1.0
谁是大歌神	저장위성	2016. 3. 6-5. 15	일요일 22:00	1.3
跨界歌王	북경위성	2016. 5. 18-8. 20	토요일 21:40	1.2
我想你唱	후난위성	2016. 5. 7-7. 16	토요일 22:00	1.4
盖世英雄	장쑤위성	2016. 6. 19-9. 4	일요일 20:30	0.8
中国新歌声	저장위성	2016. 7. 15-10. 7	금요일 21:10	3.1
蒙面唱将猜猜猜	장수위성	2016. 9. 18-11. 27	일요일 20:30	1.4
天籁之战	둥팡위성	2016. 10. 16-2017. 1. 1	일요일 21:00	1.6
中国民歌大会	CCTV1	2016. 10. 2-10. 9	매일 20:00	0.9
梦想的声音	저장위성	2016. 11. 4-2017. 1. 13	금요일21:10	1.5

출처: China TV Rating Yearbook 2017 (中國電視收視年鑒2017) p.134-p.135 자료 재정리.

2016년도 위성채널에서 방송된 음악류 종합예능프로그램의 시청률 우승자로 선발된 12개 작품을 위성방송채널별로 보면 ①후난위성 2작품 ②장쑤위성 3작품 ③저장위성 3작품 ④베이징위성 1작품 ⑤상하이 둥팡위성 1작품 ⑥CCTV1(종합) 1작품 ⑦CCTV3 1작품으로 역시 음악류 종합예능프로그램 부문에서의 높은 시청률 확보도 몇몇 선두를 달리는 위성채널로 한정된다. 그리고 주말 기간 중 CCTV1(종합)에 매일 방송된 〈중국민가대회〉를 제외하고 11개 작품을 주말 3일간을 구분하면

금요일 저녁 방송프로그램 4개 작품, 토요일 저녁 방송프로그램 2개 작품, 일요일 저녁 방송프로그램 5개 작품으로 일요일 저녁 방송프로그램이 제일 많다.

그런데 TV방송국 위성채널들의 평소 프로그램 시청률은 조금이나마 상승한다. 2016년도 위성채널들의 평소 새로운 신규프로그램 시청률 변화를 보면 알 수 있다.

〈최근 3년간 중국 각급TV방송국 위성채널의 신규 프로그램 평소 시청률(%) 변화〉

시청률 구분	0-0.1% 미만	0.1-0.2% 미만	0.2-0.3% 미만	0.3-0.4% 미만	0.4-0.5% 미만	0.5-1% 미만	1% 이상
2016년	30%	22%	13%	11%	7%	17%	1%
2015년	37%	17%	14%	14%	7%	10%	1%
2014년	36%	12%	13%	12%	10%	15%	2%

출처: China TV Rating Yearbook 2017 p.160 자료 재정리.

이와 같은 데이터는 전국의 주요도시 71개 도시와 방송시간 18:00~24:00 사이 시간대를 기준으로 집계된 자료다. 위 표와 같이 위성채널의 평소 일반 신규 프로그램의 2016년도 시청률 0.5% 이하가 전체의 83%에 머물고 2015년도에는 무려 89%까지 떨어졌다. 그런데 전국 71개 주요도시와 18:00~24:00 사이 2016년도에 방송된 신규 프로그램 중 평소 시청률 0.4%를 넘기는 위성채널별 비중을 보면 ①저장위성 25.5%, ③상하이둥팡위성 19.1% ③장쑤위성 14.9% ④베이징위성 10.6% ⑤후난위성 8.5% 순으로 분포되어 있는데 이러한 상황은 앞으로도 순위만 바뀔 뿐 위성채널들은 변화가 없어 보인다.

TV를 통한 스포츠 프로그램에 대한 시청률도 상당히 높았으나 특별한 이슈가 없는 한 연간 1인당 평균시청시간량(분)이 많지 않으며 점점 줄어들고 있다. 다만 2008년도 시청시간이 터무니없이 많았던 것은 2008년 8월 8일의 베이징 올림픽 때문으로 보인다.

〈최근 10년간 TV 스포츠 1인당 연간평균 시청시간량(분) 변화 추이〉

연도	2008	2009	2010	2011	2012	2013	2014	2015	2016	2017
1인 시청시간	3,939	1,955	2,383	1,620	1,868	1,406	1,702	1,529	1,800	1,339

출처: China TV Rating Yearbook 2018 p.133 자료 재정리.

어쨌든 2016년 6월 국가신문출판광전총국의 '라디오, TV프로그램 자체창작공작촉진지지에 관한 통지' 이후 여러 가지 변화가 있는데 2016년 7월 1일부터 TV위성채널은 매년 황금시간대에 수입프로 2편(兩档) 방송을 초과할 수 없고 수입 프로그램의 첫(개봉)방송의 경우는 한 편(一档)을 초과할 수 없도록 요구하고 있다. 그리고 2016년도 전국 71개 주요도시 대상으로 18:00~24:00 시간대를 기준하여 조사된 2016년 위성채널 평소 저녁 시간대 평균시청률 상위 100위 작품의 제작방식을 보면 ①자체 창작품이43% ②공동 제작품은 52%인 반면 ③수입품은 고작 5%에 그치고 있어 이는 중국이 자국 TV프로그램 창작에 진력하고 있음을 보여주는 대목이다.

다음은 중국 위성채널에서 2013년과 2014년 및 2015년 3년 동안 호황을 누리면서 시청률 확보에 성공했던 종합예능프로그램(시즌) 중 몇몇 주요작품의 방송 사례를 소개한다.

다. 주요 종합예능프로그램(시즌) 성공 사례

① 방송 실태

2012년 하반기에 들어오면서 각급TV방송국들은 음악류(歌唱类)프로그램 시장쟁탈전의 양상을 보였는데 저장위성의 〈The Voice of China(中国好声音)〉, 상하이둥팡위성의 〈声动亞洲〉, 칭하이위성의 〈花兒朶朶〉, 랴오닝위성의 〈激情唱響〉, 산둥위성의 〈天籟之声〉, 광시위성의 〈一声所愛大地飞歌〉 등이 전국 시청자들의 관심을 끌었다. 2013년에 들어와서도 위성채널들의 시청률 확보를 위해 시장쟁탈전이 지속 되는데 특히 후난위성이 새로운 종합예능프로그램인 〈나가수〉가 성공리에 방송되면서 시장은 더욱 뜨거워진다. 여기서 2013년도 해외로부터 종합예능프로그램(시즌) 포맷을 수입한 주요 음악류 작품의 중국 내 방송 현황을 보자.

〈2013년 중국의 주요 음악류 리얼리티쇼프로그램 수입 및 방송 현황〉

위성방송국	프로그램명	원작프로그램명	판권국가	방송일자
후난위성	我是歌手	我是歌手	한국 MBC	2013. 1. 18-4. 12
후난위성	中國最强音	The X Factor	미국 FOX	2013. 4. 19-
안후이위성	我爲歌狂	Mad of Music	화란 Telpa	2013. 5. 2-
상하이동방	中國夢之声	American Idol	미국 FOX	2013. 5. 19-
후베이위성	我的中國星	Super Star K	한국 CJ&M	2013. 7. 7-
저장위성	中國好声音(제2시즌)	The Voice of China	화란Telpa	2013. 7. 12-
베이징위성	最美和声	Duets	미국 ABC	2013. 7. 20-

출처: China TV Rating Yearbook 2014 p.147.

상기 이외에도 전국의 각급TV방송국이 해외로부터 수입한 종합예능 프로가 30여 개에 달하고 있는 것으로 알려져 있다. 위와 같이 해외로부터 종합예능(시즌)프로그램 수입이 성행하는 것을 두고 일부 TV방송국 등에 종사하는 사람들은 중국이 구미 지역의 최근 10년간의 프로그램(포맷)을 모두 사버렸다고 꼬집기도 했다는 관계자들의 전언이다. 이러한 분위기 속에 2013년 10월 12일 国家新闻出版广电总局은 각급위성방송국에 1개 위성채널은 매년 신규프로그램 판권 1건 이상을 수입하지 못하도록 공문으로 하달했다. 그리고 위성채널의 음악류 프로그램을 저녁 프라임타임시간대에 최대 4개 파일(档)로 한정시키면서 소위 '한오령(限娱令: 오락물을 제한하는 법령)'을 통해 위성채널의 뜨거운 분위기를 다소 진정시키는 효과를 가져왔다.

2013년 여름 음악류 선발쇼프로의 조정을 거쳤지만 이러한 음악류 리얼리티쇼프로그램은 다시 뜨거운 경쟁 국면으로 이어진다. 저장위성의 〈The Voice of China(中国好声音)〉 후난위성의 〈快乐男声〉, 베이징위성의 〈蒙面歌王〉, 상하이둥팡위성의 〈中国梦之声〉 등 약 20여 개의 음악류(가창류) 리얼리티쇼프로가 집중 방송되었다. 그런데 중국의 대표적인 71개 대도시에서 저녁시간인 18:00~24:00 사이에 방송된 위성채널의 프로그램 시청률 상위 30위 중 17개가 음악류 리얼리티쇼프로그램이니 이들의 위력을 무시할 수 없는 형국이다.

여기서 종합예능(시즌)프로그램으로 성공한 작품 중 ①아빠! 어딜 가세요(爸爸去哪儿) ②나가수(我是歌手) ③런닝맨(奔跑吧!兄弟) 등 3개 종합예능(시즌)프로그램에 대한 최근 3년 간의 시청률을 종합하여 분석하고자 한다. 후난위성채널에서 대단한 성공을 거둔 종합예능(시즌)프로그램 〈아빠 어딜 가세요〉와 〈나가수〉 두 가지를 분석해보면 다음 표와 같다. 매주 금요일 저녁에 방송된 이러한 프로그램들은 방송 시기를 중국의 주요 명절 및 경축일 등과 연계하여 시청률을 극대화하려는 노력이 엿보인다.

〈최근 3년간 후난위성 〈아빠! 어딜 가세요(爸爸去哪儿)〉 시즌프로 방송일자별 시청률(%) 변화〉

	방송일	7월 10일	7월 17일	7월 24일	7월 31일	8월 7일	8월 14일	8월 21일	8월 28일
2015년 (3시즌)	시청률	2.8	2.4	2.4	2.3	2.3	2.6	2.6	2.4
	방송일	9월 4일	9월 11일	9월 18일	9월 25일	10월 2일	10월 9일	10월 16일	10월 23일
	시청률	2.2	2.1	2.1	2.3	1.7	2.2	2.2	1.6
2014년 (2시즌)	방송일	6월 20일	6월 27일	7월 4일	7월 11일	7월 18일	7월 25일	8월 1일	8월 8일
	시청률	3.6	3.3	3.4	3.3	2.9	3.3	3.4	3.7
	방송일	8월 15일	8월 22일	8월 29일	9월 5일	9월 12일	9월 19일	9월 26일	10월 3일
	시청률	3.6	3.3	3.3	2.8	3.0	3.0	2.9	2.9
2013년 (1시즌)	방송일	10월 11일	10월 18일	10월 25일	11월 1일	11월 8일	11월 15일		
	시청률	1.4	2.5	3.0	3.4	3.7	3.9		
	방송일	11월 22일	11월 29일	12월 6일	12월 13일	12월 20일	12월 27일		
	시청률	4.6	4.6	4.8	5.1	4.9	4.7		

출처: ①China TV Rating Yearbook 2016 p.84-85 ②China TV Rating Yearbook 2015 p.89 ③China TV Rating Yearbook 2014 p.104 자료 재정리.

2013년도 첫 시즌프로에서는 2013년 10월 26일 매주 토요일 저녁 9시에 후난진잉 카툰채널에서 재방송되었고 시청자구성도 25~34세 사이의 젊은층이 대세를 이루었으며 학력수준도 대학 및 그 이상의 학력수준을 가진 이들이 많으며 성별에서도 남성보다 여성이 훨씬 많은 것으로 파악되었다. 특히 2013년도에는 〈아빠! 어딜 가세요〉는 광고수입, 인터넷판권수입, 휴대폰게임수입, 영화수입 등으로부터 10억 위안(한화 약 1800억 원)을 확보했으며 2014년도에는 7억 위안의 수입을 올려 시장의 부러움을 샀다. 평균시청률도 2014년 16회에 3.20%에 이르렀고 2015년도 역시 16회에 평균시청률 2.3%라는 높은 시청률을 기록했다. 한국의 MBC로부터 〈我是歌手〉 종합예능프로 포맷을 수입한 후난위성 채널은 매주 주말 금요일 22:00에 3년간이나 방송을 이어왔는데 시청률 역시 기록적이다. 방송 시기도 2013년 2월 10일(일)이 설날(春节)이고 2014년 1월 31일(금)과 2015년 2월 19일(목)이 모두 설날이 끼어 있다. 두 번째로 후난위성의 〈我是歌手〉 프로그램에 대한 방송일자별 시청률 변화를 읽어보자. 이 또한 대단한 시청률을 기록한다.

〈최근 3년간 후난위성의 〈나가수〉 시즌프로그램 방송일시별 시청률(%) 변화〉

	방송일	1월 2일	1월 9일	1월 16일	1월 23일	1월 30일	2월 6일	2월 13일
2015년 (제3시즌)	시청률	2.6	2.4	2.4	2.5	2.4	2.8	2.8
	방송일	2월 20일	2월 27일	3월 6일	3월 13일	3월 20일	3월 27일	4월 3일
	시청률	2.3	2.5	2.5	2.4	2.5	3.7	2.4
2014년 (제2시즌)	방송일	1월 3일	1월 10일	1월 17일	1월 24일	1월 31일	2월 7일	2월 21일
	시청률	2.53	2.48	2.43	2.34	2.02	2.70	2.42
	방송일	2월 28일	3월 7일	3월 14일	3월 21일	3월 28일	4월 4일	4월 11일
	시청률	2.47	2.55	2.59	2.72	2.95	4.05	2.09
2013년 (제1시즌)	방송일	1월 18일	1월 25일	2월 1일	2월 8일	2월 15일	2월 22일	3월 1일
	시청률	1.26	1.52	1.72	1.83	1.77	1.79	2.01
	방송일	3월 8일	3월 15일	3월 22일	3월 29일	4월 5일	4월 12일	
	시청률	2.04	2.01	2.19	1.92	2.17	4.04	

출처: ①China TV Rating Yearbook 2016 p.83 ②China TV Rating Yearbook 2015 p.87 ③China TV Rating Yearbook 2014 p.94 자료 재정리, 재구성.

이와는 별도로 저장(浙江)위성채널에서 한국의 SBS종합예능(시즌)프

21세기 중국문화산업시장의 이해

로 〈Running Man〉 포맷을 기초로 한국 SBS와 저장위성채널이 공동으로 중국판 〈런닝맨(奔跑吧!兄弟)〉을 공동으로 제작하여 2014년 10월 10일(금) 21:10 프라임시간대에 방송했는데 제3시즌까지의 시청률을 찾아보면 다음 표와 같다.

〈최근 3년간 저장위성 〈런닝맨〉 시즌프로 방송일시별 시청률(%) 변화〉

	방송일	10월 10일	10월 17일	10월 24일	10월 31일	11월 7일	11월 14일	11월 21일	11월 28일
2014년 (시즌1)	시청률	1.10	1.61	1.96	1.93	2.24	2.10	2.21	2.25
	방송일	12월 5일	12월 12일	12월 19일	12월 26일	2015년 1월 5일	1월 9일	1월 16일	-
	시청률	2.34	2.48	2.63	2.93	2.91	3.66	3.63	-
2015년 (시즌2)	방송일	4월 17일	4월 24일	5월 1일	5월 8일	5월 15일	5월 22일		
	시청률							-	
	방송일	5월 29일	6월 5일	6월 12일	6월 19일	6월 26일	7월 3일		
	시청률								
2015년 (시즌3)	방송일	10월 30일	11월 6일	11월 13일	11월 20일	11월 27일	12월 4일		
	시청률							-	
	방송일	12월 11일	12월 18일	12월 25일	2016년 1월 1일	1월 8일	1월 15일		
	시청률								

출처: ①China TV Rating Yearbook 2015 p.94 ②China TV rating Yearbook 2016 p.84 자료 재정리.

2014년 제1시즌 프로방송 시 15회의 평균시청률이 2.40%였고 2015년 제2시즌 프로방송 시는 평균시청률이 껑충 뛰어 4.5%, 2015년 10월 30일 첫 방송하여 2016년 1월 15일에 끝낸 제3시즌 프로방송의 12회에 걸친 평균시청률도 4.0%에 이르고 있어 종합예능프로 중 시청률이 가장 높은 것으로 나타났다. 2015년도나 2014년도 별반 다른 점이 보이지 않으나 2014년도의 경우 성급위성TV채널들의 시청률은 식을 줄 모른다. 대체로 연초에는 설날(春节) 기념 각종 완후이 대형공연의 시청률이 높은데 후난위성의 〈小年夜春晚〉의 시청률은 2.41%, 랴오닝위성의 〈春晚〉은 2.00%, 베이징위성이 1월 31일 방송한 〈2014北京春节联欢晚会〉는 1.35%에 그쳤다. 중앙텔레비전방송(CCTV)의 막강한 힘을 가진 CCTV의 경우 〈2014甲午年春节联欢晚会〉의 시청률은 인터넷생방송의 시청률 2.17%를 포함하여 33.15%라는 경이적인 시청률을 기록한다. 이러한 프로들은 대체적으로 중국의 최대 명절인 설날(春节)을 기하여 방송되는 특수한 경우로 봐야 할 것이다. 그리고 2014년 초기 또 다른 종합예능(시즌)프로의 시청률(%)을 보면 다음 표와 같다.

〈2014년도 여타 주요 종합예능프로그램 방송일자별 시청률(%) 변화〉

CCTV3의 〈中国好歌曲〉프로그램의 방송일시별 시청률(%) 변화

1월 3일	1월 10일	1월 17일	1월 24일	1월 31일	2월 7일	2월 21일	2월 28일	3월 7일	3월 14일	3월 21일
2.27%	2.28%	2.36%	1.98%	2.08%	1.87%	1.66%	1.34%	1.45%	1.39%	1.70%

장수위성의 〈最强大脑〉프로그램의 방송일시별 시청률(%) 변화

1월 3일	1월 10일	1월 17일	1월 24일	1월 31일	2월 7일	2월 14일	2월 21일	2월 28일	3월 7일	3월 14일	3월 21일	3월 28일
1.13	1.4%	1.43	1.53	0.8%	1.54%	1.42	1.79	1.62	1.67%	1.95	2.35	2.44

출처: China TV Rating Yearbook 2014 및 2014 자료 재구성.

상기 표에서 나타나듯 2개 프로그램이 같은 날 주말에 동시에 방송되었는데 CCTV3의 〈中国好歌曲〉의 평균시청률은 1.81%였는데 반해 후난위성의 〈나가수 제2시즌〉의 평균시청률은 2.67%를 기록하여 2배

에 가까운 시청률을 보여 광고수입도 꽤 많았다는 후문이다.

② TV드라마와 종합예능프로그램(시즌) 시청률 비교

다시 여기서 중국의 TV방송시장에서 드라마와 종합예능프로에 대한 시청률을 비교해보면 아래 표와 같이 정리할 수 있다. 역시 드라마의 시청률이 훨씬 높다는 것을 알 수 있다.

〈2013년도 중국의 TV시장 드라마 및 종합예능프로그램 상위 20위 시청률(%) 비교〉

순위	드라마명	방송채널	드라마 평균시청률(%)	종합예능 프로명	방송채널	종합예능 평균시청률(%)
1	因为爱情有晴天	후난위성	3.91	中国好声音	저장위성	2.35
2	天天有喜	후난위성	3.67	爸爸去哪儿	후난위성	2.19
3	花非花雾非雾	후난위성	3.24	快乐大本营	후난위성	2.12
4	妈祖	CCTV8	3.19	星光大道	CCTV1	1.91
5	璀璨人生	후난위성	3.07	非诚勿扰	장쑤위성	1.79
6	百万新娘第2部之爱无悔	후난위성	3.01	舞出我人生	CCTV1	1.73
7	隋唐英雄	후난위성	2.98	开门大吉	CCTV3	1.71
8	咱们结婚吧	후난위성	2.98	梦想合唱团	CCTV1	1.70
9	因为爱情有多美	후난위성	2.93	梦想星搭档	CCTV1	1.58
10	陆贞传奇	후난위성	2.78	星光大道	CCTV3	1.43
11	笑傲江湖	후난위성	2.73	天天向上	후난위성	1.41
12	錐美的时光	후난위성	2.63	回声嘹亮	CCTV3	1.28
13	爱在春天	후난위성	2.33	我要上春晚 CCTV	CCTV3	1.25
14	咱们结婚吧	CCTV1	2.27	我是歌手	후난위성	1.19
15	有你才幸福	CCTV1	2.25	梦想星搭档	CCTV3	1.16
16	花木兰传奇	CCTV1	2.24	CCTV综艺盛典	CCTV3	1.14
17	那金花她的女婿	후난위성	2.14	正大综艺宝宝来啦	CCTV1	1.11

18	天龍八部	후난위성	2.08	非常6+1	CCTV3	1.11
19	特种兵之火凤凰	장쑤위성	1.98	吉尼斯中国之夜	CCTV1	1.08
20	贤妻	후난위성	1.92	向幸福出发	CCTV3	1.05
합계	20편	4개 채널		20개 프로	5개 채널	

출처: 2014 China Radio & TV Yearbook p.228 자료 재정리.

위 표에서 나타나듯 2013년도 드라마 시청률 20위 내에는 4개 채널이 독식하고 있는데 후난위성이 20편 중 15편을 차지하고 있으며 중앙텔레비전방송(CCTV)는 4편에 머물고 있는 실정이다. 종합예능프로에서도 후난위성이 20개 프로 중 4개를 점유하고 있는 실정으로 역시 승자독식을 보여준다.

다만 상기 프로그램에는 명절이나 경축일에 방송되는 대형음악공연인 완후이는 제외된 것이다. 2015년도의 종합예능(시즌)프로그램에 대한 시청자들의 시청시간은 2014년도 보나 너 증가했는데, 특히 설날 기간이나 여름 피서기에 늘어난 것으로 2015년도의 중국인들의 1인당 연간평균 종합예능(시즌)프로 시청시간이 2014년도 보다 9.3%가 증가한 6,980분으로 업계에서는 분석했다. 종합예능(시즌)프로에 대한 시장의 동향을 좀 더 접근해보면 도시의 시청자 1인당 평균시청시간이 2011년 6,630분에서 2012년 6,340분으로 'Report on Development of China's Media Industry 2016'에서 밝히고 있다. 앞서 일부 언급했지만, 하나의 드라마를 두 개의 위성방송에서 방송한다는 '一劇兩星' 정책이 2015년 1월 1일 시행된 후 종합예능(시즌)프로그램이 분출하는 상황을 몰고 오면서 시청률 또한 상승하는 효과를 가져왔다. 특히 종합예능프로그램의 주말 시청률 경쟁이 치열한데 월별 1인당 시청시간이 가장 높은 달은 설날 기간인 2월이고 그다음이 휴가철인 7월이다.

그런데 2015년 7월 22일 国家新闻出版广电总局은 '리얼리티쇼프로그램 관리강화에 관한 통지'를 발포하고 최근의 리얼리티쇼프로그램이 이미 위성 종합채널의 중요한 프로그램의 한 유형임을 지적하면서 가치적 측면에서 이끌어내는 것이 부족하다는 문제점이 있다고 문제를 제기했다. 리얼리티쇼 콘텐츠의 오락화와 저속화라는 과도기를 배척하기 위하여 국가신문출판광전총국은 당시에 다섯 가지 방향으로 조정을 하는 것으로 알려져 있다.

한편 각성급TV방송위성채널은 종합예능(시즌)프로그램으로 시청률을 올리면서 새로운 광고수입 모델을 찾고 있는데 반하여 지상파방송국 역시 가만히 보고만 있을 수 없었다. 어떻게 하면 자원을 모으고 에너지를 방출하는 것이 지상파를 살리는 것인지에 대한 고민 속에 〈隐藏的歌手〉라는 프로그램이 지상파TV채널의 역습으로 나타났다. 이 프로그램은 완전히 새롭게 독자적으로 창작되었는데 소위 '4개의 지상파 TV방송+한 개의 인터넷망(四台一网)'이라는 새로운 모델을 내놓았다. 즉 '北上广深'(베이징, 상하이, 광저우, 선전)의 4개의 우수한 1급류 지상파TV방송채널이 강세를 보이는 동영상웹사이트인 아이치이와 연합하여 2015년 10월 18일(일) 시작으로 매주 일요일 저녁 프라임시간대에 전국 시청자들에게 방송을 했다. 이의 성공을 보고 많은 지상파TV방송사 들은 한꺼번에 두 마리의 토끼를 잡았다는 평가를 내놓았으며 2015년 말에 이르러 〈我为购物狂〉이라는 프로가 허베이성 채널에서 평균시청률 5.9%까지 올라가는 상당한 기록을 세우면서 그 가능성을 발견하였고, 심지어는 가장 높을 때의 시청률이 11.8%까지 간 것으로 알려져 있어 상당한 주목을 받았다고 전해진다.

그 밖에도 후베이TV종합채널, 장쑤TV종합채널 및 충칭TV종합채널 등 많은 TV채널들은 영역을 뛰어넘는 플랫폼으로 방송을 진행함으로써 콘텐츠의 영향력과 산업과의 연결고리 발전으로 이어져 성공을 거두게 되었다는 것이 시장의 평가다. 그리고 중국의 중앙텔레비전방송(CCTV)은 각 채널별 전문 분야를 담당하여 방송을 하고 있다. CCTV1(종합), CCTV2(재경), CCTV3(종합예능), CCTV4(中文国际), CCTV5(스포츠), CCTV6(영화), CCTV7(군사, 농업), CCTV8(드라마), CCTV9(다큐), CCTV10(과학, 교육), CCTV11(戏曲), CCTV12(사회와 법), CCTV13(신문보도), CCTV14(소년아동), CCTV15(음악), CCTV-News(영어뉴스보도), CCTV+SPORTS경기 등으로 구분하고 있다는 것도 이해해둘 필요가 있다.

③ 폭발적인 종합예능프로그램(시즌)의 시장 수입

다시 2014년도 TV방송국의 종합예능프로가 얼마나 인기를 얻고 있었는지를 파악하기 위해 2014년도의 상위 30개 종합예능프로그램을 알아보자. 2013년부터 2015년 사이의 종합예능프로그램(시즌)이 TV방송시장에서 상당한 효자노릇을 톡톡하게 할 시기이기 때문이다.

〈2014년도 중국의 TV종합예능프로그램 시청률 상위 30위 및 수입액 현황〉

순위	종합예능프로명	방송채널	평균시청률(%)	시장수입(억 위안)
1	中国好声音(제3시즌)	저장위성	4.03	12.53
2	爸爸去哪儿(제2시즌)	후난위성	3.36	14.70
3	非诚勿扰	장쑤위성	2.53	8.12

21세기 중국문화산업시장의 이해

4	我是歌手(제2시즌)	후난위성	2.53	7.07
5	快樂大本营	후난위성	2.38	6.52
6	奔跑吧!兄弟	저장위성	2.11	6.93
7	最强大脑	장쑤위성	1.94	8.44
8	酷我眞声音	저장위성	1.89	9.84
9	花儿与少年	후난위성	1.78	8.50
10	天天向上	후난위성	1.61	4.99
11	跑男来了	저장위성	1.53	8.73
12	笑傲江湖	상하이둥팡위성	1.42	4.46
13	中国喜剧星	저장위성	1.42	4.22
14	中国梦想秀(제7시즌)	저장위성	1.35	4.23
15	中国达人秀(제5시즌)	상하이둥팡위성	1.28	3.98
16	女神的新衣	상하이둥팡위성	1.28	4.02
17	中国好舞蹈	저장위성	1.24	3.87
18	妈妈咪呀(제2시즌)	상하이둥팡위성	1.22	3.71
19	中国梦之声(제2시즌)	상하이둥팡위성	1.20	3.85
20	12道锋味	저장위성	1.17	3.41
21	一年级	후난위성	1.17	5.28
22	和爸爸在一起	후난위성	1.13	14.50
23	我是演说家	베이징위성	1.09	3.44
24	明星到我家	장쑤위성	1.08	4.70
25	勇敢的心	베이징위성	1.07	3.37
26	爸爸回来了	저장위성	1.01	4.74
27	中国梦想秀(제8시즌)	저장위성	1.00	3.11
28	我们都爱笑	후난위성	0.95	5.58
29	我为喜剧狂	후베이위성	0.91	3.22
30	超级演说家	안후이위성	0.91	2.98

출처: Report on Development of China's Media Industry 2015 p.82.

상기 표에서와 같이 종합예능프로 평균시청률 30위 내에는 모두가 위성채널이다. 상기 데이터는 전국 71개 대도시의 인터넷망을 대상으로 2014년 1월부터 11월 24일까지 19:30~24:00 시간 사이를 조사한 것을 집계한 것이다. 그리고 시청률과 관계없이 위성채널의 브랜드 가치도 적지 않게 작용하여 이들의 시장에서의 수입이 확보되고 있다는 점이 중요하다 할 것이다.

그리고 주요채널별로 접근해보면 후난위성은 상위 30개의 프로그램 중 총 8개 프로그램이 포함되어 67.14억 위안(한화 약 1조 2085.2억 원)의 시장수입을 올려 프로그램 수에 있어서는 전체의 26.7%를 , 시장수입에서는 전체의 36.7%를 기록했으며 저장위성은 상위 30개 프로그램 중 총 10개의 프로그램이 포함되어 있으며 61.61억 위안(한화 약 1조 1089.8억 원)의 시장수입을 올렸는데 프로그램 수에 있어 전체 30개 프로 중 33.36%, 시장수입에서는 33.66%를 차지했다. 3위를 차지한 장쑤위성은 프로그램에서 3개, 시장수입에서는 21.66억 위안(한화 약 3898.8억 위안)을 확보하여 상위 30개 프로그램 전체 시장수입 183.03억 위안(한화 약 3조 2945.4억 원)의 11.83%를 차지했다.

수입(收入)부문에서 4위를 차지한 상하이둥팡위성은 5개의 프로그램이 포함되어 있고 20.02억 위안(한화 약 3603.6억 원)의 시장수입을 거두었는데 이들 상위 4개 위성방송이 상위 전체인 30개 프로그램을 프로그램 숫자에서 전체의 86.67%, 시장수입에서는 전체 시장수입의 93.1%를 점하고 있어 이들 4개 위성들의 독무대가 아닌가 생각된다. 완전히 승자독식이라는 시장의 냉정함이 그대로 나타난다고 하겠다.

그렇다면 중국에서는 연간 TV드라마를 포함하여 각종 TV프로그램에 대한 수출입이 얼마나 이어지고 있을까?

6. TV프로그램 수출입

중국의 각종 TV프로그램 해외수출은 해마다 증가하고 있지만 해외로부터의 수입은 가감(加減)을 반복한다. 이는 중국 국산 TV프로그램의 수준이 국제적인 경쟁력을 이미 갖추었을 뿐만 아니라 세계 곳곳에 거주하고 있는 화인(华人, 거주국의 국적을 가진 중국인)시장에서도 인기를 누리는 것 또한 하나의 영향으로 보는 것이 타당할 것 같다.

〈최근 7년간 중국 TV프로그램 수출입 규모(금액, 시간 양) 비교〉

	수출		수입	
	금액(만 위안)	시간량(시간)	금액(만 위안)	시간량(시간)
2017년	-	-	190,278	26,396
2016년	36,909	29,619	209,872	20,102
2015년	51,331.91	25,352	99,397.6	31,109
2014년	27,225.71	21,670	209,023.51	26,089
2013년	18,165.57	21,270	58,658.06	18,943
2012년	22,824.19	37,573	62,533.52	13,089
2011년	22,662.45	25,657	54,098.62	21,790

출처: ①China Cultural Industries Annual Report 2017(2017中國文化産業年度報告) p.258 ②2017 China Statistical Yearbook on Culture and Related Industries p.162 ③2018 China Statistical Yearbook on Culture and Related Industries p.150-p.151 자료 재정리.

2017년 TV프로그램 해외수입에 190,278만 위안을 들여 26,396시간량을 수입한 세부 내용을 보면 ①TV드라마는 81,453만 위안을 투자, 302편 2,701집을 수입하였고 ②애니메이션은 82,254만 위안을 투자, 12,022시간량을 수입했으며 ③다큐멘터리는 5,940만 위안으로 4,924시간에 해당하는 량(量)을 각각 수입했다. 그런데 드라마의 경우는 해외수입량이 점점 줄어드는 느낌이다.

　중국의 TV프로그램으로는 드라마를 비롯하여 애니메이션, 다큐멘터리, 영화, 종합예능프로그램 등 다양하지만 본 장에서는 드라마와 종합예능프로그램으로 제한하기로 한다. 나머지 프로그램은 별도의 장에서 구체적으로 기술하기로 하겠다.

　TV프로그램 중 가장 대중성이 강한 드라마의 수출입을 보면 1980년대 해외진출(走出去)을 시도했는데 〈서유기(西游记)〉 등 중요하고 권위 있는 작품은 해외의 화인시장에서 대단히 환영받은 것으로 알려져 있다.

　정부의 강력한 지원책에 힘입어 중국 국산드라마의 산업화, 집약화 방향으로 일정한 질서와 규칙 속에서 경쟁력 확보에 매진하고 있으며 일부 인기리에 방송되는 드라마는 해외에서도 호평을 받아 수출길로 이어진다. 2016년 중국 국산드라마의 지속적인 발전이 거듭되면서 해외에서 시청하는 유량(모바일 데이터)이 2015년보다는 다소 내려갔지만 유량이 1억에 도달한 작품도 한 편이 있었다.

〈중국 국산드라마 해외시청유량 상위 10위 작품 비교/2016년〉

순위	드라마명	유량(만(萬))	순위	드라마명	유량(만)
1	微微一笑很倾城	10028	6	麻雀	2532
2	欢乐颂	7226	7	秀丽江山长歌行	1841
3	锦绣未央	6358	8	小别离	1492
4	青云志	3813	9	女医明妃	1383
5	好先生	3222	10	如果蜗牛有爱情	1367

출처: China Cultural Industries Annual Report 2017 p.257.

　그러면 중국 국산드라마의 해외수출입 규모(금액, 량(시간))에 대하여 파악해보자. 수출입 규모(금액, 량)에서 모두 일정하게 증가하거나 감소하지 않고 가감을 반복한다.

〈최근 7년간 중국 국산드라마 수출입 규모(금액, 량(편수) 비교〉

	수출		수입	
	금액(만 위안)	시간량	금액(만 위안)	시간량
2017년	-	-	81,453	302편 2,701집
2016년	29,732	419편, 25,455집	81,500	277편 5,070집
2015년	37,704.63	381편	29,465.61	126편
2014년	20,795.49	296편	169,807.30	635편
2013년	9,249.77	243편	24,497.67	213편
2012년	15,019.78	326편	39,583.88	117편
2011년	14,648.95	298편	34,563.57	146편

출처: ①China Cultural Industries Annual Report 2017 p.257 ②2017 China Statistical Yearbook on Culture and Related Industries p.162 ③2018 China Statistical Yearbook on Culture and Related Industries p.150-p.151.

해외 화인(华人)시장에만 인기를 누린 것은 아니고 비화인(非华人)시장에서도 꾸준히 수입이 증가했다. 2016년11월 중국 국산드라마 〈화천골〉이 미국 뉴욕시보 인문예술 속표지에 등장하면서 미국 주류매체가 관심을 보였다. 또한 2017년 북미국제영화TV페스티벌(NATPE) 개막전에 드라마와 VR영상물을 참가시킴으로써 전 미국업계의 관심을 사기도 했다는 것이 시장의 전언이다. 그리고 멜로드라마(爱情剧)가 시대극을 추월하여 해외시청자들의 호감도 얻었다.

해외에서 인기리에 방송된 중국 국산드라마 〈微微一笑很倾城〉은 베트남에서 인터넷동영상사이트 클릭량이 가장 높았던 것으로 알려졌다.

2016년 华策, 慈文, 山影, 乐视花儿, 华录百纳, 南方领航 등 중국의 대표적인 드라마 제작사들은 미·중 합작을 통하여 국제배급 등의 방식으로 해외진출을 적극 추진해나갔다.

그러면 여기서 2013년부터 2015년 3년간의 중국 각급TV방송국들이 해외로부터 수입한 TV프로그램과 드라마가 얼마나 되는지 간단히 파악해보자.

2013년의 경우 TV프로그램 해외수입 측면에서 중앙직속기관과 베이징TV방송국에서 연간 총 4억 745만 위안(한화 약 733억 4100만 원)을 투자했는데 이러한 투자금액은 중국 각급TV방송기관 전체에서 TV프로그램 수입(輸入)투자액의 69.4%를 차지하고 드라마 수입투자비도 전체의 54.31%를 차지한다. 따라서 수입도 중앙에서 거의 이루어진다.

〈2013년도 중국의 TV프로그램 및 드라마 수출입 지역별 비교〉

	수입 금액 및 수량				수출 금액 및 수량			
	TV프로 (만 위안)	드라마 (만 위안)	TV프로 량(시간)	드라마량 (편/집)	TV프로 (만 위안)	드라마 (만 위안)	TV프로 량(시간)	드라마 (편/집)
전국 합계	58658.06	24497.67	18,943	213/6,547	18165.57	9249.77	21,270	243/11180
중앙직속	33575	9364	7,546	32/814	1759	1092	5,641	114/5,944
베이징	7170	3941	4,743	87/2,351	6397	2220	4,820	40/1,529
허베이	40	-	104	-	-	-	-	-
상하이	6928	1142	3,465	8/86	1162	857	5,537	19/676
장쑤성	250	250	16	1/20	-	-	-	-
안후이성	8475	8475	216	9/288	-	-	-	-
광둥성	1535	1052	2,424	61/2,564	4571	1372	2,921	32/1,301
광서자치	204	204	287	13/382	-	-	-	-
구이저우	59	59	17	1/22	-	-	-	-

산시성	412	–	111	–	–	–	–	–
칭하이성	10	10	10	1/20	–	–	–	–
저장성	–	–	–	–	3,831	3,521	1,364	34/1,600
푸젠성	–	–	–	–	14	–	39	–
산둥성	–	–	–	–	10	10	27	1/36
후베이성	–	–	–	–	108	108	72	3/94
계 11지역					계8지역			

출처: China Statistical Yearbook on Culture and Related Industry 2014 p.183-p.184 자료 재정리.

수입 측면에서 TV프로그램일 경우 연간 58658.06만 위안(한화 약 1055억 8450만 원)을 투자한 액수에 비하면 중국 국산TV프로그램 수출로 벌어들인 금액은 18165.57만 위안(한화 약 326억 9800만 원)이다. 수출로 벌어들인 액수가 수입으로 나간 금액의 31% 선에 머문다. 이는 상당한 수출입 역조현상이다.

그리고 수입이나 수출에서 TV프로그램이나 드라마 역시 전체 31개 성, 자치구, 직할시 가운데 수입을 진행한 지역은 전체의 1/3수준인 11개 지역에 머물고 수출(輸出)을 진행한 지역은 8개 지역에 머물고 있어 이 또한 수입을 진행하는 지역이 전체 31개성, 자치구, 직할시의 25.8%로 더 내려간다. 여기서 중앙직속기관인 CCTV를 지역에서 제외하면 수출입을 진행하는 지역은 더욱더 작아진다.

그런데 저장성의 경우를 보면 TV프로그램이나 드라마를 2013년도에 수입을 하지도 않은데 3831만 위안(한화 약 68억 9500만 원)의 수출 실적을 올렸다. 이 또한 양질의 프로그램을 제작, 생산한다면 수요는 반드시 있다는 것을 의미한다.

2014년도의 경우도 TV프로그램이나 드라마의 수입이나 수출 면에서 중앙직속기관이나 베이징TV방송국이 투자 액수나 벌어들인 금액이 다수를 차지한다. 즉 중앙직속기관은 TV프로그램 해외로부터 수입에 2억 8231만 위안(한화 약 508억 1580만 원)을 투자하였고 베이징TV는 14억 5519만 위안(한화 약 2619억 3420만 원)을 해외 TV프로그램 수입에 투자함으로써 중앙과 베이징TV기관이 투자한 금액 17억 3750만 위안(한화 약 3127억 5000만 원)은 2014년 당해연도 중국 전 TV방송기관들 수입액의 83.12%를 차지한다.

〈2014년도 중국의 TV프로그램 및 드라마 수출입 지역별 비교〉

	수입 금액 및 수량				수출 금액 및 수량			
	TV프로 (만 위안)	드라마 (만 위안)	TV프로 량(시간)	드라마량 (편/집)	TV프로 (만 위안)	드라마 (만 위안)	TV프로 량(시간)	드라마량 (편/집)
전국 합계	209023.5	169807.3	26,089	635/14022	27225.7	20795.4	21,670	296/13824
중앙직속	28231	6235	7,117	22/610	4285	3749	4,260	44/3,324
베이징	145529	134848	12,774	520/10782	5084	2068	1,897	47/1,754
허베이성	40	–	104	–	–	–	–	–
랴오잉성	30	30	15	1/20	–	–	–	–
지린성	33	33	227	12/342	–	–	–	–
상하이	5186	–	3,069	–	5326	4365	6,889	23/877
장쑤성	1130	1130	64	4/84	3592	2975	93	3/112
저장성	5810	5810	291	15/388	7894	7584	7,319	175/7,639
안후이성	21590	21590	1,180	43/1,573	–	–	–	–
후난성	21	–	365	–	10	–	853	–
광둥성	1304	–	716	–	893	7	307	2/58
광시자치	121	121	152	8/203	–	–	–	–
칭하이성	10	10	15	1/20	–	–	–	–

푸젠성	-	-	-	-	5	-	7	-
후베이성	-	-	-	-	138	47	47	2/60
계13지역					계9지역			

출처: China Statistical Yearbook on Culture and Related Industries 2015 p.167 자료 재정리.

2014년도에도 지역편중현상은 개선되지 않는다. 중국 국산TV프로그램과 드라마의 수출과 수입부문에 접근해보면 그대로 나타난다.

해외로부터 수입을 보면 중앙직속방송기관인 CCTV와 베이징TV방송국 등 이 두 기관의 수입 투자 금액이 17억 3750만 위안으로 전체의 83.1%를 차지하고 여기에다 상하이, 저장성, 안후이성TV방송을 포함한 5개 지역 기관들의 수입에 들인 금액을 합치면 20억 6336만 위안으로 전체의 98.7%를 차지하고 있어 사실상 특정 몇 개의 TV방송기관들의 독무대가 아닌가 할 정도다. 드라마 수입에는 연간 16억 9807만 위안(한화 약 2887억 원)을 투자했는데 중앙직속의 CCTV와 베이징TV방송이 14억 1083만 위안(한화 약 2399억 원)을 투자함으로써 전체의 83.1%를 차지했다.

수출의 경우는 사정이 조금 다르다. 중앙직속의 CCTV와 베이징TV의 TV프로그램 수출액이 9369만 위안으로 전체의 34.4%에 그치고, 드라마 수출액은 5817만 위안으로 전체의 28.0%로 급감한다. 그러나 중국 국산TV프로그램이나 드라마의 해외수출도 일부 특정 방송기관들이 거의 독차지한다. 즉 CCTV, 베이징TV, 상하이TV, 장쑤성TV, 저장성TV 등 5개 방송사들이다.

여기서 다시, 2015년도에는 중국의 각급TV방송사들이 해외로부터 TV드라마를 포함한 TV프로그램을 수입하는 데 어느 지역 방송사들이 어느 정도를 투자했는지, 그리고 중국 국산TV드라마를 포함한 TV프로그램을 어느 지역 방송기관들이 수출을 많이 했는지 알아보자.

〈2015년도 중국의 TV프로그램 및 드라마 수출입 지역별 비교〉

	수입 금액 및 수량				수출 금액 및 수량			
	TV프로 (만 위안)	드라마 (만 위안)	TV프로 량(시간)	드라마량 (편/집)	TV프로 (만 위안)	드라마 (만 위안)	TV프로 량(시간)	드라마량 (편/집)
전국 합계	99397.6	29465.6	31,109	126/2,340	51331.9	37704.6	25,352	381/15,902
중앙직속	21147	1406	5,007	19/298	2131	4432	5,563	99/5596
베이징	49230	9916	18,211	65/788	7232	6211	2,179	53/216
허베이	40	-	104	-				
상하이	23199	13689	6,924	28/797	3504	2322	7,253	20/722
장쑤성	2244	2244	86	3/114	1083	-	10	-
저장성	1689	1689	143	5/196	27655	22416	6,701	191/7,138
푸젠성	-	-	-	-	266	266	59	1/43
산둥성	-	-	-	-	2569	1889	738	10/971
후베이성	-	-	-	-	158	152	1,248	6/272
후난성	21	-	73	-	820	-	850	-
광둥성	1306	112	1,080	4/107	2209	18	698	1/44
광시자치	112	-	80	-				
위난성	400	400	15	1/20				
충칭시	-	-	-	-	606	-	54	-
칭하이성	10	10	15	1/20	-	-	-	-
계15지역					계11지역			

출처: China Statistical Yearbook on Culture and Related Industries 2016 p.160-p.161 자료 재정리.

2015년도의 경우도 2013년과 2014년에 이어 2015년도에도 크게 바뀌지 않는다. 여기서는 지역별로 다시 접근해보자. 앞서 일부 언급은

21세기 중국문화산업시장의 이해

했지만 TV프로그램이나 드라마, 애니메이션 등 주요 TV방송 콘텐츠들에 대한 해외와의 수출입이 비교적 활발한 지역별 방송사들은 몇몇 지역으로 한정되어 있다. 중앙직속인 CCTV를 비롯하여 베이징, 상하이, 장쑤성, 저장성, 후난성, 안후이성, 광둥성들이다. 중앙직속인 CCTV를 제외하고 전국의 31개 성, 자치구, 직할시 중 매년 수출입을 활발히 진행하고 있는 지역 숫자를 보면 해외콘텐츠 수입부문에서 2013년도 10개 지역, 2014년도 12개 지역, 2015년도 14개 지역이며, 중국 국산TV방송콘텐츠를 해외로 수출 진행하는 지역 수는 2012년도 7개 지역, 2014년도 8개 지역, 2015년도 10개 지역으로 한정된다. 수출입부문에서 매년 지역 숫자가 대폭 줄어든 이유는 일부 지역들의 방송사들이 수입 쿼터를 판매하거나 임대해주는 등 나름대로 여러 가지의 이윤 확보 방식이 작용하지 않았나 생각된다.

여기서 특히 중국 국산TV드라마를 포함한 TV프로그램을 꾸준히 해외로 수출하는 데 상당한 성과를 얻고 있는 4개 지역의 지난 3년간 수출실적을 알아보자. 이들 4개 지역방송사들이 차지하는 비중이 막중하고 수출 효자 노릇을 톡톡히 하고 있다.

〈2013~2015년간 중국 국산TV프로그램 해외수출 상위 4대 지역 비교〉

지역별	구분	2013년		2014년		2015년	
		금액 (만 위안)	량 (시간, 편/집)	금액 (만 위안)	량 (시간, 편/집)	금액 (만 위안)	량 (시간, 편/집)
저장성	TV프로그램	-	-	7894	7,319시간	27655	6,701시간
	드라마	-	-	7584	175/7639	22416	191편/7138집

베이징	TV프로그램	6397	4,820시간	5084	1,897시간	7232	2179시간
	드라마	2220	40/1,529	2068	47/1,754	6211	53편/2,116집
상하이	TV프로그램	2162	5,537시간	5326	6,889시간	3504	7,253시간
	드라마	857	19/676	4365	23/877	2322	20편/722집
광둥성	TV프로그램	4571	2,921시간	893	307시간	2209	698시간
	드라마	1372	32/1,301	7	2/58	18	1편/44집

출처: China Statistical Yearbook of the Tertiary Industries 2014 p.183-p.184, 2015 p.167-p.168, 2016 p.160-p.161 자료 재구성.

여기서 다시 2016년도 중국의 TV프로그램 및 드라마의 수출입(輸出入) 지역별 현황을 살펴보자.

〈2016년도 중국의 TV프로그램 및 드라마 수출입 지역별 비교〉

구 분	수입 금액 및 수량				수출 금액 및 수량			
	TV프로 (만 위안)	드라마 (만 위안)	TV프로 (시간)	드라마 (편/집)	TV프로 (만 위안)	드라마 (만 위안)	TV프로 (시간)	드라마 (편/집)
전국합계	209,872	81,500	20,102	277편 5,070집	36,909	29,732	29,619	419편 25,455집
중앙직속	20,595	3,446	4,527	13/264	14,791	13,770	16,257	
베이징	151,135	48,177	9,262	150/1947	4,276	2,370	3,085	
허베이성	40	–	104	–	–	–	–	–
상하이	28,464	23,075	3,750	51/841	4,438	3,310	5,712	
장쑤성	3,016	3,541	125	13/521	–	–	–	–
후난성	22	–	60	–	–	–	–	–
광둥성	1,566	51	1,254	21/497	1,897	213	653	
광시자치구	78	78	258	12/344	–	–	–	–
귀주(貴州)성	176	176	372	13/496	–	–	–	–
저장성	4,791	3,541	125	4/160	10,606	9,842	3,587	
랴오닝성	–	–	–	–	1		37	

푸젠성	-	-	-	-	302	105	25	
산둥성	-	-	-	-	382	39	150	
후베이성	-	-	-	-	83	83	66	
쓰촨성	-	-	-	-	132			
계10지역					계10지역			

출처: 2017 China Statistical Yearbook on Culture and Related Industries p.162-p.165 자료 재정리.

수출입부문에서 2016년도에도 전년도와 크게 다른 것은 없다. 특히 저장성의 경우는 CCTV와 베이징, 상하이와 더불어 수출입 전(全) 부문에서 대단히 활발하다. 불행하게도 지역별 드라마 수출량(輸出量: 편/집)을 확인할 수 없어 안타까울 뿐이다.

다음은 중국이 한, 미, 일과의 TV프로그램을 얼마나 거래해왔는지 살펴보고 연간 중국의 수출입 전체물량에 대하여 한, 미, 일의 물량이 어느 정도 비중을 차지하고 있는지를 파악해보자.

〈최근 3년간 중국과 한·미·일의 TV프로그램 교역 비교〉

구분		2014년			2015년			2016년		
		한국	미국	일본	한국	미국	일본	한국	미국	일본
금액	연 TV프로 총 수입(만 위안)	44295	20059	93940	11676	21659	38955	29451	47014	84431
	-드라마	44129	10784	85462	11227	12276	627.5	28983	37926	671
	-동화(动画)	-	1019	8384	164	1620	38084	156	2232	82237
	-다큐	4.1	1078	2.6	67.7	1894	106.1	63	681	25
	연 TV 프로 총 수출(만 위안)	833	2306	1934.4	2990	3924	1978.1	2081	1278	5115
	-드라마	767.1	319	1314	1271	2066	1966.1	1696	265	5108
	-동화	22.9	1238	616.6	1763	959	-	343	752	-
	-다큐	43	378	-	9.7	332	11.3	29	31	1

	연 총 수입 양 (总输入量, 시간)								
시간량	-드라마(편/집)	186/4437	109/2411	67/825	26/592	9/104	16/184	55/1319	73/1101	14/152

시간량	항목									
시간량	연 총 수입 양 (总输入量, 시간)	3348	6074	3088	1038	5918	14063	1343	6861	3528
	-드라마(편/집)	186/4437	109/2411	67/825	26/592	9/104	16/184	55/1319	73/1101	14/152
	-동화	-	1041	2421	296	1765	8431	210	2900	3259
	-다큐	1	342	16	16	1624	56	62	1740	8
시간량	연총수출량 (年总输出量, 시간)	505	4559	261	784	5761	219	1207	3318	450
	-드라마(편/집)	14/6630	30/992	6/336	20/923	31/1189	8/250	33/1443	21/806	13/544
	-동화	3	419	9	20	121	-	6	153	-
	-다큐	28	240	-	19	262	5	34	251	-

출처: China Statistical Yearbook on Culture and Related Industries 각 2015 p.166, 2016 p.159, 2017 p.163 자료 재구성 및 재정리.

⟨중국의 연간 TV프로그램 총 수출입 금액과 한·미·일의 비중(%) 비교⟩

연도	국가별 (总额)	중국의 연간수입(금액(金額)/만 위안) 및 한·미·일 비중(%)				중국의 연간수입(금액/만 위안) 및 한·미·일 비중(%)			
		연간 총액	드라마	동화	다큐	연간 총액	드라마	동화	다큐
2014	중국(만 위안)	209023	169807	11028	5275	27226	20796	3190	746
	한국(%)	21.19	25.99	-	0.08	3.06	3.69	0.72	5.76
	미국(%)	9.60	6.35	9.24	20.44	8.47	1.53	38.81	50.67
	일본(%)	44.94	50.33	76.02	0.05	7.10	6.32	19.33	-
2015	중국(만 위안)	99398	29466	44472	7488	51332	37705	10059	901
	한국(%)	11.75	38.10	6.72	0.90	5.82	3.37	17.53	1.08
	미국(%)	21.79	41.66	8.82	25.29	7.64	5.48	9.53	36.85
	일본(%)	39.19	2.13	4.45	1.42	3.85	5.21	-	1.25
2016	중국(만 위안)	209872	81500	105645	3202	36909	29732	3662	1800
	한국(%)	14.03	35.56	1.97	1.97	5.64	5.70	9.37	1.61
	미국(%)	22.40	46.53	1.21	21.27	3.46	0.89	20.53	1.72
	일본(%)	40.42	0.82	4.84	0.78	13.86	17.18	-	0.06

출처: 위와 같음.

그런데 미국의 대중국(対中国) TV프로그램 수출에서 드라마, 애니메이션, 다큐멘터리를 각각 상당량 차지하고 있고 애니메이션 강국이라고 하는 일본은 드라마뿐만 아니라 애니메이션의 중국 수출이 확연히 드러나는데 비해, 한국의 경우는 오직 드라마에 국한되어 있어 콘텐츠의 다양화가 시급한 것으로 분석된다.

다시 한·미·일의 TV드라마 중국 수출에서 편당(片当) 단가를 보면 크게 차이가 나지는 않지만 고품격의 드라마는 상당한 금액을 받는 것으로 알려져 있다. 한국의 경우 〈별에서 온 그대〉는 1집당 18만 5,000위안(한화 약 3300만 원), 〈태양의 후예〉도 1집당 25억 달러를 중국 측이 지불한 것으로 알려져 있다.

중국의 최근 3년간 한·미·일 드라마 수입 편당 평균가격

(단위: 위안)

연도	한국	미국	일본
2014	2,372,500위안 (한화 약 415,187,500원)	989,400위안 (한화 약 173,145,000원)	12,755,500위안 (한화 약 2,232,212,500원)
2015	4,318,000위안 (한화 약 755,650,000원)	13,640,000위안 (한화 약 2,387,000,000원)	392,200위안 (한화 약 68,635,000원)
2016	5,269,700위안 (한화 약 922,197,500원)	5,195,300위안 (한화 약 909,177,500원)	479,300위안 (한화 약 83,877,500원)

주: 1위안=175원.
출처: 中國音樂産業發展報告 2015, 2016, 2017 자료 재정리.

한·미·일의 대중(对中) TV프로그램(드라마, 동화) 수출의 주요 특징

	2014년	2015년	2016년
한국의 对中 드라마 수출액 -对中TV프로 전체의 드라마 비중(%)	772억 2575만 원 99.62%	196억 4725만 원 96.15%	507억 2025만 원 98.41%
미국의 对中 드라마 수출액 -对中TV프로 전체의 드라마비중(%)	188억 7200만 원 53.76% *동화 5.08% 18.8억 원 *다큐 5.37% 17.8억 원	214억 8300만 원 56.68% *동화 7.48% 28.35억 원 *다큐 8.74% 33.14억 원	663억 7050만 원 80.67% *동화 4.74% 39.6억 원 *다큐 1.45% 11억 9175만 원
일본의 对中 드라마 수출액 -对中TV프로 전체의 드라마비중(%)	1495억 5850만 원 90.97% *동화 8.92% 146.7억 원	10억 9812만 원 1.61% *동화 97.7% 666억 4700만 원	11억 7425만 원 0.79% *동화 97.4% 1439억 1475만원

주: 1위안=175원.
출처: 中國音樂産業發展報告 2015, 2016, 2017 자료 재정리.

어쨌든 TV프로그램 시장에서도 철저한 시장의 논리가 적용되고 있음에 비춰볼 때 고품격의 건실한 프로그램은 항상 대접받는다는 것을 잊지 말아야 할 것이다.

2016년 중국의 바이두 산하의 동영상사이트 아이치이가 〈태양의 후예〉는 26억 뷰를 기록했고 2014년도의 〈별에서 온 그대〉도 22억 뷰를 기록함과 아울러 종합예능프로 〈아빠! 어딜 가세요〉의 저작권수입이 1100만 위안(한화 약 20억 원)이라고 중국 측은 밝히고 있어 이러한 현상들이 위와 같은 사실을 뒷받침하고 있다.

7. 최근 주요정책

　중국 정부는 2013년 이후에도 전과 변함없이 문화기업들에 대한 부가세 및 영업세 감면 등의 다양한 세제 혜택과 2010년 3월 19일부터 시행되고 있는 문화산업 분야에 대한 대출 지원을 포함한 기금 조성 등 갖가지 지원책을 강구하면서 국제경쟁력 제고에 진력한다. 여기서는 TV방송 분야에 한하여 최근 주요정책을 몇 가지 기술하며 나머지는 각 분야별로 설명하도록 하겠다.

　다만, 아래 설명되는 주요정책들은 2013년 이전부터 시행되어오던 사례들을 제외하고 그 이후 새로운 정책들이다.

가. R/TV프로그램 제작, 방송관리 강화

　2014년 9월 28일 国家新闻出版广电总局은 'R/TV프로그램, TV영상물(드라마 등) 인터넷시청각 프로제작, 전파관리강화에 관한 통지'를 공표·시행하면서 마약, 창기(娼妓) 등의 위법범죄행위자는 R/TV프로그램 제작 참여를 요청할 수 없고 위법범죄행위자는 각종 TV프로그램, 광고프로그램, 영화, 드라마 등에 참여하지 못하도록 했다. 한편 위성TV채널은 뉴스, 경제, 문화, 과학교육, 생활서비스, 동화와 아동프로, 다큐, 농업에 관한 방송비율을 총 방송시간의 평균 30% 유지를 언급했다. 매일 06:00~다음날 01:00 시간대에 적어도 평균 30분의 국산다큐를 방송하고 매일 08:00~21:30 시간대에는 30분에 해당하는 국산동화 또는 아동소년프로를 방송토록 했다.

　2014년 1월 1일부터 ①뉴스류 ②도덕성확립류 ③음악선발류 ④완후이류 ⑤해외판권수입방식류의 프로를 특정 시간대에 방송하려고 할 때 2개월 전에 신청, 비준을 받도록 했다. 또한 매일 19:30~22:00 저녁 프라임시간대에 혼인, 연애 교우, 재능경주쇼프로, 정감 있는 극영화, 게임경기, 종합예능오락프로, 탐방 토크쇼, 리얼리티쇼와 같은 유형의 프로는 반드시 규정에 따라 비준수속을 이행토록 했다(출처: 中國廣播電影電視發展報告 2014 p.34).

그리고 TV프로그램의 오락화가 과도하게 진행되는 상황 등을 고려하여 2013년 7월 25일 국가신문출판광전총국은 '음악류 선발프로그램 진일보규범에 관한 통지'를 하달하면서 적지만 실속 있는 프로그램 진행원칙하에 총량 조정, 분산방송 진행, 사치화 및 선정적 내용 극력방지 등을 지적했다.

2014년 4월 국가신문출판광전총국은 '위성종합채널 프라임시간대 드라마방송 방식 진행에 관한 조정'이라는 문건을 시달하면서 2015년 1월 1일부터 한 편의 드라마를 2개의 위성채널에서 동시에 방송토록하고 하루저녁에 2집의 드라마를 방송하도록 하는 소위 '一劇兩星, 一晚兩集' 정책을 시행하고 있다. 이는 적어도 드라마방송에 대한 시장질서 정립 차원에서 이루어진 것으로 설명한다.

2016년 6월 국가신문출판광전총국은 'R/TV방송프로그램 자체창작 공작강력추진에 관한 통지(關于大力推動廣播电视节目創新工作的通知)'를 하달, 같은 해 7월 1일부터 시행에 들어가면서 각급위성채널은 저녁프라임시간대에 해외수입프로그램은 2작품 이상을 방송할 수 없도록 하고 신규 프로그램은 한 작품 이상 초과하지 못하도록 했다. 2016년 전국의 주요 71개 도시를 대상으로 18:00~24:00 시간대를 조사한 이러

21세기 중국문화산업시장의 이해

한 정책적 결정은 그 효과가 바로 나타났는데, 그해 위성채널의 평균시청률 상위 100위 프로그램 제작방식 분포를 보면 ①자체 창작품 43% ②중외(中外)공동제작 52% ③해외수입 5%였다(출처: China TV Rating Yearbook 2017 p.164).

나. 당중앙의 약칭 '팔항규정' 이행

2013년 1월 31일 국가광전총국은 각급R/TV방송기관에 중앙의 '팔항규정'과 근검절약 및 호화포장낭비 반대 이행을 촉구했으며 2013년 8월 13일에는 중앙선전부, 재정부, 문화부, 심계서(審計署), 국가신문출판광전총국 등 5개 부가 공동으로 '호화포장제지와 근검절약 완후이 처리에 관한 통지'를 다시 하달한다. 2012년 12월 당중앙의 '팔항규정' 하달에 따른 세부이행 지침들이 속속 전개되면서 중국의 문화예술, 문화산업계 및 방송산업계에 상당한 영향을 미친다. 특히 TV방송국의 완후이프로와 예술공연계의 특별장소 초청공연(包场)활동 등에 적지 않은 영향을 미쳤다는 것이 시장의 분석이다. 다시 말하면 행사 개최 수가 대폭 줄어들고 빠오창 공연은 사실상 없어졌다.

다. 세수우대 정책

2014년 9월 25일 재정부, 세무총국은 '소형기업 부가세와 영업세 정책지원 진일보에 관한 통지'를 공포, 시행하는 데 월간 판매액이 2만~3만 위안인 부가세 소액인 납세자와 영업세 납세자는 2014.10.1~2015. 12. 31까지 잠정적으로 부가세와 영업세 납부를 면제했으며 2014년 12월 25일 재정부와 세무총국은 다시 '소형기업(小微企业) 관련 정부성격의 기금징세 면제에 관한 통지'를 국무원비준을 받아 공포, 2015. 1. 1~2017. 12. 31까지 영업판매액이 월간 3만 위안 이하 및 분기별 9만 위안 이하의 납세의무자는 교육비부가세, 지방교육부가세, 수리(水利)건설기금, 문화사업건설비를 면제토록 했다.

2014년 11월 27일 재정부, 해관총서, 세무총국은 '문화기업발전 약간의 세수정책 지속지원시행에 관한 통지'를 발표하고 영상시청각 문화기업들에 대한 부가세 면제 범위와 기한을 설정하고 같은 날 중앙선전부, 재정부, 세무총국은 경영성 문화사업단위가 기업경영 방식으로 전환하는 문화기업에 대해서는 기업소득세를 2014년부터 2018년까지 면제키로 결정한다.

그리고 R/TV운영서비스기업의 수수료 수납과 관련하여 유선디지털TV기본 시청률보호유지비 및 농촌유선TV시청료에 대한 부가세도 면제토록하고 높은 신기술을 인정받은 문화기업은 기업소득세 15% 세율을 적용하여 부담을 덜도록 했다.

한편 문화기업 전체의 80% 정도가 영세 소형기업인데 2014년 5월 재정부는 '소형기업의 정부관련기금 징수 면제에 관한 통지'를 공표 시행하면서 '행정사업적 성격의 비용징수를 면제, 징수 정지, 최소에 관한 통지'를 하달하여 45개에 이르는 중앙에서 만든 행정사업적 성격의 비용징수를 면제해주어 소형문화기업들의 사업 추진을 북돋아주었다.

라. TV드라마 번영 발전을 위한 약칭 '십사조(十四条)' 시행

앞서 드라마시장 동향부문에서 일부 언급했지만 중국 정부는 2017년 9월 ①국가신문출판광전총국 ②국가발전개혁위원회 ③재정부 ④상무부 ⑤인력자원과 사회보장부 등 5부위(部委)가 'TV드라마 번영 발전에 관한 약간의 정책적 통지'의 공동으로 공포, 시행에 들어갔다.

이 통지는 다른 말로 약칭 '십사조(十四条)'라고 불리는데 간략히 요약하면 시나리오 창작, 제작 연출, 투융자, 선전 확대, 콘텐츠 배분, 해외 수출, 재정 지원 등으로 요약된다. 이는 향후 중국의 TV드라마 산업이 나아가야 할 방향성을 제시한 것으로 보인다.

또한 CCTV-1(종합), CCTV-8(드라마), 각성의 위성종합채널, 방송국 종사중점 동영상사이트, 매년 저녁 프라임시간대 중대(重大)혁명역사, 농촌, 소수민족, 군사 등의 소재를 다루는 TV드라마 방송 안배 등에 대한 방송플랫폼의 제출과 드라마 방송 구조 보완도 지적, 요구하고 있다.

또한 상기 '십사조'에 대하여 관련업체 110개사를 대상으로 설문조사를 했는데 여기서 가장 중요한 항목 순으로 보면 14개 항목 중 ①과학적이고 합리적인 TV드라마 제작 투입 및 배분 시스템 수립과 보완 68.4% ②TV드라마 시나리오 지원 강화 67.5% ③TV드라마 창작 규획 강화 61.4% ④드라마 분야 인재 양성 강화 50.0% ⑤TV드라마 시청률 조사, 관리규범 46.5% ⑥우수 드라마 해외수출 지원 46.5% ⑦드라마방송 구조 보완 45.6% ⑧TV드라마와 인터넷드라마의 통일된 관리 45.1% 등으로 조사되었는데 여기에 중국 TV드라마시장 발전을 위한 다양한 문제점과 발전 방향이 들어 있는 것으로 보면 될 것 같다.

① 一剧两星정책 지속 시행

2014년 4월 전국 TV드라마 방송공작회의에서 공포되고 2015년 5월 1일부터 시행에 들어간 一剧两星 정책, 다시 말해 동일한 한 편의 드라마를 매일 저녁 프라임시간대(19:00-21:00)에 공동으로 방송할 수 있는 종합채널은 위성채널 2개 이상 방송을 초과할 수 없다는 내용이다.

이로써 과거 10년 동안 지속적으로 시행되어온 4+알파정책은 역사 속으로 사라지고 一劇兩星정책 시행으로 위성종합채널의 위치는 더욱 강화되면서 프로그램 균형이 보다 강화되는 효과도 나타나고 있다.

② TV드라마 창작규획과 방송 조정

국가신문출판광전총국은 2013년부터 '위성종합채널의 TV드라마 방송 조정 관리규정'을 시행해오고 있는데 이는 저녁프라임 시간대의 드라마 방송집수(集數) 비율을 총 집수의 50% 이상으로 하고 시대극(COSTUME DRAMA)드라마일 경우에는 매월 및 연간 방송집수는 총 집수의 15%를 초과할 수 없도록 조정, 진행해오고 있다.

③ 'TV드라마, 인터넷드라마 제작비 배분 비례에 관한 의견' 공표

중국라디오·영화·텔레비전사회조직연합회 드라마제작위원회와 중국라디오·영화·텔레비전사회조직위원회 연기자위원회 및 중국드라마제작산업협회, 그리고 중국인터넷 시청각프로그램서비스협회 등 4개 기관이 신속하게 상기 '십사조'에 대한 반응으로 "TV드라마, 인터넷드라마 제작비배분 비례에 관한 의견"을 공동 제시했다.

동 의견에는 합리적인 드라마 제작비 범위 내에서 배우들의 총 출연료는 제작비 총액의 40%를 초과하지 못하게 하고 이 중 주요배우의 출연료는 70%를 넘을 수 없으며 여타 배우들의 출연료는 총 출연료의 30% 이하를 금지하고 있다.

마. 기타

국가신문출판광전총국은 매년 우수 TV드라마 시나리오 지원사업을 지원하고 있고 2013년 8월 21일에는 '중국TV드라마제작산업협회' 창립식을 가졌는데 처음 비준회원이 138개사로 성황을 이루었다. 동 창립대회에서는 '중국TV드라마 제작산업 자율공약'을 통과시켰다.

2013년 9월 3일에는 하이난성 산샤(三沙)위성TV채널 개국을 비준하고 2014년 1월 17일에는 후난R/TV방송국에 후난인터넷R/TV방송국 설립을 심사 비준했다. 같은 해 4월 23일에는 ①南方广播影视传媒集团 ②광둥인민라디오방송국 ③광둥TV방송국 ④남방TV방송국 ⑤광둥R/TV기술중심을 통폐합하여 광둥R/TV방송국 설립을 비준하고 2014년 6월 8일에는 베이징R/TV방송국에 실화다큐채널의 위성방송을 비준하는 등 중국은 끊임없는 개혁을 통해 급변하는 세계의 문화사업시장에 능동적으로 대응하고 있는 분위기다.

8. 맺는말

앞에서 중국의 TV프로그램 시장과 관련하여 연간 방송량과 시청자 및 시청률을 비롯하여 중국 국산 TV드라마와 인터넷동영상사이트시장의 현주소, 2012년 12월 중국 공산당중앙의 '팔항규정'의 영향을 지울 수 없는 TV종합예능프로(시즌)의 질주, TV프로그램의 수출입, 최근 주요정책들에 대하여 나름대로 설명했다. 이러한 시장 상황을 근거로 중국의 TV프로그램 향상과 발전을 위하고, 나아가 한중 양국이 공동발전할 수 있는 방안을 맺는말로 갈음하고자 한다.

가. 마차에 실을 TV프로그램

앞서 지적했듯 중국의 TV프로그램시장은 방대하다. 2017년 한 해 동안 전국에 산재해 있는 2,522좌에 이르는 각급 TV방송국(R/TV방송국 포함)은 1881만 200시간 동안 다양한 프로그램들을 뿜어냈다. 다만 신규 제작되어 프로그램의 신선도를 자랑하는 프로그램의 방송시간은 연간 총 방송시간의 20%에도 미치지 못한다. 뉴스 정보, 특집, 종합예능, 드라마, 광고, 기타 다양한 전문 분야 중 드라마가 주축을 이루는 影視類 방송비율은 10여년 전부터 변함없이 지속적으로 연간 총 방송시간의 43% 내외를 유지하고 있는데, 이러한 시장 상황이 우리에게 무엇을 암시하는지 깊은 고민이 필요하다.

나. 콘텐츠의 현지화 时流와의 融合는 선택이 아닌 필수

한국드라마를 과거 중국인들이 왜 보고 싶어 했는지 입체적인 분석이 이루어지고 있다고는 생각되지만 여기서 지난 20년간 곁에서 이를 지켜보아온 필자는 나름대로 한국드라마가 중국인들에게 어필할 수 있었던 원인들에 대한 몇 가지 의견을 간단하게 개진코자 한다.

① 중국에서 한국드라마가 최초로 성공한 사례로 꼽히는 1997년도 CCTV1에서 방송된 〈사랑이 뭐길래〉는 한중 양국 수교 초기로 중국인들의 한국에 대한 호기심도 작용했겠지만 일부 중국인들이 극중의 대리만족, 화려한 영상미, 출연진들의 세련미 등에 상당히 영향받았다는 것

이 일반적인 분석이다.

② 2005. 9. 1~10. 15 기간 후난위성채널에서 방송된 한국드라마 〈대장금〉의 '열심히 노력하면 누구든 성공할 수 있다'는 메시지는 동서양을 불분하고 보편적 가치이다. 중국에는 농촌에 적(籍)을 두고 도시로 나와 열심히 살아가는 소위 농민공(農民工)이라는 소시민들이 무려 2억 5000만여 명에 이른다. 이는 중국 공산당이나 정부 그리고 이들 농민공 자신들 뿐만 아니라 또 다른 수 억 명의 노동자들에게도 신선한 희망의 메시지임에 틀림 없다.

그러나 당시 일부 중국 언론에서나 대중문화예술계 종사자들은 반한류(反韓流)를 제창하기도하여 짧은 시간 내에 쉽게 사라졌다.

③ 인터넷 국가로의 급부상에 초점이 맞춰진 상태에서 진행되는 것이 아주 중요하다.

중국의 네티즌 수는 2017. 12. 31 기준 7억 7198만 명에 인터넷 보급률 55.8%로 연간 새로이 태어나는 네티즌 수는 4073만여 명에 이르며, 현재의 네티즌 수는 전 유럽 인구보다 많다.

2016년 경우 인터넷광고 시장규모는 2769억 위안(한화 약 47조 730억 원)으로 TV광고 시장규모의 2배 수준, 2015년보다 29.7%가 증가했고, 2019년도에는 5000억 위안(한화 약 85조 원)으로 추산되는 형국이다.

중국인들이 인터넷을 통한 각종 프로그램 클릭 수는 8600억 회로 2015년보다 50% 늘었고 연간 드라마 시청 클릭 수는 1만 1,431편에 5117.2억 뷰이다. 이는 중국의 인터넷 세대인 80년대 이후 출생(80后)과 90년대 이후 출생(90后) 세대들이 주류 사회를 형성하고 있는 사회적 환경을 직시해야하는 이유이기도 하다. 또한 중국의 인터넷 각종 동영상사이트 유료이용자가 7500만 명을 넘고 있으며 나날이 늘어나 유료이용이 보편화되어가고 있는 느낌을 지울 수가 없다.

2014년도의 한국의 드라마 〈별에서 온 그대〉는 기존의 전통적 방식인 TV화면을 통하여 방송된 것이 아니고 바이두의 인터넷동영상사이트인 능력 있는 아이치이를 통하여 방송이 되어 성공을 거둔 최초의 사례이기도 하다. 2016년도의 한국드라마 〈태양의 후예〉 역시 인터넷문화기업의 거두인 바이두의 '아이치이'라는 동영상사이트를 통해 방송되어 성공을 거두었다. 〈태양의 후예〉에 담긴 메시지는 중국 사회주의 핵심가치관 24자(字)에서 ①국가 ②사회 ③인민 3개 부문의 부문별 4개 단어 중 인민들이 해야 할 가치관 4개 단어에서 맨 먼저 나오는 애국(爱国)과 맥을 같이한다고 할 수 있을 것이다.

다. 성숙한 세계시민의식 함양

한국문화의 중국 진출 성공 속에는 문화적 요인 이외에도 문화 외적인 요인도 상당히 함께 작용하여 상승효과를 가져온 것이라고 현지인들은 지금도 가끔 언급한다.

1997년 12월 3일 한국이 IMF구제금융을 받기로 서명했을 때 이러한 금융위기로부터 탈출하기 위하여 전 국민과 정부가 합심하여 특별히 진행된 소위 '금 모으기 운동'은 중국인들뿐만 아니라 전 세계인들로 하여금 감동을 자아냈고, 부러움을 샀으며 이러한 운동들이 품고 있는 함의는 그 무엇으로도 측정과 분석이 불가능하다 할 것이다.

2002년 6월 한·일 FIFA월드컵축구대회 개최 시 한국 시민들은 누가 불러서 모인 것도 아닌 자발적으로 700만 명이 넘는 사람들이 거리로 나와 뜨거운 응원전을 펼치고 또한 끝난 후 아무 일도 없었다는듯 조용히 귀가했다. 이 모습을 보고 많은 이들이 세계인들의 찬사를 받기에 충분했다고 언급했다.

뿐만 아니라 한국인들이 디자인해서 창작해 만들어낸 반도체 및 전자제품들, 자동차, 화장품 등 세계적 상품이라고 해도 전혀 손색이 없는 상품들을 비롯하여 자유민주주의와 시장경제의 매력, 문화예술인들의 피와 땀, 그리고 노력의 결정체인 한류(韓流)라는 상품의 전 세계화, 전 세대화는 문화강국이라는 세계인들의 극찬을 받아도 무리가 아닌 것 같다.

라. 타 국가 문화에 대한 배려

지난 25년 동안 한국문화의 중국 진출 상황과 중국문화의 한국 진출 상황에 대하여 한중 양국 언론매체를 통한 지면 할애는 어떠한 상황이었는지 진지하게 되돌아봐야 할 것이라고 생각된다. 우리는 우리 것에만 집착한 나머지 상대방 문화예술활동 상황이 국내에 펼쳐질 때 우리 국격에 맞는 배려와 존중은 제대로 했는지 자문해야 한다.

마. 한중 언론인들과의 올바른 소통

중국의 R/TV 분야 총 97만 6,867명의 근무인력을 여러 가지 부문으로 접근해보면 2017년 말 기준으로 직능별에서는 전문직 52.23%, 관리직 16.63%, 기타직 31.14%으로 구성되어 있고 근무 지역별로는 중앙직속기구 5.37%, 성급 기구 53.33%, 지시급 기구 17.77%, 현급 기구 23.53%로 분포되어 있어 대부분 지방 근무자들이다. 현급에 위치해 있는 R/TV 방송기구가 1,990좌가 넘으니 그럴 만도 하다.

더 특이한 것은 인력들이 대체로 젊은 사람들이라는 점이다. 1980년대 출생(80后)세대들이 절반이 넘는다. 연령층별에서 보면 35세 이하가 46.38%, 36~50세 사이가 41.92%, 51세 이상은 11.70%에 그친다(출처: Annual Report on Development of China's Radio, Film and Television 2018 p.210). 이들 젊은이들과의 건실한 소통에 근거한 한중 양국의 신선한 각종 프로그램 공동창작이나 프로그램의 교환 및 구입 등 다양한 방식의 이윤창출모델을 찾는다면 원윈(互利)정책은 불신이 없어지고 성공이 확실하다 할 것이다.

그리고 2005년 9월 중국 내에서 반한류가 일부 언론을 통하여 확대되어갈 무렵을 전후로 한류는 중국에 실(失)보다 득(得)이 된다는 평가를 한 바가 있으며 이러한 평가 후 반한류의 기류는 사라졌다. 물론 한국의 문화산업진흥정책들이 중국에게는 자국 문화산업 진흥에 적지 않은 자극제와 촉매제가 된 것만은 부인할 수 없어 보인다. 당시 중국 언론들은 앞다투어 한국의 문화산업정책의 성공 요인을 분석, 기사화했고 일부 언론은 자국 대중문화예술계의 자성과 분발을 촉구하기도 한 것과 무관치 않다 할 것이다.

한중 양국의 문화산업 분야 근무자들은 인터넷시대의 프로그램 홍수 속에 자국민들뿐만 아니라 국제적 경쟁력을 갖춘 콘텐츠를 제작, 생산하여 어떻게 서비스할 것인가를 골몰하지 않으면 도태될 수밖에 없는 시장의 냉엄한 환경을 다시 한 번 인식했으면 한다.

　　　　　　　　　　　　　　21세기 중국문화산업시장의 이해

4장

영화산업시장

1. 시장 동향

2015년은 십이오규획(2011~2015년)이 끝나고 2016년부터 다시 십삼오규획이 시작되는 중요한 해이기도 하다. 중국 국가신문출판광전총국(영화관리국)은 2011년 12월 15일부터 그동안 각계 전문가들의 다양한 의견 수렴을 거쳐 2015년 9월 1일 국무원상무위원회에서 심의통과된 '영화산업촉진법(초안)'이 전국인민대표대회 상무위원회 초심(初審) 통과 후 보다 완벽한 영화산업촉진법을 제정하고자 다시 각계의 폭넓은 의견을 구해왔는데 2016년 11월 7일 전국인민대표대회 상무위원회에서 심의, 통과되어 시행에 들어갔다.

2015년 1년 동안만 보더라도 영화산업 발전과 관련된 각종 법 규정 33건을 쏟아내고 있는 것을 보면 중국이 영화산업시장의 건전한 발전과 육성을 위하여 다양한 정책들을 시행해나가고 있다는 느낌을 받는다. 특히 최근 들어 인터넷영화 제작사들의 영화시장 진입이 시장의 새로운 변수로 등장하면서 기존의 영화제작사들과의 경쟁이 불가피해졌다. 그리고 영화산업 수입의 약 85% 가 티켓판매 흥행이라는 아주 단순한 수익모델로 이루어지고 있는 것을 두고 파생상품 개발에 역량을 쏟아야 하는 것 아니냐는 시장의 목소리도 적지 않다.

2017년도 중국은 영화, TV프로그램 등을 포함한 영상시청각류 상품의 해외수출이 1억 달러를 넘어 섰고, 시간적으로나 양적으로도 3만 시간에 이르는 것으로 발표했다.

한편으로 고무적이면서 주목되는 것은 徐峥, 许诚毅, 鸟儿善, 韩廷, 邓超, 陸川, 陈思诚 ,田晓鹏, 闫非, 董诚鹏 등 신세대 영화감독들의 성적표가 확연하게 약진하고 있어 중국영화계의 전망을 밝게한다는 점이다. 그리고 영화시장에서 중국 국산영화 티켓판매 흥행 수입면에서 여전히 수입영화보다 확대되고 있는데 2017년도 중국 국산영화 티켓 판매 흥행수입액이 전체 티켓판매 흥행수입액의 53.84%를 차지하고 있어 이 또한 중국 영화산업발전을 긍정적으로 평가받고 있다. 연간 관람객 증가율에서는 2016년보다 18.08%가 증가했으나 도시인들의 연간 1인당 평균영화관람횟수가 1.17회에 그치고 있어 한국에 비하면 아직 많이 낮은 수치로 보인다. 그러나 베이징시의 경우 2017년 영화티켓판매수입이 33.95억 위안으로 전년도보다 12.1%가 증가했고 시민들의 연간 1인 평균영화관람횟수가 3.51회에 이르고 있어 여타 국가들과 비슷한 수준이다.

그런데 인터넷 네티즌 수로 세계 1위 국가답게 2017년 중국인들이 영화티켓을 구입하는 데 인터넷으로 구입한 관람객 비율이 2016년도보다 10% 늘어난 81.7%에 이르고 있어 네티즌들의 문화산업 발전에 끼치는 영향력이 적지 않다는 것을 알 수 있다.

여기서 중국은 연간 어떤 종류의 영화를 얼마나 제작하여 정부로부터 발행(배급)허가를 받고 있는지 알아보자.

21세기 중국문화산업시장의 이해

2. 제작, 발행

중국문화산업시장의 기반이 마련될 무렵인 2002년 극영화의 제작, 발행량이 100편에 불과하던 것이 지난해에는 798편으로 15년 만에 7.98배가 늘었다

지난 7년간 중국이 제작, 발행한 각종 영화량이 얼마나 되는지 살펴보자.

〈최근 7년간 중국의 각종 영화 제작, 발행량(편) 추이〉

연도	2011	2012	2013	2014	2015	2016	2017
극영화	558	745	638	618	686	772	798
애니메이션영화	24	33	29	40	51	49	32
다큐멘터리영화	26	15	18	25	38	32	44
교육·과학영화	76	74	121	52	96	67	68
특수영화	5	26	18	23	17	24	28
합계	689	893	824	758	888	944	970

출처: ①Annual Report on Development of China's Radio, Film and Television 2015 p.104 ②Annual Report on Development of China's Radio, Film and Television 2016 p.21 ③2016 The Research Report on Chinese Film Industry ④Report on Development of China's Media Industry 2017 p.10 ⑤Report on Development of China's Media Industry 2018 p.58 자료 재정리.

가. 주요 제작사별 생산활동 실적

2015년도의 주요 국영제작사들과 민영제작사들의 극영화(애니메이션영화 포함) 제작, 발행수량(편)을 보면 대체적으로 제작사들의 규모나 생산능력을 가늠해볼 수 있다.

주요 국영제작사를 보면 ①中国电影股份有限公司(略称 中影股份)

18편 ②华夏电影公司 12편 ③上海电影股份有限公司(略称 上影股份)
9편 ④西安电影集团(略称:西影集团) 6편 ⑤珠三角电影集团(略称 珠影集团) 11편 ⑥河南影视制作集团 6편으로 적지 않은 수량을 생산하였고 주요 민영제작사들로는 ①光线影业 12편 ②华谊兄弟 13편 ③博纳影业 10편 ④乐视影业 7편 ⑤万达影视 13편 등으로 주요 제작사들의 생산량을 집계하고 있는데 이들은 소위 중국의 5대 민영영화제작사들이다.

여기서 중국의 영화산업계 거두인 万达影视회사의 성장 과정을 살펴보자. 완다영시회사는 2003년 영화산업 진입을 선포하면서 2005년 国家广电总局으로부터 완다영화관 체인(院線)의 비준을 받는다. 2009년에 와서 완다영화관 체인은 영화티켓판매 흥행수입으로 8억 위안의 성적을 거두면서 전국 영화시장점유율 15%를 장악, 영화산업계 두각을 나타낸다. 2012년도에 들어서면서 미국의 2대 극장 AMC를 26억 달러에 매입, 전 세계 영화시장에서 티켓판매 흥행수입의 10%를 확보하게 되는데 이를 계기로 세계 최대의 영화관 체인 운영기업으로 부상한다. 같은 해 영화제작, 생산업에 본격 진입하고 2013년에는 특대형 영화산업단지인 '둥팡영화도시(东方影都)'를 건설하면서 2015년 A군 증시에 정식으로 합류한다. 2016년 1월 완다그룹(万达集团)은 35억 달러의 현금으로 미국의 Legendary Pictures(传奇影视) 회사 주식 50% 이상을 매입하는 등 세계적인 영상기업으로 우뚝 선 업체로 소개되고 있다.

2016년도에 와서 완다그룹은 더욱더 왕성한 기업활동을 전개해 나가고 있는데 활동 실적이 얼마나 되는지 찾아보자.

<완다그룹의 2016년도 주요활동 실적>

업종별	수 입(억 위안)	계획대비 실적비중(%)	증가율(%)
문화그룹	641.1	103.3	25
영화산업	391.9	105.8	31.4
관광산업	174.3	100.0	37.1
스포츠 산업	64.0	98.0	9.0
아동오락산업	5.2	103.4	137.8
인터넷산업	41.9	103.0	-
금융그룹	213.5	127.7	-
완다백화점	178.2	101.6	-
합계	1,710.1		

출처: China Cultural Industries Annual Report 2017 p.157.

완다그룹은 상기 표에서와 같이 다양한 분야에 진출해 있으며, 거의 계획 이상의 실적을 쌓았다. 2016년도 완다그룹의 해외투자를 보면 영화산업에 집중되어 있는데 약 35억 달러를 들여 미국 최대 독립영화제작사 중의 하나인 Legendary Pictures를 인수했고 완다그룹 산하 AMC는 11억 달러를 투입하여 미국 CARMACK(卡麥克) 영화체인관도 인수했다. 그리고 AMC는 유럽으로 발을 돌려 유럽 최대 영화체인관인 Odeon & UCI를 매입했고 동시에 10억 달러를 들여 미국 DCP그룹 주식 100%를 사들였다. 현재 완다는 전 세계 영화체인관의 13%를 장악하고 있는 것으로 알려져 있다.

2016년도에 이어 2017년도에도 티켓판매 흥행수입 686,762만 위안을 올려 중국의 영화티켓판매 흥행수입 상위 10위 영화체인관에서 완다가 계속 1위를 누리고 있다.

영화 체인관	万达	广东 大地	上海 联合	中影 星美	中影南 方新干线	中影 디지털	金逸 珠江	横店 影视	浙江 时代	华夏 聯合	계
티켓판 매수입	61	37	36	34	32	29	28	21	15	14	307

출처: Report of Development China's Media Industry 2017 p.112.

　　완다그룹은 2016년 한 해 동안 전 세계 영화관 677개소와 스크린 6,788개소를 설치했는데, 이 중 중국 국내에서는 154개 영화관과 1,391개소의 스크린을 신규 설치한 것으로 알려져 있다. 스포츠산업에서도 국제축구연맹 및 국제빙상연맹과 협찬합의서를 체결함으로써 중국 국내 유일한 국제 정상급 축구연맹의 협찬사가 되었으며 난창(南昌)과 허페이(合肥)에 완다성(万达城)을 건립하여 관광산업에서도 활발하게 활동하고 있다고 전해진다. 2017년도 완다잉스(万达影视)의 영업수입은 전년도보다 17.69%가 늘어난 131.92억 위안으로 알려져 있다.

　　다시 화제를 바꾸어서 2015년 들어 영화산업시장에 인터넷영화 제작사들의 활동이 눈에 띄게 늘어나면서 기존의 영사제작사들이 긴장하고 있다. 2014년도에는 상업적 동영상웹사이트들이 모두 미니영화 6,000여 편을 제작했는데 이 중에는 비교적 시간이 긴 45분 내외의 작품이 400여 편을 넘어서고 있는 상황이다.

　　2017년도의 중국 인터넷영화 제작현황을 요약하면 27억 위안을 투자하여 1,892편의 작품을 제작, 발행했다. 투자 측면에서는 2016년도보다 무려 11.5억 위안을 더 투자했는데 작품수는 오히려 571편이 감소했다. 이는 경쟁력 있는 우수한 작품 제작으로 봐야 할 것 같다. 그리고 편당 제작비도 100~300만 위안 사이의 제작비를 투자하는 인터넷영화가 전체의 45%를 점하고 300만 위안 이상은 겨우 전체의 6%에 머문다.

2017년 주요 인터넷영화 제작사들의 인터넷영화 작품 출시 현황을 보면 ①텅쉰엔터테인먼트(腾讯影业)는 4편의 영화로 205,200만 위안의 수입을 올렸고 ②알리바바엔터테인먼트(阿里巴巴影业)도 5편의 영화를 제작, 발행하여 153,341만 위안의 수입을 거둔 것으로 전해진다. 그리고 ③아이치이엔터테인먼트도 역시 7편의 영화를 제작, 발행하여 51,706만 위안의 수입을 확보했고 ④허이엔터테인먼트(合一影业)가 4편의 영화로 41,995만 위안의 수입을 거두는 등 인터넷 분야 거상들이 발 벗고 나선 모양새다.

여기서 대표적인 인터넷영화 제작사들의 주요 기업활동을 들여다보면 2014년 6월 알리바바그룹이 '문화중국(文化中国)'이라는 회사를 사들이면서 영화투융자, 인터넷홍보물 발행, 오락전자상거래 등의 콘텐츠 제작을 위주로 하는 ①阿里影业을 설립하여 영화〈親愛的〉에 투자하여 티켓판매 흥행수입 3.42억 위안이라는 성적을 두고 2015년 1월 첫 영화 작품으로〈擺渡人〉의 제작, 생산에 들어갔다. 2015년 9월에는 텅쉰이 연이어서 영상업을 위주로 하는 ②텅쉰影业(腾讯影业) ③企鹅影业을 설립하는 데 기존의 텅쉰동영상에 기초하여 설립된 企鹅影业은 인터넷드라마, 영화투자, 연예인 양성 운영 등을 핵심 영업활동으로 하고 있다.

2014년 7월에 설립한 '아이치이影业(爱奇艺影业)'도 2015년 국내외 영화제작사들과 공동으로 7편의 영화를 제작하였고 合一影业은 2014년 11편, 2015년 20여 편의 영화제작에 참여한 것으로 알려져 있다. 이밖에도 능력 있는 상당한 영화제작사들이 있는데 저장그룹이 2015년

8월 자회사로 설립한 藍色星空影業이 2015년 애니메이션영화 〈西游记之大圣归来〉에 투자하여 9억 5323만 위안의 티켓판매 흥행수입을 올린 ②橫店影视가 있고 ③상하이영화그룹(上海电影集团) ④大盛国际 ⑤新丽传媒 ⑥福建恒业电影发行有限公司 ⑦베이징자금성 엔터테인먼트(北京紫禁城影业) ⑧开心麻花娱乐文化传媒公司, 2002년 설립한 ⑨北京春秋时代有限공사 ⑩星皓影业 ⑪香港寰亚电影 ⑫北京劳雷影视, 2010년 설립한 ⑬上海最世文化, 2014년에 설립된 ⑭游族엔터테인먼트(游族影业) 등 많은 영화제작사들이 시장에서 일반극영화를 비롯하여 인터넷영화 제작등 분야를 가릴 것 없이 경쟁을 벌이고 있다.

다음은 중국과 다른 나라의 합작제작 현황을 찾아보자. 특히 최근에 와서 중국은 적극적으로 세계영화산업계에 합작 등을 통하여 시장 확대에 나선다.

나. 합작제작

2014년 7월 방한한 시진핑 중국 국가주석은 한중영화합작합의서에 서명하고 2015년 들어 몰타, 네덜란드와도 각각 영화합작합의서에 서명했다. 특히 한중 간에는 과거 연예인, 감독 등 단순 합작 형태에서 근래에 와서는 자본과 창작 등의 분야로 깊이 있고 폭넓은 합작으로 전환되고 있다는 것이 영화계의 분석이다.

중국의 주요 국가들과 정부 간 중외(中外)영화합작합의 서명 일자 순으로 그 목록을 보면 ①1987. 2. 23 캐나다 ②2007. 8. 27 호주 ③2008. 4. 10 이탈리아 ④2010. 4. 29. 프랑스 ⑤2010. 7. 7 뉴질랜드 ⑥2010. 7. 23 싱가포르 ⑦2012. 4. 17 벨기에 ⑧2014. 4. 23. 영국 ⑨

2014. 7. 3 한국 ⑩2014. 9. 18 인도 ⑪2014. 9. 25 스페인 ⑫2015. 7. 27 몰타 ⑬2015. 10. 26 네덜란드 등이다(출처: 2016 The Research Report on Chinese Film Industry p.42).

중국에서는 여러 개의 국제 또는 국내영화제가 개최되고 있는데 ① 베이징국제영화제(4월) ②상하이국제영화제(6월) ③금계백화(金鸡百花) 영화제(9월) ④실크로드국제영화제(9월)가 대표적이며 이러한 영화제에 서는 많은 영화작품들이 출품되고, 적지 않은 거래도 이루어지고 있어 영화산업계에 큰 영향을 미친다. 이러한 영화제 중에 역사가 가장 긴 것 이 2017년 20회를 맞이한 상하이국제영화제이고 베이징영화제는 7회 차이며 시안(西安)에서 개최되는 실크로드영화제는 4회째를 맞이한다. 국내 영화제로 금계백화영화제는 각 지방으로 돌아가면서 개최되는데 26회째를 맞이하며 다양한 행사도 펼쳐진다.

여기서 중국의 최근 6년간 중외합작영화 생산 현황을 보면 다음과 같다.

연도	2012	2013	2014	2015	2016	2017
합작계획편수	66	55	77	94	92	84
중국정부 심의 통과 편수	47	41	43	60	71	60
합작 대상국가 지역 수	7	7	12	13	17	21

출처: Report on Development of China's Media Industry (2018) p.73.

2015년도의 합작영화 심의통과 편수를 보면 미국 7편, 영국 3편, 홍 콩 37편, 대만 5편으로 이어지는데 홍콩, 대만을 제외한 제3국의 경우 역시 미국영화가 압도적이다.

3. 관객 동향

중국의 영화 관객을 보면 매년 엄청난 규모의 증가세를 나타내고 있다. 지난 5년간 영화 관객수 변화를 보면 중국 도시인들의 문화 향수에 대한 욕구를 가늠케한다.

〈최근 7년간 중국의 영화 관객 증가 추세〉

연도	2011	2012	2013	2014	2015	2016	2017
관객수(억 명)	3.55	4.66	6.17	8.34	12.56	13.72	16.2
증가율(%)	26.33	31.27	32.40	35.17	50.59	9.24	18.08

출처: ①2016 The Research Report on Chinese Film Industry p.3 ②Report on Development of China's Media Industry 2017 및 2018 자료 재정리.

여기서 '2016 The Research Report on Chinese Film Industry'가 2015년 12월 20일 특정 휴대폰 앱, 웹, 웨이신에 의뢰, 전국의 인터넷과 스마트폰 이용자 2,235명을 대상으로 앙케트조사를 시행토록하여 2016년 1월 2일 전수 회수한 중국의 영화관객 조사자료를 인용하고 있어, 이와 같은 인용 내용을 기초로 하여 다음과 같이 중국의 영화관객들에 대한 동향을 분석코자한다. 다만 무효 아케트를 골라낸 후 휴효분 1,996명을 기초한 것을 소개한다.

관객 성별에서는 여성관객이 57.70%로 남성의 42.30%보다 많아 여성관객들이 중국 영화티켓판매 흥행수입시장에서 적지 않은 영향을 미치는 것으로 조사되었다. 동 앙케트조사 내용을 결론부터 관객 구성을 분석, 요약하면 ①연령층에서는 22~30세 사이가 59.6%로 가장 높고

②학력수준 측면에서는 대학본과 졸업 수준의 학력 소지자가 전체의 47.10%로 가장 많으며 ③월수입 측면에서는 5,000위안(한화 약 90만 원) 이하의 관객이 전체의 76.1%를 차지하고 있어 학생층이 적지 않다는 것을 입증하고 있다. 또한 ④영화 관람방법은 영화관에서보다 인터넷을 통한 영화감상이 60.6%를 차지하고 있어 중국의 인터넷 보급률 50.3%과 네티즌 6억 8825만 명과 무관하지 않음을 증명해 보인다.⑤ 영화관람 빈도수에서는 월 1회 관람관객이 37.8%로 가장 많고 ⑥영화관람 시간대는 주말 관람이 40.4%로 가장 높으며 ⑦관객들이 바라는 적정 티켓값은 21~40위안 선이 63.6%로 영화 관람 하나만으로 경제적 부담이 너무 크지 않기를 희망하고 있는 것으로 보인다. ⑧중국 국산영화들에 대한 평가에 있어 국산영화가 상당히 발전되어 있다고 생각하는 관객이 전체 관객의 63.5%이고 국제적 수준에 이르렀다고 평가하는 관객도 8.7%에 이르고 있어 사실상 중국 국산영화에 대한 긍정적 평가가 72.2%에 달하고 있어 향후 국산영화 발전에 상당한 희망으로 작용하고 있는 것으로 분석이 가능하다. 마지막으로 ⑨국가별 영화선호도에 있어서는 역시 미국영화를 선호하는 관객이 전체 관객의 38.2%로 선두이고, 중국 국산영화에 대한 선호도는 28.9%로 2위를 차지했다. 연이어 영화 관객들에 대한 보다 깊이 있는 특성에 접근해보자.

가. 영화 관객의 연령층별 구성

영화관을 찾는 사람들은 여타 국가들과 다름없이 대체적으로 젊은층이 대세를 이룬다.

연령 층별	12세 이하	12- 15세	15- 18세	18- 22세	22- 25세	25- 30세	30- 40세	40- 50세	50세 이상
비율 (%)	0	0.5	2.5	23.0	29.9	29.7	13.2	1.0	0.4

출처: 2016 The Research Report on Chinese Film Industry p.248.

관객들의 학력수준에서는 대학 본과 졸업 정도의 학력 소지자층이 가장 많은 47.1%임을 앞서 언급했지만, 그다음이 전문대학 졸업정도의 학력 소지자층이 31.1%에 달한다. 고등학교 및 그 이하가 18.7%, 석사 및 그 이상의 학력에 해당하는 관객이 3.1%로 조사되었다. 관객들의 월수입 측면에서도 5,001~8,000위안 사이가 14.9%이고 8,001~12,000위안 사이는 6.2%, 12,001~20,000위안 사이가 1.7%, 20,000위안 이상은 1%나 되는 것으로 나타나고 있다. 영화관람 빈도수에서도 주 1회 관람이 26.3%, 수개월에 1회 관람도 22.8%이며 1주에 수차례 관람하는 관객도 4.5%, 영화를 거의 관람하지 않는다는 관객도 8.7%를 나타내고 있다.

나. 중국 국산영화에 대한 관객들의 평가와 국가별 선호도

앞서 일부 언급했듯 국산영화가 비교적 좋고 상당히 발전했다고 평가한 관객이 63.5%이고 대단히 좋고 국제적 수준이라고 평가한 관객도 8.7%에 이른다. 그러나 보통 수준으로 몇 년 전과 별 차이가 없다고 평가한 관객도 22.6%, 관객들로 하여금 인상을 갖도록 하는 작품이 적다고 대답한 관객도 5.2%나 된다.

국가별 영화선호도도 미국 다음 중국 국산영화이지만 EU 영화도 3.5%, 한국, 일본, 홍콩, 대만영화도 2.9%인데 특별하게 좋아하는 국가가 없다는 관객도 26.5%로 적지 않았다.

영화관람 시 동반자의 양상을 보면 연인과 함께가 31.0%로 가장 많고 친구와 함께가 30.2%, 가족과 함께도 23.0%로 적지 않으며 혼자 관람하는 관객도 5.0%에 이르고 있다.

다. 영화 관람 고려 요소 및 영화 정보 습득

영화를 관람하는 데 고려하고 있는 것을 보면 영화관의 음향설비 퀄리티를 가장 우선시하는 관객이 26.1%로 가장 많았고 티켓가격을 고려한 관객도 24.3%로 2위를 차지했으며 교통편의성은 21.0%, 영화관 좌석 배치, 냉난방시설 및 내부 각종시설 등의 쾌적한 편의시설을 찾는 관객도 18.2%에 이른다.

영화에 대한 정보 습득은 인터넷 온라인 접촉이 54.6%로 가장 많고 영화관에서의 예고편 19.5%, 신문·잡지·전단지 등이 2.4%, TV프로를 통해서는 5.7%로 비교적 높지 않다.

라. 국산영화와 해외수입영화 관객동원율

관객동원율에서는 외화가 국산영화에 비하여 다소 떨어지는 경향을 보인다.

〈2012~2017년간 연도별 관객동원율(%)〉

연도	2012	2013	2014	2015	2016	2017
국산영화동원율(%)	16.0	16.4	16.7	18.3	15.2	15.5
외화동원율(%)	16.3	14.3	14.0	16.0	12.7	11.9

출처: China Cultural Industries Annual Report 2018 p.140.

4. 영화 티켓판매 흥행수입

중국은 2017년의 경우 총 483편의 영화가 신규로 발행되었는데 여기에는 중국 국산영화가 385편, 해외수입영화가 98편으로 나뉜다. 2016년도의 경우는 국산영화의 극장 상영 편수는 376편이다.

〈최근 7년간 영화티켓 판매 흥행 및 해외판매수입 현황〉

연도	2011	2012	2013	2014	2015	2016	2017
티켓판매수입(억 위안)	131.15	170.73	217.69	296.39	440.69	457.10	559.11
-증가율(%)	28.93	30.18	27.51	36.15	48.69	3.72	22.32
해외판매수입(억 위안)	20.46	10.63	14.14	18.70	27.70	38.25	42.53
-증가율(%)	-41.83	-48.04	33.02	32.25	48.13	38.09	11.19

출처: ①Annual Report on Development of China's Radio, Film and Television(2014-2015) ②2016 The Research Report on Chinese Film Industry p.81 ③Report on Development of China's Media Industry 2017 p.102 ④Report on Development of China's Media Industry 2018 p.59 자료 재정리.

2015년도는 연간 총 383편이 상영되었고 2014년도에는 388편이 상영되었으며 2013년도는 총 326편의 영화가 상영되었다. 2015년의 경우를 보면 국산영화 320편과 해외수입영화 63편으로 구분된다. 여기에는 44편의 애니메이션영화가 포함되어 있는데 이들 애니메이션영화는 20.64억 위안의 티켓판매 흥행수입을 올렸다. 그리고 이 44편 중 〈西游记之圣归来〉 한 편의 티켓판매 흥행수입이 9.53억 위안으로 애니메이션영화 전체 티켓판매 흥행수입의 46.17%를 차지하는 기록적인 수입을 가져왔다. 이는 좋은 영화는 항상 관객이 많다는 시장의 논리를 반영하고 있다는 것을 보여준다.

2017년도의 경우를 보면 총 63편의 애니메이션영화가 상영되어 49.49억 위안의 티켓판매 흥행수입을 기록했다. 이 중에 중국 국산 애니메이션영화는 39편으로 티켓판매 흥행수입은 13.37억 위안인데 이는 63편 전체 애니메이션영화 티켓판매 흥행수입의 27%에 머물고 해외수입 애니메이션영화 티켓판매 흥행수입은 전체의 73%인 36.11억 위안을 기록하고 있어 중국 국산 애니메이션영화의 현주소를 알게 하는 상황이기도 하다.

중국의 영화산업시장에서 티켓판매 흥행수입과 국산영화 해외판매 수입 이외에도 TV채널을 통한 영화 방영수입도 적지 않은 것으로 알려져 있다. 물론 해외판매영화에는 합작영화도 포함이 되어 있는데 2013년의 경우 중국영화의 해외수출은 17개사가 제작한 작품 45편이었다. 이 중에는 33편의 합작영화가 포함되어 있는데 해외수출영화의 73.3%가 합작영화인 셈이다. 중국의 영화 관객들 역시 새롭고 고도의 기술을 요하는 3D나 IMAX 영화를 선호하는데 연간 어느 정도 상영되고 있는지를 파악해 보면 다음 표와 같다.

〈최근 5년간 중국 국산 3D 및 IMAX 영화 상영 편수〉

	2015년	2014년	2013년	2012년	2011년
3D영화	41	31	21	9	3
IMAX영화	20	25	5	4	2
3D·IMAX영화	14	15	3	3	-

출처: 2016 The Research Report on Chinese Film Industry p.19 자료 재정리.

2017년 말 현재 중국에는 3D 디지털 스크린 수가 4만 3,788개이고

IMAX 스크린도 443개에 이르고 있어 영화 마니아들의 기호에 호응하는 것 같다.

가. 국산영화와 해외수입영화 티켓판매 흥행수입 비교

중국의 영화 티켓판매 흥행수입을 보면 중국 국산영화와 해외수입영화의 티켓판매 흥행수입에서 2012년을 제외하고는 십여 년간 중국 국산영화 티켓판매 흥행수입이 해외영화 티켓판매 흥행수입을 앞질러 왔다. 2017년에도 중국 국산영화 티켓판매 흥행수입이 301.04억 위안으로 전체시장의 53.84%를 차지했고 해외수입영화 98편의 티켓판매 흥행수입은 258.07억 위안으로 전체 시장의 46.16%에 머물렀다. 어쨌든 자국 국산영화수입이 해외수입영화의 수입을 앞지르고 있다.

〈2011~2017년 기간 중국 국산영화와 해외수입영화 티켓판매 흥행수입 시장점유율〉

연도	2011	2012	2013	2014	2015	2016	2017
국산영화수입(억 위안)	70.31	82.73	127.67	161.55	271.36	266.63	301.04
외화수입(억 위안)	60.84	88.00	90.02	134.84	169.33	190.47	258.07
국산영화수입비율(%)	53.61	48.46	58.65	54.51	61.58	58.33	53.84

출처: ①Annual Report on Development of China's Radio, Film and Television 201 p.108 ②2016 The Research Report on Chinese Film Industry p.32 ③Report on Development of China's Media Industry 2018 p.77, 2017 p.102 자료 재정리.

그런데 편당 1억 위안 이상의 티켓판매 흥행수입을 기록하고 있는 영화도 급속하게 증가하고 있는 추세인데 이는 영화관람객 증가추세와 맞물려 있는 것으로도 분석된다. 그리고 상영되고 있는 영화도 3D나 IMAX, 또는 3D+IMAX 영화가 티켓판매 흥행수입 상위 10위를 차지하고 있는 것도 티켓판매 흥행수입과 직결되고 있다고 봐야 할 것이다.

〈12·5규획 기간 중국 내 1억 위안 이상 티켓판매 흥행수입 영화 편수 현황〉

	2015년	2014년	2013년	2012년	2011년
영화 편수	81	66	62	45	38
국산영화 편수	48	36	35	22	20

출처: ①Annual Report on Development of China's Radio, Film and Television 2014 p.92 ②Annual Report on Development of China's Radio, Film and Television 2015 p.108 ③2016 The Research Report on Chinese Film Industry p.32 자료 재정리.

2017년도 영화 티켓판매 흥행수입 1편당 1억 위안이 초과되는 영화 총 92편 중 중국 국산영화는 51편이며 1편당 티켓판매 흥행수입이 10억 위안을 넘는 영화는 총 15편으로 이 중에 중국 국산영화는 6편으로 전해졌다.

2016년도에는 1억 위안 이상 티켓판매 흥행수입을 거둔 영화는 총 84편인데 국산영화 43편과 나머지는 외화이며 티켓판매 흥행수입 10억 위안 이상을 거둔 영화도 총 9편 중에 합작영화를 포함하여 중국 국산영화가 6편에 이른다. 그러나 상영된 영화 중 티켓판매 흥행수입이 1000만 위안에도 미달되는 영화가 69%에 이르고 있어 시장의 냉정함을 방증하기도 한다.

영화 편당 1억 위안 이상의 티켓판매 흥행수입에서도 2012년도를 제외하면 모두 중국 국산영화 편수가 해외수입영화 편수를 능가한다. 따라서 중국 국산영화도 시장에서 상당한 작품성을 인정받고 있는 것으로 분석이 가능하다.

중국 국산영화의 티켓판매 흥행수입 1위를 기록한 영화를 보면

2013년 〈西游降魔篇〉이 12억 4604만 위안이었고 2014년도에는 〈心花路放〉이라는 작품이 3403만 명의 관객을 모아 11.70억 위안의 수입을 올렸으며 2015년도에 와서는 3D+IMAX 영화인 〈捉妖记〉가 24억 3893만 위안(한화 약 4390.07억 원)의 티켓판매 흥행수입을 기록하여 시장을 놀라게 했다. 2015년도의 해외수입 액션영화인 〈분노의 질주7(速度与激情7)〉도 3D+IMAX 영화로 24억 2127억 위안의 티켓판매 흥행수입을 기록함으로써 3D+IMAX 영화들의 기세가 두드러졌다. 그런데 인터넷을 통한 영화티켓 구입비율이 매년 급증하고 있으며 인터넷으로 티켓을 구입한 관객비율이 전체의 2012년 12%에서 2013년 25%, 2014년 40%, 2015년 54.8%, 2016년 1/4분기에는 무려 69.32%로 급증하다가 2017년도에는 81.7%에 이르렀다.

그러면 중국에서 제작, 생산되어 발행(배급)을 거쳐 상영이 이루어진 영화들이 연간 어느 정도의 티켓판매 흥행수입을 가져오는지 다음 표를 보자.

〈12·5규획 기간 중국 국산영화 편당 수입 구분 현황〉

	2015년	2014년	2013년	2012년	2011년
티켓판매수입총액(억 위안)	440.69	296.39	217.69	170.73	131.15
티켓판매1천 만-3천만 위안	43편	40편	27편	34편	24편
티켓판매3천 만-5천만 위안	17편	11편	8편	10편	11편
티켓판매5천 만-1억 위안	20편	18편	13편	13편	13편
티켓판매1억-5억 위안	34편	28편	26편	18편	18편
티켓판매5억-10억 위안	9편	6편	5편	2편	2편
티켓판매10억-20억 위안	4편	2편	1편	1편	-
티켓판매20억 위안 이상	1편	-	-	-	-

출처: 2016 The Research Report on Chinese Film Industry p.159.

중국은 연간평균 380편 내외의 국산영화를 상영하고 있는데 영화 티켓판매 흥행수입 1억 위안(한화 약 180억 원) 이상의 영화 편수는 2015년도의 경우 48편으로 전체 국산영화 상영 편수의 15%에 불과하다. 따라서 영화산업의 티켓판매 흥행수입이 만만치 않다는 시장의 현주소를 보여준다. 2015년도에 아예 상영하지도 못한 영화만도 366편에 이르고 있다는 현실도 이를 설명해준다. 특히 중국의 영화산업시장 수입부문에서 티켓판매 흥행수입이 영화수입 전체의 85%를 차지하고 있는 현실을 감안한다면 파생상품 개발이 절실히 요구되고 있다.

여기서 중국의 31개 성, 자치구 직할시 중 어느 지역에서의 티켓판매 흥행수입이 많은지 파악해보자.

나. 주요지역별 영화 티켓판매 흥행수입 현황

2011년부터 2017년 기간 동안의 지역별 영화 티켓판매 흥행수입 1위를 기록하고 있는 곳은 역시 광둥성이다. 그리고 TOP 10 순위에 거의 변화가 없어 비교적 경제력이 있는 지방에 영화 마니아가 많다는 것을 증명한다.

〈중국 티켓판매 흥행수입 상위 10위 지역 분포 현황〉

순위	2017년		2014년		2013년		2012년		2011년	
	지역	수입(만 위안)	지역	수입(억 위안)	지역	수입(억 위안)	지역	수입(억 위안)	지역	수입(억 위안)
1	광둥	751,638	광둥	41.43	광둥	29.69	광둥	23.71	광둥	18.65
2	장쑤	486,616	장쑤	27.96	장쑤	20.21	베이징	16.12	베이징	13.49
3	저장	412,129	저장	23.74	베이징	18.60	장쑤	15.63	상하이	11.03
4	베이징	322,015	베이징	22.89	저장	18.04	저장	13.75	장쑤	10.90

5	상하이	327,822	상하이	20.29	상하이	15.79	상하이	13.49	저장	10.14
6	쓰촨	298,094	쓰촨	15.66	쓰촨	11.36	쓰촨	8.72	쓰촨	6.71
7	후베이	247,179	후베이	14.35	후베이	10.75	후베이	8.13	후베이	5.86
8	산둥	215,462	랴오닝	11.15	랴오닝	8.28	랴오닝	6.57	랴오닝	4.85
9	랴오닝	177,066	산둥	10.95	산둥	7.55	산둥	5.75	충칭	4.29
10	허난	190,087	허난	10.58	푸젠	7.20	충칭	5.54	산둥	4.04

출처: ①Annual Report on Development of China's Radio, Film and Television 2014 p.94 ②Annual Report on Development of China's Radio, Film and Television 2015 p.111 ③2016 The Research Report on Chinese Film Industry p.162 ④Annual Report on Development of China's Radio, Film and Television 2018 p.168 자료 재정리.

그런데 해가 갈수록 영화 티켓판매 흥행수입 규모에 있어서 광둥성, 장쑤성 등 몇몇 지역으로의 쏠림현상은 변화의 조짐을 보이지 않는다. 2014년의 경우 광둥성과 장쑤성의 영화티켓판매 흥행수입이 69.39억 위안으로 영화 티켓판매 흥행수입 전체규모인 296.39억 위안의 23.41%이었던 것이 2015년도에 와서도 이 두 지역의 티켓판매 흥행수입 합계가 104.1억 위안(한화 약 1조8738억 원)으로 2015년도 티켓판매 흥행수입 총액인 440.69억 위안의 23.62%를 기록하고 있어 거의 1/4을 차지하고 있는 실정이다. 물론 광둥성은 인구나 경제적 측면에서 타지역보다 우월하며 장쑤성과 더불어 경제적으로 비교적 부유한 계층이 많아 문화향수층이 늘어난 것도 한 요인이 될 것이다.

그리고 2015년의 경우 16개 성, 자치구, 직할시의 영화 티켓판매 흥행수입 규모가 10억 위안 이상을 기록하고 있어 중국인들의 영화관람이 전 지역으로 보편화되고 있음을 보여주고 있다.

다. 주요도시별 티켓판매 흥행수입 동향

2017년도 중국의 주요 도시 급별 영화 티켓판매 흥행수입 동향을 살펴보면 베이징, 상하이, 광저우 등 1선 대도시는 2016년도에 비하여 17.7%에서 16.9%로 내려갔고 2선 대도시인 성 수도와 일부 부성급(副省級) 대도시도 2016년 43.2%에서 2017년 42.8%로 다소 줄어들었으나 3선의 중소도시는 2016년 38.9%에서 2017년 40.3%로 늘어났다.

중국에서 영화시장을 분석할 때 대체적으로 정치, 경제, 문화중심도시를 1급 도시로 분류하는데 ①베이징 ②상하이 ③광저우 ④선전 등 이들 4개 도시로 하고 성의 수도, 직할시, 경제가 비교적 발달된 도시, 경제특구를 기준으로 하는 50개 도시를 2급류 도시로 한정하고 있다. 특히 이들 50개 도시는 2014년 영화 티켓판매 흥행수입 상위 50위를 근거로 하고 있다. 다음은 1급, 2급 도시를 제외한 606개 도시를 3급 및 그 이하로 기준으로 삼고 있다.

〈12규획 기간 도시급별 영화 티켓판매 흥행수입 현황〉

연도	2015년	2014년	2013년	2012년	2011년
1선 대도시수입(억 위안)	97.50	68.23	52.56	48.71	43.03
2선 대도시수입(억 위안)	181.40	154.81	114.89	89.41	67.51
3선 및 그 이하(억 위안)	161.79	73.35	50.24	32.61	20.61
합계(억 위안)	440.69	296.39	217.69	170.73	131.15

출처: 2016 The Research Report on Chinese Film Industry p.168 자료 재정리.

역대 2급류 50개 도시의 영화 티켓판매 흥행수입을 보면 전체 티켓판매 흥행수입의 50%를 점하고 있었는데 2015년에 와서는 41.5%로 하강하면서 3급류 및 그 이하의 소도시 티켓판매 흥행수입이 2014년 24.7%에서 2015년 36.7%로 대폭 상승한 것으로 조사되었다. 이는 중국의 도시화 추진의 영향을 받은 것으로 보이며, 2014년도의 전국적인 도시화 비율(城鎭化率) 57%가 이를 말해 준다. 그리고 2015년 전국에 현급 소재 영화관이 3,241개, 스크린도 1만 2,777개에 이르고 있는 것과 무관치 않다.

중국의 영화관객들은 어느 명절이나 기념일에 영화를 많이 보고 있는지 보면 다음 표와 같다.

〈2015년 중국의 주요기념일 및 명절기간 영화 티켓판매 흥행수입 현황〉

구분	기간	티켓판매액(억 위안)	관객수(만 명)	구분	기간	티켓판매액(억 위안)	관객수(만 명)
원단	1.1-1.3	4.58	1227	발렌타인데이	2.14	2.18	564
청명절	4.4-4.6	5.20	1516	칠석(七夕)	8.20	2.34	693
부녀절	3.8	1.74	480	설날(春节)	2.18-2.24	18.20	4635
단오절	6.20-6.22	5.99	1638	국경일	10.1-10.7	18.65	5700
5·1 노동절	5.1-5.3	6.30	1750	추석(仲秋节)	9.25-9.27	8.32	2540

출처: 2016 The Research Report on Chinese Film Industry 자료 재정리.

역시 중국의 국경일과 설날에 영화를 관람하는 사람이 많고 국내외 관광객도 이 시기에 가장 많은 것으로 나타나고 있다. 설날과 국경일 기간에 하루 평균 티켓판매 흥행수입이 2.60억 위안(한화 약 468억 원)을 각각 기록하고 있다.

라. 해외수입영화 시장 동향

2015년도의 경우를 보면 중국 국내에서 상영된 해외수입영화 63편 중 미국의 영화제작사가 단독으로 제작, 생산한 영화가 30편으로 가장 많고 미국과 중국, 영국, 또는 제3국과의 합작영화를 포함하면 미국영화는 총 43편에 이르고 있어 중국 대륙 내에서 가장 각광받고 있는 해외수입영화는 단연 미국영화라 해도 틀린 말이 아니다. 더욱이 해외수입영화 티켓판매 흥행수입 상위 10위가 모두 미국영화다.

그 밖에 국가별 상영된 영화는 한국, 일본, 영국, 인도, 프랑스, 러시아가 각각 2편에 이르고 호주, 이탈리아, 벨기에는 각각 1편씩 상영되었다. 나머지는 프랑스, 중국, 벨기에 합작품 1편, 영국, 프랑스 합작품 2편, 프랑스, 브라질 합작품 1편, 그리고 영국, 프랑스, 스페인 합작품이 1편이다.

그런데 이웃 나라 일본영화의 중국 내 상영의 경우, 2편 중 1편은 애니메이션 3D디지털영화 〈哆啦A梦: 伴我同行〉으로 이 영화는 64만 8800회 상영에 15,452,000명의 관객확보로 5억 3570만 위안(한화 약 964억 원)의 티켓판매 흥행수입을 기록하여 흥행수입 순위 11위를 기록했다. 한국영화의 경우 42위를 기록한 액션 디지털영화 〈암살〉이 11만 1,000회 상영에 1,424,600명의 관객을 확보하여 4438만 위안(한화 약 79억 8840만 원)의 티켓판매 흥행수입을 올렸고, 또 다른 영화 〈두근두근 내 인생(扑通扑通我的人生)〉은 55위로 36,400회 상영에 18만 2,500명의 관객을 확보하여 티켓판매 흥행수입 552만 위안(한화 약 9억 9360만 원)을 기록하고 있어 일본을 비롯한 다른 국가들의 영화상영 및 티켓판매 흥행수입과 비교된다.

이 밖에 영화 티켓판매 흥행수입을 위하여 소요되는 경비도 만만치 않은데 2013년도에는 28억 위안으로 티켓판매 흥행수입 총액 217.69억 위안의 12.86%를 지불했고 2014년도에는 36억 위안이 소요되어 티켓판매 흥행수입 총액의 12.15%를 지불했다. 그리고 2015년도에 와서는 45억 위안을 지불함으로써 티켓판매 흥행수입 총액의 10.21%로 다소 완화되었다. 다음으로 중국의 영화관 체인 운영과 이들의 활동을 파악하면 중국 영화산업시장의 메커니즘을 이해하는 데 도움이 될 것이다.

5. 영화관 체인 운영

중국의 영화관과 스크린 수는 매년 급증세를 보인다. 주민들의 수입이 증가하고 문화예술에 대한 향수층이 확대된 결과가 아닌가 생각된다.
그러면 여기서 지난 7년간의 영화관과 스크린 수의 변화 추이를 살펴보자.

〈2011~2017년 기간 중국의 영화관 및 스크린 증가 현황〉

연도	2011	2012	2013	2014	2015	2016	2017
영화관 수	-	3,095	4,143	5,158	6,320	7,985	9,504
영화관체인 수	39	45	45	47	48	48	49
스크린 수	9,286	13,118	18,195	23,592	31,627	41,179	50,776

출처: ①Annual Report on Development of China's Radio, Film and Television 2015 p.113 ②Annual Report on Development of China's Film and Television 2014 p.95 ③2016 The Research Report on Chinese Film Industry p.192 ④Report on Development of china's Media Industry 2018 p.12/p.75 자료 재정리.

21세기 중국문화산업시장의 이해

중국의 영화 티켓판매 시장은 이렇게 영화관 체인으로 다양한 형태의 비용을 절감하면서 흥행수입을 거두고 있다. 여기서 영화관 체인 중 상위 10위 회사들의 2017년도 실적들을 살펴보자.

⟨2017년 중국의 영화 체인관의 티켓판매 흥행수입 상위 10위 분포⟩

순위	영화체인관명	티켓판매 수입 (만 위안)	영화관 수	스크린 수	상영회수(만)	관람객 수(만 명)
1	万达	686,762	451	4,081	700.85	18,194
2	广东大地	448,947	928	5,197	917.47	14,957
3	上海联和	424,433	489	3,056	473.23	12,290
4	中影南方新干线	382,072	661	3,793	703.61	11,766
5	中影数字	379,428	727	4,312	781.13	12,218
6	中影星美	371,911	490	3,039	548.81	11,281
7	广州金逸珠江	281,867	336	1,990	356.59	8,542
8	浙江横店	227,181	340	2,066	430.38	7,576
9	华夏聯合	176,521	343	1,897	350.45	5,727
10	江苏幸福览海	168,959	249	1,489	274.48	5,466

출처: Annual Report on Development of China's Radio, Film and Television 2018 p.170.

대체적으로 영화산업시장에서 티켓판매 흥행수입 상위그룹은 순위가 크게 흔들리지 않는다.

그러면 다시 중국의 개별 영화관들은 대체로 연간 티켓판매 흥행수입에서 얼마를 벌어들이고 있는지 파악해보면 다음 표와 같다.

〈2014년 전국 도시 영화관 500만 위안 이상 티켓판매 흥행수입 현황〉

구분	영화관 수	티켓판매 흥행수입(만 위안)
5,000만 위안 이상	37	229,199
3,000만~5,000만 위안	128	484,180
2,000만~3,000만 위안	200	479,803
1,000만~2,000만 위안	605	844,070
500만~1,000만 위안	696	503,664
합계	1,666	2,540,916

출처: Annual Report on Development of China's Radio, Film and Television 2015 p.114.

중국의 2014년도 전체 영화관 수가 5,158개인 것을 감안하면 연간 수입이 500만 위안(한화 약 9억 원) 이상의 티켓을 판매하여 흥행수입을 기록한 영화관은 1,666개로 전체의 32.3%에 불과하다. 나머지 3,492개의 영화관은 티켓판매 흥행수입 면에서 고전하고 있는 것으로 분석이 가능하다. 왜냐하면 연간 티켓판매 흥행수입 500만 위안 이상을 기록하고 있는 영화관 1,666개가 티켓판매 흥행수입을 당해연도 총액인 296.39억 위안의 85.73%인 254.0916억 위안을 확보하고 있어 나머지 3,492개의 영화관이 연간 티켓판매 흥행수입액은 초라하기 그지없어 보인다. 2015년 말 기준 전국의 현급 도시 2,116개 중에 디지털영화로 알려져 있으나 아직도 지방의 소도시 관객수는 중·대형 도시보다는 다소 떨어진 상황이다.

한편 중국의 영화티켓 판매회사들이 적지 않은 편인데 대표적인 회사 16개사를 보면 ①猫眼电影 ②淘宝电影 ③格瓦拉 ④大众占评罔 ⑤微票儿 ⑥百度糯米 ⑦时光罔 ⑧罔易电影 ⑨去哪儿 ⑩抠电影 ⑪E票罔

⑫VC电影 ⑬囷票囷 ⑭拉手囷 ⑮卖座囷 ⑯天下票仓 등이 비교적 영업을 활발하게 전개하고 있다.

6. 중국영화의 해외 진출

가. 중국자본의 해외투자 동향

2015년은 중국의 자본과 인력, 상품들의 해외진출이 비교적 두드러진 해이다. 2015년 3월 博纳影业集团은 미국 Studio 8 및 Sony 영화사에 투자하고, 같은 해 3월 22일에는 中信国安国际影视特效产业基地는 미국영화투자그룹(Film Financial Services)과 3D영화 합작 및 향후 5편의 합작영화 제작을 비롯하여 인력 양성 공동 추진을 시작했다.

같은 해 4월 1일에는 민영기업인 华谊兄弟가 미국STX Entertainment사와 2017년 12월 31일까지 18편의 합작영화 제작에 합의했으며 4월 17일에는 국영기업 中影股份이 미국의 워너(华纳)Entertainment사와 영화파생상품 생산 내용이 담긴 의향서에 서명했다. 같은 해 5월에도 중국의 亚太未来사가 미국의 Symbolic Exchange사와 전 세계 독점 전략합작 등을 담고 있는 합의서를 체결한 것으로도 알려져 있다. 2015년 7월 万达影业는 영화 〈철권(铁拳)〉에 처음 투자하고, 같은 해 11월 博纳影业集团이 미국의 TSG오락금융유한공사와 TSG Entertainment사에 2.35억 달러를 투자했으며 이 밖에도 적지 않은 영화사들이 미국의 주요 영화 관련업체들과 여러 가지 방향에서 합작의향서를 체결한 것으로 전해진다(출처: 2016 The Research Report on Chinese Film

Industry). 2014년도에도 마찬가지로 중국 국내자본이 해외영화사에 영화제작 및 관련 상품 개발에 적지 않게 참여해왔다. 같은 해 2월 바이두는 미국영화제작사 Aquamen Entertainment에 4000만 달러의 자금을 투자하면서 3D애니메이션 영화 〈悟空〉을 제작하기로 하였고 6월에는 復星集團이 헐리우드 영화사인 Studio 8에 약 2억 달러를 투자했는데 이는 당시 해외영화 제작 영역에서 최대의 투자였다는 것이 시장의 전언이다.

2015년 1월에 들어와서는 중국의 전광전매(电广电媒)와 미국 Lions Gate Entertainment Corp(狮门影业)는 쌍방이 향후 3년간 영화제작, 발행, 파생상품 개발운영 등에 15억 달러 투자를 계약했다. 텅쉰도 미국의 디즈니사와 계약을 체결했는데 디즈니 산하의 영화 〈復九者聯盟〉을 멀티 인터넷게임으로 범엔터테인먼트 합작개발품을 진행했다. 그리고 中影股份과 미국의 Legendary Pictures사는 영화 〈창청(长城)〉 합작제작에 서명하고 中影이 8000만 달러를 투자하기로 했고 乐视엔터테인먼트도 미국 '헐리우드영화시각 지적재산배발공사'와 Legendary Pictures사를 설립하여 영화 〈敢死队〉에 투자하기로 하는 등 미국과의 끊임없는 합작이 이어져 오고 있는 것이 하나의 특징이라고 전문가들은 지적한다. 어쨌든 중국의 해외영화 제작에 상당한 관심과 투자가 이루어지고 있는 것만은 사실인 것 같다.

지난 6년간 중국이 자국영화를 통하여 해외에서 벌어들인 돈이 얼마나 되고 해외로부터 수입한 외국영화들이 중국 국내에서 티켓을 팔아 흥행수입을 얼마나 거두었는지 비교하여 보면 다음 표와 같은데, 역조현상이 심각하다.

〈최근 6년간 중국의 영화 분야 교역 역조현상 현황〉

연도	2011년	2012년	2013년	2014년	2015년	2016년
해외수입영화 티켓판매 국내수입(억 위안)	60.94	88.78	90.02	134.84	169.33	190.49
중국국산영화 해외판매수입(억 위안)	20.46	10.63	14.14	18.7	27.7	38.25
차액(억 위안)	40.38	78.15	75.88	116.14	141.63	152.24

출처: China Cultural Industries Annual Report 2017 p.259.

나. 중국영화 해외 소개 활동

중국 역시 여타 국가들과 다름없이 자국영화제의 해외개최와 해외에서 개최되는 국제영화제에 적극적으로 참여하고 있는 것으로 보인다.

〈중국영화제 해외 개최 및 국제영화제 중국 참가 활동 실적〉

	해외 개최 중국영화제	해외 개최 국제영화제 중국 참가 활동
2013년	48개 국가 및 홍콩, 마카오, 대만에서 연 113회 영화제 개최, 연 951편 상영	27개 국가 및 홍콩, 마카오, 대만에서 개최한 76개 국제영화제에 연 429편의 작품 출품, 이 중 22개 영화제에서 86편의 작품으로 연 116개 각종 상 수상
2014년	44개 국가 및 홍콩, 마카오, 대만에서 연 65회 영화제 개최, 연 452편 상영(합작포함)	29개 국가 및 홍콩, 마카오, 대만에서 개최한 99개 국제영화제에 연 345편 작품출품 이 중 22개 영화제에서 70편의 작품으로 연 117개 각종 상 수상

출처: ①Annual Report on Development of China's Radio, Film and Television 2014 p.101 ②Annual Report on Development of China's Radio, Film and Television 2015 p.126 ③Annual Report on Development of China's Radio, Film and Television 2016 p. 자료 재정리.

이러한 정례적인 국제영화제 참가와 해외에서의 중국영화제 개최 이외에도 다양한 방법으로 자국영화의 해외소개 활동을 전개하고 있다.

2013년도에는 중국의 '영화 위성채널 프로그램제작 중심'이 아프리

카 31개 국가의 주류 TV매체와 중국영화 방송합의서에 서명하고 이를 진행하고 있다. 그리고 중국 내에서 개최하는 국제영화제를 최대한 활용하여 자국의 영화산업 발전을 꾀하고 있는데 매년 4월에 개최하고 있는 베이징국제영화제, 매년 6월에 개최되는 상하이국제영화제, 그리고 2014년 9월 처음 시안(西安)에서 개최한 '실크로드 국제영화제'가 대표적이다.

또한 해외에서 중국의 영화제 개최는 상대국과의 국교수교 기념일 등에 맞춰 진행함으로써 최대의 홍보효과를 올리고 있는데 2015년 9월 10~30일간 포르투갈 리스본에서 개최된 제1회 중국영화제는 양국 간 전면적 전략적 협력동반자 관계건립 10주년 계기 중점 문화행사의 일환으로 개최되었고, 같은 해 10월 15~16일간 런던에서 개최된 중국영화제와 10월 19일 에딘버러에서 열린 '중국영화의 날' 행사도 적지 않은 성공을 거둔 것으로 알려져 있다. 또한 같은 해 11월 4일에는 스웨덴에서 중·스웨덴 수교 65주년 기념 주요문화행사의 일환으로 중국영화제가 개최되어 주목을 받았다고 전해진다.

다음은 최근 중국 영화의 발전을 위해 중국 정부가 다양하게 펼치고 있는 정책들을 간단하게 살펴보자.

7. 최근의 주요정책

앞 장에서 잠깐 언급했듯 2015년 2월 11일 재정부와 국가신문출판광전총국은 '현급 도시 영화관 건설 보조금 신청과 관리공작에 관한 보

21세기 중국문화산업시장의 이해

충통지'를 공포·시행하는 것을 비롯하여, 같은 해 7월 8일 중국영화발행(배급)방영협회와 중국영화제작자협회 공동으로 '영화티켓경영판매규범'을 공포·시행하는 등 영화산업 및 이와 관련된 문화산업 분야의 다양한 정책들을 연이어 시행하고 있다. 여기서 지난 3년간 진행되어온 영화산업 관련 주요정책 몇 가지를 소개한다.

가. 세수우대정책 지속 시행

2013년 5월 재정부와 국가세무총국은 교통운수업과 일부 현대서비스 영업세 징수 부가세 대상 확대와 관련하여 세수정책을 발표했는데 문화기업에 대하여도 영업세에 대한 부가세도 조정했다. 그 주요내용을 보면 문화창의산업의 세 부담이 최고 60%까지 경감되는 내용을 담고 있다. 같은 해 국무원상무회의에서 8월 1일부터 소형미니기업(小微企业) 중 월 판매액이 2만 위안 이하의 소액납세자 및 영업세 납세자에 대하여 잠정적으로 영업세와 부가를 면제하기로 결정했다. 문화기업의 85% 내외가 소형미니기업인 상황을 감안하면, 문화기업들의 발전을 위한 배려책이 아닐까 생각된다.

2014년 11월 27일 재정부, 해관총서(海关总署), 국가세무총국이 공동으로 '문화기업 발전 지원 세수정책 지속 실시에 관한 통지'를 공포했는데 동 통지문에는 영화제작기업의 영화프린트 판매에 대하여 판권양도취득수입과 영화발행(배급)기업이 취득한 발행(배급)수입 및 영화상영 기업의 농촌상영수입에 대한 부가세를 2014년 1일 1일부터 2018년 12월 31일까지 면제하고 국가 중점 격려 문화상품 수출에 대해서도 부가세 세율을 0%로 조정하고, 영업세도 면제토록 했다. 이 밖에도 상업적인 문화산업단위가 기업형으로 전환한 후에는 일정기간 기업소득세를 면제토록 했다.

2014년 12월에도 재정부는 '소형미니기업 관련 정부기금징수 면제에 관한 통지'를 공포, 소형미니기업에 대하여는 중앙에서 설치한 42개 항목의 행정사업적 성격의 비용징수를 면제키로 하면서 소형미니기업들의 발전을 도모하고 있다.

나. 영화전용자금 증가와 지방영화관 건립 지원 확대

중국은 매년 영화 티켓판매 흥행수입이 증가함에 따라 이에 부가되는 영화전용자금징수액도 지속적으로 늘어나는데 2013년도의 영화전용자금 징수액이 2012년도보다 41.9%가 증가한 10.94억 위안에 이르렀다. 2012년도보다 금액으로 보면 3.2억 위안이 늘어난 것이다. 이렇게 징수된 자금은 영화산업 육성에 다양한 항목으로 보조가 된다.

〈2013년도 영화 전용자금 주요 배분 목록〉

순서	전용자금 사용항목	보조금 지급액(만 위안)
1	각성(各省)에 전용자금 반환(환급)	43279
2	신규 영화관 건립 선 집행 후 반환	23870
3	영화관 디지털 방영 설비장치 지원	18780
4	국산 고신기술 방식 영화 보조	4715
5	영화관 개조,국산영화 방영장려금,소수민족어 더빙보조 등	9084
6	현급 도시 디지털영화관 건립	20540
계		120268

출처: Annual Report on Development of China's Radio, Film and Television 2014 p.105.

21세기 중국문화산업시장의 이해

상기 표에서 영화관 건립보조는 전국의 2,837개 영화관에 지원되었고 디지털영화관 건립보조도 1,514개 영화관이 대상이었다.

뿐만 아니라 2014년 5월 31일 재정부, 국가발전개혁위원회, 국토자원부, 주택과 도농건설부, 국가신문출판광전총국, 인민은행, 국가세무총국 등 7개 부위(部委)는 '영화 발전을 위한 약간의 경제 지원에 관한 통지'를 하달하면서 매년 1억 위안의 자금을 배분하여 5~10편의 영향력 있고 소재가 중요한 영화를 중점 지원토록 했다. 이 밖에도 국가신문출판광전총국은 연간 1500만 위안으로 국산영화 창작시나리오에 지원을 지속하고 있다.

그리고 재정부는 2014년도에 문화산업발전전용자금 50억 위안을 내려 보냈으며 동시에 국가는 6개 국영영화제작기지에 3억 위안을 지원하여 영화산업 발전을 꾀하도록 했다.

다. 국산영화 속지(屬地)심사제도 도입 시행

2014년 2월 18일 국가신문출판광전총국은 '국산영화 속지심사시험 시행에 관한 통지'를 공포하고 2014년 4월 1일부터 중대한 혁명을 소재로 한 영화와 중대한 역사를 소재로 한 영화, 그리고 중대한 문헌에 근거한 기록영화 및 중외(中外) 합작영화 촬영을 제외하고 전국에서 국산영화 속지심사를 시험, 시행토록 했다. 다시 말해 이는 전국의 각성 방송영화텔레비전부문이 당해 행정구역 내 소속 영화제작단위가 촬영, 제작하는 각종 영화류를 심사토록 하는 제도이며, 국가신문출판광전총국은 거시적으로 지도와 관리·감독을 책임지도록 하는 제도이다.

8. 맺는말

2015년 12월 문화부, 国家新闻出版广电总局 등 7개 부위는 '십삼오 규획 기간(2016~2020년) 빈곤지구 공공문화서비스체계건설 규획 강요'를 시행하면서 2020년까지 빈곤지구 공공문화서비스 능력과 수준을 현저하게 개선토록 요구하고 군중들의 기본적인 문화 권익을 보장토록 하는 등 끊임없는 영화산업의 발전을 위한 각종 정책들을 시행한다.

2014년에 와서는 인터넷회사들의 자본이 기업활동 영역을 뛰어넘어 영화산업에까지 진입한 것이 하나의 특징이다. 소위 BAT로 대표되는 중국의 인터넷 거두들은 자본 운영에서부터 영업전략합작 등에 이르기까지 다방면으로 심도 있는 영화산업에 첫발을 내딛었다. 이들 기업들은 풍부한 자본을 통해 투자, M&A, 전략적 합작 영화제작사에 직접투자를 진행한다.

2014년 3월 알리바바는 62.44억 달러(홍콩)를 투자하여 文化中国传播集团 주식 59.32%를 매입하고 회사 명칭을 '阿里影业'로 개칭하고 '浙江横店影视产业实验区'와는 影视公司 설립에 공동투자하기로 의향서에 서명하기도 했다. 2014년 11월에는 알리바바와 Tencent(腾讯) 양 사가 인터넷기업 平安资产管理公司와 中信建设公司 공동으로 华谊兄弟에 36억 위안을 투자하여 영상드라마 제작에 사용토록 했다는 게 시장의 분석이다.

2014년 12월 奇虎360과 光线传媒도 합작회사를 설립하여 영화 위주의 인터넷동영상 영업활동을 하였고 2015년 3월 알리바바는 다시 25억 위안을 光线传媒에 투자하여 주식을 늘렸다. 바이두(百度) 역시

2014년 7월 '爱奇艺影业'를 설립하여 영화산업 무대에서 활동할 발판을 마련했다.

2014년도에는 영화산업에 대한 투융자도 성행했는데 2014년 12월 23일까지의 2014년도 중국 국내회사에서 169건의 M&A가 일어났는데 이 중에 영화를 비롯한 영상 분야 업종이 61건이며 관련된 금액만도 1600억 위안에 이르는 것으로 전문가들은 분석했다. 한편 민생은행과 중국수출입은행 저장분점(浙江分行)의 영화업 투자도 하나의 특징이다.

2015년 1월 22일 영화계 거두 완다(万达)영화관 체인이 증시에 상장되었고, 같은 해 1월 30일에는 唐德影视도 증시 A군에 입성했다.

어쨌든 중국의 영화산업시장은 발전할 수 있는 공간이 아직도 대단히 방대하여 국민들의 경제적 발달에 따른 수입이 크게 늘어남에 따라 문화향수층도 급격하게 증가하고 있는 등 여러 가지 환경이 중국영화산업의 발전을 밝게 하고 있는 것으로 분석된다.

5장

음악산업시장

중국의 음악산업시장은 국토면적과 인구수에 비례하여 음악산업도 급속하게 확대·발전하는 것으로 이해된다. 2017년 말 중국의 인구수는 13억 9008만 명인데 이 중에 도시인구는 계속 증가하여 전체인구의 58.52%인 8억 1347만 명이다. 이들 중 5.48억 명이 인터넷음악 이용자로 2016년도보다 8.9%가 늘었다. 또한 디지털음악 이용자 규모도 5.23억 명에 이른다. 역시 중국의 음악시장도 '인터넷+'시대의 산업적 연결고리로 재편성을 피할 수 없이 O2O(온라인 기반 오프라인서비스, Online to Offline)의 동시진행이 일반화되고 있다.

　중국의 음악 분야 전문가들은 자국 음악산업시장 구성을 대체적으로 3가지 방향으로 구분한다. 음악산업시장의 핵심을 이루고 있는 음반(唱片), 음악저작권(版权), 디지털음악, 음악공연, 음악도서시장을 시장의 주된 핵심 분야로 보고 음악작품의 소비, 서비스, 제조를 위주로 하는 악기, 전문음향(专业音响), 음악교육훈련시장을 음악산업 관련(相关)시장으로 구분하며 나머지 영상드라마(影视剧)음악, 게임음악, 애니메이션음악, 국가음악산업기지, 음악순위차트, 음악의 대외교류 등을 계속 확산시킬 수 있는 분야로 확장부문으로 분류하고 있다.

　이러한 중국의 음악산업시장은 워낙 커 저작권만 확보된다면 황금알을 낳을 수 있는 사회·경제적 환경을 갖추고 있다고 보면 될 것 같다.

2015년도에는 중국의 인터넷문화기업의 거두들인 알리바바, 텅쉰 등이 막강한 자본력을 바탕으로 음악산업시장에 투자를 본격 진행하면서 뮤직IP 구입 열의로 이어졌고 동시에 음악산업 분야의 인수·합병과 구조조정을 비롯하여 융자 확대로 이어졌다. 또한 과학기술의 발달로 음악산업도 스마트화되고 전통음악산업과의 경계가 허물어져 융복합을 꾀하며 음악산업 발전을 위한 리모델링이 지속적으로 진행되고 있다. 특히 2018년도에 들어와서 중국 음악산업시장에서 투융자가 고조되는 시기를 맞이하고 있어 눈길을 끈다.

2018년 6월 타이허(太合)음악집단이 증시에서 10억 위안의 새로운 자금을 조달하고 같은 해 11월에는 왕이클라우드음악(网易云音乐)이 7억 달러를 융통하는 데 성공을 거둔다. 다시 같은 해 12월 12일에는 텅쉰음악오락집단(腾讯音乐娱乐集团)이 미국 뉴욕 증권거래소 상장에 성공을 거둔 일들이 순조롭게 진행되었는데, 이를 두고 시장의 평가가 후하다.

2017년 5월에는 '국가 13·5시기 문화발전개혁규획강요'를 공포하면서 중국의 음악산업 발전 공정을 중요한 위치에 둠으로써 음악산업 발전에 더욱 힘을 갖게 했다. 2018년 1월에는 베이징, 상하이, 광저우, 청두에 이어 저장성 시아오산(萧山)에 다섯 번째로 국가 음악산업기지를 비준했다. 또한 전국 주요 지역에 정부 지원하의 음악항구(音乐港), 음악성(音乐城), 음악 특색의 작은 도시(小镇) 등을 건설하여 음악결집구역 건설을 추진하고 있다.

중국문화산업 분야 중 아직까지 다른 부문보다 덜 알려진 음악산업시장에 대하여 최근 5년간의 각종 데이터에 근거하여 이를 분석, 이해를 돕고자 한다.

1. 음악산업시장 구성과 규모

2017년 말 기준으로 중국의 음악산업시장 규모는 3470.94억 위안 (한화 약 59조 59억 8천만 원)에 이른다. 2012년 2518.18억 위안(한화 약 42조 8090억 6천만 원)이었던 규모가 5년 만에 952.76억 위안(한화 약 16 조 1969억 2천만 원)이 늘어난 셈이다. 다만 여기서 한화(韩货)로의 환산 은 1위안=170원으로 계산한 것이다.

〈중국의 최근 5년간 음악산업시장 총 규모(단위: 억 위안) 비교〉

구 분	세부시장별	2013년	2014년	2015년	2016년	2017년
핵심 시장	음반	6.5	6.15	5.59	3.51	3.13
	음악공연	140	143	150	160	176.85
	음악저작권 경영 · 관리	2.54	2.76	3.25	3.67	4.04
	디지털음악	440.7	491.2	498.18	529.26	580.6
	음악도서출판	7	7.5	8.3	7.54	8.04
연관 시장	악기(乐器)	280.92	322.81	370.81	392.33	406.61
	음악교육훈련	577	643.8	666	757	792
	전문음향 (Pro-Sound)	375.9	391	419.46	463	519.3
확장 시장	Radio · TV음악	34	38.4	44.96	61.27	73.72
	가라오케	852	800	846	869	900
	드라마 · 게임 애니메이션음악	-	4.88	5.64	6.64	6.65
합계		2,716.59	2,851.5	3,018.9	3,253.22	3,470.94
증가율(%)		7.88	4.96	5.87	7.76	6.69

출처: ①中國音樂産業發展報告 2014(2015.3) p.14, 2015(2016.7) p.13, 2016(2017.7) p.13 ②中國音樂産 業發展報告 2017 p.1, p.7 ③2018 China Cultural Industries Annual Report p.45 ④中國經濟日報-中 國經濟罔(2018.12.19 17:39) ⑤中國知識産權資訊罔(2018.12.19 15:43) 자료 재정리.

위 표에서와 같이 유독 음반시장만 마이너스 성장을 기록하고 있다. 이는 인터넷 등 뉴미디어의 발달 등으로 음반을 찾는 사람들이 계속 줄어드는 요인이 대세를 이루고 있지만 시중에 범람하고 있는 해적판도 하나의 원인을 제공하고 있는 것으로도 보인다.

정판(精版/正版)과 해적판을 판매상에서 함께 판매하고 있는 중국의 어느 상점 주인이 해적판을 많이 판매해야 이윤이 남는다고 언급한 내용이 전혀 근거 없는 얘기가 아닌 것 같기도 하다.

여기서 음악산업시장의 규모가 중국 문화산업의 전체 규모에서 점점 비중이 높아지고 있는데 2015년도에는 8%에 이른다. 그러나 성장성이 높은데도 불구하고 8%내외에서 머문다. 이는 음악이용자들이 아직까지는 유료보다 무료로 많이 이용하는 시장의 특수성과도 무관하지 않다고 봐야 한다.

〈중국 문화산업시장 규모 전체에 대한 음악산업시장 및 여타 산업시장의 비중〉

		신문출판	광고	방송영화·TV	예술품	음악	애니메이션	인터넷게임	연예(演艺)
2013년	비중(%)	52	13	11	10	8	3	2	1
	금액(단위: 억 위안)	18964.242	4885	3813.4	38000	2716.56	911.92	891.6	463
2014년	비중(%)	54	15	11	2	7	7	3	1
2015년	비중(%)	56	16	12	1	8	3	3	1

출처: ①中國音樂産業發展報告 2014 p.15 ②中國音樂産業發展報告 2015 p.14 ③中國音樂産業發展報告 2016 p.9 자료 재정리.

음악산업시장에서 가장 중요한 핵심시장으로 구성되고 있는 세 항

중에 디지털음악 분야의 시장성이 가장 큰 비중을 차지한다.

Streaming Media(流媒体)가 음악공연시장에 이미 깊숙하게 진입해 원스톱서비스플랫폼을 제공하고 있고 '인터넷+'시대의 음악공연산업 연결고리인 체인화가 재편성되고 있는 형국이다.

2016년 12월 30일 상하이에서 개최된 중국의 저명가수 왕페이(王菲)의 콘서트 '2016幻乐一场'의 1매당 티켓값이 1,800위안에서부터 7,800위안에 이르렀던 현상은 여타 국가들의 현상과 별반 다를 것이 없다. 특히 암표 값은 이보다 훨씬 비싼 값으로 거래되어 경찰의 단속이 이루어졌다는 것을 보면 더욱 그렇다.

2. 음악소비시장

현재 중국의 음악산업시장에서의 영리모델은 대체로 두 가지로 설명 될 수 있는데, 하나는 저렴하거나 심지어 무료음악상품을 제공하여 관객을 끌어들여 2차로 이익을 창출해내는 방법과, 또 다른 하나는 음악 전문 마니아층에 맞춤형 유료음악서비스를 제공하여 이익을 확보하는 방법이다.

디지털음악의 소비자들은 매년 증가하고 있으며 유료나 무료에 관계 없이 음악 애호가들이 계속 증가하고 있어 음악산업의 전망을 밝게 한다.

	2011	2012	2013	2014	2015	2016	2017
이용자 규모(만 명)	38585	43586	45312	47807	50137	50300	52300
이용자 증가율(%)	6.54	12.96	3.96	5.51	4.87	0.33	3.97
이용자 삼투율 (滲透率/%)	75.20	77.28	73.37	73.69	72.85	.	66.4

출처: ①中國音樂産業發展報告 2015 p.17, 2016 p.11 ②China Cultural Industries Annual Report 2017 p.2 ③Annual Report On Digital Publishing Industry in China 2017-2018 p.21 ④中國音樂産業發展總報告(2018.12.19/中國傳媒大學音樂与錄音藝術學院) 자료 재정리.

네티즌 총 숫자에 따른 삼투율이 낮아지는 이유는 매년 5천여만 명 내외의 새로운 네티즌이 증가하고 있기 때문이다. 중국은 인터넷 보급률이 아직도 55.8%에 머물고 있어 디지털음악 이용자가 늘어날 수 있는 공간은 충분하다.

2017년 말 중국의 디지털음악산업시장을 잠시 들여다보면 규모는 앞서 기술했듯 580억 6천만 위안으로 전년동기대비 9.6%가 늘었다. 여기에는 PC단말기와 모바일단말기의 음악 총 생산액이 180억 위안, 컬러링, 진동소리 등의 통신(전신)음악 부가가치 400억 6천만 위안이 포함되어 있는 수치다. 디지털음악 이용자 규모는 5억 2300만 명에 이르고 있으나 유료화된 구독비율은 단지 4% 내외에 불과하다. 그러나 미래 전망은 밝다고 할 것이다.

2015년 중국 정부는 처음으로 '중국음악산업발전의 강력추진에 관한 의견'을 공포·시행에 들어갔는데 음악시장은 이를 중국음악산업의 중장기규획으로 받아들였다. 또한 국가판권국(国家版权局)은 '인터넷음악사업자의 음악작품전파수권(授权) 과정을 거치지 않는 책임에 관한 통지'를 하달했고 연이어 '인터넷 판권중점 관리·감독 확대에 관한 통지'와 '중국음악산업 발전의 강력 추진에 관한 약간 의견' 등의 공포로 자국음악산업 발전책을 강구해나가고 있다.

다음은 중국음악산업시장을 구성하고 있는 여러 가지 단위산업시장별 주요특징들을 찾아보자. 시장구성부문은 '중국음상협회 음악산업촉진 공작위원회' 등 정부 및 전문기관들이 구분하고 있는 범주를 따랐음을 밝혀둔다.

3. 음반산업

중국의 음반산업은 1908년 EMI Group(百代公司)이 중국에 진출한 후 가장 먼저 징쥐(京劇)를 레코드에 취입하면서 시작되었다. 1917년 손중산(孫中山)이 명명한 大中華唱片制作廠이 30여 년간 제대로 뜻을 이루지 못하다가 1949년 신중국 성립 후에 빛을 보게 된다. 이후 승리공사(勝利公司)와 EMI Group이 연이어 대중화음반제작창에 병합, 구조조정을 진행하면서 1955년에 와서 '중국음반제작창(中國唱片制作廠, 약칭 중창(中唱))'으로 개칭되어 지금까지 중국 음반업계의 대부로 명성을 떨치고 있다.

그리고 1979년에 와서 '광저우타이핑양잉인공사(广州太平洋影音)'가 설립되어 중국음반시장에 새로운 기회를 제공하는데 이 시기에 약 300여 개사에 이르는 음상출판사들이 횡행했으나 2005년 전후 디지털음악의 급속한 발전으로 중국의 음반산업시장은 새로운 전환점을 맞는다.

지금의 음반사들은 오락공사(娛乐公司)로 구조를 전환하여 저작권을 판매하고 인터넷 판매를 진행하면서 공연과 공연중계, 인터넷동영상 생방송, 뮤직페스티벌 등으로 새로운 운영방식을 선택하고 있는 상황이다.

특히 수량은 줄이고 질을 높이는 방침 속에 경제적 효율을 높이는 데 진력하고 실물 음반 판매는 계속 위축되고는 있지만 전집 디지털음반은 빠른 속도로 늘어나고 있는 추세다.

가. 시장 규모와 시장 동향

여기에서 언급되는 음반이란 AT(磁带), CD(激光唱盘), DVD-A(高密度激光唱盘), LP(黑胶唱片)등 Pro-Sound 기록매개체 저장장치물이 음악을 콘텐츠(내용)로 하는 실물 출판발행물 및 콘텐츠 생산자(음반사, 음악저작권 소유자), 각종 출판단위, 발행사, 구입자(소매판매자, 일반소지자 등) 등이 공동으로 중국의 음반시장을 구성하고 있다.

〈중국 음반 시장규모 변화 추이〉

연도	2011	2012	2013	2014	2015	2016	2017
규모(억 위안)	5.2	5.9	6.5	6.15	5.59	3.51	3.13
증감률(%)	-	13.46	10.17	-5.38	-9.1	-37.2	-10.8

출처: ①中國音樂産業發展報告2016 p.15 ②中國音樂産業發展報告2017 p.1 ③2018 中國音樂産業發展總報告(中國傳媒大學音樂与錄音藝術學院/2018.12.19) 자료 재정리.

중국에서 음반은 기존 전통적인 판매경로로 신화서점(新华书店) 계통과 음상 제품 소매판매점 등이 있고, 인터넷으로는 星外星天猫店, 징동 등 전자상거래상들이 주요 판매경로다.

21세기 중국문화산업시장의 이해

중국의 음반사는 대체로 세 가지 유형이 있는데, 첫째 유형은 중국본토에서 시작하여 발전한 음반사이고, 둘째 유형은 중외합자 음반사이며, 셋째 유형은 국제음반사들이다. 중국본토에서 자생한 최초의 음반사는 중국음반총공사(中國唱片總公司)인데 대표적인 국유(國有)음반사이다. 1978년 개혁개방 이후 광저우타이핑양잉인공사(廣州太平洋影音公司)가 설립되면서 중창의 통일천하가 깨졌다. 일정 시간이 지나면서 광저우신시대공사(廣州新時代公司), 상하이음상공사, 상하이성상(聲像)출판사, 광저우성문(星文) 등 일정한 실력을 갖춘 음반사들이 나타났다.

둘째 유형에는 중외합자음반사로 正大國際, 상하이신삭(新索), 金牌大風, 海蝶 등이 있고 유니버설뮤직(Universal Music, 環球音乐), 워너뮤직그룹(華納音乐), 소니뮤직(Sony Music, 索尼音乐) 등 3대음반사는 상대적으로 규모가 크지 않지만 언어와 문화적 배경에 우위를 점하고 있다. 이들은 외자로 지탱하고 있으며 경영이념이 보다 선진적이고 풍부한 저작권 자원을 보유하고 있는 것이 특징이다.

세 번째 유형은 국제음반사인데 통칭 3대 음반사이다. ①유니버설뮤직 ②워너뮤직(Warner Music, 華納音乐) ③소니뮤직이 그들인데, 이런 음반사들은 저작권 규모화 경영과 집체(集体)소송 및 디지털음악의 독자적 수권(授权)보호유지시장에서 우위를 보인다는 것이 시장의 분석이기도 하다. 그러면 여기서 음반을 발행하는 음상출판사들이 얼마나 되고 전국에 지역별로 얼마나 분산되어 있는지 알아보자.

<2011~2017년간 중국의 음상(Audio-Video) 출판사 수 변화>

연도	2011	2012	2013	2014	2015	2016	2017
출판사수	369	369	370	371	368	372	381

출처: ①2017 China Statistical Yearbook on Culture and Related Industries p.126 ②2018 China Statistical Yearbook on Culture and Related Industries p. 자료 재정리.

<2016년도 중국의 각 지역별 음상출판사 분포 현황>

지역별	중앙	베이징	텐진	허베이 (河北)	산시 (山西)	네이멍	랴오닝	지린	헤이룽장	상하이	장쑤
출판사 수	141	13	7	5	3	1	19	9	5	25	7

지역별	저장	안후이 (安徽)	푸젠	장시	산둥	허난	후베이	후난	광둥	광시	하이난
출판사 수	7	7	5	5	14	5	6	12	22	5	2

지역별	충칭	쓰촨	구이저우	윈난	시장 (西藏)	산시 (陝西)	간수	칭하이	닝샤	신장
출판사 수	6	10	1	9	2	11	3	2	1	2

출처: 2017 China Statistical Yearbook on Culture and Related Industries p.126-p.127 자료 재정리.

사실상 베이징에는 중앙기관소속 141개 음상출판사를 포함할 경우 전국 전체의 41.4%가 집중되어 있고 베이징, 상하이, 광저우라고 하는 소위 北上广에는 중앙직속기관을 포함하여 202개사의 음상출판사가 모여 있는데, 이 또한 전체 숫자의 54.3%를 점하고 있다. 또한 전국의 372개 음상출판사에 종사하고 있는 인력은 4,153명으로 집계했다. 그러면 이러한 음상출판사들이 출판·발행하는 음상(Audio-Video)제품은 얼마나 되는지 파악해보자.

<table>
<tr><th colspan="6">⟨12·5규획 기간 중국의 음악장르별 음반출판발행량(万張/盒)⟩</th></tr>
<tr><th></th><th>2011년</th><th>2012년</th><th>2013년</th><th>2014년</th><th>2015년</th></tr>
<tr><td rowspan="2">가곡(歌曲)</td><td>1,919종</td><td>1,921종</td><td>2,612종</td><td>-</td><td>1,905종</td></tr>
<tr><td>623.77</td><td>748.69</td><td>731.1</td><td>916.0</td><td>916.0</td></tr>
<tr><td>악곡(乐曲)</td><td>303.04</td><td>306.97</td><td>273.94</td><td>295.0</td><td>600종 295.0</td></tr>
<tr><td>희곡</td><td>55.44</td><td>65.51</td><td>32.67</td><td>20.0</td><td>261종 20.0</td></tr>
</table>

출처: ①中國音樂産業發展報告2015 p.21 ②中國音樂産業發展報告2016 p.15 자료 재정리.

여기서 잠시 오디오-비디오의 종류별 출판량은 얼마나 되는지 때늦은 데이터이지만 그 이후를 추정해볼 수 있는 자료로 이해하기 바란다.

⟨2011~2013년간 오디오-비디오출판량 비교⟩

	2011년	2012년	2013년
CD(천 장)	8,755.0	10,262.0	13,237.7
AT(천 갑)	6,887.0	5,178.0	1,025.8
DVD-A(천 장)	1,923.0	2,518.0	160.0
계	11,366.	13,297.8	14,423.5

출처: 中國音樂産業發展報告 2014 p.32 자료 재정리.

음반의 완제품에 대한 수입량을 보면 수량이 상당히 미미하다. 2011년 251만 7,300장(갑), 2012년 277만 5,700장(갑), 2013년 318만 7,200장(갑), 2014년 260만 9,200장(갑)인데, 이런 소량에도 불구하고 줄어드는 것으로 보인다.

음반출판에서 중국어 버전으로 출판되는 발행량을 보면 2012년 904만 장, 2013년 724만 장, 2014년 78만 장, 2015년 560만 장으로 이 또한 매년 줄어든다. 그러면 판매루트가 다른 오프라인 판매와 온라인 시장판매 상황을 파악해보자.

〈최근 3년간의 중국 온라인과 오프라인 음반판매량(만장/갑) 및 판매액(만 위안) 비교〉

	2013년				2014년				2015년			
	중국어 유행 음악	구미 유행 음악	한일 유행 음악	고전 음악	중국어 유행 음악	구미 유행 음악	한일 유행 음악	고전 음악	중국어 유행 음악	구미 유행 음악	한일 유행 음악	고전 음악
온라인 판매량	255.0	58.9	2.6	30.5	188.7	53.3	2.4	26.7	178.7	42.8	2.5	25.7
오프라인 판매액	4482.2	1656.3	-	861.6	3630.6	1325.1	-	706.5	5600	1680	-	750

출처: ①中國音樂産業發展報告2015 p.23 ②中國音樂産業發展報告2016 p.17 자료 재정리.

그리고 2012년도의 온라인 판매량도 중국어판 유행음악은 307만 2,000장, 구미유행음악 84만 2,000장, 한·일유행음악 4만 장, 고전음악 34만 4,000장으로 집계하고 있다. 어쨌든 중국어판 유행음악 음상제품이 전체판매량의 71.56%를 점하고 있는 반면, 한·일유행음악은 겨우 1%에 머물고 있으나 해적판이 시장에서 적지 않게 판매되고 있는 점을 감안하면 시장점유율에서 비교하는 것은 큰 의미가 없어 보인다. 그런데 중국의 음반판매 데이터의 통일적인 통계표준이 아직 수립되지 못했다는 전문가들의 지적이 있다.

다시 여기서 베이징시의 오프라인 판매시장의 80%를 차지하고 있는 4대 도서빌딩(4大图书大厦)의 음반판매 종류, 수량 및 금액을 찾아보면서 시장의 이해를 돕고자 한다.

〈베이징 4대 도서빌딩 지역의 오프라인 음반판매 현황〉

	2011년			2012년			2013년		
	종류	수량 (만장)	금액 (만 위안)	종류	수량 (만장)	금액 (만 위안)	종류	수량 (만장)	금액 (만 위안)
北京도서빌딩	12,147	33.62	1741.5	11,812	23.68	1355.1	9,798	16.58	1021.4
中关村도서빌딩	10,698	11.63	663.6	8,850	7.58	495.5	10,678	5.53	362.2
王府井도서빌딩	9,516	10.31	566.0	9,273	8.69	497.5	9,073	6.73	403.7
亚运村도서빌딩	6,159	2.78	137.5	7,094	2.84	149.4	5,924	2.12	121.2
합 계	38,520	58.34	3,108.6	37,029	42.79	2,497.5	35,473	30.96	1,908.5

출처: 中國音樂産業發展報告2014 p.35-p.36 자료 재정리.

다만 상기 표의 종류에서는 4대도서빌딩과의 상호중복이 이어질 수 있다. 베이징도서빌딩의 위치가 장안대로의 시민들이 선호하는 지역인 시단(西单)에 위치하고 있어 여러 가지 측면에서 타 도서빌딩보다 판매량이 많음을 알 수 있다. 상대적으로 판매금액이나 판매량이 적은 야윈춘(亚运村)도서빌딩은 시내에서 다소 떨어져 있는 관계로 유동인구가 적다. 2014년 이후 데이터는 안타깝게도 알 수가 없어 소개하지 못함을 이해바란다.

중국의 음반산업시장의 상업적 연결고리를 보면 사·곡(词·曲) 창작 → 녹음제작 → 편집가공 → 복제생산 → 발행·판매 형식으로 진행되는데 발행(배급)에는 도·소매상에게 제공되는 전통적 판매모델이 있고 온라인 발행판매사로는 징둥(京东), 당당망(当当网), 아마존(亚马逊), 타오바오, 톈마오 등이 있는데 이들은 이미 인터넷의 급속한 발전에 따라 B2C(Business-To-Customer) 형식의 판매모델을 취하고 있으며 무선발행은 통신운영상(통신사)을 통하여 소비자에게 제공되기도 한다.

음반사들은 대외융합과 저작권에 대한 우세 속에 음악산업의 외연을 확장해나가고 있는 것으로 알려져 있다. 주요음반사들의 영업범위를 보면 1949년에 설립된 국유기업 중국음반집단유한공사(中国唱片集团有限, 약칭 中唱)를 비롯한 싱와이싱(星外星), 太平洋影音, 유니버설뮤직 등은 모두가 LP판을 포함한 음반제작과 출판·발행 영업을 지속하고 있고 쿵 췌랑(孔雀廊)은 저작권 거래, 실물음반, 연예사업을 주요사업으로 진행하고 있다. 싱와이싱은 앞서 언급된 LP판을 포함한 음반제작과 출판·발행 이외에 저작권 거래 플랫폼 개발, 연예사업, 디지털음악 발행, 여행+지역창작음악활동 등을 벌인다. 중창 역시 저작권 거래, 오프라인 연출활동, LP디스크플레이어 제조판매, 디지털음악사업도 벌이고 있다.

세계의 음반시장도 실물음반수입(Physical Revenue)은 계속하여 마이너스 성장을 기록하고 있는데 녹음음악산업(Recorded Music Industry)수입은 여전히 실물과 디지털이 공존하고 있다. 2011년 세계녹음제품산업수입이 82억 달러에서 매년 점점 줄어들어 2016년에는 54억 달러에 이르고 있는 반면, 디지털음악산업수입은 2011년 49억 달러에서 2016년 78억 달러로 이러한 상황을 증명한다.

나. 기타 주요음반사

중국의 주요 일부 음반사에 대한 내용은 앞서 기술한 바 있으나 이를 조금 더 보완하고자 한다. 다만 유니버설뮤직, 유너브라더스뮤직(Warner Brothers Music, 华纳音乐), 소니뮤직 엔터테인먼트(Sony Music Entertainment, 索尼音乐) 등은 여기서 생략하기로 한다.

21세기 중국문화산업시장의 이해

① 중국음반총공사(中国唱片总, 약칭 中唱/CRC)

대표적인 국유음반사인 동사는 원래 广电总局소속이었으나 1991년 1월 이후에는 국무원 국가자산관리위원회소속의 대형 중앙 문화기업이다. 이 중창은 중창상하이공사(中唱上海公司), 중창공저우공사, 중창선전공사(中唱深圳公司), 음상세계잡지사, 중국희극(戏剧)출판사 등 7개의 자회사가 있고, 이외에도 지배지분을 확보하고 있는 문화기업도 10개사에 이른다. 국가음악산업기지 내 중국음반단지에는 国家新闻出版广播电影电视总局 약칭 广电总局)과 베이징시 인민정부의 지도 아래 음악제작과 출판을 위주로 하는 각종 다양한 일들을 처리하고 있으며, 동단지 내에는 3개의 녹음실과 12개의 음악동영상 공작실 등도 갖추고 있다.

② 상하이신후이문화오락그룹(上海新匯文化娛乐集团)

1997년 9월 1일 설립한 동 회사는 본래의 회사명은 상하이신후이 CD-ROM그룹(新汇光盘集团)으로 상하이시위원회(市委员会)와 시인민정부가 직접주관하고 있으며 상하이문화광파잉스집단(文化廣播影視集团, 약칭 上海文广) 등이 출자하여 만들어진 회사다. 음상제품과 전자출판물편집, 출판·발행 등이 주요 업무이며 동영상 편집, 동영상토크실, 공연물인터넷생방송, 인터넷쇼핑 등을 포함하는 온라인 스튜디오(Online Studio) 시스템도 갖추고 있다. 중국연통(China Unicom) 및 중국음상저작권집체관리협회(中国音像著作权集体管理协会, 약칭 음집협) 등과도 다양한 합작을 진행하고 있다.

중국의 음반시장을 깊이 들여다보면 디지털음악이 급속하게 발전, 확산됨에 따라 기존의 전통적인 음반산업 창작은 한계에 온 것 같다.

2002년 11만 개소에 달했던 음반판매소가 2010년에 와서는 3만 개소로 급격히 줄었는데 이와 관련하여 여러 가지 원인이 있을 수 있으나 해적판 문제 해결이 문제점으로 대두된 것도 이미 오래된 일이다.

4. 음악공연시장

중국의 음악공연 상품들이 여타 국가와 마찬가지로 다양하게 구성되고 있는데 구체적으로 파악해보면 ①콘서트(演唱會: 중국 대륙 내지 홍콩 대만, 한·일·구미) ②음악회(성악과 합창, 교향악, 기악독주, 현악4중주, 오페라) ③뮤직 페스티벌(유행종합 Music Festival, Rock'n Roll Music Festival, 월드뮤직 페스티벌, 전자음악 페스티벌) ④소형 라이브하우스 공연(로큰롤, 재즈, 민요, 전자, 기타) ⑤종합공연(뮤지컬, TV종합예능 대형쇼프로(綜艺晚会) 관광공연) ⑥음악공연 파생품(기념품, 음상제품, 음악현장 인터넷사이트동영상)으로 나뉜다.

뮤지컬부문에서는 다시 ①중국 국산 창작뮤지컬 ②해외뮤지컬 저작권수입 ③해외뮤지컬 저작권수입 중문판 버전 뮤지컬로 나뉜다. 특히 뮤직페스티벌에서 ①유행(대중)음악페스티벌이 47%를 차지하고 있어 가장 많고 ②로큰롤뮤직페스티벌 행사는 40% ③전자음악 페스티벌 5% ④재즈음악페스티벌 5% ⑤월드뮤직페스티벌은 5%를 각각 차지한다. 이들 음악공연 상품 중 주로 대형체육관(장)에서 개최되는 콘서트(演唱會)가 음악산업시장에서 차지하는 비중이 가장 높다.

중국에는 약 2,700여 개소의 대·중·소 체육장(관)있어 대형 콘서트 개최가 비교적 용이한 편이다. 어쨌든 몇 년 전부터 중국의 음악공연은 '인터넷+'라는 새로운 개념 속에 온라인+오프라인 상업모델이 상당한 호응을 얻으면서 음악공연시장의 주목을 받고 있다.

가. 시장규모와 시장 동향

중국의 음악공연시장 전체 규모가 2013년 140억 위안, 2014년 143억 위안, 2015년 150억 위안, 2016년 160억 위안, 2017년 176.85억 위안(한화 약 3조 64.5억 원)에 이르고 있음을 이미 앞 장에서 밝힌 바 있어 여기서는 음악공연산업시장부문에서 가장 핵심이 되는 음악공연 티켓판매 수입이 얼마나 되는지 알아보고자 한다. 그런데 음악공연시장 전체규모와 음악류 공연티켓 판매수입도 증가하는 금액은 큰 비중을 차지하고 있지 않다.

〈중국의 음악류 공연시장 티켓 판매수입 비교〉

연도	2012	2013	2014	2015	2016	2017
티켓판매액(억 위안)	48.50	43.60	43.7254	45.5541	48.1258	59.39
증감률(%)	-	-10.1	0.29	4.17	5.64	23.4

출처: ①中國音樂産業發展報告2014(2015.03 출판) p.56 ②中國音樂財經(2016.11.13 16:43) ③中國音樂産業發展報告 2016(2017.07 출판) p.26 ④中國音樂産業發展報告2017 p.32 ⑤2018中國音樂産業發展總報告(2018.12.19).

중국의 음악공연 티켓판매 수입시장점유율을 공연장 및 공연 장르별 구분해보면 ①주로 대형체육관(장)에서 진행되는 콘서트가 65.25%를 차지하고 있고 ②극장 내 콘서트홀에서 개최되는 음악공연과 〈음악회 (성악과 합창, 교향악, 기악독주, 현악 4중주, 오페라 등)와 뮤지컬이 25.72%

③뮤직페스티벌이 7.64% ④소형음악공연으로 이루어지는 라이브하우스가 1.3%의 시장점유율을 이루고 있다.

그리고 음악공연 횟수에서는 가장 많은 비중을 차지하는 공연장으로는 역시 실내인 극장콘서트홀에서의 공연이다.

여기서 다시 음악공연 세부부문별 티켓판매수입은 얼마나 되는지 파악해보겠다.

〈중국의 음악공연 주요부문별 티켓판매수입(억 위안) 비교〉

연도	뮤직페스티벌 수입(억 위안)	콘서트 수입	극장콘서트홀 공연수입(억 위안)	라이브하우스 공연수입(억 위안)	5,000석 이하, 기타 공연수입	합계 (억 위안)
2017	-	37.64(뮤직페스티벌, 소형연창회포함)	20.50	1.25	-	59.39
2016	4.83(202회)	30.21	12.26	0.8258	-	48.1258
2015	3.48(127회)	28.2649(소형별도)	11.72	0.6892	1.4	45.5541
2014	3.79	28.54	10.9	0.4954	-	43.7254
2013	3.01	27.0	음악회:5.26 뮤직컬:2.34	0.4100	5.58	43.6
2012	2.08	27.9	음악회:5.75 뮤지컬:1.92	0.3899	10.4601	48.5
2011	1.61	23.48	음악회:5.35 뮤지컬:1.79	0.3773	-	32.6073

출처: ①中國音樂産業發展報告 2014 p.55-p.62 ②中國音樂産業發展報告 2015 p.32-p.47 ③中國音樂産業發展報告 2016 p.26-p.33 ④中國音樂産業發展報告 2017 p.32-p.36 자료 재정리.

그런데 극장 내의 각종 공연 전체 횟수를 보면 2015년 8만 4,100회, 2016년 8만 7,900회의 티켓판매수입도 2015년 70.68억 위안, 2016년 74.05억 위안으로 이에 비하면 극장 내의 음악공연 공연횟수와 티켓판매수입은 그다지 많지 않다.

2014년도의 각종 음악공연 횟수가 2013년의 1만 6,500회보다 3,900회 늘어난 2만 400회에 이르고 있고 2015년에 와서는 음악콘서트가 활발하게 전개되었는데 총 2,550회에 이른다. 중국에서 구분하고 있는 5,000석 좌석 이하 규모의 소형콘서트도 760회로 57만 명의 관객들로부터 1.4억 위안의 티켓판매수입을 확보할 수 있었다. 물론 5,000석 이상의 대형체육관(장)에서 개최된 대형콘서트는 1,790회로 티켓판매수입도 28.2649억 위안(한화 약 4956억 원)에 1회당 평균수입이 한화 약 2억 7687만 원으로 집계된다. 콘서트 수입이 비단 티켓판매수입에만 의존하는 것은 아니라는 점은 한국이나 중국이나 마찬가지인 점 등을 감안하면 콘서트 총수입은 상당할 것으로 예측된다.

2016년 중국 전역에 산재해 있는 라이브하우스 공연장은 총 680개소였는데 2015년도보다 126개소가 늘어난 숫자이다. 라이브하우스 보유 상위 5개 도시로는 ①베이징 20개소, ②상하이 14개소 ③광저우 10개소 ④청두 10개소 ⑤선전 8개소 순이다. 이를 다시 상위 5위의 지방별(省別)로 보면 광둥성 32개소 ②장쑤성 22개소 ③베이징 20개소 ④저장성 14개소 ⑤상하이 12개소로 집계되었다(출처: 中國音樂産業發展報告2017 p.43). 이러한 현상에도 예외 없이 마태효과가 나타난다.

2017년도의 각종 음악공연 총횟수는 1만 5,449회로 관람객은 1342만 명에 이르러 공연횟수는 30%, 관람객은 14%가 각각 증가했다.

〈중국의 각 부문별 음악공연 횟수 및 뮤직페스티벌 입장자 수 비교〉

연도	콘서트 개최횟수	극장 내 콘서트홀 음악 및 기타 공연횟수	라이브하우스 공연횟수	뮤직페스티벌 개최횟수, 참가자(입장자) 수
2016	1,863		9,751회/ 90.4만 명 관람	202회/ 326.7만 명 참가
2015	2,550(소형콘서 트 760회 포함)	각종 공연횟수: 19,300회 음악공연: ?	8,822회/ 80.4만 명 관람	127회/226.5만 명 참가
2014	1,200	각종 공연횟수: 19,000회 음악공연: ?	7,419회	149회/307.5만 명 참가
2013	1,062	음악회: 4,110회	6,604회	269.4만 명 참가
2012	915	음악회: 4,385회	5,417회	174.7만 명 참가

출처: ①中國音樂産業發展報告 2014, 2015, 2016 ②中國音樂産業發展報告2017 p.36-p.37 자료 재정리.

특히 중국은 음악산업시장에서 뮤지컬(音乐剧)시장이 공연시장 전체가 위축되는 상황 속에서도 증가 추세를 보인다.

2013년 베이징시의 뮤지컬 수입을 보면 2012년도 수입 6354만 위안보다 87.5%가 증가한 1.2억 위안으로 집계되었고 뮤지컬시장 구성에서도 해외뮤지컬 저작권수입 중문판 버전 뮤지컬 작품이 55%로 가장많고 해외뮤지컬 저작권 수입작품이 11%, 중국 국산창작품이 34%를차지하고 있다.

고무적인 것은 2016년 새로이 개최된 뮤지컬 페스티벌 행사가 63개였는데 이 중에 2, 3선 중·대도시에서 개최된 것이 44.4%인 28회이다.이는 뮤지컬시장이 지방중견급 도시로 확산되고 있음을 의미하기도 하고, 이미 시장성이 확보되었다는 의미이기도 하다.

각종 뮤지컬 내용을 보면 종합적인 뮤지컬페스티벌 행사가 58%로가장 많고 전자뮤직페스티벌이 22%로 그다음이다. 애니메이션과 2차

266   21세기 중국문화산업시장의 이해

원의 뮤직페스티벌도 5%에 달하고 재즈뮤직페스티벌 3%, 록큰롤뮤직
페스티벌3%, 민요음악 페스티벌 3%, 대중유행음악 페스티벌 2%, 금속
음악 페스티벌 2%, 기타 2%로 다양하게 추진된다.

이러한 뮤지컬 페스티벌 시장 환경 속에 중국 자국의 창작뮤지컬산
업시장 발전을 촉진하고자 일부 성·시에서 뮤지컬기지를 설치했다.

그 주요기지를 보면 ①광둥성 둥완탕샤(東莞·塘廈)뮤지컬 창작생산
기지(2011년 8월 6일 설립) ②상하이 문화광장(2011년 9월 설립) ③광둥성
둥완·둥청 바오리(東莞·東城保利)문화예술제작기지(2012년 7월 31일 설
립) ④화빠(化八)원창뮤지컬창작제작기지(2012년 9월 설립) ⑤중국뮤지
컬부화(孵化)기지(2013년 2월 28일 설립) ⑥베이징 시청(西城)원창뮤지컬
기지(2013년 5월 16일 설립) ⑦중국 뮤지컬연구회 항저우극원(杭州劇院)
기지 ⑧광둥성 둥완왕뉴둔(東莞 望牛墩)뮤지컬 창작생산기지(2013년 8월
12일 설립)들이다.

2014년도 중국의 공연을 전업(专业)으로 하는 전업극장(专业剧场)이
2,143개 소에 공연횟수 8.2만 회, 관람객 총 5914만 명, 극장 총수입
142.88억 위안으로 집계되었는데 이는 중국 공연산업시장 전체규모의
33%를 차지하고 있는 것으로 분석되었다. 그리고 전업극장 수입 중에
는 자체적으로 수입을 올린 경영수입 비중이 62%에 이르고 정부의 보
조금 비율이 38%였다. 이러한 정부보조금은 2013년부터 공연예술 분
야에 다소 늘어나는 추세인데 이는 2012년 12월 중국 공산당중앙에 발
표한 팔항규정과 무관치 않는 것으로 보인다.

여기서 잠시 2015년도의 각종 공연행사 등을 전문적으로 진행하는
전업극장에 대해 언급해보면 수입에는 ①연극(话剧) 1만 1,700회 공연

에 19.14억 위안의 수입이 있고 ②희곡은 1만 5,500회 공연에 9.47억 위안의 수입이 있으며 ③음악회(성악과 합창, 교향악, 기악독주, 현악 4중주, 오페라, 뮤지컬)는 1만 9,000회 공연에 10.9억 위안의 티켓판매수입을 기록했다. 그리고 무용은 5,700회 공연에 8.69억 위안의 수입을, 곡예·잡기부문도 8,500회의 공연으로 9.78억 위안의 수입을 기록했으며 아동극도 1만 8,500회 공연에 7.40억 위안의 수입을 올렸다. 종합예능 및 기타부문에서 3,100회 공연으로 0.71억 위안을 벌어들였는데 다만 음악공연수입 10.90억 위안은 전업극장수입의 16.5%에 불과하다.

그리고 소형공연인 라이브하우스 공연의 경우 전국의 평균티켓가격이 2014년 58.29위안이며 극장 콘서트홀에서의 공연일 경우 평균티켓가격은 61.4위안으로 젊은 음악 마니아층이 즐겨 찾는 공연으로 관심을 모으고 있다.

특히 근래에 와서 '인터넷+음악공연산업'으로 O2O 인터넷공연이 공연시장의 새로운 부문으로 떠올랐는데 이는 스마트폰이 대중화되면서 온라인과 오프라인의 경계가 허물어지고 있다는 것을 의미하기도 한다.

정보유통비가 저렴한 온라인과 실제 소비가 일어나는 오프라인을 접목해 새로운 시장을 만들어보자는 뜻에서 출발했다. 일련의 사례를 보면 2014년 8월 2일 중국의 유명가수인 왕평(汪峰)이 베이징 올림픽 메인스타디움이었던 냐오차오(鸟巢)에서의 콘서트 개최로 러스망(乐视网)은 1매당 30위안에 4만 8,000매라는 인터넷생방송 전자티켓을 판매했고 2만 7,000매의 중계티켓을 판매하여 200만 위안(한화 약 3억 5천만 원)의 수입을 챙겼다. 같은 해 같은 달인 2014년 8월 31일 텅쉰동영상의 장후이메이(张惠妹) 콘서트는 전 세계에 무료 전송되고 오프라인 관객은 단지 6,000명에 불과했지만, 온라인 관객은 100만 명을 넘어섰다. 이러한 사례는 음악공연산업시장에서의 O2O 가능성이 무한함을 보여주는 것으로 인식되고 있다.

〈중국의 주요 인터넷동영상 플랫폼 O2O 운영 현황〉

명 칭	영리 운영모델	운영실적
乐视音乐	유료생방송+회원제	생방송량 300회: 단독생방송 '2015한국梦想콘서트(演唱会)', 관객 282만 명, 같은 해 5월 말까지 다시듣기 2000만 회
腾讯视频	무료생방송	콘서트(演唱会) 총 29회, 총 방송(클릭)량 3억, 1회 공연 온라인접속 317만 명
芒果TV	유료생방송+회원제	华晨宇콘서트(演唱会) 온라인 수입 400만 위안
优酷土豆	유료생방송+회원제	'奔跑吧, 김종국(金鐘國)−2015년 情人节(발렌타인데이)베이징 콘서트' 동영사이트 총 방송량 250만.

출처: 中國音樂産業發展報告2015 p.51.

아무튼 인터넷동영상플랫폼의 O2O현상은 계속 증가할 수밖에 없을 것으로 보인다.

나. 콘서트

음악콘서트의 티켓판매수입, 개최횟수 등에 대해서는 앞 장에서 기술했다. 중국의 대형음악콘서트(大型演唱会)시장에서 한국 가수들의 활동은 한류(韓流)를 형성하는 데 그 영향력을 인지할 수 있는 위치에 있다. 여기서 중국 내에서 지난 몇 년간 한국 가수들의 활약상을 말해주는 대형음악콘서트의 개최 실적들을 파악 분석해보겠다.

<국가 및 지역별 출신 가수들의 대형음악콘서트 개최 주요 실적 비교>

		한국 · 일본	구미(欧美)	중국	홍콩 · 대만	합계
2011년	티켓판매수입 (억 위안)	1.2	1.8	1.2	5	9.2
2012년	티켓판매수입 (억 위안)	0.9	1.5	2.3	6.3	11.0
2013년	공연횟수	한국 35 일본 31	148	184	276	643
	티켓판매수입 (억 위안)	한국 1.4 일본 1.0	3.9	2.89	10.65	19.84
2014년	공연횟수	한국 103	128	534	299	1,064
	티켓판매수입 (억 위안)	한국 3.58	1.86	4.25	12.77	22.46

출처: ①中國音樂産業發展報告2014 p.61 ②中國音樂産業發展報告2015 p.42-p.44 자료 재정리.

우선 대형음악콘서트 개최횟수와 티켓판매수입은 매년 증가한다. 중국의 전체 음악콘서트 티켓판매 수입 중에 대형음악콘서트가 차지하는 비중을 보면 2011년 39.27%, 2012년 39.43%, 2013년 73.48%, 2014년 78.70%로 급증한다. 2015년에 와서는 티켓판매수입부문에서 95.3%를 차지하고 있어 중국의 음악콘서트는 대체로 5,000석 이상의 좌석을 갖춘 대형음악콘서트 형태로 가고 있는 추세인 것 같다.

그리고 위 표에서 제시하고 있는 한국음악 가수들의 중국 진출 상황을 보면 2013년에서 2014년에 절정을 이루는데 2014년의 공연개최횟수는 194.29%로 급상승했고 티켓판매수입 측면에서는 2013년보다 155.7%로 급등한다. 이는 같은 해 구미 가수들의 2014년도 중국에서의 공연횟수 13.5% 감소와 티켓판매수입 52.3% 감소와 대비된다.

2016년도에 와서는 다소 환경이 좋지는 않았으나 한국의 아이돌그룹 빅뱅을 비롯하여 해외유명 가수들의 인기가 식지 않았다.

이들 국가별 및 지역별 가수들의 1회 콘서트 개최 시 티켓판매가 어느 정도 이루어지는지 파악해보면 한국가수들의 현지에서의 높은 인지도를 알 수 있을 것이다.

〈국가 및 지역별 출신 가수들의 대형음악콘서트 1회당 평균 티켓판매수입 비교〉

연도/국가·지역별		한국	구미(歐美)	중국	홍콩·대만	합계
2013년	중국화(만 위안)	400.0	263.5	157.0	386.3	293.0
	한국화(韓貨/만 원)	70,000	46,115	27,486	67,527	51,275
2014년	중국화(만 위안)	347.6	145.3	79.6	427.1	211.1
	한국화(韓貨/만 원)	60,825	24,703	13,928	74,741	34,941

출처: ①中國音樂産業發展報告2014 p.61 ②中國音樂産業發展報告2015 p.42-p.44 자료 재정리.
주: 1위안=175원으로 환산.

한국 가수들이 참가한 대형음악콘서트에서 티켓판매수입은 2013년 한화 약 245억 원과 2014년 한화 약 626.5억 원을 각각 확보한 것으로 계산이 나온다. 다만 음악콘서트 개최의 수입원(收入源)이 티켓판매수입에 국한되지 않고 협찬금이나 기타 수입원이 있기 때문에 이러한 수입원을 합칠 경우 전체 금액은 상당수로 늘어난다.

그런데 중국 문화부 통계자료에서는 2014년 전국에 2,132개소의 공연장이 있는데 이 중 연간 1회 이상의 콘서트를 개최하는 곳은 전체의 52%에 불과하고 나머지 48%는 휴관 상태인 것으로 적시하고 있다. 만약 체육관(장) 운영이 콘서트 관련 수입에 의존한다면 부득불 장소임대료 가격을 인상할 수밖에 없는 것으로, 이는 티켓값 인상으로 이어지기 때문에 바람직하지 못하다 할 것이다.

한편 대형음악콘서트시장에 신선한 충격을 주었던 2014년 8월 2일 왕펑(汪峰)의 베이징 올림픽 메인스타디움 냐오차오(鸟巢)콘서트와, 같은 해 8월 31일의 대만 출신 여가수 장후이메이(張惠妹)의 콘서트에 대한 텅쉰동영상 무료전송 및 오프라인 콘서트 이후, 2014년 전체 온라인 콘서트생방송이 50회였는데 2015년도에 와서는 115회를 기록했다.

텅쉰동영상의 현장 생방송 브랜드 라이브뮤직(Live Music)은 2014년 25%에서 2015년 55회 개최로 61% 껑충 뛰었고 당해연도 온라인 동시 시청자가 5500만 명에 이르렀으며 총 방송량(클릭량)도 12억에 이르렀다고 전해진다. 러스뮤직(乐视音乐)도 이우춘(李宇春) 콘서트를 온라인 생방송으로 진행하면서 온라인 시청자 498만 명을 기록했고 전국 1,500개의 '러스생태체험점'과 10개사 영화관에 팬 감상공연 '제2현장'을 개방하면서 2만 1,500명이 쇄도했다고 한다. 어쨌든 온라인의 위력이 오프라인보다 크고 O2O 형태의 콘서트가 점점 상업적 모델로 발전해가는 형태인 것으로 보인다.

그러면 중국 대륙에서 활동하는 가수들은 콘서트를 통하여 연간 얼마의 수입을 기록하고 있는지 상위 10위의 공연횟수와 수입액을 파악해보겠다.

〈2014년도 중국 대륙 내 가수별 콘서트 개최횟수 및 티켓판매수입 상위 10위 현황〉

가수명	陳奕迅 (74년)	王峰 (71년)	周杰倫 (79년)	孫燕姿 (78년)	鄧紫棋 (91년)	EXO	王力宏 (76년)	左麟 右李	李宗盛	蘇打綠
수입 (억 위안)	3.13	1.39	1.36	1.13	1.05	0.75	0.63	0.61	0.54	0.46

21세기 중국문화산업시장의 이해

공연 횟수	34	15	11	16	26	10	10	8	16	11
회당 평 균티켓 값(위안)	920.6	926.7	1236.3	706.2	408.8	750.0	630.0	762.5	337.5	418.2

출처: ①중국음악산업발전보고 2014 p.61, ②中國音樂産業發展報告 2015 p.42-p.44 자료 재정리.

상기 표에 기술된 가수들을 다시 살펴보면 陳奕迅은 홍콩 출생이고 저우지예룬(周杰伦)은 대만 출생이며 덩즈치(邓紫棋)는 상하이 출신 여가수다. 쑨엔쯔(孙燕姿)는 싱가포르 국적의 여가수이며 왕리훙(王力宏)은 미국 뉴욕 출생이고 리종성(李宗盛)도 대만 출신, EXO는 한국의 김종대(金钟大), 중국의 LAT 등 다양한 출신들로 구성되어있다.

상기 표에서와 같이 중국 대륙에서 티켓수입 1위인 가수 천이쉰의 2014년도 티켓수입이 3.13억 위안(한화 약 563억 4천만 원)으로 한국 가수들의 총 103회 콘서트 수입액과 거의 비슷한 수준이다. 그리고 1회당 티켓판매 1000만 위안(한화 약 17억 5천만 원)이상인 가수는 저우지예룬 한 사람뿐이다.

다. 뮤직페스티벌

중국의 뮤직페스티벌은 대체로 경제적으로 부유한 지역인 베이징, 상하이, 광저우와 선전을 포함하는 인구 4680만 명의 주산쟈오(珠三角) 지역에 집중되어 있다.

2014년도 티켓판매수입이 3.79억 위안으로 연간 공연시장 전체 규모의 8.7%에 머물고 뮤직페스티벌 개최횟수도 149회이다. 지역별 개최횟수를 보면 베이징, 상하이, 광저우, 선전 등 ①1선 대도시가 92회로 전체의 61.7%를 차지하고 난징, 선양(沈阳), 시안(西安), 청두(成都), 충칭(重庆), 항저우(杭州), 칭다오(青岛), 다롄(大莲), 닝보(宁波), 우한(武汉)등 ②2선 대도시는 27회 개최로 18%를 점하며 인촨(银川), 시닝(西宁), 난통(南通), 창저우(常州), 샤오싱(绍兴), 즈보(淄博) 등 ③3선 도시는 11회로 7%, 러산(樂山), 오르도스(鄂迩多斯), 장쟈코우(张家口) 등 ④4선 도시는 7회로 5%를, 라싸(拉萨), 바이산(白山)등 경제수준이 낮고 비교적 오지에있는 ⑤5선(五线)도시는 6회 개최로 4% ⑥홍콩 및 해외개최는 6회로 4%를 각각 차지한다. 그런데 여기서 중국의 도시를 구분하는데 있어 1선 도시, 2선 도시 등에 대한 이해를 위해 첨언 한다면 각도시의 정치의 중요도, 경제수준, 영향력 및 지명도, 인구수 및 유동성, 상업자원의 밀집도, 생활의 다양성 등을 기준으로 하여 구분한다. 중국에 약 370여개 도시 중 1선 대도시는 5개, 2선 대도시 35개, 3선 도시 108개, 4선 도시 90개, 5선 도시 129개 등으로 분류하고 있다.

그리고 분기별 개최 수를 보면 겨울철인 1/4분기 5회 행사로 5%에 불과하고 봄인 2/4분기 51회 행사로 34%, 여름인 3/4분기 50회 행사로 34%, 가을인 4/4분기는 43회 행사 개최로 전체의 29%를 머문다.

앞장에서 지적했듯이 중국의 뮤직페스티벌 개최도 2014년 149회였는데 2015년에 와서는 110회로 줄어든다. 티켓판매수입도 2014년 3.79억 위안에서 2015년 8.18%가 감소한 3.48% 억 위안이다. 관람객도 줄어들어 2014년 307만 명에서 2015년 276만 명에 머문다.

여기서 뮤직페스티벌의 브랜드별 시장점유율을 파악해보자.

〈2014년도 중국의 뮤직페스티벌 브랜드별 시장점유율 비교〉

브랜드별	恒大星光	Modern Sky(摩登天空)	MIDI(迷笛)	热波传媒	Summer sonic-QQ뮤직	China Mobile 咪咕뮤직	漂移中国	Strawberry(草梅)등 기타	합계
시장점유율 (%)	19	14	3	1	1	1	1	60	100
개최횟수	28	21	5	2	2	2	2	87	149

출처: 中國音樂産業發展報告 2015 p.46 자료 재정리.

헝다, Modern Sky(摩登天空), MIDI(迷笛), 르보Media(热波传媒)들이 중국의 뮤직페스티벌 페이스메이커들로서 행사 개최의 1/3을 차지한다. 그러나 스트로베리(草梅)도 상당한 실력과 역사를 가진 업체이다.

스트로베리 뮤직페스티벌, MIDI, 헝다(恒大)를 제외하더라도 일부 음악제작사, 부동산개발업자, 디지털뮤직플랫폼 등의 그룹사들도 자신들의 여러 가지 우월함을 이용하여 뮤직페스티벌 시장을 점유하고 있는 실정이다. 해외의 이름 있는 섬머소닉(Summersonic)이 중국 뮤직페스티벌시장에 진입한 것이 하나의 사례이기도 하다.

2015년도에 들어서면서 Modern Sky가 30회로 개최횟수가 늘었고 스트로베리 뮤직페스티벌도 2014년도 12회에서 2015년 17회로 일부는 증가했다. 최근에 와서는 기존의 미국시장에서 유럽과 오세아니아로 뮤직페스티벌의 세계화를 꾀하고 있다.

또한 뮤직페스티벌 분야에서도 O2O으로의 실현이 늘어나고 있는데 2015년 10월 1~3일 국경일 기간 Youkutodou가 처음으로 '이상(理想) 뮤직페스티벌'을 베이징 平谷에서 개최했다. 인터넷으로 회원을 정하고 이들에게 무료 개방함으로써 오프라인에서 비용을 지불하고 온라인에서 시청하는 진정한 음악 O2O를 실현한 것이다. 뿐만 아니라 요우쿠는 2016년 5월 15일 독자적으로 '2016음악최강(音乐最强, Music Best)' 생방송 접속자만 1500만 명에 이르렀다는 소식이다.

여기서 뮤직페스티벌에 역사가 깊고 여러 가지 경험이 축적되어 시장에서 영향력이 적지 않은 '베이징MIDI연출유한공사(北京迷笛演出有限公司)'에 대해 잠시 파악해보자. 동사는 2005년 9월 설립했는데 초기에는 베이징MIDI음악학교로 등록하여 베이징시 문화국이 발표한 연출업자질허가증을 획득한다. 그리고 동공사(同公司)는 MIDI뮤직페스티벌, 중국 록큰롤MIDI상 시상, 어린이MIDI악기, MIDI현대음악전국고사(考级) 등의 사업들을 진행한다. 전국적으로 중국 제1위 대형야외뮤직페스티벌을 20여 차례나 개최해왔다. MIDI의 뮤직페스티벌 세부 장르를 보면 로큰롤 페스티벌이 76%로 가장 많고 그다음이 재즈뮤직페스티벌로 12%, 국제뮤직페스티벌 4%, 전자뮤직페스티벌 4%, 민요뮤직페스티벌 4%로 구분된다.

중국에 산재해 있는 다양한 형태의 뮤직페스티벌 행사를 성격별로 구분해보면 다음과 같다.

〈중국의 각풍격(各風格) 뮤직페스티벌 구분〉

뮤직페스티벌풍격	뮤직컬 명
종합적 뮤직 페스티벌	草莓뮤직페스티벌, MIDI(迷笛)뮤직페스티벌, 长江뮤직페스티벌, EchoCarnival뮤직페스티벌, 심플라이프페스티벌(简单生活节)
전자뮤직 페스티벌	MYTH묘(신화妙)전자뮤직페스티벌, INTRO전자뮤직페스티벌, 버드와 이저폭풍(百威风暴)전자뮤직페스티벌, MTA텐모(天漠)뮤직 페스티벌, 베이징국제전자뮤직 페스티벌, 太湖MIDI(迷笛)전자뮤직페스티벌

21세기 중국문화산업시장의 이해

애니메이션&2차원 뮤직페스티벌	국풍(国风)애니메이션뮤직페스티벌, 반딧불(酷狗萤火虫)애니메이션전 자오락뮤직페스티벌, 酷狗蘑菇(버섯)Y3애니메이션 뮤직페스티벌
재즈뮤직페스티벌	JZ Festival 재즈상하이뮤직페스티벌, 浓淸静安재즈봄뮤직페스티벌, 北山재즈뮤직페스티벌, JZ재즈충칭(重庆)뮤직페스티벌
록큰롤뮤직페스티벌	稻壳록콘롤뮤직페스티벌, 金沙滩록콘롤뮤직페스티벌, 魔音록콘롤뮤 직페스티벌, 客语록콘롤 뮤직페스티벌
민요뮤직페스티벌	瓜州뮤직페스티벌, 山谷민요뮤직페스티벌, 耳洞大开민요뮤직페스티벌
유행뮤직페스티벌	홍콩아세아유행뮤직페스티벌, 선전(深圳)南山뮤직페스티벌
금속뮤직페스티벌	330금속뮤직페스티벌, 硬核뮤직페스티벌
기타	청두자동차뮤직페스티벌, 中天자동차뮤직페스티벌

출처: 中國音樂産業發展報告 2017 p.39.

물론 뮤직페스티벌 행사 역시 동질화를 돌파해야 하는 문제를 안고 있기도 하다. 특히 청두시의 2016년 '음악산업 발전 지원에 관한 의견'을 지방정부로서는 처음 시행에 들어가면서 쓰촨성은 '쓰촨음악시즌'을 만들어 시행해나가고 있어 상당히 고무적인 정책을 펴고 있다고 평가받고 있다.

다음은 대체로 소형 장소에서 개최되는 라이브하우스 뮤직공연시장을 잠시 살펴보자.

라. 라이브하우스

라이브하우스 공연의 상업모델은 아직 성숙되지 못하고 있으며 단순히 티켓판매수입에 의존하고 있는 실정이다. Bar(酒吧)나 커피점 등으로 사람들을 유인하는 여러 가지 방안들이 나와야 하는데 이들 소비자들의 욕구를 활용 내지는 유인하지 못하고 있다는 것이 시장의 설명이다. 2015년도의 라이브하우스 공연티켓수입은 6341만 위안(한화 약 110억

9675만 원)으로 2014년도보다 1,387위안이 증가했다.

그리고 역시 라이브하우스 공연장 680개소 중 가장 많은 곳이 광둥성으로 32개소나 되고 장쑤성은 두 번째로 22개소, 베이징은 세 번째로 20개소, 저장성 14개소, 상하이 12개소로 상위 5위를 기록하고 있는 지방의 라이브하우스 수가 전체의 14.7%를 점하는 100개소에 이른다.

〈중국의 라이브하우스 공연시장 티켓판매수입(단위: 억 위안) 비교〉

연도	2011	2012	2013	2014	2015	2016
수입(단위: 만 위안)	3,772.8	3,899.6	4,100.3	4,953.6	6,341.0	8,285
공연횟수	5,335	5,417	6,604	7,419	8,822	9,751
회당 평균수입 (단위: 위안)	7,071	7,198	6,208	6,677	7,188	8,528

출처: ①中國音樂産業發展報告(2016.7 출판) p.47 ②中國音樂産業發展報告 2016 p.32-p.33 ③中國音樂産業發展報告 2017 p.42 자료 재정리.

그런데 공연횟수의 지역별 분포를 보면 2014년의 경우 베이징 1,766회, 광둥성 825회, 상하이 719회 누계 3,310회이며 그 밖에는 후베이성 323회, 충칭시 303회 쓰촨성 281회, 기타 3,202회로 총 7,419회로 집계했다. 北上广(베이징, 상하이, 광저우) 지역에 쏠림현상이 확연하다, 베이징, 상하이, 광둥성이 전체의 44.61%를 차지한다.

공연 티켓값의 수준은 해외 여타 국가들과 비슷한 것으로 조사되었다. 2015년도 1인당 평균티켓값은 2014년 58.29위안보다 높은 59.72위안이었고 특별공연의 티켓 평균값은 이보다 더 높은 61.4위안, 그리고 해외초청공연의 경우는 67.9위안으로 가장 높다.

<중국의 라이브하우스공연 횟수별 1인당 평균티켓값 분포/2014년>

티켓 구분	무료	30위안 이하	30-50위안	50-70위안	70-100위안	100-200위안	200위안 이상	합계
개최횟수	979	680	2,100	1,520	990	980	170	7,419
비중(%)	13.2	9.2	28.3	20.5	13.3	13.2	2.3	100.0

출처: 中國音樂産業發展報告 2015 p.49 자료 재정리.

중국에서의 라이브하우스 소형공연 티켓 평균값은 30~70위안 사이로 전체의 48.8%를 차지한다. 이를 한국화폐로 환산하면 티켓 1매당 평균값이 5,250-12,250원 정도로 중국의 중·대도시 일반 시민들의 경제력에 비하면 높지 않은 수준이다.

중국의 콘서트시장을 포함한 음악공연시장에서 이미 2차원의 공연이 쏟아지고 있는 현실을 주목할 필요가 있다. 다시 말하면 VR아이돌 가수들이 Anime Exhibition 무대에 등장하고 있다는 점이다. 물론 이러한 2차원 공연은 일본과 영국에서 시작되어 진행되어왔지만 중국에도 이러한 시장이 형성되고 있다는 점이다.

2016년 12월 상하이와 베이징에서 8차례의 VR아이돌 공연(演唱会)이 이루어졌고 VR아이돌 가수들을 제외한 2차원의 国风도 공연시장에 진입했다. 이러한 국풍콘서트인 '2016国风音乐圣典)'이 베이징 올림픽 주경기장이었던 니아차오(鳥巢)에서 거행되었다.

뿐만 아니라 고급과학기술인 VR기술이 음악공연시장과 융합, 동반상승하고 있는 가운데 앞서 언급한 저명 가수 왕페이(王菲)의 2016년 12월 30일 상하이 '2016幻乐一場'콘서트는 두 가지 온라인방식으로 시청자들이 볼 수 있었다. 하나는 일반적인 무료생방송이고 또 다른 하나는

판매 티켓값 30위안의 유료 VR생방송이었다. 무료생방송은 한 번에 시청자가 2000만 명이 넘었고 유료 VR생방송은 온라인으로 8만 8,000명이 시청함으로써 264만 위안의 수익을 창출한 것으로 알려져 있다.

그리고 장쑤성, 후난성위성TV채널에서도 연말 대형공연쇼프로에서 VR생방송을 추진했고 중앙텔레비전방송(CCTV)에서도 2017년 춘절(春节, 음력설날) 축하행사 프로그램인 련환회(联欢会)에서도 VR생방송을 진행함으로써 이러한 2차원의 음악공연시장은 이미 보편화되었다는 점을 강조하고 싶다.

5. 음악저작권 운영과 관리

저작권법에 의하여 보호·관리되고 있는 중국 저작권의 주요역사를 보면 1910년 청선통(清宣统) 2년에 제정된 '대청저작권률(大清著作权律)'이 있고 1915년에 와 중화민국시절에 만들어진 '북양정부저작권법(北洋政府著作权法)'과 1928년의 '중화민국저작권법'으로 이어진 것으로 알려진다.

작금의 저작권법은 ①1990년 9월 7일 제7기전국인민대표대회(第7届全国人民代表大会, 약칭 全人大)상무위원회 제15차회의에서 '중화인민공화국저작권법(中华人民共和国著作权法)'이 통과·시행된 후 ②2001년 10월 27일 제9기 전국인민대표대회 제24차 상무위원회에서 1차 수정을 거쳐 ③2010년 2월 26일 제11기 전국인민대표대회 제13차 상무위원회에서 2차 수정을 거친 중국의 저작권법은 총 6장 60조문으로 구성되어 있다. 동법은 제1장 총칙, 제2장 저작권, 제3장 저작권허가, 제4장 출판·연출·녹음녹상·방송, 제5장 법류적 책임과 법집행조치, 제6장 부칙으로 이루어져 있다.

중국에서 음악저작권 범위를 보면 ①복제권(復制权) ②발행권(发行权) ③연출권(表演权) ④ 방송권(广播权) ⑤방영권(放映权) ⑥정보인터넷전파권(信息罔络传播权) ⑦임차권(出租权) ⑧전람권(展览权) ⑨설치권(设置权) ⑩개편권(改编权) ⑪번역권(飜译权) ⑫발표권(发表权) ⑬서명권(署名权) ⑭수정보완권(修改权) ⑮작품보호완정권(作品保护完整权) ⑯회편권(汇编权) ⑰당연히 저작권자가 향유하는 기타 권리 등 17가지로 기술하고 있다.

복제권의 경우를 좀 더 구체적으로 들여다보면 도서, 녹음, 녹상(录像), 광고, 영상, 디지털공업디자인품을 포함하고 연기권(表演权)의 경우는 현장공연과 기계공연을 포함하며 배경음악, 가라오케음악을 포함한다.

음악저작권경영이란 음악저작권을 거래대상으로 하여 일종의 중개 또는 대리서비스 업무를 하는 것으로, 경영자 측이 음악저작권 거래를 위하여 각종 중개 또는 각종의 대리서비스를 제공하고 그로부터 금전적 이익을 얻는 행위로 인식하는 데서 출발한다.

음악저작권경영관리 주체는 중국 역시 음악저작권집체(集体)리제도를 운용하고 있는데 저작권법과 저작권집체관리조례(著作权集体管理条例)에 의거하여 음악저작권집체관리기구인 ①중국음악저작권협회(中国音乐著作权协会, 약칭 음저협(音著协: MCSC))와 ②중국음상저작권집체관리협회(中国音像著作权集体管理协会, 약칭 음집협(音集协: CAVCA))가 대상을 나누어 분할 관리한다.

음저협의 주요 관리대상은 작사작곡자(词曲作者)의 음악작품저작권을 관리대상으로하고 음집협은 음상제작자(音像制作者)의 음상작품저작권 관리를 주요대상으로 한다.

저작권법 제정이 다소 늦은감은 없지 않으나 1982년에는 '녹음녹상제품관리잠행(임시)규정'이 있었고 1985년에 와서는 국가판권국(国家版权局)이 창설되어 저작권 관리에 전문화를 기해왔다. 저작권 시장을 잠시 들여다보면 시간이 지날수록 음악판권 환경이 점점 개선되어지기는 하나 아직도 어려움이 적지 않으며, 특히 음악의 다운로드가 진행되는 상황과 디지털음악의 발전 과정 속에 음반업계는 인터넷음악의 권리침해 경험을 겪는 경우가 많다. 그러나 다소 위안이 되는 것은 디지털대기업들이 음악저작권 분야에 거대자본을 투자했다는 점이다. 음악시장으로서는 다행스러운 일이다.

2014년 음집협은 저작권자의 권익 보호를 위하여 대규모 소송을 진행하면서 판권허가수입 촉진을 가져오기도 했지만 여러 가지 요인으로 가라오케업계에서는 문을 닫는 어려움도 동시에 진행되는 상황을 초래하기도 했다. 그러나 2015년도에 들어와 음저협이나 음집협의 저작권허가 사용료징수액은 지난해보다 각각 24%와 15.1%씩 증가했다.

2016년도에 와서 음저협의 저작권사용료 수납액이 8.2%, 음집협의 저작권 수납액은 18.06%가 각각 증가하고 2017년에 와서도 음저협의 저작권사용료 수납액이 또다시 17.2%, 음집협의 저작권사용료 수납액은 9.3%로 각각 연이어 늘어났는데 이는 중국의 저작권시장이 더욱 확대되고 있음을 의미한다.

가. 시장규모와 구성

중국의 국가판권국은 1995년 '작품자원등기시행규정(作品自愿登記試行办法)'을 공포·시행했는데 각성(各省)의 판권부서(版权部門)는 당해 지역 작자(作者) 및 저작권자의 작품등기를 책임지도록 하고 국가판권국은 국외 및 홍콩·마카오 지역의 작자 및 저작권자의 작품등기를 맡도록 했다. 1998년에 '중국판권보호중심(中國版權保護中心)'이 설립된 이후에는 국가판권국의 등기기능이 더욱더 확보되는 추세를 보인다.

〈2000~2015년간 국가판권국에 등기한 음악작품 현황〉

연도	2000	2001	2002	2003	2004	2005	2006	2007
등기작품 수	198	182	188	173	260	855	1,589	2,193
연도	2008	2009	2010	2011	2012	2013	2014	2015
등기작품 수	2,084	1,360	1,425	2,339	3,901	5,066	6,094	2,839

출처: ①中國音樂産業發展報告2014 p.81 ②中國音樂産業發展報告2015 p.57 ③中國音樂産業發展報告 2016 p.45 자료 재정리.

음악작품의 등기 현황에서 지역별로 보면 베이징이 단연 앞선다. 2013년의 경우 지역별 등기 상위 5위에서는 ①베이징 3,257건 ②저장성 1,912건 ③신장위글자치구 1,367건 ④랴오닝성 1,347건 ⑤광둥성 702건이다. 2014년도의 경우 베이징은 2,660건으로 1위를 차지했다.

그러나 2015년도에 와서 46.59%로 대폭 감소했는데 베이징이 9.96% 줄어든 265건이었고 대체적으로 등기수량이 많았던 지린성이 368건, 장시성(江西省) 283건, 장쑤성 203건 등으로 적지 않게 줄었다.

중국 저작권 환경이 매년 개선되어가는 가운데 중국 음저협의 판권허가수입도 계속 늘어나 2014년도는 2013년보다 22.36%가 늘어난 1.37억 위안이었고 2015년도는 1.7억 위안으로 2014년보다 24%가 증가한 액수이다. 2016년도는 1.84억 위안, 2017년 2.04억 위안으로 계속 증가하고 있다.

2015년도의 경우 복제권과 연기권(表演权)수입이 모두 배 이상 급증한 것으로 집계했다. 그러나 아직도 중국의 저작권수입 발굴에는 여러 가지 어려움이 상존하고 있다.

여기서 음악저작권 경영관리기구들의 회원수를 파악해보자.

〈2010~2016년간 중국 음저협 회원수 변화〉

연도	2010	2011	2012	2013	2014	2015	2016
회원수(명)	6,154	6,523	6,903	7,301	7,700	8,101	8,502

출처: ①中國音樂産業發展報告 2016 p.41 ②中國音樂産業發展報告 2017 p.64 자료 재정리.

2016년도 새로이 늘어난 회원수가 401위(位)인데 여기에는 작사자 126명, 작곡자 256명, 상속인 12명, 기타 1명과 출판사 6개사가 포함되어 있다.

이러한 음집협 회원들은 어떠한 부류로 구성되어 있는지를 보면 대체로 5가지 부류로 구분되는데 표를 작성하면 아래와 같이 요약될 수 있다.

21세기 중국문화산업시장의 이해

〈2012~2016년간 중국 음저협 회원 구성 변화〉

		작곡자(曲作者)	작사자(詞作者)	상속인(繼承人)	출판사	기타	합계
회원수 (位)	2016년	4,992	3,139	291	73	7	8,502
	2015년	4,736	3,013	279	67	6	8,101
	2014년	4,508	2,876	247	63	6	7,700
	2013년	4,277	2,726	231	62	5	7,301
	2012년	4,067	2,563	211	59	3	6,903
구성비율 (%)	2016년	58.71	36.92	3.43	0.86	0.08	100.00
	2015년	58.46	37.19	3.44	0.83	0.08	100.00
	2014년	58.54	37.35	3.21	0.82	0.08	100.00
	2013년	58.58	37.30	3.16	0.85	0.07	100.00

출처: ①中國音樂産業發展報告 2014 p.82 ②中國音樂産業發展報告 2015 p.57-p.58 ③中國 音樂産業發展報告2016 p.40-p.41 ④中國音樂産業發展報告2017 p.64 자료 재정리.

음저협의 회원수가 계속 증가하고 있는 것은 고무적이긴 하지만 중국이라는 인구수에 비하면 아직도 갈 길은 멀어 보인다. 회원수가 8,500명 내외로는 회원가입에 여러 가지 보이지 않은 어려움이 있어 보인다.

물론 회원수가 많지 않다고 라이선싱(Licensing, 授权) 작품수가 적은 것만은 아니다. 음저협이 보유한 회원들의 라이선싱 작품수를 보자.

〈2013~2016년간 음저협 회원 작품 현황〉

연도	창작작품수	영화·TV(影視) 작품수	각색 또는 개작 작품수	전사(塡詞) 작품수	합계
2016	314,000	65,000	7,000	5,000	391,000
2015	300,552	55,446	7,062	5,004	368,064
2014	287,140	47,697	6,479	4,845	346,161
2013	267,057	33,299	6,106	4,564	311,026

출처: ①中國音樂産業發展報告 2016 p.43 ②中國音樂産業發展報告 2017 p.66-p.67 자료 재정리.

2015년 12월 31일 음저협DIVA데이터베이스에 이미 작품수가 656만여 수(首)에 이른 것으로 알려져 있고, 이 중에는 음저협의 등록작품 수량이 39만 1,000수로 되어 있다.

그러나 중국 음저협에 등록된 회원들의 라이선싱 작품수는 여타 국가들의 저작권집체관리기구가 확보한 작품수와 비교하면 상당히 차이가 난다. 프랑스 SACEM은 중국 음저협의 라이선싱 작품수의 302.6배, 미국의 BMI는 중국 음저협의 라이선싱 작품수의 33.4배, 일본의 JASRAC의 라이선싱 작품수는 중국 음저협의 5.51배에 이른다고 알려져 있다.

다음은 中国音像著作权集体管理协会(약칭 음집협)의 회원구성과 숫자를 보면 주로 음상제작사들로 단순한 느낌을 준다.

〈2013~2016년간 음집협 회원부류·구성 및 라이선싱 작품수 비교〉

연도	2013	2014	2015	2016
회원수(家)	112	123	137	159
관계권리인(家)	250	261	267	-
라이선싱 작품수	99,066수	95,888수	98,232수	102,804수

출처: ①中國音樂産業發展報告 2014 p.84 ②中國音樂産業發展報告 2015 p.58 ③中國音樂産業發展報告 2016 p.42-p.44 ④中國音樂産業發展報告 2017 p.68 자료 재정리.

그리고 2012년도에는 8만 8777수로 최근 5년간 실적을 보면 2016년도에 와서 10만 수를 넘어섰다.

나. 음악저작권 수입

그러면 음저협과 음집협이 저작권 사용을 허가하고 그 사용료를 수하고 있는데 연간 기관별 총 수납액과 분야별 수납액이 얼마나 되는지 파악해보자.

〈중국 음저협과 음집협 저작권사용허가료 수납액(억 위안) 현황〉

연도	2008	2009	2010	2011	2012	2013	2014	2015	2016	2017
음저협	0.3688	0.4254	0.6801	0.8889	1.0992	1.1226	1.3737	1.70	1.84	2.04
음집협	0.47	1.17	1.20	1.20	1.19	1.42	1.39	1.55	1.83	2.0

출처: ①中國音樂産業發展報告 2014 p.83 ②中國音樂産業發展報告 2015 p.58 ③中國音樂財經 (2016.11.13) ④中國音樂産業發展報告 2016 p.52 ④中國音樂産業發展報告 2017 p.63 ⑤2018中國音樂産業發展總報告 (2018.12.19) 자료 재정리.

그러나 수납된 금액 중에는 음저협과 음집협의 운영관리비를 상당부문 공제하고 저작권자에게 지불하기 때문에 저작권자가 받는 실제 저작권사용료는 줄어든다. 이 부문은 뒷장에서 더 구체적으로 설명하겠다.

음저협이 수납하고 있는 저작권사용허가료를 부문별로 구분하면 다음과 같다.

〈중국 음저협 주요부문별 저작권사용허가료 수납액〉

연도	총 수납액 (단위: 억 위안)	부문별 저작권사용허가료 수납액(단위: 억 위안)				
		연기권(表演權) /배경음악	방송(广播)권	복제(復制)권	뉴미디어(정보 인터넷전파)권	해외수입
2016	18,429.07	5,940.37 / 2,559.11	4,158.81	862.54	6,845	622.07
2015	17,000	6,987 / 3,335.13	3,918.0	904	4,556	535.00
2014	13,736.59	3,444.76 / 1,201.95	4,841.23	422.37	4,473.82	554.41
2013	11,226.3	5,288.84 / 2,610.11	3,474.3	457.03	1,472.57	533.56
2012	10,991.54	4,594 /2,166.51	4,015.44	546.78	1,326.55	508.77
2011	8,889.0	4,378.58 / 2,081.88	2,025.61	815.66	1,107.08	562.07

출처: ①中國音樂産業發展報告 2015 p.58-p.59 ②中國音樂産業發展報告 2016 p.51 ③中國音樂産業發展報告2017 p.69, p.72 자료 재정리.

음집협에서 저작권허가 사용료로 수납한 방송권(广播权)수입 4,158.81만 위안에는 라디오방송사로부터의 수입 4,164,100위안과 TV 방송사로부터의 수입 37,424,000위안이 포함된 액수로 역시 라디오방송보다 TV방송에서 음악을 많이 내보내고 있음을 알 수 있다.

그리고 음저협이 저작권허가사용료로 수납한 연기권수입도 가라오케 시장수입이 가장 많은 49.66%를 차지하고 배경음악시장수입은 43.08%에 이르며 현장연기(表演/공연)시장수입은 7.26%에 그친다.

음집협의 복제권, 연기권, 해외수입 모두가 감소했으나 뉴미디어의 정보인터넷전파권수입만 크게 증가했다. 이는 음반 등 전통적 복제권 거래가 계속 위축되고 근년에 들어와서는 실물경제도 완만해진 탓이 라디오나 TV 현장연기와 상가매장 등 상업장소에서의 방송권과 연기권 거래를 위축시킨 측면이 적지 않게 작용했다는 것이 시장의 판단이다. 또한 디지털음악이 음악산업의 주요부문을 형성하고 있음에 따라 뉴미디어허가수입의 빠른 증가는 피할 수 없는 현상이기도 하다.

여기서 음악저작권허가 사용료수입원을 구체적으로 파악해보자.

〈중국의 음악저작권 허가사용료 수입원별 비중(%) 대비표〉

구분	인터넷 (互聯网)	TV	가라 오케	배경 음악	해외 수입	현장 연기	라디오	녹음·녹상	영상, 광고	도서등	기타
비중(%)	37.05	20.26	15.97	13.85	3.37	2.34	2.25	1.96	1.52	1.19	0.24

출처: 중국음악산업발전보고 2017 p.69 자료 재정리.

다음은 음집협(약칭 中國音像著作权集体管理協會: CAVCA)의 저작권허가사용료 수납액을 보면 다음과 같다.

21세기 중국문화산업시장의 이해

<中국 음집협의 저작권허가사용료 수납액 추이>

연도	2012	2013	2014	2015	2016	2017
수납액(단위: 억 위안)	1.19	1.42	1.39	1.55	1.83	2.0
증감률(%)	-	19.33	-2.11	11.51	18.06	9.29

출처: ①中國音樂産業發展報告2017 p.72 ②2018中國音樂産業發展總報告(2018.12.19).

여기서 세계 주요국가들의 저작권 관련 기구들이 수납하고 있는 저작권허가사용료 수납액에 비하면 중국의 저작권 관련 기구들의 저작권허가사용료 수납액이 상대적으로 낮은 편이다.

<세계 주요국가 저작권기구들의 저작권허가사용료 수납액 규모 및 회원수/2016년>

국가별 저작권 관련 기구	SACEM (프랑스)	BMI (미국)	JASRAC (일본)	PRS (영국)	SOCAN (캐나다)	APRA (이탈리아)	AMCOS (호주)	MCSC (중국)
수입액(단위: 억 위안)	108.1990	70.8803	66.3573	54.9790	20.7491	16.6224	4.8174	1.8400
회원수(명)	161,170	820,000	-	125,000	150,000	89,421	16,054	8,502

출처: 中國音樂産業發展報告 2017 p.65, p.73 자료 재정리.

그런데 2015년도 세계 주요국가들의 저작권 관련 기구들의 음악저작권허가사용료 수납액을 비교해 봐도 중국은 여전히 상대적으로 낮은 수준이다.

<세계 주요국가들의 저작권허가사용료 수납액 규모 비교/2015년>

국가별	미국	프랑스	일본	독일	영국	호주	캐나다	한국	중국
수입(억 위안)	139.39	98.10	72.71	66.47	36.74	15.68	15.64	6.90	1.70

출처: 中國音樂産業發展報告 2016. p.45.

뿐만 아니라 각종 방송기관들이 음저협과 협의하여 음악방송 저작권
사용료를 납부하고 있는 방송기관은 전체 라디오와 TV 방송기관의 3%
수준에 머문다.

〈중국 음저협에 음악저작권료를 납부하고 있는 방송기관 수〉

	2010년	2011년	2012년	2013년	2014년	2015년
라디오방송국	1	1	31	34	34	36
TV방송국	0	11	11	18	42	46
계	1	12	42	52	76	82

출처: 中國音樂産業發展報告 2016 p.47 자료 재정리.

전국적으로 2,560여 좌에 이르고 있는 라디오방송국과 TV방송국 수
를 감안하면 개선·보완되어져야 할 점이 적지 않아 보인다.

여기서 다시 음저협과 음집협에서 저작권허가를 통하여 저작권사용
료로 수납된 금액 중 저작권자에게 어느 정도를 지급하고 있는지 파악
해보면 수납기관들의 운영비와 부가가치세 등을 제외하고 그렇게 많지
는 않은 편이다.

다. 저작권허가사용료 수납액 배분

여기서 연간 저작권허가사용료 수납액에 대한 집체관리기관들의 수
납액 배분을 보자.

21세기 중국문화산업시장의 이해

〈중국의 최근 10년간 음저협의 저작권허가사용료 수납액(단위: 억대) 배분 현황〉

연도	2007	2008	2009	2010	2011	2012	2013	2014	2015	2016
수납총액	4,127	3,688	4,254	6,801	8,889	10,992	11,226	13,737	17,060	18,429
배분가용액	3,474	3,098	3,569	5,597	7,378	9,005	9,205	11,510	13,960	11,970
제비용(세액 포함)	653	590	685	1,205	1,511	1,987	2,021	2,227	3,040	6,549

출처: ①中國音樂産業發展報告 2015 p.59 ②中國音樂産業發展報告 2016 p.52, p.53 ③中國音樂産業發展報告 2017 p.73 자료 재정리.

상기 표상의 지출액에는 수납을 대행하는 집체관리기관의 각종 운영비와 부가가치세 등이 세부 내역으로 집행되고 있다. 그리고 2010년부터 2012년 사이에 수납액이 대폭 증가한 요인은 지방라디오방송과 TV방송에서의 음악저작권 사용료 허가 수입이 시작되어 수입이 증가한 것이다.

상기 표에서와 같이 음저협은 대체로 총 수납액의 18% 내외를 행정비 등 협회경비로 사용하고 있고 82% 전후를 저작권자에게 지불하고 있는 것으로 집계하고 있으며 2015년도의 경우도 18.64%에 이른다.

2016년도의 경우를 보면 세계 여타 국가들 집체관리기구들의 운영비 등을 보면 중국보다 다소 낮다. 호주 AMCOS 11.13%, 한국의 KOMCA 11.80%, 일본 JASRAC 11.80%, 이탈리아 APRA 11.96%, 미국 ASCAP 12.26%, 영국 PRS 13.14%, 미국 BMI 13.43%, 캐나다 SOCAN 14.29%, 독일 GEMA 15.35%, 프랑스 SACEM 15.74%들과 비교된다. (출처: 中國音樂産業發展報告 2017 p.74).

어쨌든 음악저작권사용료 수납범위는 방대한데 시장에서의 저작권 사용료 납부에 대한 의식이 아직까지는 부족한 면이 적지 않아 여러 가지 수납에 어려움을 겪고 있는 것이 현실이다. 다만 매년 개선되어져가는 것만은 틀림없어 보인다.

그리고 중국은 음악인접권(隣接权)집체관리를 음집협이 관장하고 있는데 관장범위에 가라오케시장이 인접권의 중요한 범주에 포함되어 있어 중국의 현 상황에 대해 잠시 설명을 부언코자 한다.

따라서 국가판권국이 2006년 11월 공포, 시행하고 있는 '가라오케 저작권사용료 표준(국가판권국 2006년 제1호)'에서 가라오케 저작권납부표준을 가라오케 경영장소의 노래방(Room) 단위로 규정하면서 하루에 노래방 하나에 12위안의 음악저작권료를 납부토록하는 표준을 적용하고 있다. 2015년도에 와서도 음집협은 여전히 국가판권국의 2006년 11월 공포·시행하고 있는 가라오케 저작권사용료 표준정신에 따라 '위안/단말기(터미널)/天(1일)'의 징수표준을 적용하면서 상한액을 '12위안/단말기(터미널)/天(1일)' 방식을 고수하고 있으나 가라오케시장에서 징수되는 저작권사용허가료의 급상승은 이어지지 않는다.

한편 중국 정부는 음악저작권 보호를 위하여 다양한 정책들을 쏟아내고 있는데 2015년도만 하여도 7건의 정책적 법규를 내놓았다. 2015년 1월 '국가 지식재산권 전략행동계획 2014~2020 심입(深入)시행'을 발표하여 지식재산 강국 건설에 진력할 것을 요구하고 있으며, 같은 해 4월에는 '인터넷전재(转载)저작권 질서규범에 관한 통지'와 같은 해 11월 '인터넷 영역에서의 권익침해 가짜행위 처리강화에 관한 의견' 및 '중화인민공화국형법 수정안'을 마련하여 저작권보호 주요조문 보강과 인터넷 권익침해 방조행위에 대한 형사책임을 묻도록 했다. 또한 '인터넷음악콘텐츠 관리공작 진일보 강화 및 개선에 관한 통지'와 '국가음악산업 발전 강력 추진에 관한 약간의견' 등 다양한 정책적 법규들이 새로이 출현하는 것 등을 감안해보면 중국 음악산업의 건전한 발전을 위해 지속적인 노력들이 집중되고 있는 느낌을 갖게 한다.

뿐만 아니라 민간음악기업들도 상호협의를 통하여 시장질서와 분쟁을 최소화하는 데 합의한다. 2017년 9월 12일 알리바바음악집단과 텅쉰음악오락집단은 쌍방 간 저작권의 라이선싱 전환합작에 합의하면서 2년 이상 끌어오던 저작권 분규에 종지부를 찍었다. 이와 함께 뒤를 이어 왕이클라우드음악이 합규함으로써 중국의 3대 음악플랫폼사가 나란히 전진하게 되고 저작권시장의 건강한 발전에 한 걸음 더 전진하게 되었다.

6. 디지털음악시장

중국에서의 디지털음악은 디지털기술로 제작, 저장(기억), 복사, 인터넷, 모바일인터넷, 전신(통신)부가가치 서비스업 등의 방식으로 전파하고 소비하는 무형의 형태 음악을 일컫고 있는데 가청주파수(오디오: 音頻)압축 코딩격식에 따라 분류하면 MP3/4, APE, WAV, WMA, FLAC, AIFF등이 있고 대체로 3가지 분야로 구분하고 있다. ①뮤직인터넷사이트와 바탕화면음악 서브 사용자 측에 제공되는 PC음악 서비스가 있고 ②모바일 인터넷 홈페이지와 모바일뮤직앱을 일컫는 모바일뮤직 서비스가 있으며 ③통화연결음, 울림소리, IVR(Interactive Voice Response: 대화형 음성 응답)로 대표되는 전신(통신)사들의 음악 부가가치사업부문으로 구분된다.

2016년 세계녹음음악시장의 총수입이 전년동기비 5.9% 늘어난 157억 달러인데 이 중에 디지털음악수입이 78억 달러로 전년동기비 17.7%가 증가했다. 그러나 실물음반수입은 7.6% 감소한 것으로 집계했다. 세계녹음제품음악시장의 선두주자는 세계시장의 1/3을 점하고 있는 미국으로 7.6%가 성장했다고 한다. 디지털음악수입의 59%가 스트리밍미디어(Streaming Media) 이용에서 나온다. 세계의 다운로드음악수입은 전년동기비 20.5%가 감소한 23.6억 달러에 불과했다. 스트리밍미디어 음악수입은 2014년 이후 급증하는데 2014년 30.2%가 늘어나고 2015년도에도 47.3%가 늘어나며 2016년도는 45.6억 달러로 무려 60.4%가 증가한다(출처: 중국음악산업발전보고 2017).

'中国音乐产业发展报告 2015'에 의한 2014년도 국제디지털음악상품 이용자 규모를 보면 ①Pandora 7940만 명 ②Spotify 7500만 명 ③iTunes Radio 4000만 명 ④Deezer 1600만명 ⑤Apple Music 1100만 명 ⑥Guvera 1000만 명으로 밝히고 있다. 그리고 2014년도 세계디지털음악산업시장 규모가 2013년 59억 달러보다 6.9%가 증가한 68.5억 달러로 알려져 있고, 같은 해 세계 주요국가의 디지털 스트리밍미디어수입을 보면 ①미국 7.18억 달러 ②영국 1.82억 달러 ③한국 1.42억 달러 ④스웨덴 1.32억 달러 ⑤프랑스 1.21억 달러 ⑥스페인 0.472억 달러 순으로 집계하고 있다.

가. 시장규모와 시장 동향

중국 디지털음악시장은 매년 계속 확대되어 2017년 말에는 580.6억 위안(한화 약 9조 8702억 원)으로 전년도보다 6.2%가 늘었다. 그리고 중국의 디지털음악시장의 구성은 대체로 ①PC음악시장(노트북컴퓨터포함) 규모와 ②모바일음악시장 규모 ③전신(电信: 통신사)들의 음악시장 부가가치생산액 등 크게 세 가지로 구성하고 있다.

〈중국의 디지털음악시장 규모 변화 추이〉

연도	2011	2012	2013	2014	2015	2016	2017
세계디지털음악시장 규모(억 달러)	-	56	59	68.5	67	78	-
중국디지털음악시장 규모(단위: 억 위안)	355.8	392.4	440.7	491.2	498.18	529.26	580.6
-PC(노트북컴퓨터포함)시장규모 (단위: 억 위안)	41.5	48	43.6	51.2	58.1	143.26 (모바일 포함)	180 (모바일 포함)
-모바일음악시장규모(단위: 억 위안)	24.3	27.2	30.5	33.8	41.46		
-통신사음악부가가치생산액(단위: 억 위안)	290	317.2	366.6	406.2	398.62	386.00	400.6
중국 무선시장 총 규모(단위: 억 위안)	351.7	374.2	397.1	440.0	440.08	-	-
중국 디지털음악 총 이용자수 (단위: 만 명)	38585	43536	45312	47807	50100	50300	52300

출처: ①中国音乐产业发展报告2014 p.99-p.102 ②中国音乐产业发展报告2015 p.78-p.85 ③中国音乐产业发展报告2016 p.60-p.65 ④中国音乐产业发展报告 2017 ⑤2018中国音乐产业发展总报告 (2018.12.19) 자료 재정리.

그런데 국제음반산업연맹(IFPI, International Federation of the Phonographic Industries)이 발표한 자료에서 2015년 이전의 수치가 중국 측에서 알려진 수치보다는 다소 적은 수치다.

〈IFPI 발표 중국의 PC단말기 및 모바일 디지털음악 생산 규모 변화 추이〉

연도	2011	2012	2013	2014	2015	2016
규모(단위: 억 대)	3.80	18.20	74.10	75.50	102.80	143.26

출처: 中国音乐产业发展报告2017 p.55.

IFPI 발표자료와 중국음악산업발전보고(中國音乐产业发展报告)가 차이나는 이유는 PC단말기와 모바일단말기에 한한 자료만 포함시킬 수 있고, 한편으론 관련 시장수입 등을 포함시키는 방법 등에서 다를 수 있기 때문인 것으로 이해해야 할 것이다.

중국의 1인 평균 음악소비액 수준은 선진국가들과 다소 거리가 멀다. 2016년의 경우 중국인 1인 평균 음악소비액은 겨우 0.15달러인데 이는 일본과 노르웨이 1인 평균 음악소비액의 0.7%, 미국 1인 평균 음악소비액의 0.91%에 머무는 것으로 알려져 있다. 이러한 현상은 인터넷시대에 네티즌 수가 세계에서 가장 절대적으로 우세하지만, 이용자들의 유료의식과 소비욕구가 다소 미진한데 기인한 것으로 분석하는 전문가들이 적지 않다.

그런데 2017년 말 기준으로 보면 중국 내 디지털음악시장은 ①텅쉰 ②알리바바 ③왕이 ④바이두 등 4강 구도가 형성되어 있다.

〈중국의 디지털음악시장 4대 정립 현황〉

업체명	Client	주요 음반사
텅쉰	QQ음악, 酷狗뮤직, 酷我뮤직	유니버셜뮤직그룹, 워너뮤직, 소니뮤직, 暎皇, YG, CJ, 华谊, 福茂, 杰威 등
알리바바	虾米뮤직	滚石, 华研, 寰亚, 相信, BMC 등
왕이	왕이클라우드뮤직	YG, 유니버셜뮤직, 워너뮤직, 소니뮤직, AVEX 등
바이두	바이두 뮤직	太合麦团, 海蝶, 大石, 英皇, 通力, 金牌大风 등

출처: 2018 China Cultural Industries Annual Report p.46 자료 재정리.

그러면 중국의 디지털음악시장에서 디지털음악산업을 경영하는 기

21세기 중국문화산업시장의 이해

업은 얼마나 될까? 2014년 말 기준으로 보면 인터넷음악 관련 경영 자질을 갖춘 기업이 1,034개사에 이른다. 2011년 452개사, 2012년 575개사, 2013년 595개사, 2014년 1,034개사로 49%나 급등했다. 그리고 한편 무선음악시장을 보면 전신(통신)사 수입과 직결되고 있는데 수입 배분에서 대체적으로 ①전신(통신)사(OP/ China Mobile, China Unicom, China Telecom)가 50%를, ②서비스 제공자(SP/QQ뮤직, 多米뮤직, 蝦米뮤직, 혹 구뮤직 등) 25% ③CP(콘텐츠제공자/음반사 등) 25%로 이루어지고 있다.

어쨌든 중국의 디지털음악 이용자 수도 2015년도는 전년도보다 4.8%가 증가했는데 이는 중국 네티즌 수의 증가 추세와 궤를 같이하고 있다. 2016년도 중국의 인터넷보급률이 53.2%에 머물고 있고 네티즌들의 디지털음악 이용 삼투율(滲透率)도 72.8%에 머물고 있는 점을 감안할 때 디지털음악 이용자들의 숫자는 계속 늘어날 전망이다.

그런데 중국의 디지털음악 유료이용자 비율이 40%를 초과하고 있는데 이들 유료이용자들은 음악서비스 관련 회원 등록, 유료음악가방, 디지털앨범, 오프라인 콘서트 티켓, 온라인 콘서트생방송 시청 등 각종 음악서비스 품목들을 구매한다.

〈2015년 중국의 디지털음악 유료이용자들의 각종 음악서비스류 구매 구성 비율(%)〉

음악서비스 구분	유료 음악가방	회원 등록	디지털 앨범 구입	오프라인콘서트 티켓 구입	온라인콘서트 생방송	기타
유료이용자 비율(%)	52.4	70.4	31.7	21.6	17.4	16.4

출처: 中國音樂産業發展報告 2016 p.63 자료 재정리.

다음은 디지털음악시장을 구성하고 있는 PC단말기 음악시장, 모바일 단말기 음악시장 및 전신(电信: 통신사)음악부가가치업의 서비스시장에 대하여 보다 구체적으로 접근해보겠다.

나. 디지털음악 세부 항목별 시장

첫째 PC(노트북 컴퓨터 포함)단말기 음악서비스시장 규모에는 전통적으로 온라인음악 다운로드 수입과 온라인음악 연예수입이 포함된다.

〈2013~2015년 규획 기간 중국의 디지털음악시장 세부 항목별 구성 비교〉

연도		2013년	2014년	2015년
PC단말기(노트북컴퓨터 포함)음악시장	시장규모(단위: 억대)	43.6	51.2	58.1
	이용자 수(단위: 억명)	3.818	3.82	4.01
모바일단말기 음악시장	시장규모(단위: 억대)	30.5	33.8	41.5
	이용자(휴대폰디지털 음악) 수(단위: 억명)	2.9104	3.6642	4.1600
전신(电信: 통신사) 음악부가가치업시장	시장규모(단위: 억대)	366.6	406.2	398.6
	이용자 수(단위: 억명)	-	6.1	5.1

출처: ①中國音樂産業發展報告 2015 p.82-p.85 ②中國音樂産業發展報告 2016 p.65-p.66 자료 재정리.
주: 상기 이용자산출은 PC음악이용자와 노트북컴퓨터이용자가 서로 교차하는 것을 예측하고 80%의 디지털음악이용자가 PC(노트북컴퓨터포함)단말기를 이용, 다운로드 등의 행위로 음악을 듣는 것으로 간주하고 계산한 것임.

2016년도 PC단말기 음악시장 규모는 143.26억 위안이었고 모바일 단말기 음악시장 규모는 180억 위안으로 알려졌다.

PC(탁상용 컴퓨터)음악 이용자 수도 2015년 12월말 기준으로 하여 3.39억 명이며 노트북컴퓨터 이용자 규모도 2.06억 명에 이른 것으로 집계했다. 그러면 중국의 인터넷 접속설비 사용률을 보자.

〈2013~2015년간 중국의 인터넷 접속설비(디바이스) 사용률(%) 비교〉

	Tablet PC	휴대폰	노트북컴퓨터	탁상용컴퓨터
2015년	28.3	81.0	44.1	69.7
2014년	34.8	85.8	43.2	70.8
2013년	31.5	90.1	38.7	67.6

출처: 中國音樂産業發展報告 2016 p.65 자료 재정리.

그리고 모바일 단말기 음악시장 규모에서 중요한 부분은 음악APP시장(모바일 웹음악 미계상)이다. 네티즌 중 휴대폰 모바일 이용자 비율이 80~90% 수준에 머물고 있는 것은 스마트폰 보급과 휴대폰음악APP의 급속한 발전으로 모바일음악산업의 주체가 이미 자리를 굳혔다는 것을 의미한다.

2014년의 경우를 보면, 중국 휴대폰음악 이용자 3.66억 명의 휴대폰 인터넷음악APP을 최소한 1개 이상에서 수 개에 이르는 APP을 조사집계했는데, 인터넷모바일음악 APP별 이용자들의 분포도를 보면 다음 표와 같다.

〈휴대폰음악 이용자들의 인터넷음악 APP별 이용률(%)〉

APP별	QQ음악	酷狗音樂	酷我	天天动听	百度음악	多米음악	唱吧	蝦米음악	기타
이용률 (%)	21.1	24.3	14.9	11.8	7.3	6.5	5.2	3.3	5.6

출처: 中國音樂産業發展報告 2015 p.86.

중국의 3대 통신사(电信运营商) 이용자들의 규모에서도 2014년도의 경우 ①China Mobile(中国移动) 8.06억 명 ②China Unicom(中国联通)

2.99억 명 ③China Telecom(中国电信) 1.86억 명으로 집계하고 있는데 2015년도에 와서는 일부가 다소 늘어 ①China Mobile 8.26억 명 ②China Unicom 2억 명 ③China Telecom 1.98억 명으로 늘었다. 그런데 2015년 China Mobile 음악부가가치업 이용자 규모가 3.5억 명으로 모바일 통화연결수입이 50% 이상을 차지했다는 시장의 언급이다. 그리고 중국의 무선음악수입 배분비율을 보면 전신운영상인 3대 통신사 측이 50%를 가지고 콘텐츠제작사인 CP(음반사 등) 25%, 서비스제공사인 SP(QQ음악, 酷狗음악, 酷我음악 등) 25%로 분배하는 것으로 알려져 있다.

전신(통신)사들의 음악부가가치서비스업인 부가가치수입은 주로 통화연결음(回铃音)이다. 중국이동(China Mobile)은 彩铃으로 명명하고 중국련통(China Unicom)은 炫铃으로 칭한다. 2014년도 전신(통신)사들의 음악부가가치업시장은 약 406.2억 위안으로 전년대비 10.8%가 증가했으나 2015년도는 다소 줄어 398.6억 위안이다.

중국의 각종 모바일단말기 디지털음악상품과 서비스 형태를 보면 이용자들이 상시로 이용하는 음악플랫폼은 QQ음악, 酷狗음악, 酷我음악, 왕이클라우드뮤직 정도다.

중국의 2015년도 모바일단말기 디지털음악플랫폼APP이용자 이용률을 보면 QQ음악 45.1%, 酷狗음악 34.6%, 왕이클라우드음악 30.3% 순이 이를 말해준다. 모바일단말기 디지털음악플랫폼 다운로드시장 점유율에서는 QQ뮤직 56%, 왕이클라우드음악 15%, 海洋음악(酷狗, 酷我음악) 8%, 阿里음악 5%, 기타 16% 순이다. QQ음악의 가곡보유량도 1500만 수에 이른다. 海洋음악과 阿里음악도 수권가곡량(授权歌曲量)이 각각 400만 수 수준이다.

그런데 최근에 와서 스트리밍미디어 음악플랫폼 월간이용자들의 활약도에서도 역시 QQ음악이 가장 높은 41.84%를 기록한다. QQ음악은 2005년 일찍이 스트리밍미디어 음악시장에 진입하면서 이용자들의 저변확대를 기해왔다. 월간 활약이용자가 1.4억 명에 이른다.

〈중국의 스트리밍미디어음악플랫폼 월간 이용자 활약도 대비표/2016년〉

플랫폼	QQ 음악	왕이클라우드 음악	酷狗 음악	酷我 음악	바이두 음악	多米 음악	Echo	蝦米 음악
이용자 월간 활약도(%)	41.84	34.41	34.29	29.38	28.32	24.43	23.09	20.65

출처: 中國音樂産業發展報告 2017 p.55.

2015년도에 이르기까지는 중국의 디지털음악플랫폼은 3분으로 나뉜다. 즉 QQ음악, 해양음악인 酷狗음악과 酷我음악, 그리고 阿里음악의 虾米음악과 天天动听이었다. 하지만 2015년 12월에 들어와 바이두음악이 太和음악과 합병을 추진하면서 콘텐츠 측과 플랫폼 측의 합병으로 이루어졌는데, 음악산업 후발주자들의 본격 진입으로 2016년에 와서 과거 3분 시대는 막을 내렸다.

그리고 2015년과 2016년에 와서는 음악류의 종합예능프로 오디오 저작권 다툼이 동영상저작권 다툼에 비견할 만한 일들이 계속 이어진다. 중국 국내 음악류 종합예능프로인 〈级女声〉에서부터 〈The Voice of China〉, 〈나가수〉 등에 이르기까지 우수프로그램들의 영향력이 확대되면서 동영상저작권 쟁탈전이 뜨거웠다. 〈나가수4〉 같은 경우 왕이클라우드뮤직, 阿里음악, 해양음악이 저작권 합작을 진행하는 등의 일들이 이러한 시장의 분위기를 전해준다.

　여기서 잠시 2015년도와 2016년도의 일부 음악류 종합합예능 기획
프로의 저작권 소유 관계를 보면 2015년 QQ음악플랫폼이 〈나가수3〉,
〈中国好歌曲2〉, 〈The Voice of China〉, 〈中国之星〉, 〈唱游天下〉 등 5
개의 종합예능프로를 합작했고, 해양음악(海洋音乐)의 음악플랫폼은 〈蒙
面歌王〉을, 아리(阿里)음악플랫폼은 〈最美和星3〉을 합작했다. 2016년
에 와서도 QQ음악플랫폼은 〈中国好歌曲3〉와 해양음악과의 공동으로
〈中国新歌声〉을 합작하고 〈나가수4〉는 왕이클라우드음악과 아리음악
의 해양음악 3자가 합작을 하는 등 TV 등에서 인기를 누리던 종합예능
프로(시즌)의 음악저작권 프로 확보에 상당한 노력을 기울인다.

　그리고 오락생방송플랫폼 월간활용자와 활약도에서도 생방송 발전
속도가 사람들의 대단한 관심을 끈다. 2016년 중국 전역에는 250여 개
사가 인터넷생방송을 전개했는데 영업수입만 218.5억 위안에 이르렀고
이용자 규모도 공연장생방송 2.8억 명, 범엔터테인먼트 생방송 3.2억
명으로 상당한 시장성을 확보했다. 동영상플랫폼 콰이쇼우(快手)의 월
간 이용자 활약인수는 6200만 명, 美拍, YYLIVE, 暎客동영상도 평균 1
천만 명을 넘어섰다.

　특히 중국의 음악저작권 빅데이터 활용은 조금 기다려야 한다는 전문
가들의 지적이 있다. 어쨌든 2016년 말까지는 그러한 환경이다. 현재 독
일의 GEMA 음악저작권 재고량은 중국 음저협 음악 재고량의 40.5배,
영국 PRS는 39.7배, 미국의 ASCAP, BMI, SESAC은 57배에 이르고 있지
만 중국 음저협의 경우는 조금 기다려야 할 것 같다. 또한 녹음제품의 저
작권 집체관리가 아직까지 이루어지지 않다는 게 관계자들의 주장이다.

7. 음악도서출판시장

가. 시장규모와 시장 동향

중국에서는 음악 및 음악과 관련 있는 도서들이 다양하게 출판되고 있는데 2013년이나 2014년도의 경우를 보면 중국 도서출판 총 발행액 700억 위안의 1% 내외에 그쳤다. 그러나 2015년에 와서는 중국의 연간 전체도서시장 총 판매액 900위안(한화 약 15조 7500억 원) 중에 음악도서류 발행총액은 8.3억 위안으로 조사되었다.

2016년 말과 2015년 말 기준으로 하여 중국에는 584개의 출판사가 있는데 이 중에 365개 출판사가 음악 관련 도서를 출판하고 있다. 이들 대부분의 출판사들은 1년에 1~2권 정도의 음악 관련 책들을 출판·발행하고 있어 시장에 미치는 영향력은 크지 않다.

이 중에 상위 20개 출판사가 음악도서시장의 85% 내외를 점령하고 있는데 ①런민(人民)음악출판사 ②상하이음악출판사 ③후난문예출판사 ④상하이음악대학(学院)출판사 ⑤베이징체육대학출판사 ⑥진둔(金盾)출판사 ⑦안후이(安徽)문예출판사 ⑧중국청년출판사 ⑨바이화(百花)문예출판사 ⑩시난(西南)대학출판사 ⑪광시(广西)사범대학출판사 ⑫중앙음악대학(学院)출판사 ⑬베이징통신(同心)출판사 ⑭쓰촨(四川)문예출판사 ⑮화청(花城)출판사 ⑯허난(河南)문예출판사 ⑰산시(陕西)사범대학출판사들이 그것이다.

그러나 이 중에 특히 음악류 소매시장 단행본 발행총액 비중을 보면 ①런민음악출판사 18.41% ②상하이음악출판사 20.33% ③후난문예출판사 9.29% ④상하이음악대학출판사 5.66%로 이 4개 출판사가 음악도서소매시장을 거의 장악하고 있다.

이들 출판사들이 연간 출판하는 음악류 도서 종류를 보면 런민음악출판사의 경우 2013년 1,672종, 2014년 749종, 2015년 915종, 2016년 2,535종을 출판하여 가장 앞서고 있고, 상하이음악출판사도 2013년 941종, 2014년 274종, 2016년 2,630종을, 후난문예출판사는 2014년 245종, 2015년 58종, 2016년 1,104종을, 상하이 음악대학출판사도 908종을 출판하는 등 우세를 유지하고 있다.

특히 2014년의 경우 상기 4대 음악출판사들이 음악도서 이외의 도서도 출판하고 있는지 파악해보았으나 상하이음악출판사는 음악관련도서를 87% 정도 출판하고 있고 후난문예출판사도 50% 정도만 음악류 도서를 출판하고 있으며 런민음악출판사와 상하이음악대학출판사는 100% 음악류 도서만 출판하고 있는 것으로 파악되었다. 그만큼 전문성을 확보하겠다는 것으로 해석할 수 있다.

중국 음악류 도서시장에서 선두주자로 꼽히는 런민음악출판사는 1938년 창사 이래 중국음악 창작, 음악교육, 음악출판사업 등에 공헌해 왔으며 음악도서출판사로서는 가장 오래된 출판사이다.

상하이음악출판사, 후난문예출판사와 더불어 이들 3대 출판사들이 중국음악도서시장의 50% 내외를 장악한다. 런민음악출판사는 연간 1억 내외의 음악도서를 출판하고 있고 근무자들도 130명에 이른다. 1956년 창립된 상하이음악출판사는 런민(人民)출판사와 같이 중국의 양대(兩大) 음악출판사이기도 하다.

또한 2014년도의 음악도서의 배급시스템도 대형서점에 38%, 중·소서점 22%를 공급하고 인터넷서점도 27%, 도서관 6%, 기타판매소 7%

를 배급한 것으로 집계하고 있다. 최근에 와서는 음악도서도 디지털출판으로 전환되어 CD, VCD, MP3의 도서가 나날이 증가하고 있고, 인터넷 판매가 오프라인 서점 판매보다 훨씬 많은 것으로 알려져 있다.

또한 중국에는 30여 개의 음악정기간행물이 있는데 国家新闻出版广电总局 등록간행물을 보면 ①음악전파 ②음악천지 ③음악과 연기(表演)판: 난징예술대학학보 ④음악탐색 ⑤음악세계 ⑥交响(시안음악대학학보) ⑦黄钟(우한음악대학학보) ⑧중국음악학 ⑨중국음악 ⑩아동음악 ⑪음악창작 ⑫음악연구 ⑬중국음악교육 ⑭중앙음악대학학보 ⑮런민음악(人民音乐) ⑯음악생활 ⑰음악예술(상하이음악대학학보) ⑱당대음악 ⑲北方음악 ⑳음악의소리, ㉑(1)岭南음악 (2)톈진음악대학학보 (3)星海음악대학학보 (4)음악교육과 창작 (5)중·소학음악교육 (6)민족음악 (7)음악애호자 (8)음악문화연구 등인데 대학학보가 주를 이룬다.

2016년도의 중국 도서판매액은 총 701억 위안인데 이 중에 음악도서류 판매액이 0.38%인 2.67억 위안으로 전년도보다 8.12%가 감소되었고, 판매된 음악류 도서 종류를 보면 총 1만 5,649종으로 전체 도서시장의 0.89%를 차지하고 전년도보다 4.41%가 늘어난 것으로 나타났다(출처: 중국음악산업발전보고 2017 p.12 하단). 다만 앞 장에서 음악도서류 출판시장규모 7.54억 위안과는 차이가 있음을 이해할 필요가 있고, 이는 또 다른 데이터이다.

음악도서 저작자를 구분해보면 대학교수나 관계연구원이 60% 내외를 차지하고 있다. 대학교수도 될 수 있고 연구원이나 음악가협회 회원의 자격으로 중복이 되기도 한다.

〈중국의 음악 및 음악 관련 도서 저작자 구성 비율(%)〉

	대학교·관계연구원	음악가협회 회원	외국서적 번역	악단 구성원	기타 창작단체
2014년	60	11	27	16.5	28.5
2013년	62	27.5	14.5	14.5	26.5

출처: ①中國音樂産業發展報告 2014 ②中國音樂産業發展報告 2015 자료 재정리.

중국의 지난 7년간 음악도서 발행총액 변화 추세를 보면 다음 표와 같다.

〈최근 7년간 중국음악도서 발행 총액 변화 추세〉

연도	2011	2012	2013	2014	2015	2016	2017
총 발행액 규모(억 위안)	5.3	6	7	7.5	8.3	7.54	8.04
증가율(%)	-	13.2	16.7	7.1	10.6	-9.16	6.63

출처: ①中國音樂産業發展報告 2015 p.95 ②中國音樂財經(2016.11.13) ③中國音樂産業發展報告 2016 p.75 ④中國音樂産業發展報告 2017 p.12 ⑤2018中國音樂産業發展總報告(2018.12.19) 자료 재정리.

여기서 다시 중국의 녹음제품 출판 상황을 살펴보자, 종류, 출판, 발행에서 모두 감소세를 유지하고 있어 시장의 어려움을 보여준다.

〈중국의 녹음제품 출판시장 현황/2016년〉

구분	녹음제품			CD제품			
	출판종류	출판수량 (합(盒)/장(張))	발행수량 (억합(亿盒)/장)	출판종류	출판량 (만장)	신규출판량	
						종류	출판량(만장)
규모	8,713	2.14	1.88	5,844	7,755.36	2,611	1,465.84
증감(%)	-11.63	-8.66	-12.18				

출처: 中國音樂産業發展報告 2017.12 자료 재정리.

21세기 중국문화산업시장의 이해

나. 소비와 소비자

여기서 중국의 음악도서는 어떤 부류의 도서가 많이 판매되고 있는지, 그리고 소비자들은 어떠한 성향을 가지고 음악도서류를 보고(阅读)있는지 살펴보자.

〈2015년 런민음악출판사 각종 음악도서류 판매 종류 비교〉

구분	종류	비중(%)	구분	종류	비중(%)
피아노	431	27.59	모음악보	34	2.18
서양악기	244	15.62	기타 악기	28	1.79
작곡기술이론	182	11.65	희곡곡예	12	0.77
성악	162	10.37	유행음악	11	0.70
초중고음악 교재참고서	136	8.71	사전(辞典)· 기본참고서	27	1.73
민족악기	129	8.26	지휘	8	0.51
음악학	106	6.79	기타	4	0.26
무용	48	3.07			

출처: 中國音樂産業發展報告 2016 p.77 자료 재정리.

중국의 종합온라인 쇼핑몰인 징둥의 2015년도 음악도서 판매데이터에서는 피아노류가 47.5%로 가장 많고, 아동음악 및 무용류 11%, 기타류 10.8%, 음악이론류 10.6%로 나타났는데 중국 음악도서시장에서 여전히 피아노류의 도서가 가장 많이 판매되고 있는 것은 어린이들의 피아노 과외교습과도 무관하지 않은 것으로 보인다.

중국에서도 기존의 전통적인 서점과 인터넷 서점의 판매 경쟁이 치열하게 전개되고 있는데 대학생들이 인터넷상에서 음악도서를 구입하는 비율은 61%이고 기존의 전통적인 서점에서 구입하는 비율은 39%

선이다. 또한 이들 일반소비자들이 인터넷상에서 어떤 경로를 통하여 음악도서를 구입하고 있는지 보면 ①当当网을 통한 구입이 43%로 가장 많고 ②아마존이 33% ③징둥이 15% ④기타 인터넷 판매사이트가 9%를 차지한다.

〈중국의 4대 음악출판사 오프라인·온라인 음악도서 판매 종류 비교/2016년〉

출판사별	상하이음악 출판사	런민음악 출판사	후난문예 출판사	상하이음악대학 출판사
오프라인 판매 종류	2,331종	2,095종	777종	748종
온라인 판매 종류	2,434종	2,207종	1,002종	838종

출처: 中國音樂産業發展報告 2017 p.18.

중국의 음악도서류 소비자들은 어떤 종류의 음악도서들을 구입하는지 베이징 소재 런민음악출판사와 상하이 소재 상하이음악출판사를 대상으로 파악해보면 베이징과 상하이 간에 상당한 차이를 보인다.

〈중국인들의 음악류 분야별 도서 구입 비율(%)〉

구분	런민음악출판사	상하이음악출판사	런민음악출판사 신규출판종류
악기이론과 연주법	18.18	43	19.59
음악기수이론과 방법	12.96	10	2.02
음악이론	5.22	15	5.67
민족악기이론과 연주법	3.19	12	3.09
교재	16.05	-	14.95
중국 음악작품	15.57	5	25.51
각국 음악작품	20.02	10	21.13

음악사업	-	3	-
기타	8.81	2	8
계	100.0	100.0	100.0

출처: 中國音樂産業發展報告2017 p.19-p.21 자료 재정리.

중국 음악작품과 각국 음악작품에서 베이징 소재 런민인민음악출판사의 판매율이 상하이음악출판사 판매율보다 2~3배에 이른다. 그러나 악기이론과 연주법에서는 상하이 사람들이 베이징보다 배이상을 구입하는 것으로 나타나고 있다.

또한 최근에 와서 보면 2016년 6월 16일 중앙선전부, 국가신문출판 광전총국, 재정부 등 11개 부위(个部委)가 공동으로 '오프라인서점 발전·지원에 관한 지도의견'을 공포하면서 오프라인서점 혁신경영과 특색있는 중소서점에 대한 리모델링에 정부보조금 지원, 지원금이자율 할인, 시상 등의 장려 방식으로 지원하는 시책들을 내놓고 발전책을 강구하고 있다.

8. 악기산업시장

가. 시장규모와 시장 동향

중국의 악기 제작·판매기업은 대·중·소를 합쳐 2013년 2만여 개사로 알려져 있는데 피아노, 기타, 바이올린과 관현악기 생산량은 세계 1위다. 그러나 중국에서 규모 이상 기업이라고 하는 것은 50인 이상의 근로자를 확보하고 있고 일정액의 자산을 보유한 기업을 가리키는데, 악기 관련 기업은 2013년 217개 사, 2014년 220개 사였다. 이 중에 25개 사가 손실이 난 부실기업이고 2015년도에 와서는 231개사로 전년도보다 11개사가 증가했으며 시장규모도 14.88%가 증가했다. 그러나 2016년도에 와서는 총 241개사로 증가했는데 이 중에 부실기업도 19개사이다. 이윤총액은 2.5억 위안이 늘어난 28.93억 위안이다.

〈2012~2017년간 중국의 악기산업 총 생산액 규모 추이〉

연도	2012	2013	2014	2015	2016	2017
총 생산액(억 위안)	262.88	280.93	322.79	370.81	392.33	406.61
증가율(%)	-	6.87	14.90	14.88	5.80	3.64

출처: ①中國音樂産業發展報告 2014 ②中國音樂産業發展報告 2015 p.113 ③中國音樂産業發展報告 2016 p.89 ④中國音樂産業發展報告 2017 p1, p.7 ⑤2018中國音樂産業發展總報告(2018.12.19) 자료 재정리.

위 표에서와 같이 중국의 악기산업 총 생산액은 매년 증가세를 보인다. 그런데 중국의 악기산업 총 생산액 중에서 악기별 판매액을 보면 서양악기판매액이 단연 앞선다.

〈2012~2016년간 중국의 악기산업 업종별 시장규모 비교〉

구분		중국전통민족악기	서양악기	전자악기	기타 악기 및 부속품	합계
2016년	수입(억 위안)	45.88	214.14	73.79	58.42	392.33
	비중(%)	11.69	54.58	18.83	14.89	100.00
2015년	수입(억 위안)	41.20	196.23	77.80	55.57	370.81
	비중(%)	11.11	52.92	20.98	14.99	100.00
2014년	수입(억 위안)	33.76	169.89	68.72	50.42	322.79
	비중(%)	10.46	52.63	21.29	15.62	100.00

21세기 중국문화산업시장의 이해

2013년	수입(억 위안)	33.90	150.06	53.44	43.53	280.93
	비중(%)	12.07	53.42	19.02	15.49	100.00
2012년	수입(억 위안)	31.52	138.94	55.25	37.17	262.88
	비중(%)	11.99	52.85	21.02	14.14	100.00

출처: ①中國音樂産業發展報告 2014 p.129-p.130 ②中國音樂産業發展報告 2015 p.113-p.118 ③中國音樂財經 (2016.11.13) ④中國音樂産業發展報告 2016 p.89-p.100 ⑤中國音樂産業發展報告 2017 p.83 자료 재정리.

지난 4년간 중국의 악기업종별 시장규모에서 보면 모든 업종의 수입이 조금씩 증가하는 추세를 보인다. 그러나 중국의 악기시장에서 서양악기 판매영업수입이 대세를 이룬다.

특히 서양악기류의 전체 시장점유율이 52~55% 선을 유지하고 있으며 중국 전통의 민족악기의 수입은 전체 시장점유율이 10~12% 선을 유지하고 있어 상대적으로 낮은 편이다.

여기에 앞서 언급한 규모 이상의 악기제조업체가 2015년 231개사인데 이들 제조업들의 기업 유형별 수입규모와 연간 이윤액을 파악, 비교해보면 다음과 같다.

〈2013~2015년간 중국의 악기제조기업 유형별 수입 및 이윤액 비교〉

구 분		수입(단위: 억 위안)				이윤(단위: 억 위안)			
		대형기업	중형기업	소형기업	계	대형기업	중형기업	소형기업	계
2015년	수입(억 위안)	77.79	108.24	184.78	370.81	7.70	8.46	10.27	26.43
	비중(%)	20.98	29.19	49.83	100.00	29.12	32.01	38.88	100.00
2014년	수입(억 위안)	67.61	106.14	149.04	322.79	5.45	7.03	8.04	20.52
	비중(%)	20.95	32.88	46.17	100.00	26.57	34.30	39.13	100.00

2013년	수입(억 위안)	73.26	72.58	135.08	280.93	6.08	4.89	6.28	17.25
	비중(%)	26.08	25.84	48.08	100.00	35.25	28.35	36.40	100.00

출처: ①中國音樂産業發展報告 2015 p.118-p.122, p.131 ②中國音樂産業發展報告 2016 p.93-p.94 자료 재정리.

중국의 음악악기제조기업 유형에서 악기 생산의 특수성을 고려하더라도 소형기업들의 수입비율이 46~50% 선에 머물고 있고 이윤실적에서도 소형기업들의 활동이 두드러진다.

본 장에서 언급되는 규모 이상의 문화기업이라고 함은 앞서 일부 언급했지만, 50인 이상의 근로자를 보유하고 영업수입이 연간 500만 위안(한화 약 8억 7500만 원) 이상인 문화기업을 칭하는 것으로 이해하기 바란다. 또한 중국에서 소프트웨어IT서비스업종에서 분류되고 있는 기준을 준용한다면 소형기업이라고 하면 연 매출액 50만 위안 이상 1,000만 위안 미만, 중형기업은 연 매출액 1,000만 위안 이상 1억 위안 미만으로 구분하고 있음도 참고하기 바란다.

다시 중국의 악기제조사들은 어떤 종류의 악기들을 제조하여 판매수입을 확보하고 있는지 파악해보자.

〈중국의 악기업종별 연간 이윤 및 업종별 비중〉

이윤(단위: 억 위안), 비중(단위: %)

구분		중국전통민족악기	서양악기	전자악기	기타 악기 및 부속품	합계
2016년	이윤	3.13	14.62	8.01	3.18	28.94
	비중	10.81	50.52	27.68	10.99	100.00
2015년	이윤	2.81	12.78	7.35	3.48	26.42
	비중	10.64	48.36	27.82	13.18	100.00

21세기 중국문화산업시장의 이해

2014년	이윤	2.65	8.55	6.17	3.15	20.52
	비중	12.91	41.67	30.07	15.36	100.00
2013년	이윤	2.53	8.11	3.94	2.67	17.25
	비중	14.67	47.01	22.84	15.48	100.00

출처: ①中國音樂産業發展報告 2015 p.121 ②中國音樂産業發展報告2016 p.91-p.92 ③中國音樂産業發展報告 2017 p.84 자료 재정리.

역시 악기업종별 이윤에서도 판매량이 상대적으로 많은 서양악기의 판매에서 얻는 이윤이 전체 이윤의 50%를 육박한다. 지난 4년간 이윤 총액을 보면 계속 증가세를 나타내고 있고 2065년도에 와서는 한화 약 4920억 원으로 대폭 증가한다. 그러나 이들 기업들 중에는 마이너스 성장으로 적지 않은 어려움을 겪는 기업들도 있다.

나. 부실기업

어느 분야나 할 것 없이 적자를 보는 기업들이 생겨나기 마련인데 중국 역시 규모 이상의 음악악기 관련 기업들 중에 매년 적자를 면치 못하는 부실기업들이 계속 나오고 있는 것이 현실이다. 2014년 25개의 부실기업이 있었고 2016년도에는 19개 기업이 부실기업으로 이윤을 한 푼도 못 내고 적자를 냈다.

구분	기업유형별				세부악기제조별				
	대형기업	중형기업	소형기업	계	전통 민족악기	서양악기	전자악기	기타 악기 및 부속품	계
부실 기업 수	1	9	15	25	1	20	3	1	25

출처: 中國音樂産業發展報告 2015 p.122-p.123 자료 재정리.

그러나 악기제조사들의 부실규모는 그리 크지는 않다. 2014년 부실액은 1.83억 위안(한화 약 320억 원) 내외로 동기대비 29.63%가 증가한 액수로 알려져 있으며 이는 지난 8년간 가장 많은 규모라고 한다. 부실기업은 대체로 서양악기제조사들이 많고 주로 중형기업인데, 중형기업의 부실액이 1.17억 위안으로 부실액 전체의 63.93%를 차지하고 있으며 이 또한 전년대비 30.03%가 늘어난 규모다.

이를 지역별로 부실기업수를 분류하면 광둥성 7개사, 상하이 5개사, 랴오닝성, 장쑤성 각 3개사, 텐진시 2개사, 베이징, 저장성, 푸젠성, 산둥성, 후베이성이 각각 1개사이다.

악기제조사들은 중국의 20개 지역에 분포되어 있는데 2015년도를 보면 베이징, 상하이, 랴오닝성 등 3개 지역의 영업수입은 하락했고 광둥성, 산둥성, 텐진시, 허베이성, 장쑤성은 각 90.15억 위안, 58.28억 위안, 52.51억 위안, 40.88억 위안, 38.80억 위안으로 모두 전년에 비해 증가세를 나타냈다.

2016년도 시장 상황을 보자. 부실기업 19개사 중 악기종류별로 접근하면 서양악기 제조사가 16개사로 가장 많고 전자악기제조사 2개사, 기타 악기 및 부속품제조사 1개사로 조사되고 있는데 중국 전통악기사는

21세기 중국문화산업시장의 이해

부실기업이 하나도 없다. 이들 부실기업들의 손실액이 얼마나 되는지를 보면 1.4억 위안(한화 약 238억 원)으로 전년도보다 2.46%가 줄었다. 이를 다시 악기 제조사별로 보면 서양악기제조사가 전체의 98.23%로 1.38억 위안에 이르고 전자악기제조사 손실액은 246.5만 위안으로 전체 손실액의 1.76%로 이는 전년도보다 71.65%가 감소된 것으로 조사되었다. 기타 악기 및 부속품제조사의 손실은 겨우 1.8만 위안으로 전체 손실액의 0.01%로 지극히 미미하며, 이 또한 전년도보다 96.12%가 준 것으로 집계했다(출처: 中國音樂産業發展報告 2017 p.85).

중국의 악기시장에서도 철저한 시장논리가 지배하고 있다는 것이 전문가들의 전언이다.

지금까지 중국의 악기시장의 동향과 시장규모 등을 파악해보았다. 다음은 중국이 자국에서 제조하여 해외로 얼마나 수출을 하고 또한 해외로부터는 어떤 악기들을 얼마나 수입해오는지 파악해보자.

다. 악기 수출입

중국의 악기류 수출입 규모 역시 적지 않다. 전국 주요지역에 산재해 있는 악기제조사들의 활동이 이를 말해준다. 그리고 대부분의 악기제조사들은 OEM방식으로 생산이 진행된다고 한다. 수출입 규모에서는 대체적으로 20억 달러 수준에 머물고 있다.

<중국의 악기류 수출입 규모>

연도	2012	2013	2014	2015	2016	2017
수출액(억 달러)	17.01	16.60	17.11	16.89	15.71	15.48
수입액(억 달러)	3.02	2.92	3.18	3.39	3.74	4.03
합계(억 달러)	20.03	19.52	20.29	20.28	19.45	19.51

출처: ①中國音樂産業發展報告 2015 p.116 ②中國音樂産業發展報告2016 p.96 ③중국음악산업발전보고 2017 p.86 ④2018中國音樂産業發展總報告 (2018.12.19) 자료 재정리.

2013년도의 중국의 악기류 해외수입선을 보면 세계 60여 개 국가 및 지역으로부터 2.92억 달러 규모의 악기류를 수입했으나 전년도에 비해 3.3%가 감소세를 유지했고 수출도 2.45% 감소세였다. 특히 수입에서 전체수입의 44.12%를 일본이 차지했고, 2위는 인도네시아 25.89%, 3위 독일 13.31%, 4위가 한국인데 전체수입의 10.49%에 머물고, 5위가 대만으로 6.17%이다.

여기서 다시 어떠한 종류의 악기들이 수출입되고 있는지 파악해보자.

<중국의 악기 종류별 수출입 규모(금액) 비교>

연도	수출(단위: 억 달러)						수입(단위: 만 달러)					
	전자악기	현악기	타악기	피아노	기타 악기 및 부속품	계	전자악기	현악기	타악기	피아노	기타 악기 및 부속품	계
2016	5.21	3.79	1.26	0.58	4.86	15.7	3859.99	1664.6	1796	18100	11900	37320.6
2015	5.28	4.34	1.39	0.63	5.25	16.89	2888.8	1156.5	1423	16800	11600	33861.1
2014	5.49	4.36	1.49	0.73	5.03	17.1	2432.47	931.16	1024	15184	12199	31769.9
2013	5.3	4.22	1.35	0.76	4.96	16.59	-	-	854	-	-	30200

출처: ①中國音樂産業發展報告 2014 p.141 ②中國音樂産業發展報告 2015 p.126-p.127 ③中國音樂産業發展報告 2016 p.96-p.98 ④中國音樂産業發展報告 2017 p.87-p.88 자료 재구성.

악기 종류별 해외수출 비중을 보면 2016년도에는 서양악기류 수출 누계액이 62.51억 위안으로 악기류시장에서 53.68%를 차지했다. 이는 전년도보다 3.51%가 감소한 수치다. 전자악기류 수출액도 29.98억 위안으로 전체악기류 수출시장의 25.75%를 차지했고 이 또한 전년도보다 9.21%가 준 수치다. 다만 늘어난 부분은 중국의 전통악기 수출이 15.13%가 늘어난 16.82억 위안으로 나타났다. 그리고 2016년도의 피아노 수출액이 전체 악기 수출액의 48.5%로 비중이 가장 크다.

그러면 중국에서 제조되는 악기들이 대륙별 수출분포를 살펴보자. 아시아와 북미대륙이 비슷한 수준이다. 해외판매액 전체의 60% 이상을 아시아와 북미주에 수출하는 것으로 계산이 나온다.

〈중국의 악기류 대륙별 수출 규모(단위: 억 달러) 비교〉

대륙별	아시아	북미	유럽	남미	아프리카	대양주	계
2015년 수출액	4.97	5.18	4.09	1.67	0.52	0.46	16.89
2014년 수출액	5.25	4.87	4.36	1.76	0.46	0.41	17.11
2015년 수출비중(%)	29.43	30.66	24.21	9.89	3.08	2.73	100.00

출처: 中國音樂産業發展報告 2016 p.99 자료 재정리.

중국은 자국에서 생산되는 각종 악기류의 수출시장을 전 세계로 다변화하고 있다. 다시 여기서 국가 및 지역별 수출규모를 보면 21개 회원국을 가진 APEC국가에 대한 수출 비중이 전체의 55.94%를 차지한다.

〈주요 블록별 중국의 악기류 수출 규모(억 달러) 비교〉

	APEC	EU	ASEAN	BRICS	韓國·日本	계
2015년 수출액	10.22	3.90	1.63	0.97	1.55	18.27
2014년 수출액	9.98	4.06	1.59	1.27	1.58	18.48
2015년 수출비중(%)	55.94	21.35	8.92	5.31	8.48	100.00

출처: 中國音樂産業發展報告 2016 p.100 자료 재정리.
주: ①APEC(21개국): 한국, 미국, 일본, 중국, 러시아, 태국, 인니, 말레이시아, 싱가포르, 필리핀, 브루나이, 캐나다, 멕시코, 칠레, 페루, 호주, 뉴질랜드, 파퓨아뉴기니아, 베트남, (홍콩), (대만).
②ASEAN(10개국): 인니, 말레이시아, 태국, 필리핀, 싱가포르, 베트남, 미얀마, 라오스, 캄보디아, 브루나이
③BRICS(5개국): 브라질, 러시아, 인도, 중국, 남아공화국.

중국의 관련 자료에 의하면 한국과 일본을 별도로 분리했는데, 이는 시장이 작지 않다는 것을 염두에 둔 것으로 보인다. 한국과 일본에 대한 수출 비중이 아세안과 거의 비슷하고 브릭스국들보다는 높다. 다만 하나의 국가가 여러 개의 블록에 가입되어 있어 수출액이 중복 계산되어 합계액이 기존의 연간 수출액보다 많을 수 있음에 착오 없기를 바란다.

다시 여기서 지난 2년간의 각종 악기류 수출수량을 보면 다음과 같다.

〈2014~2015년간 중국의 각종 악기류 수출수량 비교〉

악기류	2014년 수출수량	2015년 수출수량	증감(%)
피아노	35,952대	30,655대	-14.73
찰현악기	1,380,217대	1,362,151대	-1.31
동(銅)관악기	669,786대	662,572대	-1.08
전기음향악기	4,846,255대	4,389,406대	-9.43
하모니카	7,875,206개	5,964,965개	-24.26

출처: 中國音樂産業發展報告 2016 p.101.
주: 찰(찰궁)현악기(擦(弓)弦乐器)- 바이올린, 비올라, 첼로, 콘드라베이스, 二胡, 京胡, 板胡 등을 일컬음.

어쨌든 2015년도에 와서는 악기의 종류를 불문하고 모두 수출수량이 줄어들었다. 수량은 줄어들었지만 수출액까지 반드시 줄어든 것은 아니다. 왜냐하면 악기들의 성능이 좋으면 높은 가격이 형성되기도 하기 때문이다.

한편 2014년도의 주요 수출대상국으로는 미국, 독일, 일본인데 미국에는 전체수출액의 26.63%, 독일에는 전체수출액의 8.39%, 일본에는 6.29%에 해당하는 규모의 중국 악기류를 수출했다.

〈2013~2014년도의 입식피아노 수출 국가 및 지역 현황〉

순위	국가 및 지역	수량(대)			금액(위안)		
		2014년	2013년	증감(%)	2014년	2013년	증감(%)
1	미국	5,146	5,209	-1.21	8,425,511	7,927,006	6.29
2	홍콩	2,799	3,857	-27.43	5,139,053	6,886,336	-25.37
3	독일	2,657	3,759	-29.32	3,809,916	5,276,564	-27.80
4	한국	1,580	831	90.13	2,205,819	1,175,953	87.58
5	이란	1,061	1,011	4.95	1,638,199	1,511,156	8.41
6	싱가포르	964	1,087	-11.32	1,508,355	1,597,811	-5.60
7	영국	1,180	1,345	-12.27	1,373,317	1,504,684	-8.73
8	호주	1,006	741	35.76	1,363,225	1,121,905	21.51

출처: 中國音樂産業發展報告 2015 p.128.

한국의 경우 2014년도에는 220만 5,819위안을 들여 1,580대의 중국 입식피아노를 수입했고 2013년도의 경우는 117만 5,953위안을 들여 831대의 중국 입식피아노를 수입했는데, 수량에서는 90.13%, 금액에서는 87.58%가 각각 급증했다.

중국은 매년 세계적인 국제악기전시회를 연례적으로 개최하고 있는데 ①광둥성 과학기술청과 광둥성 문화청 그리고 국가경공업악기 정보중심이 공동주최하는 '중국(광저우)국제전문음향, 조명, 악기전람회가 있는데 매년 2월에 광저우에서 개최되며 ②중국 연예설비기술협회가 주최하는 '중국 국제전문음향, 조명, 악기 및 기술전람회(PALM EXPO)'가 매년 5월 베이징에서 개최되고 ③중국악기협회, 상하이국제전람중심유한공사, 프랑크푸르트(홍콩)전람공사가 공동주최하는 '중국(상하이)국제악기전람회(Music China)'가 매년 10월 상하이에서 개최되고 있다. 여기서 상당한 악기 교역이 이루어진다.

한편 중국 제1의 악기산업기지가 베이징시 平谷区 东高村镇에 위치하고 있는데 1980년대에 바이올린을 제작한 곳으로 연간 30여만 대의 바이올린을 생산함으로써 세계 바이올린 생산량의 25%를 차지하고 있다고 알려져 있다. 이 생산기지는 2009년 중국에서 처음으로 '중국 바이올린 생산기지'라는 칭호를 받았고 2011년 12월 26일 당시 국가신문출판총서로부터 '中国乐谷-국가음악산업기지' 칭호를 정식 부여받았다. 현재는 바이올린뿐만 아니라 첼로, 각종 타악기, 동관악기, 기타, 얼후(二胡) 등 30여 종의 악기를 생산하고 있다. 이 음악산업기지에는 60여 개의 음악 관련 기업이 입주해 있고 1만여 명에 가까운 근로자가 생산에 전념하고 있는 것으로도 잘 알려져 있는 곳이다. 이 악기제조사에 대해서는 마지막 장 국가음악산업기지에서 상세히 설명토록 하겠다.

이 밖에도 광저우에 있는 '广州珠江钢琴集团'처럼 1956년에 창립하여 피아노 연구개발, 제작, 판매, 서비스 등 종합 악기제작사로 오랫동안 기술개발을 해온 세계적 수준에 오른 기업도 있다.

'바이스(柏斯)음악집단'은 1986년 홍콩에서 창립하여 음악문화 창달 확대와 음악인 재배양을 기업의 종지(宗旨)로 하고 악기 제조, 판매, 음악교육과 문화 등에 집중하는 종합적인 문화기업으로 중국제일, 세계일류의 피아노 생산을 목표로 하고 있다. 홍콩과 중국대륙에 100여 개의 직영점과 500여 개의 도매점포, 9大의 생산기지, 9大의 악기브랜드를 보유하고 세계 40여개 국가에 수출하고 있다. 2015년 세계악기와 음향 제조기업 225강(强) 중 11위를 차지하고 세계악기판매기업 7위와 세계 피아노 생산기업 상위 3위에 마크되었다. 또한 '싱하이(星海)피아노그룹'도 1949년 베이징피아노제작소로 출발하여 1994년 베이징싱하이연합공사로 구조를 전환하면서 중서(中國과西洋)악기제조기업으로 국가의 대형기업이다. 연간 4만여 대의 각종 악기를 생산하며 중국 국내 2위의 위치에서 2015년 세계 악기 225강에서 49위에 올랐으며, 세계 60여 개 국가에 악기를 수출한다.

9. 음향산업시장

가. 시장규모와 시장 동향

중국의 음향산업은 1990년대 말에 접어들면서 연간평균 30% 내외의 급성장의 발전 시기를 거쳐 2007년에 들어와서는 처음으로 마이너스 성장을 기록한다. 2008년 국제금융위기를 맞으면서 음향산업상품 수출도 심각한 위축을 피해갈 수 없었다. 2010년에 들어 회복세를 타면서 지금은 완만한 성장세를 기록한다.

중국의 음향상품은 대체로 완제품과 중요부품세트로 구분되는데

2016년의 경우를 보면 연간 2908억 위안(한화 약 49조 4360억 원)에 이른다. 해외수출액은 287억 달러로 전년도보다 4.5% 감소했고 수입은 55.1억 달러로 역시 전년도보다 8.3% 줄었다.

2013년도만 해도 중국의 음향산업시장은 외국브랜드의 영향이 여전히 상당한 위치에 있어 시장경쟁력과 발언권을 가지고 있는데 반해, 중국 국산 토종 기업들은 기업수는 많으나 보잘것없는 소형기업으로 이들의 브랜드는 저급한 수준에 머물고 있었다. 특히 자체 핵심기술이 빈약하고 브랜드부문에서도 성숙하지 못했다는 것이 전문가들의 진단이었으나, 5년이 지난 지금의 시장 상황은 상당히 달라졌다는 것이 대체적인 평가다.

2014년까지 소폭의 상승세 속에서 조정기를 거치다가 2015년부터는 국제시장의 회복과 중국 수요자들의 수입 증대가 빠르게 진행되고, 왕성한 인터넷 판매와 더불어 음향산업계의 발전이 가속화되는 계기를 맞는다.

2015년 중국의 음향상품 해외수출도 소폭 상승했는데 레이저디스크, 라디오수신기, 오디오 설비, 마이크로폰, 멀티미디어, 공명상(共鳴箱: 스피커) 등의 생산량이 세계 1위라는 각종 통계자료가 이를 말해준다. 또한 최근에 와서는 음향상품의 스마트화(지능화), 네트워크화, 디지털화, 무선화, 개성화 등을 목표로 가속도를 내고 있다.

〈중국의 전자음향산업상품 총 생산액(억 위안), 증가율(%), 수출액(억 위안) 추이〉

연도	2007	2008	2009	2010	2011	2012	2013	2014	2015	2016
생산액	1678.7	1591.1	1631.8	2181.7	2378.0	2425.6	2400.7	2774.0	2808.3	2908
증가율	-1.88	-5.22	2.56	33.70	9.00	2.00	-1.03	15.55	1.24	3.55
수출액	264.2	244.6	199.1	243.5	261.0	264.2	255.6	298.4	301.1	287
증가율	-1.08	-7.42	-18.6	22.3	7.19	1.23	-3.25	16.74	0.90	-4.68

출처: ①中國音樂産業發展報告 2016 p.109-p.110 ②中國音樂産業發展報告 2017 p.110-p.111 자료 재정리.

여기서 중국의 음향산업시장을 더 깊이 이해하고, 본 장에서 설명되고 있는 중국음악산업시장 범주에 포함하고 있는 사항을 쉽게 인지하기 위하여 중국 관련업계 전문가들이 분류하고 있는 각종 음향설비상품 분류에 대한 개념을 간략히 설명하겠다.

우선 음향설비업종은 음악연출에 사용되는 ①Pro-Audio(专业音频)와 음악프로그램 제작에 사용되는 ②Pro-Sound(专业音響) 및 ③소비류 전자상품 ④공공(公共)방송 등 크게 네 가지로 나눈다.

음악 연출에 사용되는 Pro-Audio는 전문소리(오디오) 영역 중에 음악방송, TV, 영화, 기타 화상프로그램 제작에 사용되는 음향상품으로 전문오디오 연결부문, 습음기, MIDI키보드, 원음헤드폰 등의 전문 오디오 설비를 말하고, 음악프로그램 제작에 사용되는 Pro-Sound는 연예와 무대음악 연출 시 사용되는 전문 음향설비다. 이 두 종류가 중요한 위치를 차지한다.

소비자 층도 확실히 구분되는데 Pro-Audio의 소비층은 전문 오디오 제작단위, TV방송국, 라디오방송국, 기타 방송프로그램 제작단위, 상업적 녹음스튜디오 또는 개인 녹음실, 음악공작실 및 영화제작기구 등이며, Pro-Sound의 주요 소비층은 연예설비임차업자, 연예경영기획사, 영화관, 극장, 체육관(체육장) 등이다.

그리고 소비류 전자상품에는 소비자에게 오락, 통신, 업무에 사용할 수 있도록 서비스를 제공하는 개인 또는 가정용 전자음향상품인 ①소비류 전자음향상품이 있고 원음을 그대로 재현하는 고품질의 ②가정용 Hi-Fi시스템이 있으며, 고화질의 동영상, 높은 서라운드 사운드 오디오 재생 등이 중요시되는 ③가정영화관시스템, 그리고 ④휴대용 CD Player, ⑤멀티미디어 확성기, 헤드폰, ⑥자동차음향, 공공장소와 사무실에서 행해지는 업무용 방송, 배경음악, 긴급방송, 회의 확성 등의 사용자단위에서 자체적으로 관리하고 당해 단위(單位) 범위 내에서 공공의 서비스를 하는 ⑦공공(公共)방송이 있다.

2015년도 이후의 중국 일반 민간인들이 사용하는 음향산업시장의 흐름을 보면 새로운 상품으로 세대교체가 이루어지는 분위기다. 기존의 라디오수신기, 녹음기, CD Player 등 전통적인 상품시장은 축소되고 Hi-Fi스피커, 가정영화관 스피커, 멀티미디어 스피커를 포함하는 스피커류 상품, 자동차 멀티미디어, 이어폰, 마이크로폰, 인터넷 등 관련업과 융합한 신형 음향상품들이 음향산업 발전의 중점이 되고 화두가 되고 있는 형국이다. 이러한 상품들의 생산과 수출 구성률을 보면 다음 표와 같다.

〈중국의 전문 음향상품(Pro-Audio, Pro-Sound)시장규모 및 증가율 비교〉

연도	2008	2009	2010	2011	2012	2013	2014	2015	2016	2017
규모 (단위: 억 위안)	165.30	197.53	241.98	286.74	331.19	375.90	410.25	419.46	463	519.3
증가율 (%)	17.20	19.50	22.50	18.50	15.50	13.50	9.14	2.24	10.38	12.16

출처: ①中國音樂産業發展報告 2016 p.110 ②中國音樂産業發展報告2017 p.111 ③2018中國音樂産業發展總報(2018.12.19) 자료 재정리.

앞서 언급했듯 본 장에서 다루고 있는 음향산업시장은 위의 표를 대상으로 한다. 2017년도의 시장규모가 519.3억 위안(한화 약 8조 8281억원)에 이르고 2016년도의 Pro-sound 시장규모도 81.25억 위안이다.

그러면 중국은 주요 음향산업상품들을 얼마나 생산하고 해외로 수출하고 있는지도 살펴보자.

〈중국의 주요 음향상품 생산액 및 수출액 구성 대비표/2014년〉

상품 구분	자동차 멀티미디어	스피커	레이저비디오 디스크플레이어	무선 이어폰	유선 이어폰	합계
음향상품 생산액비중(%)	32.10	22.44	19.29	5.59	20.58	100.00
음향상품 수출비중(%)	23.05	27.40	19.30	5.90	24.35	100.00

출처: 中國音樂産業發展報告 2015 p.140 자료 재정리.

상기 표의 연간 음향상품 생산량은 약 3.5억대로 2013년도보다 1.3% 증가했고 생산액도 16.0%가 증가한 241.2억 위안으로 증가했다.

좀 더 구체적으로 접근해보면 자동차 멀티미디어 연간 생산량은

5806만대로 생산액은 345.0억 위안, 평균 단가는 600위안 내외이며, 유선이어폰은 연간 20.5억 개 생산으로 생산액은 2013년도보다 3.5%가 감소한 221.0억 위안이었으며, 평균 단가는 11위안 내외였다. 무선 헤드폰(이어폰) 역시 연간 생산량이 6014.1만 개로 6.6%가 증가했으며 생산액은 20.9% 늘어난 60.1억 위안에, 평균 단가는 100위안 내외였고 레이저비디오 디스크플레이어는 8924.2만 개를 생산하여 전년도보다 6.6% 감소했고, 평균 단가는 230위안 내외로 대단히 저렴하다.

〈중국의 주요 전자음향상품 생산 및 수출 현황/2014년〉

구 분	생산량 및 증가율		생산액 및 증가율		수출량 및 증가율		수출액 및 증가율		평균 단가
	생산량 (만 대)	증가율 (%)	생산액 (단위: 억 위안)	증가율 (%)	수량 (만 대)	증가율 (%)	수출액 (억 달러)	증가율 (%)	(단위: 위안)
스피커	35,000	1.3	241.2	16.0	27,000	0.1	42.2	18.6	100 내외
자동차멀티 미디어	5,806	2.4	345.0	1.2	4,064	-0.5	35.5	-2.6	600 내외
유선이어폰	205,000	-2.4	221.0	-3.5	166,000	-14.4	37.5	-9.6	11 내외
무선이어폰	6,014.1	6.6	60.1	20.9	5,584.7	4.4	9.1	19.3	100 내외
레이저비디 오데스크	8,924.2	-6.6	207.3	-6.3	8,265	-7.7	29.7	-10.3	230 내외

출처: 中國音樂産業發展報告 2015 p.141 자료 재정리.

스피커 수출액은 2012년 11.6%, 2013년 17.8%, 2014년 18.6%로 3년 연속 두 자리 숫자의 증가세를 나타냈다.

그러면 여기서 중국의 주요 음향설비 유형별 세부시장 규모를 파악해보자.

21세기 중국문화산업시장의 이해

나. 음향설비 유형별 시장규모

① Pro-Sound(음악연출용)

2008~2012년간은 생산액이 계속하여 증가세를 보이다가 2013년 들어 정부가 관공서의 3대 경비인 공무용 차량, 접대비(판공비), 출장여비 과소비 척결을 목표로 시행한 소위 삼공소비정책(三公消費政策)과 정부의 부동산 건설 제한, 대형 음악공연프로인 완후이(晚會) 근검절약시행 등의 연이은 정책들이 조명이나 음향업종에 상당한 부담으로 작용했으며 음향시장의 경쟁도 더욱더 심화되어갔다.

〈2008~2015년간 중국의 Pro-Sound 생산 규모 추이〉

연도	2008	2009	2010	2011	2012	2013	2014	2015	2016
생산액(억 위안)	9.68	52.07	57.55	66.33	80.57	79.6	80.41	82.58	81.25
증가율(%)	-	4.81	10.52	15.26	21.47	-1.20	1.02	2.70	-1.61

출처: ①中國音樂産業發展報告 2016 p.113 ②중국음악산업발전보고 2017 p.113 자료 재정리.

② 멀티미디어 스피커

멀티미디어 음향에는 멀티미디어 스피커와 헤드폰이 포함되는데 2013년 생산액은 17.81%가 증가한 157.07억 위안이었고, 2014년에는 18.6%가 증가한 186.28억 위안, 2015년도에는 15.0%가 늘어난 214.22억 위안이었다.

그런데 멀티미디어 음향상품 중 스피커 시장규모의 변화를 보면 2012~2014년 3년간 마이너스 성장을 한다. 이 또한 앞서 언급한 정부의 근검절약과 사치퇴치풍조 제창 시책과 상당한 인과관계가 있다.

〈중국의 멀티미디어 스피커 시장규모 추이〉

연도	2008	2009	2010	2011	2012	2013	2014	2015
시장규모(단위: 억 위안)	32.21	35.13	41.16	42.39	41.33	40.51	39.78	45.45
증가율(%)	-	9.07	17.16	2.99	-2.50	-1.98	-1.80	14.25

출처: 中國音樂産業發展報告 2016 p.116 자료 재정리.

중국은 2014년도 노트북컴퓨터생산량이 2.27억대로 2013년보다 5.5% 줄었다. 전통적인 멀티미디어 스피커는 PC세트 조립에 사용되는데 PC출하량의 감소는 전통적인 멀티미디어 스피커 수요를 끌어내린다. 중국의 모바일인터넷 발전에 따라 스마트폰, 태블릿PC 위주의 모바일 지능형 단말기가 점점 시장에서 주도적 위치를 차지한다.

③ 가정영화관(家庭影院)

가정영화관 소비층은 비교적 좁다. 대형 주택을 소유한 고수입 계층으로 광둥성 일대 주삼각(珠三角) 지역에서 일찍이 음향기업들이 시장에 뛰어들었는데 자원과 인력의 우세함 속에서 시장이 나름대로 크게 발전했다.

라운드앰프 또는 서라운드 디코더, 멀티채널음향주파수출력 스피커(확성기) 등이 모여져 고성기(확성기)시스템, 대형TV스크린(혹은 투명TV), 고품질의 A/V프로그램 등을 기본으로 하는 Rounding Sound영화관의 시청효과를 올리는 시스템을 구비하고 있는 가정영화관이다.

연도	2011	2012	2013	2014	2015	2016
규모(억 위안)	102.61	105.48	100.29	115.81	125.07	135.08
증가율(%)	4.40	2.80	-4.92	15.48	8.0	8.0

출처: ①中國音樂産業發展報告 2016, p.117 ②中國音樂産業發展報告 2017 p.115 자료 재정리.

그리고 향후 가정영화관의 발전 전망에 대하여 음향시스템이 지속적으로 발전될 것으로 판단하고 연간 생산액 규모가 2017년 145.89억 위안, 2018년 157.56억 위안에 이를 것으로 전문가들은 전망했다.

④ 자동차 음향

자동차 차량용 GPS내비게이션과 멀티미디어비디오 오락시스템을 포함하는 넓은 의미의 자동차 음향산업은 급성장 추세인데 이 분야의 대외무역거래량을 보면 해외로부터의 수입은 2008년 500만 개에서 2014년 1200만 개로 증가했고, 중국 국산 자동차 음향 완제품 및 부속품 해외수출은 2008년 6000만 개에서 2014년 2억 5000만여 개로 급증한다.

2014년도에 와서 수출로 벌어들인 돈은 5억 7000만 달러에 이르렀다. 이러한 방대한 수량은 비단 대외무역부문에 한한 수량이지만 중국 내수시장의 수요를 합치면 엄청난 규모다. 2016년도 중국은 한해에 14.8% 증가한 2811만 9,000량의 자동차를 신규 출하했고 전국 인민들이 보유하고 있는 자동차 수는 삼륜차와 저속화물차 881만 량을 포함하여 무려 1억 9440만 량에 이르고 있어, 이들 차량에 소요되는 각종 자동차음향상품들을 감안하면 시장규모는 크게 늘어날 수밖에 없다.

<中국의 자동차 음향상품 시장규모>

연도	2011	2012	2013	2014	2015	2016
규모(단위: 억 위안)	11.48	12.18	12.69	13.07	13.10	13.55
증가율(%)	4.46	6.10	4.19	2.99	0.23	3.44

출처: ①中國音樂産業發展報告 2016 p.121 ②中國音樂産業發展報告 2017 p.117 자료 재정리.

중국인민들의 소비관념의 전환, 국내 자동차 구입 증가와 사용자들이 고질량의 자동차 음향상품을 요구하고 있어 시장은 계속하여 확대될 수밖에 없을 것이다. 이 분야 또한 전문가들은 2017년 13.87억 위안, 2018년 14.14억 위안으로 증가될 것으로 전망했다.

다. 음향산업 관련 주요 국제행사

앞 장의 악기산업부문에서 일부 언급하여 중복되는 부분도 있을 수 있으나 BRITV, Prolight+Sound, PALM EXPO 등 중국의 3대 국제음향 전람회를 비롯한 몇몇 가지의 음향 관련 전람회에 대하여 보다 구체적으로 접근해보겠다.

① BIRTV(베이징국제라디오, 영화·텔레비전전람회: 北京国际广播电影电视展览会: Beijing International Radio, TV&Film Exhibition)

2017년도에 26회째를 맞는 BIRTV행사는 중국국가신문출판광전총국이 주최하고 중앙텔레비전방송국(CCTV)이 주관하는 정부 행사로 매년 8월 베이징에서 개최한다.

〈2006~2015년간 BIRTV행사 주요실적〉

연도	참가 업체수	참관자수 (명)	전문분야별	2013년참가전문업체		2014년참가전문업체	
				업체수	전체비율(%)	업체수	전체비율(%)
2006	417	55,000	동영상	210	40.01	213	41.04
2007	426	55,000	방송, Pro-Audio	41	8.01	42	8.09
2008	403	50,000	영화	85	16.60	88	16.96
2009	419	51,000	전송, 네트워크	42	8.20	36	6.94
2010	453	53,000	디지털TV, 모바일TV, IPTV(융합미디어)	46	8.98	46	8.86
2013	512	57,000	관련 기술 및 설비	50	9.77	52	10.02
2014	519	58,500	미디어 및 기타	38	7.42	42	8.09
2015	512	57,000	소계	512	100.00	519	100.00

출처: ①中國音樂産業發展報告 2014 p.180-p.184 ②中國音樂産業發展報告 2015 p.146-p.148 ③中國音樂産業發展報告 2016 p.124 자료 재정리.

여기서 다시 중국 내에서 개최되는 각종 국제음향전시회들의 음향관련업체 참가수를 살펴보면 대체적인 규모와 성격 등을 짐작해볼 수 있다.

〈중국의 음향 관련 각종 국제전람회 음향전문업체 참가업체 수(2013년)〉

행사명	BIRTV	PALM EXPO	InfoComm China	ProlightSound (Guangzhou)	Prolight+Sound (Shanghai)	GET Show	CIT
참가업체 수	41	465	160	550	220	165	30

출처: 中國音樂産業發展報告 2014 p.182.

중국 내에서 개최되는 각종 음향 관련 전람회에는 음향뿐만 아니고 음향과 관련된 분야이거나 방송 등과 관련한 다양한 전문분야들이 동시에 참가하는 형식을 취하고 있어 시너지효과를 거두고 있는 것 같다. 한

편, BIRTV 행사의 면적은 5만 평방미터로 알려져 있다.

② Prolight+Sound(중국국제전문조명, 음향전람회: 中国国际灯光,音响展览会)

세계적으로 유명한 독일의 프랑크프루트전람유한공사 산하의 '프랑크프루트전람(홍콩)유한공사'가 광저우(广州)와 상하이 양대 대도시에서 개최하는 전문 조명, 음향 관련 대형 전람회다. 이 분야에서는 Pro-Audio 설비분야가 이 행사의 중요한 부분을 차지한다.

13회째를 맞이한 2015년의 경우, 광저우전람회는 그해 4월 5일~8일 4일간 개최되었는데 중국수출입상품전시관 A, B관으로 구분, 운영되었다. 1,100여 개 업체가 참가하고 6만 4,000여 명의 관람객이 찾았으며, 업체수는 4.2%, 참가관람객수는 6.2%가 증가했다고 전해진다. 전시면적은 13만 평방미터로 전문음향설비들이 한 곳에 모였는데 공공(公共)방송설비, VOD오디오시스템, 무대설비, 전문조명설비, 시청각 및 전송설비 등 일련의 신예 상품과 기술들이 집약된 행사라는 것이 전문가들의 평가다. 한국, 오지리, 벨기에, 캐나다, 미국, 일본, 중국, 체코, 덴마크, 프랑스, 독일, 이탈리아, 헝가리, 리투아니아, 네덜란드, 슬로바키야, 스페인, 스위스, 영국, 홍콩, 대만 등 21개 국가 및 지역에서 참가했다.

2013년도 Prolight+Sound 상하이전람회는 444개 업체가 참가했고 같은 해 Prolight+Sound 광저우전람회에는 922개 업체가 참가한 것으로 파악되었다.

③ PALM EXPO(중국국제전문음향, 조명, 악기 및 기술전람회: 中國國際专業音响, 燈光, 乐器及技術展覽會)

중국연예설비기술협회(中國演藝設備技術協會)가 주최하는 PALM EXPO는 연예설비분야에서 전시 작품, 전시 규모, 새로운 과학기술 수준 등에 비추어 세계 2위의 대규모 전람회다.

제24회 'PALM EXPO 2015' 행사가 2015. 8. 19~22일 4일간 베이징 국제전람중심(구관) 주최로 개최되었는데 중국연예설비기술협회(CETA)가 공동합작 주최기관으로 진행되었다.

전람회는 국내조명관, 국내음향관, 국제관, 악기관, 실외음향실연, 악기컨테스트 등 6개의 대형 구역으로 나뉘어져 진행되었고 전람회 전체 면적은 10만 평방미터 규모였다.

2013년도 참가업체는 1,286개사였고 전시품 중에는 조명, 음향류의 참가전문업체가 697개사로 전체의 54%를 차지한다.

④ 기타 전람회

Infocomm China 행사는 주로 스피커 종류, 전력증폭기(파워앰프), 조율대 등의 세부적 상품과 기술을 전시, 진행하고 있는데 타 행사들과 다소 중복되는 분야도 있다. 2013년도에는 160개 업체가 참가했고 관람객도 1만 9,431명에 전시면적은 3만 5,000평방미터로 전해진다.

GET Show 행사 역시 음향설비 제조상들이 참가업체의 절반 이상을 차지하는 것으로 2013년도에 165개 업체가 참가했다.

CIT 행사도 음향설비전람회로 2013년 30여 개 업체가 참가한 비교적 소규모 전람회 행사이다.

10. 음악교육산업시장

가. 시장규모와 시장 동향

여기서 언급되고 있는 음악교육산업은 국가의 중학교·소학교 의무교육과 고등학교 및 대학교의 음악교육 과정을 제외한 공익성 또는 영리에 기초한 사회화 또는 민영 성격의 음악교육을 말한다. 우리나라의 사교육(私敎育)과 거의 같다고 이해하는 것이 좋을 것 같다.

중국의 음악교육산업은 크게 오프라인 음악교육과 온라인 음악교육, 그리고 온라인과 오프라인을 겸용하는 O2O 음악교육 방식이 채택, 진행되고 있다.

현재의 음악교육시장을 지배하고 있는 오프라인 음악교육에는 중국 음악가협회가 주관하는 ①사회음악급수자격시험교육(社会音乐考级培訓)과 ②예술대학의 입학고사교육(艺術高考音乐培訓), 민간이 운영하는 ③취미반 음악교육 ④기타 음악가협회·대학연맹 간의 교육이 있는데 대체적으로 사회음악급수자격시험교육시장이 전체시장의 약 82%를 차지하고 있고 예술대학의 입학고사를 위한 음악교육이 전체시장의 13%, 기타 음악교육사업시장이 전체의 약5% 내외를 차지하고 있다고 전문가들은 분석한다.

중국의 음악교육시장은 알려진 바와 같이 워낙 방대하고 발전 잠재력을 지니고 있으며 완비된 산업적 연결고리를 형성하고 있다. 근래에 와서는 인터넷 신기술의 개발로 온라인 모델인 'Massive Open Online Course(MOOC: 慕課)'라는 대규모 공개 온라인 강좌가 생겨나 규모 면에서도 점점 확대일로에 있어 새로운 추세로 등장했다.

중국 음악교육산업의 양대 축인 중국음악가협회가 주관하는 사회의 음악급수자격시험교육시장과 예술대학의 음악고사교육 시장규모를 보면 다음 표와 같다.

〈최근 5년간 중국 음악교육 시장규모 변화 추이〉

연도	2013	2014	2015	2016	2017
총 생산액 규모(단위: 억 위안)	577.3	643.8	666	757	792
-음악급수자격시험(考級) 교육시장	499.8	577.8	600	700	728
-예술대학입학고사(艺考) 교육시장	77.5	66.0	66.0	57	64

출처: ①中國音樂産業發展報告 2015 p.160 ②中國音樂財經(2016.11.13) ③中國音樂産業發展報告 2016 p.130 ④中國료音樂産業發展報告 2017 p.96-p.97 자료 재정리.

나. 정부기관 시행 음악교육

중국의 예술대학입학고사 2015년도 등록자수가 82.5만 명이다. 이는 전년도 수치와 비슷한 규모다.

전문적인 예술대학교 신입생 모집을 제외하고 대다수의 성시(省市)에서 통일적으로 시험을 치루는 일반대학 예술분야 신입생 수는 줄었다. 이는 각 성시의 인구수와 지역별 경제발전 수준과 밀접한 관련이 있는데 산둥성, 허난성, 광둥성의 인구수가 다른 성에 비해 상대적으로 많아 예술대학 입학고사 등록학생수도 몇 년간 계속하여 1~3위를 유지한다.

〈2013~2015년간 중국의 예술대학 입학고사 지역별 등록자 수 비교〉

	연도	华东	华中	华北	西南	东北	华南	西北	계
등록 수험생 수(만 명)	2015	22.6	18.6	15.6	8.6	3.7	9.3	4.1	82.5
	2014	27.7	16.3	9.4	9.4	7.2	7.5	5.3	82.8
	2013	25.9	22.6 (华南 포함)	11.7	10.0	8.7	华中에 포함	5.2	85.1

출처: ①中國音樂産業發展報告 2014 p.149 ②中國音樂産業發展報告 2015 p.161 ③中國音樂産業發展報告 2016 p.133 자료 재정리.

여기서 각 지방별 예술대학 입학고사(艺考)생이 얼마나 되는지를 파악해보면 이해가 쉬울 것이다.

〈중국의 각 성, 직할시 예술대학 입학고사 등록자 수 비교/2016년〉

지열별	艺考人수	지역별	艺考人수	지역별	艺考人수	지역별	艺考人수
베이징	4,700	장쑤성	54,270	후난성	33,693	윈난성	16,060
허베이성	21,492	안후이성	54,600	광둥성	47,000	산시(陝西)	12,623
산시(山西)	49,460	푸젠성	14,700	광시(광서)	22,000	간수성	27,096
네이멍	16,461	저장성	26,112	하이난성	2,027	칭하이성	1,911
랴오닝성	19,052	장시성	27,492	톈진시	5,100	닝샤(寧夏)	2,972
지린성	9,772	산둥성	104,642	충칭시	19,900	신강자치구	4,315
헤이룽장	18,197	허난성	83,076	쓰촨성	54,370	시장(西藏)	-
상하이	5,400	후베이성	31,457	구이저우성	28,990	합계	818,940

출처: 中國音樂産業發展報告 2017 p.98 자료 재정리.

중국의 2016년도 전국대학입학고사(艺考) 수험생이 940만여 명인데 예술대학 입학고사생은 81만 8,940명으로 전체 대학입학고사생의 8.71%를 차지한다. 그러나 이 숫자는 전년도보다 6천여 명이 줄었고 또

21세기 중국문화산업시장의 이해

한 음악류 대학입학고사생수도 전년보다 1만 6,000여 명이 줄었다.

그런데 중국의 예술대학 입학고사에는 음악뿐만 아니라 미술, 각색·
연출, 아나운서, 연기, 무용, 촬영 등 10개가 넘는 전공분야가 있는데 이
중에 진정한 음악류 대학수업생수는 전체의 15% 내외로 2015년 13만
명 내외, 2016년 11만 4,000여 명, 2017년 12만 8,000여 명인 것으로
관련 기관은 집계했다.

예술대학 입학고사 교육비도 비교적 비싼 편인데 일반적으로 4개 반
으로 편성 운영되고 있으며 베이징, 상하이, 선전, 광저우 같은 1선 대도
시와 대체로 성 수도인 대도시가 포함된 2선 대도시, 3선 도시 등의 예
술대학입학고사 교육비가 각각 다르다.

〈중국의 1선 대도시 예술대학 입학고사 교육반별 교육비 비교〉

반별	기초반	상급반(提高班)	장기반(长期班)	합의반(协议班)
수업료(만 위안)	0.9-2.5	0.5-1.2	2.1-5	3-12

출처: ①中國音樂産業發展報告 2015 p.162 ②中國音樂産業發展報告 2016 p.135.

일반적인 음악교육기관의 교사들의 강의료는 대체적으로 시간당
100위안이나 전문학교 교사들의 시간당 강의료는 300~500위안으로
껑충 뛰며 일반 대학교 교수들의 시간당 강의료는 몇 천 위안인 경우도
허다하다.

2013년도의 1선 대도시와 2선 대도시 간의 예술대학 입학고사 교육
기관의 반별 수업료를 보자.

구분	보통반	강화반	VIP반	전과정반
1선 대도시 수강료(만 위안)	2.3	1.2	15	5
2선 대도시 수강료(만 위안)	1.3	0.5	5	3

출처: 中國音樂産業發展報告 2014 p.150.

2013년도의 수강료가 상기 표와 같은데 3~4년이 지난 지금에 와서는 수강료도 적지 않게 올랐을 것으로 추측된다.

수강생들은 교육훈련비뿐만 아니라 등록비, 음악교육훈련에 수반되는 교통비, 숙식비, 악기보수비 등의 관련 경비도 예술대학 입학고사 교육시장에 적지 않은 비중을 차지한다. 그런데 2015년 예술대학입학고사등록 신입생수가 줄어드는 것과 정부의 정책 및 업계 취업동향과 상당한 관련이 있는 것으로 2015년부터 예술대학 입학고사가 개혁 추진된다.

따라서 각성(各省)과 각 대학교는 초학자에게 기초지식을 가르치는 문화과(文化課) 수업을 대폭 늘렸다. 일부 대학은 성 정부에서 시행하는 통일적인 입학고사(聯考)를 취소하고 일부 대학은 신입생 모집을 축소했으며, 또한 입학고사를 아주 엄격하게 진행함으로써 적지 않은 학생들이 예술대학 입학고사를 취소하는 사례가 발생하기도 했다.

이 밖에도 예술전공생들의 취업시장도 포화상태에 이르러 예술대학 입학고사 학생수가 감소할 수밖에 없는 상황을 맞이한 것이다.

여기서 베이징시를 대상으로 한 예술대학 입학고사 교육생들의 연간 평균 소요액을 조사한 내용을 보면 다음과 같다. 다만 여기에는 별도의 특별교육비는 제외되어 있고 악기 구입비와 의상비는 포함된 숫자이다.

<中국의 최근 3년간 예술대학 입학고사 교육비 1인당 연간평균 소비액별 비중(%)>

연평균 수강료 구분		1만 위안 이하	1-3만 위안	3-5만 위안	5-10만 위안	10만 위안 이상	합계
수강료 구간별 비중(%)	2016년	20%	33%	20%	12%	15%	100%
	2015년	24%	32%	21%	12%	14%	100%
	2014년	23%	31%	20%	12%	13%	100%

출처: ①中國音樂産業發展報告 2015 p.162-p.163 ②中國音樂産業發展報告 2016 p.135 ③中國音樂産業發展報告 2017 p.99 자료 재정리.

그런데 학생 1인당 교육훈련비가 대체로 평균 5만 위안(한화 약 850만 원) 내외로 학생들에게는 적지 않은 부담으로 작용하고 있어 일부 학교에서는 선생님과 학생들이 학교에서 자습하는 경우도 적지 않다고 한다. 따라서 예술대학 입학고사 교육훈련시장에 순수 음악 전공 학생수를 13만 명 내외로 하면 시장 총 규모는 65~66억 위안이 산출된다.

그리고 음악예술대학 입학고사생들의 주요 전문과목교육을 보면 2선 대도시 일반기관의 교사 강의비는 매 강의당 200위안인데 비해, 전문대학의 교사나 전문적 수준을 가진 대학원생의 매 강의당 강의료는 600위안 내외에 이르고, 일부 대학교수의 경우는 매 강의당 1,000위안에 이르고 있어 강사들의 수준에 따라 강의료는 다양하게 나타난다.

그런데 매주 2회 강의의 강의료를 보면 1선 대도시 민영기관의 교육비는 1인당 연간평균 9만 위안이고 2선 대도시 경우에는 5만 위안 내외이다.

음악류 예술대학 입학고사 훈련교육비시장도 2014년 66억 위안, 2015년도 역시 변함없이 66억 위안에 이르렀으나 2016년도에 와서는 57억 위안으로 감소한다. 그만큼 수요가 없다는 얘기가 된다.

다음은 음악등급자격시험교육(훈련)에 대하여 살펴보겠다.

현재 중국의 전국적인 음악등급자격시험(音乐等级考试)은 ①중국음악가협회 주관 음악등급자격시험 ②중앙음악대학(中央音乐学院) 주관 음악등급자격시험 ③중국음악대학(中国音乐学院) 주관 음악등급자격시험 ④상하이음악대학(音乐学院) 주관 음악등급자격시험 ⑤시안(西安)음악대학 주관 음악등급자격시험 ⑥중국가극무극원(中国歌剧舞剧院) 주관 음악등급자격시험 ⑦잉황음악(英皇音乐)학원 주관 음악등급자격시험으로 나뉜다.

중국음악가협회, 중앙음악대학, 상하이음악대학, 중국음악대학, 중국가극무극원일 포함하는 5대 기관을 대상으로 조사한 바에 의하면 음악가협회의 사회음악등급자격시험 관리판공실은 전국 30여 개의 시험구역산하에 300여 개의 교육시험장을 보유하고 있고 중앙음악대학도 전국 25개성(个省)에 모두 42개의 교육시험장소를 가지고 있다.

2017년도 사회음악등급자격시험기관에 등록한 인원수는 140만 명으로 2013년 114만 명, 2014년 120만 명, 2015년 125만 명, 2016년 135만 명에 이어 해마다 늘어난다.

그러면 여기서 이들 기관들이 사회음악등급(급수)시험 수수료로 얼마를 받고 있는지 살펴보기 전에, 먼저 사회음악등급자격시험 교육기관이 어느 지방에 얼마나 분포되어 있는지 파악해보겠다. 다만 일부 지역에는 음악자격(등급)시험교육기관이 없는 지역이 있음을 참고 바란다.

〈2014~2015년 중국의 사회음악등급자격시험 교육기관 지역별 분포〉

지역별		산둥	허난	광둥	장쑤	랴오닝	저장	후베이	헤이룽장	안후이	지린
기관	2015년	1,124	727	806	773	598	572	476	350	305	332
수	2014년	925	688	658	637	547	452	360	316	313	285

지역별		후난	쓰촨	허베이	산시(陝西)	산시(山西)	윈난	푸젠	네이멍	광시	장시
기관	2015년	305	343	308	242	220	174	230	200	170	204
수	2014년	285	270	263	251	211	226	205	200	192	191

지역별		귀주	간수	신장	닝샤	하이난	칭하이	시짱	베이징	상하이	광저우
기관	2015년	147	100	140	31	40	12	6	-	-	-
수	2014년	162	140	133	50	41	13	1	165	155	110

출처: ①中國音樂産業發展報告 2015 p.167 ②中國音樂産業發展報告 2016 p.131 자료 재정리.

중국의 사회음악자격(등급)시험 과외교사는 대형피아노방(大琴行)이 수입의 중요한 시장으로 피아노방의 수량은 음악자격(등급)시험 시장규모에 일정량을 반영한다. 그리고 전국적으로 사회 음악등급자격시험 교육기관수는 2014년에 8,445개에서 2015년 8,935개로 늘어났다.

그리고 2016년도의 음악등급자격시험 등록자수가 135만 명인데 이들의 1차 등록비만 1인당 평균 250위안으로 이를 계산하면 3억 3750만 위안의 수입이 발생한다.

음악교육수강생이 연간 1인당 평균 5만 위안(단위: 억 대) 내외인 점을 감안하면 연간 수입은 675억 위안(단위: 억 위안)에 이른다. 2017년도에 와서는 등록자수가 140만여 명으로 증가했다.

중국의 사회음악등급자격시험 교육기관들의 각종 수업료 현황을 보면 다음과 같다.

등급	중국음악가협회				중앙음악대학		상하이음악대학		영국왕가(英国皇家)음악대학
	악기 또는 가창수업료	음악듣기 수업료	등록비	등급 증서비	악기 수험료	기본 수험료	수험료	수속비	수험료
1급	48	60			200	초급 160	60		620
2급	60	84			260		60		710
3급	72	108			320		60		800
4급	84	132			370	중급 180	80	60	840
5급	96	156			420		80		910
6급	108		10	15	460		119		1,010
7급	120				500		119		1,130
8급	132				530		119		1,340
9급	144				600		140		-
10급	156				780 (연주급)		140		-

출처: 中國音樂産業發展報告 2015 p.164-166 자료 재정리.

중국의 대도시나 중급도시의 초등학생이나 중고등학생 90% 이상이 이미 과외교육에 참가하는 것으로 알려져 있고 악기취미교육도 50%를 상회하는 것으로 전해진다. 음악, 미술, 무용도 예술취미반의 주요한 시장 구성의 한 부분이다.

2015년도 무용교육시장은 중국의 예술교육업 전체시장의 28%에 이르고 미술교육은 27.5%, 음악교육시장은 28.5%, 그리고 나머지 기타 분야가 16%를 각각 차지한다고 한다. 이미 예술분야의 교육은 보편화되어 있다는 것을 의미한다.

소년궁(少年宮) 또는 예술업종협회가 개설한 교육기관은 부모들이 아이들을 보내고 싶어 하는 기관으로 이들의 교육기관수는 전체의 35%를 점하고 있다. 그리고 부모들이 집 가까운 교육기관을 선호하는 경우는 23%, 개인 집에서 음악교육을 수강받는 경우는 25%, 유명예술가가 개설했거나 유명브랜드의 교육기관의 경우는 10%, 기타가 7%로 전문기관들이 조사 분석했다.

중국의 2015년도 아동들의 피아노교육 시장규모가 300억 위안(한화 약 5조 2500억 원)으로 전년동기대비 30% 이상 증가했는데 5년 내 시장 규모가 1000억 위안에 이를 것이란 전문가들의 분석을 보면 어린이들의 음악뿐만 아니라 예술 전 분야 교육에 대한 부모들의 생각은 어느 나라나 마찬가지가 아닌가 생각하게 된다.

특히 중국의 경우 2011~2015년간 신생아 증가수가 2.6% 내외로 이들이 5~9세가 되면 예술교육에 적합한 연령대에 이르는데, 향후 10년 이내 예술교육시장의 증가속도는 더욱 가속도를 낼 것으로도 보인다.

현재 중국에는 2~8세 사이 아동들이 약 1.1억 명으로 알려져 있고 중·대도시의 초·중학생 90% 이상이 과외교육(훈련)에 참여하고 있는 것으로 알려져 있으며 이 중에 50%가 음악류 교육을 받고 있는 것으로 파악했다.

특히 가장(家長)이 선호하는 아이들의 예술교육분야로는 30.59%가 음악, 26.81%가 무용, 26.91%는 미술이었고, 기타 분야는 전체의 20.69%에 머물고 있는데 이러한 현상은 여타 국가들과 비슷한 사정인 것 같다(출처: 中國音樂産業發展報告 2017 p.102-p.103).

다음은 민간이 설립, 운영하는 음악교육기관들에 대하여 분석토록 하겠다.

다. 민영음악교육기관

민간이 설립하여 운영하는 영리 목적의 음악교육학교도 예외 없이 반드시 일정 규모의 완비된 교학과정이나 시설 및 공간들을 잘 갖춰야 하고 교사초빙과정도 엄격한 심사를 필요로 한다.

2016년 말 기준으로 중국에는 민영음악고등교육기관이 전국에 약 300여 개가 넘는 것으로 알려졌다.

여기에는 학력이 인정되는 곳과 학력이 인정되지 않는 곳으로 나뉜다. 이러한 300여 개소의 고등교육기관(단과대학 및 종합대학)에는 음악학 및 관련 전공기 60개, 학생은 6,590명에 이르며 이들 학생들은 연간 1인당 1.5만 위안에서 2만 위안의 학비를 부담한다.

학력비인정기관의 학생 수도 1만 6,000여 명으로 이들의 연간 학비는 총 3.51억 위안에 이르고 있어 1인당 연간 2만 위안을 상회하는 비용을 부담하고 있다.

이러한 민간 운영 음악교육기관들은 새로이 정규학교에 입학하기 전에 소질 개발 등 여러 가지 이유로 학습하는 음악교육들인데 이들은 상업적 음악교육기관으로 대부분 자격증과 학력 인증과는 관계가 없다.

여기서 대표적인 민영음악교육기관을 보면 전국적으로 산재되어 있으나 베이징 지역의 경우 ①베이징현대전자음악학교(北京MIDI/迷迪学校), 성인고등교육기관인 ②베이징 현대음악연수학원(北京现代音乐研修学院), 중국구정문화집단(中国古筝文化集团) 소속의 ③중국구정학원(中国古筝学院)) 등이 있다.

'베이징현대전자음악학교(MIDI학교)'는 1993년 베이징시 하이디엔취(海淀区)교육위원회의 비준을 받아 등록된 중국 제1위 현대음악을 전문으로 교육하는 사립학원으로 25년의 역사를 가지고 있다.

교육 내용에는 음악연기, 음악공정, 음악산업, 성악학원 등 4개 학원에 15개 전공 분야를 설치 운영하고 있다. 중국 로큰롤음악의 황포군관학교(黃埔軍官学校)라고 불리는 이 학교는 중국현대음악산업에 인재들을 대량 배출해왔다. 5,000여 명에 이르는 이 학교 졸업생들은 전국의 연출공사, 국가예술공연단체, 민간예술공연단체, 디지털음악제작공사 등 다양한 음악 관련 영역에서 활발히 활동하고 있는 것으로 알려져 있다.

그리고 '구정(古箏)문화집단'은 2005년 홍콩에서 설립했는데 그룹(집단) 소속으로 ①베이징구정문화발전유한공사 ②국제구정협회 중국분회 ③중국구정학원 ④중국민족악기학회 교육(배훈(培训))중심 ⑤위안샤오(袁莎)구정예술중심 ⑥구정국악사무소(古箏国乐会所) ⑦구정예술단 ⑧중국구정온라인(箏讯)잡지 ⑨광밍(光明)예술학교 ⑩진브랜드(秦牌)구정 양저우(扬州)생산기지 등에서 구정에 대한 직업교육, 구정여가교육, 연예, 구정복식, 구정출판물 발행 등의 사업을 진행하고 있다.

특히 위안샤구정예술중심은 전국에 약 100여 개의 교육훈련센터와 훈련장이 있는데 매년 구정교사들이 훈련중심에서 교육도 받고 전국적으로 대사(大师)순회반 교학과정을 진행하기도 하는 것으로 알려져 있다.

이 밖에도 1954년 일본에서 창립한 야마하(雅马哈)음악중심은 2005년에 중국에 진출하여 총 본부를 상하이에 두고 YAMAHA Music School을 운영하고 있으며 야마하는 현재 세계 40여 개국 7,300여 개의 음악교실에서 500여만 명의 교육생이 교육을 받고 있는 것으로 집계했다.

〈민영고등교육기관 음악교육학교 운영 대비표/2016년〉

기관 명칭	베이징현대음악학원 (现代音乐学院)	베이징MIDI(迷笛) 음악학교	톈진체육대학스포츠와문 화예술대학소속 音乐学院
성격	비학력 교육기관	비학력 교육기관	학력 인정 교육기관
전공개설	성악, 악기, 유행음악콘서트, 음악교육, 예술경영관리 등	음악작곡, 연기, 음악공정 등	음악교육, 음악연기, 대중(유행)음악콘서트 등
학생수	3,541명	5,600명	800명
학비표준	19,000-24,000위안/년	20,000-30,000 위안/년	20,000 위안/년
수입원	학비, 교재출판, 연예관리, 物业 등	학비, 연예경영관리, 자격시험 등	학비 등

출처: ①中國音樂産業發展報告 2016 p.137 ②中國音樂産業發展報告 2017 p.104 자료 재정리.

또한 유행음악교육으로는 음악가 푸린(付林)이 2014년에 만든 '付林罔音罔'이라는 온라인사이트가 있고 인터넷 응용상품으로 음악인 후얀빈(胡彦斌)의 지도하에 전문단체가 개발·운영하고 있는 교육류 APP '胡彦斌—牛班(New Band)'이 있다. 어린이 음악교육에는 피아노 교육 위주의 '星空琴行'이 있고 중국 현대디지털음악교육기관으로 '罗쓰디지털음악교육'이 있는데 이곳은 3.5~5세 사이의 어린이과정을 설치 운영하고 있다.

2015년 말 현재 중국 전국에는 민간이 운영하는 음악교육학교가 16만 3,000여 개소가 있는데 이는 전체 음악교육기관수의 31.8%를 차지하고 있고 학생수도 4570만 4,000명으로 전체 음악교육기관 등록학생수의 17.6%를 점하고 있다. 그리고 민간운영음악교육학교 총 숫자에서 유아교육기관은 90%, 의무교육 6.6%, 중고생 3%, 대학생 0.4%를 민간운영교육기관이 차지하고 있는 실정이다(출처: 中國音樂産業發展報告 2016).

뿐만 아니라 공익성의 음악교육으로 중국음악가협회와 대학음악연맹 간에 중국음악가협회의 비법인 2급학회가 2009년 창설되어 300여 개의 전국 음악대학 및 예술대학의 연맹회원을 보유하고 있으며, 이 학회는 매년 음악 관련 콘테스트를 진행하고 있으며 음악교육과 음악생활의 전 산업으로의 연결고리로 서로 융합도 진행되고 있다.

2015년 중국악기협회의 정식 동의로 허베이성 우창현(武强县)에 '전국음악교육서비스연맹(우창)기지'를 건설하는 데 11.5억 위안이 투자가 진행되어 2016년 6월 21일 중국악기협회의 업계특별초청학회와 전문대학이 공동으로 전문가 평가단을 꾸려 우창음악교육서비스 항목의 건설과 진행 상황에 대하여 평가심사감정을 진행했다.

우창에는 이미 악기제조 및 가공기업이 51개사가 있고 업종연간 생산액도 10억 위안(단위: 억 대)을 초과 달성하고 있어 전국의 최대 서양 관현악기 생산기지가 되었다.

또한 최근 몇 년간 현대유행음악교육시장이 뜨거워지고 있는데 베이징MIDI음악학교는 2014년 3월 중국 문화부의 비준을 받아 베이징시 문화국으로부터 '사회예술수평자경증서인정기관'으로 전국 처음으로 선정되었다. 이 학교는 2016년 4월 1차로 기타, 베이스, 드럼 세트의 전공자격(등급) 시험기구를 만들고 상하이, 중경, 푸젠, 장시(江西), 산둥, 장쑤성 등 39개 도시에 고사장을 개설하고 1년에 4차례 자격(등급)시험을 시행했다.

어쨌든 중국의 음악교육시장에 자본이 모여드는 추세에 있는데 'The ONE 스마트(智能)피아노교실'은 2015년 11월 5일 온라인플랫폼 징동을 통하여 크라우드펀딩을 시작했는데 3개월이란 짧은 시간에 2000만 위안이 온라인 및 오프라인을 통하여 들어왔다. 이 밖에 소년소녀악기교학O2O플랫폼 '음악E가(音乐E家)'도 500만 위안 천사용자금이 들어오는 등 음악교육시장으로의 자본 유입도 활발해지고 있다.

11. 라디오와 TV음악산업시장

가. 시장규모와 시장 동향

본 장에서 말하는 라디오와 TV음악산업은 협의의 생산(제작), 경영, 방송(또는 발사)되는 음악류의 라디오/TV프로그램 및 프로그램 확장과 관련된 마케팅 활동기구의 상호관계 집합으로 한정한다.

라디오와 TV의 음악프로그램은 신인 발굴과 기존의 연예인들에게는 다시 자아 정립의 플랫폼을 제공하기도 한다. 특히 TV의 리얼리티 음악쇼프로는 연예인과 작품의 상업적 가치를 발굴해내고 연예인과 작품이 무한한 부가가치를 창출하도록 하여 음악시장의 활성화에 적지 않은 작용을 하고 있다.

중국에는 각급의 라디오방송채널(주파수)이 1,203개가 있는데 이 중에 음악류 방송채널(주파수)이 88개로 매년 점증하고 있으며 시장점유율도 18.46%를 점하고 2015년도의 광고비수입은 14.96억 위안으로 2014년 15.4억 위안보다 줄었다.

TV방송에서는 인터넷채널을 제외한 일반적인 채널수가 1,004개인데 이 중에 TV음악류 채널은 44개이며 음악류 프로그램수량은 100개로 이 중에 음악 리얼리티쇼프로그램이 20여 개다. 이러한 음악류 프로그램에는 ①TV음악 가곡류 ②TV음악 완후이晚会 ③인터넷음악 리얼리티쇼 프로그램 등 4종류가 주를 이룬다.

최근 몇 년간 TV음악산업시장이 현저히 발전해왔는데 여기에는 TV음악리얼리티쇼프로가 큰 영향을 미쳤다. 2015년도 TV음악프로그램 타이틀 네이밍 협찬비(스폰서)가 30억 위안으로 계속 증가하고 있는데 이는 음악프로그램의 영향력이 점증하고 있음을 의미한다. 2015년도 자체 제작한 인터넷 종합예능프로그램 96종 중에 음악프로그램이 20종으로 클릭 수도 10억 차가 넘었다는 것은 이러한 현상을 잘 보여주는 사례다.

2010년에 중국정부는 '라디오·TV녹음제품방송보수지급임시규정'을 제정·공포 시행함으로써 시행 첫해에 CCTV가 중국음악저작권협회(약칭 音着协)에 지급한 음악판권사용료가 1900만 위안이었고 2011년에는 2015만 위안, 2012년 4015만 위안, 2014년 4841만 위안으로 계속 증가세를 유지해오면서 2015년도는 다소 줄어든 3918만 위안에서 2016년 4158.81만 위안으로 다시 증가세로 돌아섰다. 이러한 현상들은 TV를 통한 음악시장이 지속적으로 확장되고 있음을 의미한다.

나. 라디오음악시장

중국은 2014년 이후 적지 않은 뉴미디어의 충격 속에서도 음악방송의 시장점유율은 미세하나마 여전히 조심스런 상승세를 유지해 왔다.

〈최근 3년간 중국의 각종 라디오프로그램 시장점유율(%) 변화 추이〉

	뉴스	음악	교통	경제	도시생활	문예	기타
2016년	26%	24%	34%	7%	1%	2%	1%
2015년	29%	23%	32%	5%	2%	3%	2%
2014년	28%	22%	31%	5%	3%	4%	3%

출처: 中國音樂産業發展報告 2017 p.138.

음악방송 광고수입에서도 기존의 전통매체인 신문은 -38.7%, 잡지는 -30.5%로 급격하게 감소했으나 라디오 광고수입은 2017년 상반기에 전년동기대비 7.9%가 늘었다. 그리고 라디오 음악방송 시청자들을 여러 가지 측면에서 접근해보면 1일 1인 평균시청시간에서 남성과 여성의 시청시간이 각각 92분과 91분으로 차이가 거의 없고 연령층에서는 25~34세 사이의 연령층이 1위이며 그다음이 35~44세의 중년층, 세 번째가 45~54세 사이의 연령층으로 사실상 연령에 크게 좌우됨이 없이 고르게 음악을 좋아하는 것으로 나타나고 있다.

〈중국의 라디오 시청자 특징〉

구분	연령층별					성별	
	25세 미만	25-34세	35-44세	45-54세	55세 이상	남	여
1일 평균시청시간(분)	80	88	86	84	80	92	91

구분	학력수준				월별수입				
	초·중 이하	고등 학교	전문 대학	대학본 과 이상	1,000 위안 미만	1,000- 2,999위안	3,000- 4,999위안	5,000- 7,999위안	8,000元 위안 이상
1일 평균 시청시간(분)	82	83	92	91	92	81	84	88	78

출처: 中國音樂産業發展報告 2016 p.149.

여기서 중국의 음악시청자들의 관심도를 이해하기 위하여 이들의 음악방송APP이나 인터넷라디오 음악다운로드량을 보면 2013년도 인터넷라디오음악 다운로드량에서 ①왕잠자리(蜻蜓)FM 2011만 회 ②考拉FM라디오 218만 회 ③Tune in Radio 786만 회 ④多听FM 1640만 회 ⑤荔枝FM 157만 회 ⑥优听라디오 130만 회 ⑦쿠꼬우(酷狗)FM 158만 회 ⑧美乐时光 126만 회 등이며 2014년도의 중국 국내 휴대폰단말기 이용객의 음악방송APP 다운로드양을 보면 ①蜻蜓FM 16713만 회 ②考拉FM라디오 13606만 회 ③희말리야FM 12290만 회 ④ Tune in Radio 7천만 회 ⑤多听FM 8천만 회 ⑥荔枝FM 8500만 회 ⑦豆瓣FM 8300만 회 ⑧봉황FM 4500만 회 ⑨优听라디오 4400만 회 ⑩尚听FM 4300만 회 ⑪ 쿠꼬우(酷狗)FM 3800만 회 ⑫기타 2천만 회로 집계했다.

여기서 다시 중국의 음악청취자들이 어떤 단말기들을 사용하여 음악을 많이 듣고 있는지를 보면 역시 뉴미디어 시대에 걸맞게 휴대폰을 통하여 라디오를 듣는 사람과 차량내장형 수신시스템을 통하여 음악을 듣는 사람이 많다.

⟨2013~2015년 기간 중국 음악시청자들의 단말기 사용비율 비교⟩

	연도	휴대용라디오	휴대폰	컴퓨터 네트워크	차량내장형 수신시스템
시청자들의 사용률(%)	2015	31.8	38.5	10.5	41.3
	2014	32.8	46.9	15.3	38.6
	2013	38.3	47.8	16.2	34.2

출처: 中國音樂産業發展報告 2016 p.150 자료 재정리.

중국 음악시청자들의 경제적 수입이 증가되고 자동차의 이용률이 점점 많아지면서 차량내장용 각종 수신시스템을 통하여 음악을 듣는 사례가 점점 늘어나고 있으며 상기 표에서 기술하고 있는 퍼센티지에는 한 사람이 2개 이상의 다양한 단말장치를 이용하고 있음에 착오 없기 바란다.

다. TV음악시장

중국의 TV음악프로그램 광고수입이 늘어난 원인으로는 음악류 종합예능프로(시즌 등) 및 이들 동영상사이트 자체프로그램 제작의 지속적인 활약과 수량과 유형에 크게 영향받은 것으로 분석된다. 2016년 음악류 종합예능프로그램 광고수입이 53.4%가 급증한 46억 위안에 이른 것이 이를 증명한다.

중국의 라디오와 TV음악시장 전체 규모를 찾아보면 다음과 같다.

〈최근 5년간 중국의 라디오와 TV음악시장 광고수입 규모〉

연도	2013	2014	2015	2016	2017
라디오음악시장 규모(억 위안)	14	15.4	14.96	15.27	15.72
TV음악시장 규모(억 위안)	20	23	30	46	58

출처: ①中國音樂産業發展報告2015 p.183 ②中國音樂財經(2016.11.13) ③中國音樂産業發展報告 2016 p.146 ④中國음악산업발전보고 2017 p.138 ⑤2018中國音樂産業發展總報告(2018.12.19) 자료 재정리.

2014년도 TV음악 시장규모가 증가한 것은 음악리얼리티쇼프로그램의 타이틀 네이밍 협찬비가 20억 위안 이상으로 급증했고 2015년도에는 30억 위안에 이른다. 2015년도에는 인터넷상 종합예능음악프로그램이 급속하게 확대 발전되고 있는데 이 중에는 요우쿠의 〈누가 가수냐: 歌手是誰〉, 아이치이의 〈偶滴歌神啊〉 등의 인터넷 음악리얼리티쇼프로그램이 속되지 않고 상당한 평가를 받는 것으로 각각 9.3억 회와 5.3억 회 방송되었다.

중국 TV의 음악류 프로그램 수량의 분포를 보면 다음과 같다.

〈중국 TV의 음악류 프로그램 유형별 수량 분포/2013년, 2014년〉

구분	음악리얼리티 쇼프로그램	음악가곡류 프로그램	음악완후이 프로그램	음악장기자랑 프로그램	기타
2014년	21개(21%)	19개(17%)	12개(12%)	1개(1%)	52개(49%)
2013년	20개(19.2%)	11개(10.6%)	18개(17.3%)	55개(52.9%)	

출처: ①中國音樂産業發展報告 2014 ②中國音樂産業發展報告 2015 p.183 자료 재정리.

TV의 음악 리얼리티쇼프로는 정부의 '한오령(限娛令)'과 근검절약 및 사치풍조퇴치정책 등의 영향으로 오락프로그램이 다소 위축되기는 했지만 〈The Voice of China(中国好声音)〉와 〈나가수(我是歌手)〉 같은 음악 리얼리티쇼프로그램은 여전히 대부분의 TV음악시장을 점령했다.

2013년의 경우 중앙텔레비전방송(CCTV)과 성급 TV위성채널이 가지고 있는 종합예능(시즌)프로그램 수량이 61개였는데 이 중 음악프로그램이 20개로 종합예능(시즌)프로그램 전체의 32.8%를 차지했으며 2013년도에는 해외로부터 수입한 음악 리얼리티쇼프로그램이 8개나 된다.

한국, 미국, 네덜란드가 각각 2개, 영국과 스웨덴의 음악 리얼리티프로그램을 각각 1개씩 수입했다. 주요 TV의 음악프로그램 경영수입(다이

틀 네이밍 협찬비)을 보면 ②성광대도 3억 3999만 위안 ②星光大道 3억 3999만 위안 ②非诚勿扰 3억 위안 ③中国好声音(The Voice of China) 2억 위안 ④中国梦想秀 1.7억 위안 ⑤梦想合唱团 1억 6999만 위안 ⑥ 中国好工夫 1억 4199만 위안 ⑦快乐大本营 1억3800만 위안 ⑧天天 向上 1억1800만 위안 ⑨舞出我人生 1억 999만 위안 ⑩中国达人秀 1억 원으로 집계했다.

다만 앞의 10개 프로그램 중 〈성광대도〉, 〈The Voice of China(中国好声音)〉, 〈梦想합창단〉 3개 프로그램은 음악 리얼리티쇼프로그램으로 상위 10위 경영 총수입액의 39.63%인 7억 999만 위안에 이른다. 그리고 TV의 주요 음악 리얼리티쇼프로그램(眞人秀節目)의 시청률과 광고수입 등은 앞 장의 TV프로그램시장에서 자세하게 기술하였음을 참고 바란다.

그런데 이와 같은 음악 리얼리티쇼프로그램에 참가한 가수들은 상업공연 시 개런티가 폭증한 특징을 가지고 있다. 〈나가수〉에 참가한 7명의 가수들의 상업적 개런티는 참가 전에는 1~2만 위안 또는 몇 천 위안 하던 개런티 액수가 1회 출연에 35만 위안에서 67만 위안까지 폭등했다.

이들의 1회 출연 시 개런티를 보자. ①尚雯婕 35만 위안(한화 약 6300만 원) ②黄绮珊 35만 위안 ③周晓鸥 45만 위안 ④杨宗纬 46만 위안 ⑤沙宝亮 47만 위안 ⑥林志炫 60만 위안 ⑦羽泉 67만 위안으로 알려져 있다.

이제 TV음악시장에 접근해보겠다.

라. TV음악프로그램

앞 장에서 일부 언급했지만 2015년도 중국의 TV음악 리얼리티쇼프로그램시장은 가히 백화제방(百花齊放)이라고 할 만큼 대단히 번창했다. 문제는 당시 중국 자체창작품이 부족하고 시청자들의 욕구를 충족하기에 다소 수준이 부족한 점 등으로 일부는 해외로부터 수입했다.

2015년도 자체 제작 인터넷 종합예능프로그램 96종 중에 음악 리얼리티쇼프로그램이 20종이었는데 방송에 대한 시청자들의 클릭 수도 10억 차가 넘었다. 이 또한 텅쉰, 요우쿠, 아이치이 삼파전이다.

그런데 TV음악 리얼리티쇼프로그램의 제작비는 만만치 않다. 저장(浙江)위성에서 방송한 〈The Voice of China 4(中国好声音4)〉 프로그램의 제작비는 6,000만 위안(한화 약 105억 원)으로 수위(首位)를 차지했고 후난위성에서 방송된 〈나가수 3(我是歌手3)〉 음악 리얼리티쇼프로그램의 제작비는 4,000~6,000만 위안(한화 약 70~105억 원)이었으며 바이두 산하 아이치이의 〈偶滴歌神阿〉와 〈流行之王〉의 제작비도 각각 3,000~5,000만 위안이 소요된 것으로 알려져 있다.

또한 프로그램의 시청률을 높이고 경쟁력 강화를 위해 지도교수나 귀빈들을 모시는데 이들에게 지출되는 출장비도 적지 않아 제작비 상승으로 작용한다. 〈The Voice of China 4(中国好声音4)〉에서는 저우제룬(周杰伦) 담당교수를 초청했는데 저우제룬의 출장비가 무려 2,000만 위안(한화 약 35억 원)이었다. 그리고 나잉(那英)은 1,600만 위안, 왕펑(汪峰)의 경우는 1,000만 위안, 庚澄庆도 1,000만 위안에서 이루어지는 것으로 알려졌다. 그래서인지는 확실치 않지만, 시청률이 높은 관계로 광고료도 상당하다. 〈The Voice of China 4〉의 1분 광고료가 3,000만 위안(한화 약 45억 원)이었고 이와는 별도로 TV 타이틀 네이밍 협찬비(스폰서)가 2.9억 위안이었다.

여기서 2016년도 중국의 주요 TV위성채널에서 성공적으로 방송된 음악류 종합예능프로그램들의 방송 관련 사항들을 파악해보면 다음 표와 같다.

〈중국 주요 TV 위성채널방송 음악류 종합예능프로그램 상황표/2016년〉

프로그램명	방송채널	방송 기간	방송시간(매주)	평균시청률(%)
我是歌手(시즌4)	후난위성	2016. 1. 5-4. 8	금요일 22:00	2.0
中国好歌曲(시즌3)	CCTV3	2016. 1. 29-4. 8	금요일 19:30	1.3
看见你的声音	장쑤위성	2016. 3. 27-6. 12	일요일 22:00	1.0
谁是大歌神	저장위성	2016. 3. 6-5. 15	일요일 22:00	1.3
跨界歌王	베이징위성	2016. 5. 18-8. 20	토요일 21:40	1.2
我想你唱	후난위성	2016. 5. 7-7. 16	토요일 22:00	1.4
盖世英雄	장쑤위성	2016. 6. 19-9. 4	일요일 20:30	0.8
中国新歌声	저장위성	2016. 7. 15-10. 7	금요일 21:10	3.1
蒙面唱将猜猜猜	장쑤위성	2016. 9. 18-11. 27	일요일 20:30	1.4
天籁之战	둥팡위성	2016. 10. 16-2017. 1. 1	일요일 21:00	1.6
中国民歌大会	CCTV1	2016. 10. 2-10. 9	매일 20:00	0.9
梦想的声音	저장위성	2016. 11. 4-2017. 1. 13	금요일 21:10	1.5

출처: China TV Rating Yearbook 2017 p.134-p.135 자료 재정리.

중국의 TV드라마 시청률이 평균 0.5% 이하인 드라마가 전체의 75% 내외인 점을 고려하면 시청률 1%대의 프로그램은 상당히 양호한 프로그램이다. 따라서 이처럼 시청률이 높은 프로그램에 광고가 따르지 않을 수 없는 것이 아닌가 생각된다.

2015년도 TV음악 리얼리티쇼프로그램에 대한 중국의 저작권수입 내용 일부 사례를 보면 나머지의 경우를 대략 짐작할 수 있을 것이다.

앞서 잠시 언급한 〈The Voice of China 3〉의 경우 2012년 중국의 灿星公司가 네덜란드 Talpa공사에 200만 위안(한화 약 3억 5천만 원)을 지불하고 구입했는데 이 프로그램은 날이 갈수록 시청률이 높아져 저장위성은 상당한 성공을 거둔다. 구체적인 초기계약내용은 알 수 없으나 어쨌든 2013년 네덜란드 Talpa공사는 다시 중국 찬싱공사에 다시 1억 위안(한화 약 175억 원)의 저작권료 지급을 요청했으나 쌍방이 재협의를 거쳐 6,000만 위안(한화 약 105억 원)으로 재계약을 체결함으로써 灿星公司는 2018년 이전까지의 동 프로그램에 대한 독자 기한연장권을 보유하게 되었다.

그러면 여기서 2015년도 중국의 주요 TV음악 리얼리티쇼프로그램 해외수입에 대하여 파악하기로 한다.

〈중국의 주요 TV음악 리얼리티쇼프로그램 저작권수입 현황/2015년〉

저작권이 한국인 작품			저작권이 외국인 작품	
프로그램명	저작권자	중국방송사	프로그램명	저작권자
我是歌手	한국MBC	후난위성	The Voice of China 4	네덜란드
蒙面歌王	한국MBC	장쑤위성	我为歌狂	네덜란드
谁是大歌神	한국JTBC	저장위성	最美和声	미국 Duets
看见你的声音	한국CJ E & M	장쑤위성	中国最强音	미국The X-Fact
我的中国星	한국CJ& M	후베이위성	中国梦之声	미국Americal Idol
			对口型大作战	미국Lip syncBattle
			清唱团	미국 The Sing-Off

출처: 中國音樂産業發展報告 2016 p.155 자료 재정리.

상기 표에 나와 있는 한국이 저작권인 작품 중 〈나가수〉 음악 리얼리티쇼프로는 네덜란드 작품인 〈The Voice of China〉 프로그램 못지않게 중국 내 높은 시청률을 기록한 작품으로 대단한 인기를 끌었다. 중국의 각급 위성채널에서 인기리에 방송된 종합예능프로그램의 시청률에 대하여는 3장에 상세히 언급되어 있음을 참고하기 바란다.

12. 가라오케산업시장

당초 일본에서 생겨난 가라오케는 1980년대 말에 중국에 진입했으며 소비자, 경영자, 음상상품 제작자, 판권소유자, 판권사용료 수납대행기관으로 시장이 구성되어 있다.

저작권집체관리조례(着作权集体管理条例)에 따라 음상프로그램의 저작권 및 저작권 권리를 집체 관리하는 중국 내 유일한 기관은 '중국음상저작권집체관리협회(약칭 音集协)'인데 2008년 5월 28일 설립되어 활동하고 있다. 특히 음집협의 주요 업무가 전국적으로 권익 보호를 위한 소송을 확대해나간다.

2014년에 와서 사회적으로 여러 가지 환경 변화에 따라 전국의 약 50%의 가라오케(KTV)업소가 문을 닫거나 휴업을 하고 있는 실정이라고 음집협이 분석했는데 영업을 운영하고 있는 업소들의 영업이익도 줄어드는 상황에 처해 있고, 2017년도에도 마찬가지로 오프라인 가라오케들이 문을 닫는 가운데 오프라인 KTV와 온라인 KTV와의 심도 있는 결합이 이루어지는 추세다.

그런데 통계의 가장 기초가 되는 가라오케(KTV)업소의 정확한 숫자가 공개되지 않고 있어 저작권사용료를 집체(集體)로 수납하고 있는 음집협에서도 각종 데이터를 이용하여 가장 근접한 추산을 하고 있는 것 같다.

가. 시장규모와 시장 동향

중국에는 2016년 말 기준으로 전국에 가라오케(KTV)를 포함하여 오락장소업소가 총 7만 7,071개다. 2015년보다 3.44% 감소했고 근로자 수도 6.10%가 줄어든 63만 2,527명이라고 국가통계국은 발표했다.

〈2010~2016년간 중국의 오락장소업소 기본 통계〉

연도	영업소 수(개)	근로자 수(명)	영업수입(만 위안)	이윤총액(만 위안)
2010년	85,854	703,520	4,772,099	1,718,734
2011년	92,577	758,377	5,661,798	1,939,320
2012년	90,271	765,250	6,048,764	1,982,344
2013년	89,652	835,658	8,842,052	2,224,658
2014년	84,179	729,516	11,023,662	2,606,315
2015년	79,816	673,640	5,570,353	1,361,661
2016년	77,071	632,527	5,387,254	1,257,926

출처: ①中國文化文物統計年鑑 2015 p.290 ②中國文化文物統計年鑑 2016 p.291 ③2017China Statistical Yearbook on Culture and Related Industries p.203 ④中國音樂産業發展報告 2015 p.197 ⑤中國音樂産業發展報告 2016 p.163 자료 재정리.

상기 표에서 언급하고 있는 '오락장소업'에는 가라오케를 포함한 가무청(歌舞厅)이 5만 3,165개소이고 연예(游艺: 遊戏)오락장소업은 2만 5,885개소, 그리고 기타 오락장소업이 766개소이다. 그런데 2011년을 정점으로 2012년부터는 계속해서 오락장소업소의 숫자가 줄어들고 있는데 이 또한 가라오케의 문을 닫는 업소가 지속되고 있는 것과 무관치 않아 보인다.

그런데 실질적인 중국의 KTV업체를 보면 2014년 2만 7,849개소, 2015년 2만 6,419개소, 2016년 2만 6,613개소로 파악하고 있다(출처: 中國音樂産業發展報告 2017 p.126).

여기서 중국 현지 전문가들은 시장규모를 어떻게 산출하고 있는지 살펴보겠다. 2014년도의 경우 가라오케 영업소가 오락장소업소 전체 숫자의 33.1%인 2만 7,849개소에 근로자수는 44.65%인 32만 5,554명으로 집계하여 이를 근거로 각 분야별 데이터를 활용하여 2014년도의 가라오케 시장규모를 800억 위안으로 추산했다.

여기에는 2014년 음집협에서 전국 규모 이상의 가라오케(KTV)업소 5,000개사로부터 저작권허가사용료로 1.39억 위안을 수납한 자료가 있어 이것이 산출기초가 되었다. 그러나 관장부처인 중국 문화부에 등록되어 있는 가라오케(KTV)업소수는 2만 7,849개 소지만, 이 숫자는 실제 숫자를 대표하기 다소 무리가 있다는 것이 시장의 판단인 것 같다.

그런데 2015년도 중국 문화부에 등록된 가라오케 상가(商家)는 2만 6,419개사로 2,014년의 2만 7849개사보다 5.1%가 줄었다. 2015년도의 시장규모 846억 위안도 상기 2014년도의 산출방법에서 나온 숫자다.

아직도 많은 가라오케(KTV)업소가 통계에 잡히지 않고 있어 2014년도의 시장규모가 800억 위안이라는 수치도 가장 근접한 추정치 규모이다. 전문기관에서 계산해낸 중국의 가라오케(KTV) 시장규모를 찾아보면 아래 표와 같다.

〈중국 가라오케(KTV) 시장규모〉

연도	2013	2014	2015	2016	2017
가라오케 시장규모(억 위안)	852	800	846	869	900
-음저협가라오케 저작권 허가수입(만 위안)	2238	2230	3182	2949	-

출처: ①中國音樂産業發展報告2015 p.198 ②中國音樂財經(2016.11.13) ③中國音樂産業發展報告 2016 p.164 ③中國音樂産業發展報告 2017 p.123, p.126 ④2018中國音樂産業發展總報告(2018.12.19) 자료 재정리.

그런데 중국의 온라인 포털사이트인 大众点评罔에 의하면 2014년 4월 7일까지 KTV(가라오케) 상호(商戶)등록 숫자가 전국적으로 7만 5,709개소로 표시하고 있어 가라오케업소의 전체 숫자가 다소 차이가 있는데, 이는 조사기준일자와 관계 있지 않았나 생각된다.

〈중국의 KTV(가라오케) 상호등록 지역별 상위 10위 현황〉

기준: 2014년 4월 7일/대중점평망

지역	쓰촨	장쑤	랴오닝	광둥	산둥	후난	저장	헤이룽장	허베이	허난
상호수	6,022	5,518	5133	4,896	4,528	3,829	3,716	3,131	3,111	2,828

출처: 中國音樂産業發展報告 2015 p.223 자료 재정리.

위 표에 나타난 상위 10위 지역의 가라오케(KTV)업소수는 4만 2,712 개로 전체 7만 5,709개소의 56.4%를 차지하고 있으며 하기 전국의 주요 도시별 상위 10위의 업소수는 1만 4,387개소로 전체의 19%를 점하고 있는 것을 보면 가라오케(KTV)업소는 적어도 1급, 2급, 3급 도시 할 것 없이 전국적으로 산재하고 있음을 알 수 있다.

도시별	청두	상하이	충칭	베이징	창사	수저우	우한	텐진	선전	하얼빈
상호수	2329	2,188	1,852	1,584	1,384	1,186	1,060	998	940	866

출처: 中國音樂産業發展報告 2015 p.223 자료 재구성.

등록되어 있지 않은 업소를 모두 포함할 경우 전국에는 10~15만여 개 업소가 산재해 있는 것으로 보이며 인터넷 포털사이트 大众点评罔도 등록률을 50% 내외로 보고 있다는 것이 전문가들이나 시장에서의 평가다.

다음은 가라오케(KTV)에서 사용하고 있는 음악저작권사용료 수취 현황을 살펴보자. 왜냐하면 가라오케(KTV)업소를 정확하게 파악, 판권사용료를 수납해야 저작권자에게 판권료를 지급하고 집체관리를 대행하고 있는 음저협의 관리운영을 이끌어나갈 수 있고 저작권자의 권익보호를 확대해나갈 수 있기 때문이다.

앞서 잠시 언급했지만 2014년도에 음집협에서는 판권사용료 수취를 5,000개 업소를 대상으로 하였는데 이는 대체적으로 규모 이상의 업소를 대상으로 한 것으로 보인다. 2015년도에도 2014년도와 거의 같은 수준이다.

2006년 11월 중국의 국가판권국은 인터넷사이트를 통하여 '가라오케 영업소의 판권사용료 표준'을 공포·시행했다. 기준을 보면 매방(每房), 하루에 12위안이었으며 지역마다 표준액수가 제각기 다르다.

또한 2016년 음집협에서 공포한 '가라오케 영업소의 판권사용료 표준'은 2014년부터 시행해온 수납 표준표와 동일하다.

〈중국의 31개 각 지역별 가라오케 저작권사용료 수납표준액(위안)/2016년〉

지역별	상하이	베이징	저장	톈진	광둥	장쑤	푸젠	랴오닝
표준액	11.0	11.0	10.0	10.0	10.0	9.6	9.3	9.2
지역별	산둥	네이멍	허베이	충칭	지린	산시(山西)	후난	허난
표준액	9.2	8.7	8.6	8.6	8.4	8.3	8.3	8.3
지역별	헤이룽장	후베이	하이난	광시	안후이	산시(陝西)	장시	윈난
표준액	8.3	8.3	8.2	8.2	8.2	8.2	8.2	8.2
지역별	쓰촨	닝시아	신쟝	칭하이	시짱	구이저우	간수	-
표준액	8.0	8.0	8.0	8.0	8.0	8.0	8.0	-

출처: ①中國音樂産業發展報告 2014 p.224 ②中國音樂産業發展報告 2015 p.199 ③中國音樂産業發展報告 2017 p.124 자료 재정리.

상기 표의 단위는 매 1일에, 단말기 1대(Room당)에 부과되는 저작권사용료다. 그러면 2010년부터 2015년도까지 음집협이 가라오케업소로부터 수납한 판권사용료를 살펴보자.

〈2010~2015년간 음집협의 저작권사용료 수납액〉

연도	2010	2011	2012	2013	2014	2015	2016	2017
판권수납액(억 위안)	1.2	1.2	1.19	1.42	1.39	1.55	1.83	2.0

출처: ①中國音樂産業發展報告 2015 p.199 ②中國音樂産業發展報告 2016 p.162 ③中國音樂産業發展報告 2017 p.124 자료 재정리.

2015년 음집협의 회원은 137개사, 관련 권리인 267개 사이다. 한편 2015년 음집협이 각 회원사에게 '2013~2014년도 신규가요창작발표 정화통계에 관한 통지'를 이메일로 전송하여 2015년 2월 28일까지 총 27개 회원사로부터 피드백을 받았는데, 조사결과 창작녹음작품 1,544

수 중에 1,247수는 원창 작작곡이고 MV노래 제작은 407수, 가라오케 제작품이 375수였다.

음집협이 라이선싱 받은 음악 곡수를 보면 2013년 12월 31일 현재 9만 9,066수였다. 2012년보다 1만 289수가 증가했으며 2014년 12월 31일까지의 수권 작품수는 9만 5,888수로 이 중에는 직접 등록한 회원의 곡목이 5만 8,014수이고 대리회사가 등록한 곡목수는 3만 7,874수이다. 2015년도 수권 작품수는 9만 8,232수로 다소 늘었다.

음집협이 가라오케 저작권사용허가료 수납액을 배분하는 데에는 나눠주어야 할 곳이 너무 많다. 영업세와 부가세(약 5.5%)를 공제한 후 통상 다음과 같이 배분된다고 전한다.

대체적으로 ①중국문화발전공사에 '전국오락장소 양광(阳光)공정' 관리·감독비를 지급하고 ②음집협과 저작권료 대리징수 위탁을 받은 텐허집단(天合集团)에 서비스료를 지급하며 ③집체관리규정에 따라 음집협의 운영비, 관리비, 권익보호유지비 등을 지급하고 나면 맨 마지막으로 ④권리인에게 지급된다. 그런데 이러한 어려운 상황 속에서도 음집협은 2014년 12월 19일 다시 텐허집단과 2027년까지 음상물 저작권 사용료 허가 대리수납을 위한 위탁계약서를 체결했다.

한편 음집협이 판권료를 수취한 수입액 배분을 보면 2013년의 경우 권리인인 회원에게 지급한 금액은 3689만 위안으로 총수입의 27.4%, 작사·작고자(음저협)에 2504만 위안으로 총수입의 18.6%, 음저협이 수취를 위탁하고 있는 텐허집단에 위탁수수료로 3339만 위안으로 총수입의 24.8%, 음집협의 관리운영비 2854만 위안으로 총수입의 21.2%, 中文发公司에 관리감독비로 1077만 위안으로 총수입의 8.0%를 각각 분배하여 지급되었다.

2013년도 저작권사용료 총수입은 13,463만 위안인데 여기서 5.5%의 세액도 공제했다. 이렇게 분배대상이 복잡하게 많다 보니 실질적으로 저작권자에게 지급되는 판권료는 상대적으로 줄어들 수밖에 없다.

〈2015년도 가라오케 음상저작권 사용허가료 수납액 배분율(%) 비교〉

수취인 구분	권리인	텐허집단	운영서비스료	음집협 관리비
배분 비율(%)	54	25	18	3

출처: 中國音樂産業發展報告 2016 p.166.

다음은 최근에 와서 확대되고 있는 온라인KTV를 살펴보자.

나. 온라인KTV업

네티즌들의 증가와 이들 중 음악이용객수의 점증세가 나날이 지속되고 있는 가운데 온라인음악 중에 온라인연예부문은 이미 확실한 영리모델이 되었다. 한편 중국은 이미 4G이용객이 1억 명을 훨씬 넘어섰고 와이파이의 보급, 3G네트워크의 보완·개선과 4G의 점진적 발전, 뮤직 클라우드 컴퓨팅의 성숙, PC단말기 이용객들 유량의 모바일단말기로의 분산 등이 진행되고 있다. 특히 2014년에 와서 휴대폰음악류와 동영상류 응용의 급속한 보급과 초고속 이동통신의 급속한 발전 등은 여러 가지 긍정적인 환경을 조성해나간다.

2015년 8월 애플APP 상가에 노래방에서 노래 부르는 소위 K歌 APP인 ①全民K歌 ②唱吧 ③K歌达人 ④麦唱 ⑤天籁K歌 ⑥酷我K歌 ⑦好歌 ⑧天天爱唱歌 ⑨K歌助手 ⑩VV뮤직 ⑪演唱匯 등의 APP들이 대거 들

어와 있고 본래 많은 음악듣기 소프트웨어 온라인 노래방에서의 노래 부르기 기능도 계속 증가하고 있다. YY, 六间房, 繁星罔, KK唱向 등 이들 온라인연예(演艺)커뮤니티사이트들은 모두 대량의 K歌(노래방에서 노래 부르기) 이용객을 끌어들이고 있다.

온라인음악시장에서 보면 2016년 말 인터넷음악 이용자가 5.03억 명으로 이 중에 휴대폰으로 음악을 듣는 이용자가 4.68억 명이다. 이렇게 방대한 이용자는 온라인음악의 발전과 온라인연예 및 모바일 노래방 노래 부르기로의 콘텐츠와 기술 발전으로 이어진다.

2016년 1/4분기 온라인 가라오케 이용자가 5701. 6만 명으로 동기 대비 5.8%가 늘어나기도 했다. 이 분야에서 唱吧가 새롭게 성장하는데 시장의 71%를 점하면서 1위를 차지하고 있으며 다음이 K歌达人이다.

〈중국의 온라인KTV시장 점유율(%) 비교/2015년〉

업체명	唱吧	K歌达人	爱唱	移动练家房	酷我K歌	咪咕爱唱	麦唱	天赖K歌	无限唱	唱K	기타
시장점유율(%)	71	8	5	4	3	2	2	1	1	1	2

출처: 中國音樂産業發展報告 2016 p.170 자료 재정리.

모바일가라오케 응용프로그램의 주된 이용자 층은 24세 및 그 이하의 연령층인데 창파의 프로그램을 이용하는 이용자의 63.92%가 24세 및 그 이하의 연령층이다. 그런데 가라오케 응용프로그램 선호도 평가 점수는 좀 다르게 나타난다. 원인으로는 여러 가지 기술적 이유가 존재한다. 10점 만점을 기준으로 한 가라오케 응용프로그램 이용자들의 평가점수를 보자.

업체명	咪咕 爱唱	麦唱	秒唱	演唱滙	天籁 K歌	移动 練歌房	爱唱	酷我 K歌	唱吧	K歌 达人
평가점수	9.7	9.5	9.3	9.2	9	8.6	7.6	7.5	7.3	6.9

출처: 中國音樂産業發展報告 2016 p.172 자료 재정리.

그러나 唱吧의 麦松점장 모집요건에 전문대 또는 4년제 대학본과 졸업생으로 제한하면서 제시한 보수는 실습시기에 월 6,500위안(한화 약 114만 원), 정식직원이 된 이후는 기본보수 월 1만 위안(한화 약 175만 원)+기타 수당으로 상당한 액수다.

그러나 온라인KTV에 투융자도 활발해지고 있는 가운데 가라오케(KTV) 분야에서 저작권 소송도 끊임없이 급증하고 있다.

다. 음집협(音集協) 가라오케 음상저작권 권리보호 유지 난제

최근 2013년과 2014년도의 가라오케 음상판권과 관련하여 소송문제를 잠시 살펴보면 대단히 복잡하게 진행된다.

2013년 12월 16일 음집협은 46개 법률사무소와 합작, 27개 지역에서 1,600여 개사 KTV경영자에 대하여 증거를 확보하여 2만여 건에 해당하는 소송준비를 진행한 것으로 알려져 있다.

2014년에도 음집협은 110개 법률사무소와 합작, 전국 25개 성(區, 시)을 대상으로 밀착 권리확보를 진행하면서 3,000여 개의 KTV경영자들의 증거를 수집, 5,000건이 넘는 안건을 기소한 것으로도 알려졌다. 이 중에는 행정소송도 426건에 이르는 것으로 되어 있다.

여기서 다시 구체적 사안에 접근하여 보다 깊이 있게 중국의 음상저작권 문제가 얼마나 심각한지 이해하고자 한다.

2014년 6월 전후 음집협은 好乐迪 산하 상하이시 총본부와 기타 30여 개 연쇄점에 대해 상하이 杨浦, 浦东, 普陀, 闵行, 徐汇 등의 구(区)인민법원에 2015년 2월 5일 1심법원은 상하이 총본부와 17개 연쇄점에 대하여 위약금으로 음집협에 270만 위안 지급을 판결하였으며, 2015년 1월 말 温州市 瑞安인민법원은 음집협의 27개 오락공사 음악TV작품 저작권 침해 분규 500건을 접수하여 같은 해 2월 2일 38건을 수리하고 손해배상액 47.5만 위안을 배상하라고 판결했다.

선전시 寶安區인민법원은 2013년도 KTV의 판권침해사건 260건을 수리한 바 있으며 2014년 1월부터 7월까지 판권침해 사례가 1,406건으로 동기대비 440.77%가 급등했고 福田區인민법원은 2012년 253종, 2013년 397종, 2014년 1월부터 11월까지 687종의 판권침해 안건을 수리했고 광저우 중원(中院)은 2014년 1월부터 4월까지 4개월 중 144건의 안건을 수리하기도 한 것으로 알려져 있어 가라오케(KTV)의 판권침해 사례가 빈번하고 있음을 인지할 수 있다.

또한 2015년 음집협(音集协)의 저작권 소송을 부언하면 2015년 10월 쓰촨성 眉山市중급인민법원이 眉山市에 있는 9개의 KTV업체에게 저작권침해로 25만 위안(노래 1수당 250위안)의 배상판결을 내렸고 같은 해 12월 山西省 太原市에 있는 万糖歌厅, 快乐迪雅悦歌厅, 嘉华快乐迪, 快乐迪唱享歌厅 등 5개 가라오케업체에 대하여 산시성(山西省) 고급인민법원은 음상(版权)저작권 침해사건에 대하여 51만 7,218위안의 배상판결을 내렸다. 같은 해 4월 11~21일간 네이멍자치구 후어하오터

시(嗯和浩特市) 중급인민법원도 27건의 KTV 저작권 분규사건 심리를 진행하면서 저작권자의 손을 들어줬다. 이러한 상황들을 보면 중국 법원들은 저작권 문제의 심각성을 인식하고 개선에 노력을 기울이고 있는 것으로 보인다.

이와는 별도로 사용자가 필요로 하는 영상을 원하는 시간에 제공해주는 맞춤형 영상정보서비스인 VOD(Video on Demand)의 음상프로그램 복제권 허가와 관련한 음집협의 저작권 허가사용료 수납이 얼마나 어려운지 짐작할 수 있을 것이다.

그 사례로 음집협은 칭립 후 계속하여 VOD 생산 판매업자들과 저작권허가와 관련하여 끈질긴 협상을 벌여왔는데 2014년 11월 6일 중국 VOD 시장점유율 80%이상을 차지하고 있는 중국 국내 10개 VOD 생산판매업자와 라이선싱 계약에 합의했다.

이 합의 내용에는 쌍방은 VOD업계가 권리인에게 당연히 지급해야 할 저작권사용료가 최소 1.6억 위안임을 확인하고, 협상에 참여한 VOD 10개 사가 먼저 1.2억 위안을 부담하되 10년 분할 납부토록 합의한다는 내용도 포함되어 있다. 또한 비용을 지급하지 않은 여타 VOD생산판매업자는 음집협이 계속해서 법에 의한 비용 납부를 타협하고 독촉하기로 한다는 내용도 들어 있었다고 한다. 이와 같은 합의에 따라 가라오케 음상프로그램 복제권허가사용료 수입이 상당히 증가된 것으로 나타난다(출처: 中國音樂産業發展報告 2017 p.125).

참고로 중국에서 KTV이용객 층을 보면 23세 이하의 이용객은 전체의 30% 정도로 1인당 50위안 내외를 소비하고, 23~25세 층은 전체의 50% 내외로 1인당 100위안을 소비하며, 35~55세 층은 전체이용객의

15% 내외로 1인당 500위안 이상을 소비하는 것으로 전문기관에서는 집계했다. 그리고 최근에 와서는 전통적인 KTV시장은 쇠락하고 오프라인 미니KTV시장이 점점 각광을 받고 있다는 시장의 전언이 있기도 하다.

어쨌든 중국의 가라오케시장은 여러 가지 시장의 사정들이 좋게만 흐르는 것만은 아닌 것 같다. 기존의 KTV들은 리모델링을 진행하면서 생존을 위하여 여러 가지 변화를 모색하지만 중국 문화부 자료에 의하면 2015년도의 중국 오락산업 영업이윤은 전년도보다 무려 50%가 감소했다고 한다.

13. 기타(드라마·게임·애니메이션) 배경음악시장

드라마, 게임, 애니메이션 모두가 하나의 시청각예술로 음악과 성음(声音/소리)이 중요하게 한 분야를 구성한다.

2017년 중국은 9,800개(해외수입게임 490개 포함) 게임의 발행을 비준했으며 시장규모도 2036.1억 위안(한화 약 34조 6137억 원)을 기록했으며 영화 분야에서도 극영화 798편을 생산·발행하여 티켓판매 흥행수입 559.11억 위안을 확보했다. 그리고 TV용 애니메이션은 244편 8만 3599분을 생산·발행했으며 TV드라마도 314편 11만 3,470집을 생산·발행했는데 이러한 시청각콘텐츠들에는 음악과 더불어 보다 향상된 퀄리티로 소비자들에게 다가가면서 관련 배경음악시장의 잠재력은 계속하여 확장 추세다.

〈2014~2017년 드라마·게임·애니메이션 배경음악 시장규모〉

연도	2014	2015	2016	2017
드라마, 게임, 애니메이션 배경음악 시장규모(억 위안)	4.88	5.64	6.64	6.65
-影視(드라마, 영화 등) 배경음악 시장규모(억 위안)	2.31	2.94	3.94	3.48
-게임배경음악 시장규모(억 위안)	1.25	1.2	1.3	1.6
-애니메이션 배경음악 시장규모(억 위안)	1.33	1.5	1.4	1.57

출처: ①中國音樂財經(2016.11.13) ②中國音樂産業發展報告2016 p.181 ③中國音樂産業發展報告 2017 p.148 ④2018中國音樂産業發展總報告(2018.12.19) 자료 재정리.

여기서 다시 배경음악을 세부 분야별로 구분해보면 생산과 발행량에 비례함을 알 수 있다.

〈최근 5년간 중국 내 TV드라마 발행과 배경음악 시장규모 변화 추이〉

연도	2013	2014	2015	2016	2017
TV드라마 총 발행량(집)	15,725	15,938	16,540	14,912	13,470
影視(영화,드라마 등)배경음악 시장규모(억 위안)	-	2.31	2.94	3.94	3.48
-TV드라마배경음악 시장규모(억 위안)	1.42	1.44	1.49	1.33	-

출처: 中國音樂産業發展報告2017 p.149 자료 재정리.

그리고 영화배경음악 시장규모도 2014년 0.87억 위안, 2015년 1.29억 위안, 2016년 1.42억 위안으로 점점 늘어나는 추세다.

드라마의 배경(더빙)음악시장에 접근해보면 세계적으로 저명한 곡(曲) 한 수에 몇 십 또는 몇 백만 위안의 판권료를 지급하고 있는 상황을 감안할 때 작곡가에 따라 상당한 판권료의 차이를 보인다.

중국에서는 대체로 유명한 작곡가가 드라마 주제가 1수를 창작하는 데 약 60만 위안(한화 약 1억 800만 원)의 판권료를 일반 연예인들의 출장비(打包价)처럼 지급하는 것으로 알려져 있다. 그리고 드라마 1집당 작곡비는 8,000~1만 위안 정도이다. 다만 여기에는 작곡, 편곡, 녹음, 음악 후기 비용이 포함된 숫자다. 이를 근거로 계산하면 중국의 드라마 배경(더빙)음악 시장규모가 나온다.

〈최근 7년간 중국의 TV드라마 배경(더빙)음악 시장규모 추이〉

연도	2011	2012	2013	2014	2015	2016	2017
드라마생산 발행량(집)	14,942	17,703	15,770	15,983	16,540	14,912	13,470
드라마배경(더빙)음악 시장규모(억 위안)	1.195-1.494	1.416-1.770	1.261-1.577	1.278-1.598	1.323-1.654	1.193-1.491	1.076-1.347

출처: ①Report on Development of China's Media Industry 2015② China TV Rating Yearbook 2016 ③中國音樂産業發展報告2015 p.210 ④Annual Report on Development of China's Radio,Film and Television 2018 p.151 자료 재구성.

그리고 영화배경(더빙)음악 시장규모는 대체로 투자액의 1% 이하로 보고 있어 2016년의 경우 772편의 극영화의 배경(더빙)음악시장을 0.87억 위안으로 집계하고 있다.

게임배경음악시장을 보면 중국은 대체로 게임작품 1개를 제작하는 데 약 100만~5000만 위안을 들이고 제작소요 기간도 1~3년 정도의 기간이 소요되는 것으로 보고 있으나 투자액과 제작기간은 일정하지 않다.

물론 웹게임 같은 경우는 1000만 위안이 투자되고 있다고 전해지며 다만 일반적인 보통 게임 1작품은 평균하여 100만~200만 위안 정도에 그친다는 시장의 얘기도 전해진다. 2014년도 게임배경(더빙)음악 시장규모는 1.25억 위안인데 이 또한 게임투자액의 평균 1% 미만으로 알려져 있다.

그리고 TV용 애니메이션의 경우 당해연도 최종 완성본이 아닌 제작·등록된 수량은 2015년 405편 31만 5950분, 2014년 426편 28만 252분, 2013년 465편 32만 7955분인데 실제로 당해연도 정부의 최종 발행허가를 받은 양은 대폭 줄어든다.

TV용 애니메이션 이외에도 국산 극장용 애니메이션영화도 2013년 29편, 2014년 40편, 2015년 51편이 발행허가를 받아 티켓판매 흥행수입도 2013년 6.3억 위안, 2014년 11.50억 위안, 2015년 19.26억 위안의 실적을 각각 올렸다. 어쨌든 여러 가지의 방법을 동원하여 중국 애니메이션 분야 전문가들은 2014년 애니메이션 음악(더빙) 시장규모를 1.33억 위안으로 산출했는데 이 또한 대체적으로 총 투자액의 1/10 이내에 머문다는 것이 시장의 분석이다.

〈중국의 애니메이션산업시장 규모〉

연도	2011	2012	2013	2014	2015	2016	2017
규모(억 위안)	621.71	759.94	870.85	1030.28	1214.7	1497.7	1496.0
증가율(%)	32.04	22.23	14.59	18.31	17.90	23.30	-0.11

출처: ①中國音樂産業發展報告2016 p.190 ②Annual Report on Development of China's Audio-Visural New Media (2018) p.174 자료 재정리.

보다 더 세련된 콘텐츠 제작 완성을 위하여 배경음악의 가치는 계속 증가할 것으로 보이며 따라서 시장규모는 확대될 것으로 보인다.

14. 선택과 집중, 국가음악산업기지 운영

중국은 적어도 문화산업진흥책을 살펴보면 선택과 집중으로 시너지 효과 극대화를 기하는 것 같다. 따라서 이러한 시책의 일환으로 중국은 민족음악상품 개발과 창작 및 관련산업 발전을 촉진하고자 国家新闻出版总署, 2018년 3월 이전 현재 国家新闻出版广播电影电视总局는 베이징, 상하이, 광저우, 청두(成都) 등 4개 대도시에 2009년 11월, 2010년 5월, 2011년 12월, 2012년 12월에 각각 국가음악산업기지를 비준했다.

즉 베이징에는 ①中唱园区 ②中国乐谷园区 ③天桥园区 ④1919园区 ⑤디지털음악기지(园区) 등 5개의 국가음악산업기지가 있고 상하이에는 ①虹区园区 1개의 기지가 있으며 광둥성에는 ①广州南方广播影视传媒园区 ②广州飞晟园区 ③深圳梅沙园区 ④深圳디지털음악산업기지 등 광저우와 선전(深圳)에 각각 2개 기지를 비준받았다. 그리고 청두(成都)에는 ①东郊记忆园区 ②中国移动무선음악기지 등 4개 기지를 말하는데 총 12개 기지를 베이징, 상하이, 광저우, 선전, 청두 등 5개 지역에 배치했다.

여기에다 2018년 1월 정부는 저장성(浙江省) 씨아오산(소산:萧山)국가음악산업기지 창설을 비준으로 새로운 장을 열면서 기지수는 5곳으로 늘었다. 그리고 관련 성시당위(省市党委)와 지방정부가 중시하고 강력한 지원하에 사회 각계의 공동 노력과 참여 속에 진행되고 있는 국가음악산업기지는 상당한 효과를 거두고 있는 것으로 파악되었다.

〈중국 국가음악산업기지 총 자산 및 영업수입 비교〉

연도	2011	2012	2013	2014	2015	2016	2017
총 자산(억 위안)	35.32	44.19	90.44	120.85	178.88	234.34	257.77
영업수입(억 위안)	227.81	210	205.55	210.35	80.00	119.34	131.0

출처: ①中國音樂産業發展報告2015 p.257 ②中國音樂財經(2016.11.13) ③中國音樂産業發展報告2016 p.199 ④中國音樂産業發展報告2017 p.165-p.166 ⑤2018中國音樂産業發展報告(2018.12.19) 자료 재정리.

그런데 2015년에 와서는 영업수입이 2014년도보다 61.97%나 감소 현상을 보이고 있으며 이윤총액도 2014년 9.43억 위안에서 2015년 6.6억 위안으로 대폭 줄었다가 2016년 18.46억 위안, 2017년에도 이윤 총액은 4.79억 위안을 기록했다.

여기에는 여러 가지 이유가 있을 수 있으나 입주기업수의 감소와 근로자수 감소 등을 고려하면 상당한 구조조정이 이루어지고 있는 것으로 짐작된다.

〈중국 국가음악산업기지 현황(2014년 5월/2016년 12월)〉

지역	기지명(운영주체)	위치·면적	근로자수	입주기업수	총 자산(만 위안)	비고
베이징	中唱기지 (중국음반총공사)	西城区 18.45亩	532명(문화창의기업 370명/음악산업기업 162명)	67개사(문화창의의45, 음악산업12)	48,692.6	중국음반 골도상 주관
	中国平谷(乐谷)기지 (北京绿都乐谷 유한공사)	平谷区 15,000亩	5,000명(문화창의 기업3,000명,음악 산업기업2,000명)	40개사(음악산업기업 30개사)	130,000	MIDI페스 티벌 등 주관
	天桥기지 (北京天桥盛世문 화발전유한공사))	西城区 20,700 평방미터	1,200명(문화창의 기업800명,음악산 업기업100명)	30개사(문화창의기업 15,음악산업 기업2)	130,615	天桥뮤지컬 시즌 주관

베이징	1919기지 (北京巨海传媒 유한공사)	朝阳区 100亩 (20个栋)	620명(문화창의기업 400명,음악산업기업 220명)	46개사(문 화창의30/ 음악산업16)	3,256	Live음악회 개최 등
	디지털음악기지 (北京无限星空 음악유한공사)	朝阳区	668명(음악산업기업 566명)	42개사(음 악산업35개 사)	13,089	10만 여 곡 보유 등
상하이	上海국가음악기지 (上海新汇문화 오락집단유한공사)	虹区区 11.5亩	총입주기업:429명 음악산업관련기업 근무: 341명(전체의 79%)	총기업수:? 문화창 의:18개/음 악산업기 업:12개사	68,364	*상하이 세 계음악시즌 개최 등 *2016년 기준
광둥성	广州南方广播影视 传媒기지(太平洋影 音공사)	梦岗区影 音종합빌 딩	403명 (음악산업기업153명)	14개사(음 악산업기업 11)	3,765.8	유행음악연 구원 등 설 립
	广州飞晟기지(广东 飞晟투자유한공사)	飞晟区 120亩	90명	–	51,473	광동국제관 광축제주관 등
	深圳梅沙기지(深圳 梅沙음악문화유한공사)	深圳梅沙 园区 22.5亩	345명(문화창의기업 280명, 음악산업기업 65명)	15개사(문 화창의10, 음악산업5)	13,140	녹음반, 음 악제작실 등 운영
광둥성	深圳디지털음악산 업기지(A8新媒体集 团)	深圳南山 区52,300 평방미터	1,300명(음악산업기 업 760명)	22개사(문 화창의기업 14,음악산업 기업8)	45,291	Livehouse 극장 운영 등
청두	청두 东郊记忆 기지	成华区 205亩	1,274명(음악창의 775명, 음악263명)	118개사문 화창의기기 업85,음악 산업33)	200,000	2013.8 오픈, 디지 털음악생산 등
	中国移动무선음악 기지(中国移动通信集 团)	成华区 200亩	300명	1,828사9 음악산업 기업1800)	30,000	통신. 음악. 인터넷 3개 산업

출처: ①中國音樂産業發展報告2014 ②中國音樂産業發展報告2017 p.163-p.167 자료 재정리.

*주: 상기데이터 내용 중 상하이음악산업기지 자료는 2016년 12월 기준이나 나머지는 2014년 5월 기준임.

음악산업기지에는 2016년 말 현재 총 입주기업수가 502개사이며 근무자는 1만 2,189명이다. 이 502개 기업 중에는 입주 음악산업관련기업과 합작한 기업이 119개사로 입주기업 총수의 23.7%를 차지한다. 비음악 관련 입주기업은 383개사로 전체의 76.29%이지만 모두가 문화창의 산업기업들이다. 음악기업들의 주요활동은 악기 제작, 음악 제작, 디지털음악통신서비스, 대리판매서비스, 식음료, 교육훈련 등 다양하다.

각 지방의 2016년 말 현재의 음악산업기지별 상황을 보면 ①베이징 음악산업기지에는 총 입주기업수가 288개사에 4,970명의 근로자가 있으며 이 중 음악관련기업은 35개사, 근로자는 1,851명으로 집계하고 있다. ②광둥성의 음악산업기지에는 총 입주기업수 95개사에 4,090명의 근로자가 있으며 이 중 음악산업관기업은 45개사에 전체 근로자의 51%인 2,066명이 근무 중이며 ③청두음악산업기지에는 총 입주기업이 101개사에 근로자수는 2,700명, 음악산업관련기업은 27개사에 741명의 근로자들이 근무하고 있다(출처: 中國音樂産業發展報告2017 p.163-p.167).

여기서 다시 2015년도의 중국 음악산업기지 총자산 및 주된 영업수입 등을 파악해보자. 그러면 2013년도의 현황과 2년이 지난 2015년도와 비교가 가능하기 때문이다.

〈중국 음악산업기지별 주된 영업수입 및 총 자산액 비교/2015년〉

지역별	기지별	주된영업 수입(만 위안)	자산액(억 위안) 및 점유율(%)		입주기업 및 근무자수, 입주기업비율(%)		
			자산액	점유율	입주기업	기업비율	근무자수
베이징	中唱음악기지	17,000	66.75	37.42%	236	53.49%	5,870
	乐谷기지	39,729.31					
	天侨음악기지	27,929					
	디지털음악기지	42,915.98					
	1919음악기지	2,075.45					
	소계	129,649.74					
상하이	국가음악기지	28,916	5.89	3.30%	12	2.71%	431
광둥성	광저우南方廣播 影視매체기지	293,316.31	41.37	23.19%	78	17.65%	3,393
	광저우 飞晟기지	3,744					
	선전디지털음악기지	47,302					
	소계	344,362.31					
청두	국가음악산업기지 (东郊记忆)기지	129,752.21	64.37	36.09%	116	26.24 %	3,996
	China Mobile 무선음악기지	126,507					
	소계	256,259.21					
합계		759,187.26	178.38	100.0	442	100.00	13,690

출처: 中國音樂産業發展報告 2016 p.200-p.201 자료 재정리.

음악산업기지가 건설되고 계속 보완되어가면서 기지 내 구조조정과 음악기지로서의 경쟁력 확보 등을 위한 다양한 자구책들이 진행되고 있다. 국가음악기지들의 본래 기능에 충실해가는 모양새다.

상기 입주기업 442개사 중에 완전히 음악관련기업은 전체의 34.62% 인 153개사이고 비음악 관련 기업은 289개사로 전체 입주기업의

65.38%를 차지한다는 것이 관련 전문기관의 분석이다. 2014년 4월 데이터와 상당한 차이가 난다.

베이징의 平谷乐谷기지는 '국제복숭아(桃花)음악페스티벌'도 개최하고 베이징 天桥기지는 2015년 연예구역으로 지정받았으며 하나의 건물에 시민광장, 예술센터, 텐차오모임(天桥滙), 역사문화 경관 등의 항목을 운영 중에 있다.

음악산업기지 역시 문제점이 없지는 않은 것 같다. 음악산업으로서의 융합기능이 다소 미흡하고 기업의 시장화 정도가 높은 편이 되지 못하며 일부 기지의 동질화 현상으로 경쟁이 일고 있고 운영경험 부족 및 혁신제고력의 미흡 등에 다소 문제점이 발견되지만 일부 음악산업기지가 개원한 지 아직도 상당히 짧은 시간이어서 개선에는 다소 시간을 필요로 할 것으로 보인다.

15. 기타

이 밖에도 음악산업시장에 포함되고 있는 음악상 수상 선정과 음악 순위 차트, 그리고 국제음악 교류 항목도 음악산업시장과 밀접한 관련이 있다. 2013년 중국에는 전국적인 규모의 영향력 있는 음악상(音樂賞)이 38개가 있는데 이는 종합적인 시상이 2종, 악기류 시상 8종, 음악창작상은 14종, 성악부문상은 7종, TV영화음악상 3종, 음반류상 1종, 고전음악상 3종 등으로 구분된다.

이러한 시상 주체는 주로 음악산업 관련 협회(중국음악가협회, 중국영화가협회, 중국녹음사(錄音師)협회, 중국대중음악협회, 중국음상과 디지털출판협회 등)가 주요 음악시상 행사를 주관하고 있다. 2013년도 수상자는 336명, 작품수는 431개로 음악창작작품수가 가장 많은 328개이며, 성악류 109개, 종합류 시상 117개, 악기류 213개 등 총 767개의 각종상이 시상되었다. 이러한 시상행사 수량은 해가 가도 크게 줄지 않는다.

다음은 음악순위 차트부분에서 보면 라디오, TV, 인터넷 3종으로 지명도가 높은 순위차트로 라디오 7개, TV 2개, 인터넷 5개 총 14개의 음악순위차트가 공포된다. 라디오 기관이 주최하는 7개의 음악순위차트에는 ①베이징음악방송 주최 '중국가요(歌曲)순위차트' ②아시아7개사 중국어(华语)TV공동 주최 '세계 중국어가요순위차트' ③베이징 허리양(合力杨)문화유한공사 주최 '중국어 유행음악순위차트' ④중국음상과 디지털출판협회 주최 '중국음악유행순위차트' ⑤전국 23개 성급 음악라디오 방송국 주최 '음악선봉(先锋)순위' ⑥Music Radio 소리의 '梦牛酸酸乳음악의소리 중국 Top 10순위 차트' ⑧상하이 둥팡(东方)라디오 방송국 주최 '东方风云榜'이 있고, TV기관으로는 ①광선전매공사가 주최하는 '梦牛酸酸乳音乐风云榜' ②东南위성TV가 주최하는 '东南劲爆音乐榜'이 있다. 그러나 2014년도에 와서는 다소 차이가 있다. 여기서 2014년도의 라디오 음악순위차트를 파악하면 다음과 같다.

〈2014년 중국의 라디오 음악순위차트 프로그램〉

음악순위차트명	행사주최 기관	창설 시기
중국가곡	베이징 라디오음악	1993년
전 세계 중국어가곡	아시아 7개사+중국어 라디오 공동	2001년

중국어유행음악	중국어 음악가협회, 중국어 라디오연맹, 베이징合力杨문화 유한공사 공동	2005년
중국어음악리바이벌		
중국어민가		
중국유행음악	중국음상과 디지털출판협회	-
음악선봉(先鋒)	전국23개사성급 라디오음악방송	2000년
Music Radio 중국Top 10	중국 인민라디오방송국	2003년
동방풍운방(東方风云榜)	상하이 東方传媒集团유한공사	1993년

출처: 中國音樂産業發展報告 2015 p.231.

중국인민라디오방송국이 주관하는 'Music Radio 중국음악순위차트 Top 10'프로그램은 중국 내에서 가장 지명도와 영향력이 큰 대표적인 음악순위차트 프로그램이며 TV프로그램의 음악순위차트로는 '音乐风云榜'이 있다. 2014년도의 중국에는 총 213개의 음악순위차트프로그램이 있다. 이 중에는 라디오 9개, TV 1개, 스트리밍미디어 166개, 기타 37개이다.

라디오 음악순위차트 결정은 전문가로 구성된 심사평가조직과 DJ들이 하는 심사평가가 가장 중요하게 작용한다.

여기서 중국 내 주요 오디오 스트리밍미디어 서비스플랫폼별 음악순위차트 수량을 보면 ①텅쉰(腾讯)의 QQ Music 42 ② Baidu Music 20 ③왕이크라우드 뮤직 27 ④虾米음악 16 ⑤酷我 Music 27 ⑥酷狗 Music 32 ⑦音悦 Tai 음악 1개 ⑧ Tudou 동영상 1개 등 166개이다.

주요 음악순위차트에 오른 총 78개 차트의 음악 유형을 보면 유행음악이 61개로 가장 많다. 여기에는 음악 미디어플랫폼 19개, 라디오 35개, 인터넷 7개로 구성되어 있다. 그다음이 민요로 5개, 로큰롤 10개, 리타 2개로 분류했다(출처: 中國音樂産業發展報告2015년 p.232-p.236).

인터넷 음악순위차트로는 ①China Mobile(中国移动통신)과 상하이 文广新闻传集媒团이 공동주최하는 '중국무선음악순위차트' ② Souhu(搜狐)뮤직이 주관하는 '중국음악 新声榜' ③第1娱乐, 쿠워(酷我) 뮤직, 기타 많은 주류매체들이 공동주최하는 '중국어(华语)校院음악순 위차트' ④Baidu 뮤직의 '百度MP3순위차트' ⑤Sougou(搜拘)뮤직이 주 관하는 'Sougou뮤직순위차트' 등이 있다.

음악의 해외공연도 상당히 이루어지고 있는데 이는 행사 주최기관별 비중에서 정부주최가 57.94%로 가장 많고, 기업은 11.21%, 기타 비영 리단체 및 해외기관들은 30.84%이다. 이 밖에도 음악류 도서 수출입과 음상 및 전자제품 수출입, 그리고 음악류 저작권(版权) 수출입 등도 상 당히 활발하다.

16. 맺는말

중국의 음악산업시장에 대해서는 앞서 15개 분야로 세부적인 시장에 접근해보았다. 인터넷 등 뉴미디어의 급속 발전과 더불어 음악산업시장 의 잠재력은 급증한다. 다만 저작권문제만 해결된다면 방대한 음악산업 시장 규모는 급속도로 확대된다고 봐야 한다. Universal Music Group (环球音乐), Warner Music Group(华纳音乐), Sony Music Enertainment (SME) 등 세계적인 음반사들도 1995년부터 중국시장에 뛰어들어 다양 한 이익 창출에 힘을 쏟고 있는 형국이다.

국내적으로도 2015년 7월 9일 국가판권국은 '온라인음악업체의 미허가음원서비스책임에 관한 통지'를 공포, 무료 온라인음원서비스 시대의 종결을 선언하면서 큰 기대를 걸고 있다. 이렇게 온라인음악시장에도 인터넷 거두인 텅쉰, 알리바바, 바이두뮤직과 왕이크라우드뮤직(网易云音乐) 등이 시장을 좌지우지하는데 텅쉰 산하 QQ뮤직과 酷狗, 酷我가 있고 알리바바의 알리플래닛(阿里星球)에는 톈톈동팅(天天动听), 샤미뮤직(虾米音乐)이 있는데 텅쉰이 시장의 50% 내외를 점유하면서 선두주자로 나서고 있다.

특히 2016년 7월 15일 QQ뮤직이 차이나뮤직코퍼레이션(中国音乐集团/CMC)를 인수합병하고 CMC 산하 온라인음원사이트 酷狗뮤직과 酷我뮤직도 합병했다. 텅쉰과 CMC는 중국 음악저작권의 42%, 음악소유권의 53.1%를 보유한 중국음악 저작권 최다보유자로 알려져 있다. 텅쉰의 음악사업분야의 평가치는 약 60억 달러로 추산하고 있다.

어쨌든 중국의 음악산업시장은 인구에 비례하여 방대함을 인식하고 적절한 교류사업이 진행되길 희망해본다.

6장

애니메이션산업시장

1. 시장 동향

정책적 측면에 접근해보면 애니메이션 부문에만 국한되는 것은 아니지만 중국문화산업의 지속적인 발전을 위한 갖가지 시책들이 연이어 공포·시행된다. 2006년 '중국애니메이션 산업 발전 추동에 관한 약간 의견'의 공포·시행 이후 중국의 애니메이션산업은 급속한 발전의 계기를 맞는다.

더욱이 문화부가 2016년 발포한 '13·5규획 기간 문화산업발전규획'에서 애니메이션산업을 문화산업 11개 항목 중 하나로 지정하고 2020년까지 애니메이션산업의 부가가치를 2500억 위안(한화 약 43조 7500억 원)까지 끌어올릴 계획임을 밝힌 점도 주목해볼 필요가 있다.

그런데 2017년도의 중국 정부가 신규로 생산하여 완성, 발행 승인을 내준 애니메이션영화는 32편인데 연간 영화관에서 상영된 영화편수는 58편으로 알려져 있다. 그러나 중국 국산 애니메이션영화 티켓판매수입은 애니메이션영화 티켓판매 전체수입의 27.79%에 머물고 있어 새로운 콘텐츠 생산에 진력하는 형국인데, 이는 아직도 중국의 애니메이션(动画·动漫)영화시장을 해외수입 애니메이션 영화들이 석권하고 있다는 것을 말해주는 사건들이다.

애니메이션 이용자의 대부분이 네티즌들로서 2017년 말 기준 7억 7198만 명을 기록하고 있는 중국의 네티즌 수도 해마다 증가하고 있다. 이들 네티즌들의 연령별 구성에서도 39세 이하가 전체 네티즌의 74%이다.

애니메이션(动漫) 발전과 더불어 중국의 동영상웹사이트들도 애니메이션 발전에 상당한 기여를 하고 있다. 중국 국내 동영상웹사이트와 열독(阅读)웹사이트가 그들이다. ①텅쉰(腾讯) ②新浪웨이보 ③网易云阅读 ④小米多看阅读 ⑤当当读书 등 인터넷 거두들은 잇달아 온라인 만화 열독(阅读)을 개시했다. ①중국인터넷TV ②텅쉰동영상 ③Souhu동영상 ④아이치이(爱奇艺) ⑤Tudou(土豆) ⑥Youku(优酷) ⑦乐视 ⑧酷6 ⑨56 ⑩风行网 ⑪激动网 ⑫迅雷看看 등 주류의 인터넷동영상웹사이트들도 애니메이션 동영상 채널을 연이어 출시·운영한다.

China Mobile, China Telecom, China Unicom 등 중국의 3대 전신운영상들인 3대 통신사들은 휴대폰애니메이션 기지를 설치하여 운영하면서 애니메이션산업 발전과 기업 이익을 창출한다.

중국 무선통신시장의 83% 전후를 차지하고 있는 China Mobile은 2010년 4월 푸젠성 샤먼(厦门)에 휴대폰애니메이션 기지를 설치·운영했는데 2011년도 수입이 6000만 위안이었으나 2012년 정식으로 상용화하면서 3억 위안의 수입을 기록했고 2013년에는 10억 위안, 2014년 11월까지의 수입도 24억 위안에 이용자가 1억 명에 이른 것으로 알려져 있다. China Telecom도 2010년 7월에 푸젠성 샤먼에 휴대폰애니메이션 기지를 건설한 이후 휴대폰애니메이션의 발전과 더불어 기업의 이윤창출을 진행하고 있으며 China Unicom도 샤먼에 2012년 휴대폰

애니메이션 기지를 건설했다. 이 밖에도 ①有妖氣 ②漫客棧 ③i尙漫 ④n次元漫画 등 온라인 만화웹사이트들과 ①酷米罔 ②淘米동영상 ③百田Cartoon ④AcFun ⑤빌리빌리 등의 애니메이션 동영상웹사이트들이 동분서주하고 있어 동영상시장은 말 그대로 백가쟁명의 형국이다.

2014년도에 일기 시작하여 중국의 문화산업을 뜨겁게 달구었던 IP(Intellectual Property Right)시장에서도 31개의 국산 IP가 거래가 되는 등 애니메이션산업시장도 예외일 수는 없었으며 2015년도에 와서도 IP의 중요성은 쉽게 식지 않고 있다. 중국에서는 IP가 스토리텔링(문학), 게임, 종합예능, 무대극, 인터넷드라마, TV드라마, 가곡, 애니메이션, 라디오드라마 등 상당히 광범위하게 활용되며 IP에는 저작권, 특허권, 상표권이 포함되어 있다.

문화부, 재정부, 국가세무총국이 공동으로 2009년부터 애니메이션기업에 대하여 정부인정제도를 도입·시행하고 있는데 2015년까지의 정부인정기업은 730개 기업으로 정부로부터 일정한 지원을 받는 것으로 알려져 있다. 정부의 연도별 인정기업수를 보면 2009년 100개 기업, 2010년 169개 기업, 2011년 121개 기업, 2012년 110개 기업, 2013년 87개 기업, 2014년 82개 기업, 2015년 61개 기업을 인정기업으로 지정하면서 중국의 애니메이션산업 발전의 견인차 역할을 주문해왔다. 이와는 별도의 애니메이션 중점기업을 지정·관리해왔는데 2010년 18개 기업, 2012년 16개 기업, 2013년 9개 기업 총 43개 기업을 지정·관리한다.

이와 같이 국가인정중점기업을 포함하여 국가인정기업들의 분포도에 있어서는 동북지방이 462개사로 전체의 63.29%를 차지하고 장쑤성, 저장성, 상하이 장삼각(长三角) 지역이 166개사로 집계하고 있다.

인력양성부문에서도 상당한 노력을 기울이고 있는데 동화(애니메이션) 전공학과를 개설한 4년제 대학이 168개이며, 전문대학을 포함할 경우 그 숫자는 크게 늘어나 1,300여 개에 이르는 것으로 집계했다. 뿐만 아니라 애니메이션과 관련하여 각종 전공학과를 진행하고 있는 대학은 더더욱 증가하여 2,000개라고 전해진다(출처: Report on Development of China's Media Industry (2016) p.274). 이들 학교에서는 연간 10만여 명의 애니메이션 관련 전공 졸업생을 시장에 배출하고 있다. 애니메이션 기업 또한 전국에 공작실을 포함하여 4,600여 개에 50여만 명이 종사하고 있다.

애니메이션 파생상품 개발에는 어려움이 적지 않다. 미국의 애니메이션시장의 경우 애니메이션영화(动漫電影) 총수입의 70%가 애니메이션영화 파생상품에서 나오고 있는데 반해 중국은 아직도 애니메이션영화 티켓판매와 TV방송이 가장 중요한 수익모델로 기울어져 있다.

여기서 중국에서 연간 애니메이션 시장규모가 얼마나 되며 제작·생산하여 발행비준을 받은 양은 얼마나 되는지를 파악해보자.

2. 시장규모

중국의 애니메이션시장은 TV용 애니메이션(动画·动漫)과 영화관에서 상영되는 애니메이션영화(动漫) 2종이 제작·생산되어 정부의 허가를 받아 발행(배급)된다.

<中국의 애니메이션산업시장 규모 변화 추이>

연도	2009	2010	2011	2012	2013	2014	2015	2016	2017
규모(억 위안)	368.42	470.84	621.72	759.94	870.85	1030.28	1214.7	1497.7	1496
증가율(%)	-	27.80	32.04	22.23	14.59	18.31	17.90	23.30	-0.11

출처: ①Annual Report on Development of China's Animation Industry 2017.p.3 ②Annual Report on Developmnt of China's Audio-Visual New Media (2018) p.174 자료 재정리.

위 표에서 2017년도의 중국 국내 애니메이션산업시장 규모가 1496억 위안인데, 여기에서 중국 국산 창작애니메이션시장이 차지하는 비중은 39.8%에 그치고 있다. 이는 전년도보다 12.1%가 늘어난 수치다.

여기서 중국의 애니메이션시장은 어떠한 업종으로 형성되어 있는지 살펴보자. 역시 가장 큰 시장은 애니메이션 파생상품시장이다.

<중국 애니메이션 시장업종별 규모 및 비율>

시장별	만화출판	애니메이션 영상	인터넷 애니메이션	휴대폰 애니메이션	파생 상품	애니메이션 테마파크	무대극	애니메이션 수권수입	기타
규모(억 위안)	64.4	202.2	70.4	70.4	392.4	350.5	35.9	266.6	44.9
비중(%)	4.3	13.5	4.7	4.7	26.2	23.4	2.4	17.8	3.0

출처: Annual Report on Development of China's Animation Industry 2017 p.3.

여기서 애니메이션시장 구성 중 가장 규모가 큰 파생상품에는 대체적으로 애니메이션 게임, 출판물, 완구, 도서, 의상 등이 포함되는데 파생상품시장은 꾸준히 성장해왔다. 이는 새롭고 경쟁력 있는 애니메이션이라는 콘텐츠가 생산되면 시장의 가능성은 얼마든지 있다는 것을 말해준다.

연도	2011	2012	2013	2014	2015	2016	2017(추계)
규모(억 위안)	183	220	264	316	350	392.4	540
증가율(%)	29.43	28.95	30.32	31.60	34.54	12.11	37.61

출처: ①Annual Report on Development of China's Animation Industry 2017 p.140, p.144 ②Annual Report on Animation and Game Industry in China 2016 p.5 자료 재정리.

그리고 중국의 애니메이션 파생상품의 유형을 보면 애니메이션 완구·모형이 시장의 51%를 차지하고 있고, 그다음이 애니메이션 복장(의상) 16%, 애니메이션 출판물 4%, 기타 29%로 되어 있다.

파생상품의 중국 내 최고 생산 및 판매지는 광둥성이다. 2017년도 중국 전국에서 애니메이션 파생상품 수출액 10만 달러 이상 기업 5,000개사 중 40% 이상이 광둥성에 소재한 기업이다(출처: Annual Report on Development of China's Animation Industry 2017 p.143-p.144).

또한 중국의 애니메이션 파생상품 영향력이 큰 시장으로는 6개 도시가 있는데 베이징, 광저우, 항저우, 상하이, 난징, 청두시이다.

3. 제작·생산

중국은 연간 상당한 제작비를 투입하여 TV용 애니메이션(动画·动漫)을 생산해오고 있는데 2014년 14억 9049만 위안, 2015년 12억9417만 위안, 2016년 11억 9386만 위안을 각각 사용했다.

① TV용 애니메이션

TV용 애니메이션을 제작하겠다고 사전에 신고하는 등록공시량과 실제 제작을 완성하여 발행비준을 받는 양에는 상당한 차이가 난다.

〈최근 7년간의 중국 TV용 애니메이션 등록공시 및 최종 비준량 비교〉

	등록공시량		최종발행 비준량		최종비준 연도별증감(%)	
	편수	시간량(분)	편수	시간량(분)	편수	시간량(분)
2017년	350	140,000	244	83,599	-6.5	-33.15
2016년	425	232,135	261	125,053	-4.4	-9.4
2015년	405	315,950	273	138,011	-1.8	-0.4
2014년	426	280,252	278	138,579	-22.3	-32.3
2013년	465	327,955	358	204,732	-9.4	-8.2
2012년	585	475,070	395	222,938	-9.2	-14.7
2011년	566	491,814	435	261,224	-	-

출처: ①Annual Report on Development of China's Animation Industry 2016 p.54 ②Annual Report on Development of China's Animation Industry 2017 p.4 ④Annual Report on Development of China's Radio, Film and Television (2018) p.94-p.95 자료 재정리.

위 표와 같이 중국의 TV용 애니메이션이 제작 완성되어 최종발행되는 비준량은 매년 계속하여 줄어들고 있다. 여기에는 여러 가지 요인이 있을 수 있으나 애니메이션 수요자들 대부분이 어린 청소년들인 점 등을 고려, 양보다 질에 무게를 두고 있고, 인터넷 등 뉴미디어의 발달로 수요자들의 다양한 미디어 접촉활동들이 증가하면서 애니메이션에 대한 선호도가 낮아지는 이유도 작용하지 않았나 생각된다.

TV용 애니메이션 제작등록 공시업체들도 매년 줄어드는 추세인데 2011년 306개사에서 2013년 273개사로, 2014년 252개사, 2015년

263개사, 2016년 262개사로 관련업계의 주의를 크게 끌지 못하는 것 같기도 하다. 이는 제작 생산하여 발행하여도 실제수요자가 대부분 TV방송국들로서 쉽게 이윤확보를 장담할 수 없는 환경이 문제일 수도 있을 것이다.

2016년도에는 TV용 애니메이션을 261편 9,117집 발행했는데 여기에는 민간제작사들의 제작량이 216편 7,887집으로 82.8%와 86.5%를 각각 점유하고 있어 민간제작사들의 활동이 대단히 크다는 점을 주목해야 한다.

또한 절대 다수의 애니메이션 제작기업들의 제작규모가 작고 이들 기업들의 평균 등록자본이 150만 위안(한화 약 2억7천만 원) 정도로 취약하며 애니메이션기업들의 80%가 2004년 이후에 설립되어 경륜도 비교적 적은 데다 제작기업 종사자들도 십 수 명에, 더구나 이 또한 상당수가 친인척 또는 학연 등으로 구성되어 있어 어려움이 적지 않다고 전문가들은 지적한다. 2013년의 경우 연간 총 생산액 규모가 3000만 위안(한화 약 51억 원) 이상인 기업이 24개사이고 1억 위안(한화 약 170억 원) 이상인 제작기업은 고작 13개사에 불과한 사실은 이러한 사실들을 말해준다.

중국은 TV용 애니메이션을 매년 새로이 창작하여 생산하는 양도 적지 않지만 이미 보관하고 있는 애니메이션 양도 적지 않다. 1993년부터 2013년 21년간 TV용 애니메이션 생산·발행허가량이 총 2,659편, 150만 8,161분(2만 5,136시간) 분량으로 집계되고 있는데 이는 중국 시장에서 연간 수요되는 양에 비하면 턱없이 부족한 실정이다. 이러한 150만 8,161분(2만 5,136시간) 분량의 TV용 애니메이션 보유 지역 상위 10위를 보면 ①장쑤성 27만 471분 ②광둥성 25만 3,246분 ③저장성 21만 6,869분 ④후난성 12만 7,926분 ⑤푸젠성 10만 1,954분 ⑥랴오닝성 8만 2,858분 ⑦국가신문출판광전총국 직속기구(CCTV포함) 7만 3,002분 ⑧상하이 6만 6,690분 ⑨안후이성 5만 4,075분 ⑩허난성 3만 189분인데 이 10개 지역 보유분 127만 7,007분은 전체 보유분의 84.7%를 차지하고 있으며, 또한 이러한 지역별 보유분은 매년 당해 지역에서 생산·발행되고 있는 양과 거의 비례하고 있는 것으로 분석된다.

여기서 중국의 애니메이션 주요기업들을 살펴보면 대체로 3가지 류형의 기업으로 나뉘어지는데 애니메이션 종합운영사, 애니메이션 콘텐츠공급사, 애니메이션 투자사로 구분된다. 즉 ①애니메이션 종합운영사는 2016년2월 奥飞动漫에서 개명한 奥飞娱乐, 华强动漫, 저장中南 Cartoon, 텅쉰(腾讯)互动娱乐, 美盛文化, 长城动漫, 炫动传播, 优扬传媒, 华夏动漫 등이 있고 ②애니메이션 콘텐츠 공급사는 央视动画, 原创动力, 玄机科技, 蓝弧文化, 咏声文化, 宏梦Cartoon, 江通动画, 青青树, 追光动画 등이 있으며 ③애니메이션 투자사로는 知音传媒, 华闻传媒, 中南传媒, 时代出版, 光线传媒, 慈文传媒, 拓维信息恒大文化, 海尔文化 등이 있다.

중국 애니메이션 산업을 이끄는 업체들을 다시 종합하여 정리해보면 ①콘텐츠 생산 선두주자로 玄机科技, 绘梦, 若森数字, 柏言映画, 动漫堂, 徒子文化, 唐家三少, 唐七公子등이 있고 ②TV기관, 인터넷동영상, 모바일인터넷, SNS미디어 등을 취급하는 중견전파(유포)사에는 少年在线, 知音漫客, 漫友文化, CCTV少年채널, 金鹰Cartoon, 炫动Cartoon, 卡酷, 优漫Cartoon, 腾讯冈易, 优酷, 아이치이(爱奇艺), 有妖气微漫画,

锋绘, 大角虫, 漫画岛, 动漫之家, 可米酷, 漫咖, 动漫屋, 麦萌, 布卡漫画, 秦时明月APP, 画江湖APP, 웨이보(微博), 웨이신(微信), 豆办, 百度贴吧, BiliBili(哔里哔里), AcFun, PPTV, PPS, PPLive, 风行 등이 있다. 그리고 ③후발 애니메이션 파생업체인 小米互娛樂商店, Vivo, 魅族互娛, OPPO游戲中心, 天拓游戲, 九游, 骏梦游戲, 动尚先锋, 早辉互动娛樂, 磨铁图书, 浙江出版聯合集团, 中信出版社, Cosplay社区, 声优社交플랫폼, 漫展社交플랫폼, ACG同好社区, 剧角映画, 克顿传媒 등은 파생수권(授权), 파생문화, 손처리, 완구분야의 업을 주로 다루는 업체들이다.

또 하나의 제작상 문제는 제작비 문제인데 대체적으로 매집(每集) 당 1만~1만 5,000위안(한화 약 170~255만 원)의 제작비를 투입하는데 수요자인 TV방송국에서는 매집당 평균 구입가격이 2,000위안 내외로 거래되고 있다. 비록 정부의 보조금이 지원되고는 있지만 제작사들은 적자 함정에서 헤어나기가 힘들다는 것이 제작사들의 반응이다. 제작사의 85% 내외가 수지가 맞지 않는다고 토로한다. 그들은 일본의 경우, 애니메이션 제작 후 방송하기 전에 제작사에게 제작비 70%를 지급하는 사례가 있다며 어려움에 대한 개선책을 얘기하곤 한다.

애니메이션 제작·생산량도 경제적으로 비교적 우위에 있는 지역에서 많이 생산되고 구이저우성, 쓰촨성, 지린성, 충칭시 등에는 단지 1개 사가 1편의 애니메이션을 제작하고 있어 지역별 생산량의 편차가 심하다.

〈2015년도 애니메이션 생산(제작 및 발행)량 지역별 분포 현황〉

지역	광동	저장	장쑤	베이징	허난	상하이	산둥	푸젠	후베이	후난	안후이	텐진	산시(陝西)	허베이
업체수	52	32	29	20	16	15	12	10	10	9	8	6	5	5
등록편수	84	58	44	28	18	20	16	19	27	9	9	8	7	6
발행편수	58	55	33	12	13	9	2	25	15	5	6	5	3	3

출처: Annual Report on China's Animation Industry 2016 p.51 자료 재정리.

쓰촨	랴오닝	광시	윈난	헤이룽장	충칭	海南	시짱	중앙직속	산시(山西)	신장	장시	지린	네이멍	구이저우	계29개 지역
5	4	4	4	3	2	2	2	2	1	1	1	1	1	1	263사(社)
5	7	7	5	3	7	2	2	7	1	2	1	1	1	1	405편
3	3	6	1	4	3	0	0	3	1	1	2	1	1	0	273편

출처: Annual Report on China's Animation Industry 2016 p.51 자료 재정리.

2015년도의 TV용 애니메이션의 제작생산 등록을 비준받은 양 중에 제작사 상위 10위를 보면 후난성 2개사, 광둥성 2개사, 저장성, 상하이, 텐진, 베이징 각 1개사로 이들은 19편에 110,534분을 제작등록 비준받았다.

② 애니메이션영화

중국의 애니메이션영화산업도 점진적 발전을 거듭한다. 여기서 TV용 애니메이션 제작·생산과는 별도로 애니메이션영화가 생산·발행되어 정부의 비준을 받아 영화관에서 상영되고 있는데, 이 또한 제작신고 비준량과 실제 완성되어 발행허가를 받은 양을 비교하면 상당한 차이가 있다.

〈중국 애니메이션영화 발행비준 및 티켓판매 흥행수입 비교〉

연도	2011	2012	2013	2014	2015	2016	2017
등록공시량/최종발행량	/24	70/33	84/29	134/40	148/51	182/49	/32
영화관 상영편수(편)	24	32	34	49	55	65	58
-국산애니메이션영화	10	17	24	30	38	37	38
-합작애니메이션영화	4	3	2	2	4	5	.
-수입애니메이션영화	10	12	8	17	13	23	20
티켓판매수입(억 위안)	16.40	14.34	16.33	31.52	42.58	68.9	47.57
-국산애니메이션수입	3.14	4.0524	5.8107	11.00	20.54	17.6751	13.29
-해외수입애니메이션	13.26	10.2876	10.5193	20.52	22.04	51.2249	34.28

출처: ①Annual Report on Development of China's Animation Industry 2017 p.119-p.122 ②2018 China CulturalIndustries Annual Report p.68, p.100-p.101 ③Report on Development of China's Media Industry 2018 p.173 ④Annual Report on Animation and Game Industry in China 2016 p.9, p.238 자료 재정리.

2016년도 해외수입 애니메이션영화의 수입 국가를 보면 미국 9편, 일본 9편, 영국 1편, 러시아 1편, 기타 유럽국가 3편으로 구분된다.

상기 표에 의하면 중국 국산 애니메이션영화의 국내 티켓판매 흥행수입 측면에서 보면 해외수입 애니메이션영화를 능가하지 못하고 있다.

티켓판매 흥행수입에서 1억 위안 이상의 티켓판매 흥행수입을 올린 애니메이션영화 13편 중에서 중국 국산애니메이션영화는 2편인데 해외수입 애니메이션영화 및 합작애니메이션영화는 11편이다.

중국 국산애니메이션영화 1편당 상영 시 평균티켓판매수입이 3,497만 위안인데 비하여 해외수입 애니메이션영화 1편당 상영 시 평균티켓판매수입은 17,140만 위안으로 현격한 차이를 보인다.

티켓판매 흥행수입 상위 20위에는 미국이 8편, 일본 4편, 중국 5편, 미·중 합작 1편, 미국·핀란드 합작 1편, 프랑스·벨기에 합작 1편인데, 티켓판매 흥행수입 1위의 미국 애니메이션영화 〈瘋狂動物城〉는 153,033만 위안의 실적을 올렸다.

그러나 중국 국산애니메이션영화의 티켓판매 흥행수입 편당 1000만 위안(仟万元) 이상의 성적을 거둔 작품도 10편이나 된다.

2017년도에 와서는 일부 중국 국산애니메이션영화의 상승이 돋보인다. 티켓판매 흥행수입 편당 1억 위안 이상을 거둔 애니메이션영화 총 10편 중 중국 4편, 미국 5편, 일본 1편인데 중국 국산 애니메이션영화 〈熊出没·奇幻空间〉은 전체 3위로 티켓판매수입 5.21억 위안을 거두었다.

그런데 TV용 애니메이션 제작비와는 달리 애니메이션영화의 제작비는 상당히 많은 투자를 요한다. 1분당 제작비가 10,000위안 내외이고 한 편당 제작비는 2800만~6000만 위안(한화 약 48~102억 원)으로 알려져 있다. 이러한 제작비 속에는 5% 내외의 음악제작비가 포함되어 있는데 애니메이션영화 한 편 제작에 음악제작비는 평균 140만~300만 위안(한화 약 2억 4500만원~5억 2500만 원)이 소요되는 것으로 알려져 있다.

다음은 애니메이션산업에 가장 원천이 되고 있는 중국의 만화시장에 접근코자 한다.

4. 중국의 만화시장

중국은 동화와 만화의 합성어를 动漫(애니메이션)이라고 부른다. 이 애니메이션 중에는 만화, 설날에 실내에 붙이는 연화(年畵), 연속된 어린이용 그림책인 연환화(連環畵), 삽화(揷圖) 등이 포함된다.

2016년 말을 기준으로 하여 파악해본 바에 의하면 중국 전역에는 1,157개의 애니메이션 도서작가와 편저(編著)기관들이 있는데 작가부문에서는 笑江南, 蔡志忠, 几米가 상위를 차지하고 기관으로는 미국디즈니사, 漫界文化, 상하이미술영화제작창을 꼽는다.

최근에 와서 几米는 손색없는 베스트셀러 작가로 평가받고 있는데 그는 대만의 저명 그림책 작가로 10년간 91부(部)의 작품이 베스트셀러 작품에 올랐으며 이는 그의 독특한 화풍과 따뜻하고 섬세한 애기를 담고 있다는 것이 일반적인 평가다.

중국 대륙작가로는 阿桂, 夏达, 南派三叔, 寂地, 黑背, 猫小乐 등이 유명하고 외국작가로는 일본의 高木直子, 독일의 卜劳恩의 활동이 대단히 활발하다(출처: Annual Report on Animation and Game Industry in China 2016 p.30).

2007~2016년 기간 도서와 서적의 온라인 판매를 주영업으로 중국시장에서 1위를 차지하고 있는 '당당망'에서 애니메이션과 유머작품부문에서 인기 있는 10부 이상의 작품을 내놓은 작가 및 기관들을 보면 ①几米 91부(部) ②朱斌 57부 ③高木直子(일본) 48부 ④阿桂 31부 ⑤蔡志忠 27부 ⑥夏达 24부 ⑦漫友文化 17부 ⑧卜劳恩(독일) 17부 ⑨朱德庸 16부 ⑩暴走漫画创作部 15부 ⑪南派三叔 15부 ⑫寂地13부 ⑬

黑背 11부 ⑭猫小乐 10부로 알려져 있다.

　여기서 중국의 저명 만화작가 및 애니메이션 관련 간행물과 이들 작가들의 연간 저작권료가 얼마나 되는지를 파악키로 한다. 그런데 이들의 연간 저작권료 수입이 일정하지 않기 때문에 순위는 매년 달라진다.

⟨3년간 중국 주요 만화작가 저작권 연간수입 현황⟩

2016년도		2014년도		2013년도	
작가명	저작권 수입(만 위안)	작가명	저작권 수입(만 위안)	작가명	저작권 수입(만 위안)
阿桂	1,000	周洪滨	1,245	周洪滨	2,300
猫小乐	630	猫小乐	580	朱斌	1,200
朱斌	450	穆逢春	560	穆逢春	770
小松	405	极乐鸟	500	几米	370
极乐鸟	400	朱斌	480	阿桂	360
颜开	380	于小发	405	猫小乐	350
任翔	340	几米	400	米二	265
白茶	330	任翔	380	夏达(女)	230
几米	300	阿桂	370	极乐鸟	215
晓泊		米二	350	韩露(女)	210
		HeHe	220	颜开	170
		颜开	220	王鹏	115
		丁一晨	150	九十番	110
		Hans	120	Hans	105
		慕容人刀	110	北巷	100

출처: ①Annual Report on Development of China's Animation Industry (2015) p.104 ②Annual Report on Animation and Game Industry in China 2016 p.44 자료 재정리.

　상기 표에서 만화작가 중 几米와 十九番을 제외하면 30~40대의 작가들로 텐진에서 주로 활동하고 있는 周洪滨을 비롯하여 朱斌은 광둥

지역에서, 穆逢春은 상하이에서 각각 활동하고 있는 것으로 알려져 있다. 57세의 작가 几米는 대만 작가다.

그리고 중국에서 영향력 있는 국내 인터넷 도서판매상인 当当网은 매년 연말에 애니메이션과 유머류 도서 판매 상위 100위 명단을 발표하는데 几米, 夏达, 阿桂 등은 동 명단에 지속적으로 포함되고 있어 이들의 왕성한 활동을 보여주기도 한다.

특히 텅쉰 애니메이션이 2011년 12월부터 연재하고 있는 인터넷 만화 〈시형(尸兄)〉은 2013년 7월 클릭 수가 10억 회를 돌파하였고 2014년 4월에 이미 누적 클릭 수가 31억 2042만 회를 돌파하면서 엄청난 인기를 누려 수입도 상당한 것으로 알려져 있다.

중국의 만화잡지를 보면 2005년부터 2006년 상반기까지 1여 년간 상당히 어려운 시기를 지나면서 환상(幻想), 베이징Cartoon, 신간선(新干线), 덴만(电漫), 싱만(星漫), 사오니반(小女版) 등 여러 가지 만화잡지들이 정간 또는 휴간을 맞는다. 이러한 어려운 시기를 지나 2010년 말에 와서는 애니메이션 잡지 종류가 무려 50여 종에 이르렀는데 이러한 잡지들은 주로 베이징, 상하이, 항저우, 광저우 등 경제적으로 우위에 있는 4대 도시에 편중되어 있었다. 그러한 연후에 2012년에 와서 중국의 만화잡지는 다시 27종으로 조정을 거치는데 2013년에 와서도 종류에는 큰 변화가 없었다. 1급류에 속하는 ①知音漫客 ②漫画世界 등이 있고 그다음으로 어린이 아동 만화잡지인 ①小公主 ②米老鼠 등이 있다.

2013년도 상반기를 기준으로 하여 애니메이션류 잡지들의 판매량 기준 27위까지의 순위를 보면 ①知音漫客 ②漫畵世界 ⑤小公主 ⑥米老鼠 ⑦漫友 ⑧科幻畵报(漫畵秀) ⑪漫客星期天 ⑮漫动作 ⑳卡酷全卡

通 ㉔新蕾 ㉗特別优漫으로 각각 나뉜다. 애니메이션잡지시장에서도 치열한 경쟁이 이루어지고 있는데 2010년 8월에 휴간했던《锋绘》는 국내 유일한 청소년만화잡지로 2014년 3월 20일《少年漫畵读本》으로 고등학생들을 주독자로 개편하여 다시 태어났다. 2013년 9월에는 중국과 일본이 합자한 흑백만화잡지《天漫》을《天漫, 赤风》으로 개명했다. 그밖에 호평을 받았던《科幻畵报(漫畵秀)》가 정간이 되고 이후 다시《科幻畵报(小班长)》으로 새로운 면모를 갖춰 출시했다(출처: Annual Report on Development of China's Animation Industry 2015).

2016년 전통적인 만화잡지《漫畵世界》도 그해 12월 정간했으며 이보다 훨씬 앞선 2014년 12월에는 오랫동안 출판해왔던《龍漫小年星期天)》과《漫动作》이 휴간을 선택했으나 2014년 중국의 양대 저명 잡지인《读者》와《故事会》가 잇달아《漫品》과《漫畵会》라는 만화잡지를 창간했다.

2014년 4월에는 봉황출판미디어그룹 산하에《乐漫》을 창간했고 2014년 12월에는 후베이창장언론그룹(湖北长江报业集团)과 텐진漫娱文化가 공동으로《好漫畵》잡지를 창간하는 등 휴간, 정간, 창간 등이 계속해서 이어지고 있다.

그런데 2016년 말 현재 중국에서 출판된 애니메이션류의 도서는 3,190종으로 이는 2015년도보다 3.14%가 증가한 숫자다. 3,190종에는 만화도서가 2,220종, 애니메이션도서가 교차수량 2종을 포함하여 972종이다. 지역별 애니메이션류 도서출판이 가장 많은 지역은 베이징으로 1,342종인데 이는 전체의 42.07%를 차지한다.

어쨌든 중국의 만화 이용자들은 계속하여 증가한다. 이는 중국의 애니메이션시장의 전망을 밝게 하는 현상을 의미한다.

〈최근 5년간 중국의 인터넷 만화이용자 규모 추이〉

연도	2-13	2014	2015	2016	2017
규모(만 명)	2257.6	2741.2	4014.6	7074.7	9724.3

출처: Annual Report on Animation and Game Industry in China 2016 p.41 자료 재정리.

5. 수요자

애니메이션의 주요고객을 보면 작품구입 측면에서는 TV방송국이고 이러한 방송들을 시청하는 부류는 청소년들이 적지 않다. 특히 인터넷 발달과 더불어 네티즌들 중 휴대폰 네티즌들의 동영상 시청과 직접적인 관련이 많다는 점을 감안하여 TV방송국과 일반 청소년 네티즌들을 대상으로 수요를 찾아보는 것이 적정할 것으로 보인다.

중국에서 애니메이션 이용자들의 연령층을 보면 1995년 이후 출생자(95后)들이 전체 연령층의 57.6%를 차지하고 있고, 특히 학생층과 직장인들이 80.8%를 점한다고 전해진다. 그리고 애니메이션 핵심 이용자는 약 8000만 명에 이르고 2차원의 이용자들은 약 3억여 명으로 이들의 연령층을 구체적으로 접근해보면 1990년 이후 출생자(90后) 및 2000년이후 출생자(00后)들이 전체의 97%를 형성하고 있는 것으로 알려져 있다.

가. TV방송

중국의 최근 7년간 TV용 애니메이션 방송량을 보면 연간 약 30만 시간 내외를 방송하고 있는데 구체적인 수량은 아래 표와 같다.

〈최근 7년간 중국의 TV용 애니메이션 방송량〉

연도	2011	2012	2013	2014	2015	2016	2017
중국의 연간 총 방송시간	280,254	304,877	293,140	304,839	309,060	328,864	362,825
해외수입애니메이션 방송시간	14,822	12,063	14,015	15,883	9,655	8,945	11,480
수입애니메이션 방송비율(%)	5.29	3.96	4.78	5.21	3.12	2.72	3.16

출처: ①Annual Report on Development of China's Animation Industry 2014 p.3 ②2014 China Statistical Yearbook of the Tertiary Industry p.549 ③2015 China Statistical Yearbook of the Tertiary Industry p.591 ④2016 China Statistical Yearbook on Culture and Related Industries p.145 ⑤2017 China Statistical Yearbook on Culture and Related Industries p.149 ⑥2018 China Statistical Yearbook on Culture and Related Industries p.137 자료 재정리.

그리고 해외수입 TV용 애니메이션 방송시간은 연간 총 방송량의 5% 내외를 유지하고 있는데 이는 중국정부의 시책으로, 관련법규에서 규정하고 있으나 계속하여 줄어드는 추세다.

〈중국의 전국 36개 주요도시 TV용 애니메이션 방송 현황〉

연도	2011	2012	2013	2014	2015	2016
국산TV용 애니메이션(편)	80	86	84	68	78	100
국산 권위있는 TV용 애니메이션 (상하이미술영화제작창)	15	16	8	17	9	3
해외수입애니메이션(편)	105	38	12	8	14	7

합작애니메이션(편)	0	1	0	0	0	0
총계(편)	200	141	104	93	101	110

출처: Annual Report on Animation and Game Industry in China 2016 p.59.

어느 지역에서 애니메이션 방송을 얼마를 하는지 상위 5위의 지역을 보면 다음 표와 같다.

〈TV용 애니메이션 지역별 연간 방송량(시간) 상위 5위 현황(시간)〉

지역별	2015년	2014년	2013년
후난성	① 24,132	③ 22,151	② 22,364
신강위구르자치구	② 23,832	② 22,507	③ 20,248
광둥성	③ 22,600	① 24,745	① 25,207
저장성	④ 20,140	④ 20,661	④ 17,236
장시성	⑤ 16,971	⑤ 상하이 14,599	⑤쓰촨성16,230

출처: ①2014,2015 China Statistical Yearbook of the Tertiary Industry ②2016 China Statistical Yearbook on Culture and Related Industries p.145 자료 재정리.
주: ○ 속의 숫자는 순위를 표기한 것임.

2015년도의 경우 상기 5개 지역 방송시간이 10만 7,675시간으로 전체 방송시간의 34.83%에 이르고 2014년도에는 34.3%, 그리고 2013년도의 경우에도 상위 5개 지역 방송시간이 10만 1,284시간으로 전체 방송시간의 34.5%를 차지한다.

2016년 주요 지역별 애니메이션 방송시간을 보면 ①선전시(深圳市) 4만 6,983시간 ②광저우시 4만 5,518시간 ③지난시(济南市) 4만 458시간이며 나머지 지역은 모두 연간 방송시간량이 4만 시간대 이하이다.

2017년의 경우, 광둥성 2만 9,743시간으로 1위, 후난성 2만 5,436시간 2위, 산둥성 2만 800시간 3위, 저장성 2만 55시간 4위, 상하이 1만 6,613시간 5위를 각각 기록했는데 예년에 비해 다소 줄었다.

베이징 3만 4,673시간, 상하이 3만 9,422시간, 텐진 3만 9,480시간, 총칭 3만 9,152시간을 각각 방송했다.

그리고 위와 같은 데이터 조사대상은 대체로 중국 도시문화의 근간을 이루고 있는 36개 주요 도시 ①베이징 ②창춘 ③창사 ④창저우 ⑤청두 ⑥충칭 ⑦다롄 ⑧푸저우(福州) ⑨광저우 ⑩구이양 ⑪하얼빈 ⑫하이커우(海口) ⑬항저우 ⑭허페이(合肥) ⑮후허하오터(呼和浩特) ⑯지난 ⑰쿤밍 ⑱란저우 ⑲라싸 ⑳난창(南昌) ㉑난닝(南宁) ㉒난징 ㉓상하이 ㉔선양 ㉕선전 ㉖스좌좡(石家庄) ㉗수저우 ㉘타이옌(太原) ㉙텐진 ㉚우루무치 ㉛우한(武汉) ㉜우시(无锡) ㉝시안 ㉞시닝(西宁) ㉟인촨(银川) ㊱정저우(郑州)를 대상으로 표본조사를 많이 실시하고 있음에 착오가 없으면 한다.

중국은 2014년 1월 1일부터 각급 위성TV채널에서 매일 30분 이상 애니메이션을 방송하도록 정책적으로 자국 애니메이션산업 발전을 꾀하고 있음을 이해할 필요가 있다. 어쨌든 중국은 해외수입 TV용 애니메이션을 제외하면 연간 약 29만 시간 내외를 방송하고 있는데 매년 신규 TV용 애니메이션을 제작·생산하여 발행하는 양은 2,300여 시간에 머물고 있어 발전할 수 있는 공간은 방대하다 할 것이다. 다만 현재는 양보다 질을 우선시하고 있으나 양과 질을 동시에 확대해나가야 하는 것이 원활한 수급으로 이어진다는 것을 이해해야 한다.

나. 시청자 및 시청률

TV나 영화관에서 만화영화(动画·动漫)를 시청하거나 관람하는 주된 계층은 청소년과 어린이들이 대부분으로 이들 청소년들은 인터넷과 모바일인터넷을 통해 애니메이션 작품들을 자주 접한다. 특히 80后 젊은 부모들과 3~10세 어린이들은 인터넷 오락서비스와 교육용 애니메이션 작품에 상당한 관심을 가진다.

특히 뉴미디어 애니메이션 소비자는 네티즌과 밀접한 관련이 있는데 애니메이션 응용프로 이용자들의 연령층별 구성을 보면 다음과 같다.

〈중국 애니메이션 응용 이용자 연령층별 구성 비율(%)/2016년〉

구분	20세 미만	20-25세	25-30세	30-35세	35-40세	40-50세	50세 이상
구성비(%)	34.4	44.5	6.7	1.8	3.7	7.3	1.6

출처: Annual Report on Development of China's Animation Industry 2017 p.10.

애니메이션 응용 측면에서도 25세 이하의 이용자가 78.9%를 차지하고 있고 25세가 넘으면 응용 이용자가 급격하게 떨어진다.

여기서 다시 전국 주요 도시의 애니메이션 프로그램 관중들의 연령층별 구성은 응용프로그램 이용자 비율과 다소 차이가 있다.

〈최근 3년간 중국 주요 도시 애니메이션 프로그램 관중 연령층별 구성 비율(%)〉

구 분	4-14세	15-24세	25-34세	35-44세	45-54세	55-64세	65세 이상
2016년	31.6	5.7	24.4	10.8	10.6	11.3	5.7
2015년	34.5	6.1	22.86	11.56	8.9	10.42	5.63
2014년	36.5	5.9	21.77	12.76	7.67	9.94	5.46

출처: Annual Report on Development of China's Animation Industry 2017 p.12 자료 재정리.

상기 표에서와 같이 15~24세 사이의 관중이 적은 이유는 이들 연령

21세기 중국문화산업시장의 이해

층이 대체로 중·고·대학들로 학업과 관련이 있는 것으로 보인다.

중국의 네티즌들은 2017년 말 현재 7억 7918만 명에 이른다. 인터넷 보급률도 55.8%로 네티즌들의 신규 증가수는 매년 4000만 명 내외여서 네티즌을 대상으로 하는 애니메이션 관중 확보는 전망이 밝다 하겠다.

뿐만 아니라 중국은 인터넷과 모바일인터넷의 발달로 인터넷 쇼핑객들의 연령도 어느새 조용한 변화를 가져왔다. 인터넷 쇼핑객들 중 80后와 90后 세대가 전체의 66.2%로 이들은 일정한 소비능력을 갖추고 있다. 특히 90허우(后) 세대들의 인구가 약 2.6억 명에 이른다는 통계가 있다. 애니메이션 주요고객이 이들 연령층이라고 앞서 잠시 언급했듯 소위 1980년대 출생(80后)과 1990년대 출생(90后) 연령층은 애니메이션뿐만 아니라 중국의 문화산업 전 분야를 소비하는 주력군이다.

여기서 중국을 대표할 수 있는 전국의 36개 대도시의 2015년도 TV 애니메이션 프로그램 시청률 상위 10위 평균시청률을 분석하면 비교적 시청률이 높은 것으로 집계된다.

〈2015년도 36개 주요 대도시 애니메이션 TV방송프로 상위 10위 평균 시청률(%)〉

지역별	베이징	창춘	창사	창저우	청두	충칭	다롄	푸저우	광저우
시청률	0.817	0.993	1.595	1.021	0.576	1.259	1.788	0.902	0.966
지역별	구이양	하얼빈	하이커우海口	항저우	허페이	지난	쿤밍	란저우	라싸
시청률	1.299	1.062	1.670	0.848	0.938	1.188	0.692	1.404	1.176
지역별	난창	난닝	난징	상하이	선양	선전	스자좡	쑤저우	타이옌
시청률	1.153	1.335	1.030	0.284	0.916	0.937	1.198	1.352	1.364
지역별	톈진	우한	우시	시안	시닝	인촨	정저우	呼和浩特	우루무치
시청률	0.675	0.777	0.817	0.849	1.550	1.968	0.777	1.294	1.008

출처: Annual Report on Development of China's Animation Industry 2016 p.265~p.280 자료 재정리.

다만 각 지역별 TV방송의 상위 10위 애니메이션 프로그램은 당해지역 애니메이션 프로뿐만 아니라 중앙텔레비전방송(CCTV)을 포함하여 타 지역 애니메이션 프로그램도 부분적으로 포함되어 있으며, 상기 36개 대도시 중 창사(長沙), 충칭(重庆), 푸저우(福州), 광저우(广州), 지난(济南), 우한(武汉), 시닝(西宁), 인촨(银川) 등 8개 대도시는 상위 10위 프로그램에 중앙텔레비전방송(CCTV)의 애니메이션 프로그램이 들어가 있지 않다. 따라서 이러한 현상은 작품만 좋으면 지역에 관계없이 전국의 어떤 방송국 프로그램도 시청이 가능하다는 것을 말해준다.

또한 중국의 TV드라마 시청률이 0.5% 이하인 작품이 전체의 75% 내외를 기록하고 있는 것을 감안하면 시청자들이 어린이들이란 점을 감안하더라도 애니메이션의 시청률은 비교적 높은 편이다.

다음은 중국 애니메이션의 국내 판매는 과연 얼마나 이루어지고 있는지 파악해보자.

6. TV용 애니메이션작품 국내 판매

중국판 아마존이라고 할 수 있는 도서·서적 온라인판매 전문사이트인 당당망의 애니메이션과 유머 베스트셀러 목록에서 생산지별 작품 비중을 보면 중국 대륙 만화가 54%를 차지한다.

〈중국 당당망의 만화 및 유머작품 베스트셀러 생산지별 비중(%)/2016년〉

구분	중국대륙만화	유머·우스운만화	動画학당(学堂)	홍콩·대만만화	구미만화	한·일만화	가벼운소설	화집(畵集)	계
비중(%)	54	1	5	15	9	9	3	4	100

출처: Annual Report on Animation and Game Industry in China 2016 p.35

2016년도의 애니메이션 도서 평균정가는 48.59위안으로 최고정가는 400위안, 최저정가는 15위안으로 판매되었다. 평균정가로는 그렇게 높지 않은 가격으로 보인다.

가. 국내 거래

중국은 국내 TV방송국의 숫자가 적지 않아 그만큼 애니메이션에 대한 수요가 많은 편이다. 따라서 지난 수년간의 각 지역(성·자치구, 직할시)별 TV용 애니메이션 거래규모를 찾아보면 어느 지역이 애니메이션 거래가 활발하게 진행되는지 알 수 있다. 우선 연간 TV용 애니메이션 제작투입비와 국내 판매액을 파악해보고 다음으로 지역별 거래현황을 찾아보자.

〈최근 중국의 TV용 애니메이션 제작비 투입과 국내 판매액 대비〉

연도별	제작비 투자액(만 위안)	국내판매액(만 위안)	차액(만 위안)
2017			
2016	119,386	116,950	-2,436
2015	129,417	146,258	16,841
2014	149,049	110,871	-38,178

출처: China Statistical Yearbook on Culture and Related Industries 2017 p.144, 2016 p.140, 2015 p.146, 2018 p. 자료 재정리.

중국은 연간 11억 9386만 위안(한화 약 2029억 5620만 원)을 TV용 애니메이션 제작비로 투입하고 있고 또한 국내 판매액 규모도 엇비슷하게 거래가 되고 있다.

〈최근 3년간 중국의 주요지역별 상위 10위 TV용 애니메이션 국내 판매액 현황〉

지역별	2016년		2015년		2014년		2013년	
	순위	판매액(만 위안)	순위	판매액(만 위안)	순위	판매액(만 위안)	순위	판매액(만 위안)
광둥성	1	38,779	1	40,457	1	44,955	1	26,382
저장성	3	14,965	2	25,038	5	7,307	5	16,525
후베이성	7	5,391	3	18,064	8	5,341	6	12,860
베이징	4	8,674	4	15,368	4	7,721	3	25,920
광전총국 직속	2	16,303	5	11,679	6	7,026	8	5,753
푸젠성	9	4,618	6	7,411	3	7,915	4	18,462
충칭시	6	6,475	7	6,625	9	4,490	10	3,555
안후이성	5	7,128	8	6,364	2	14,658	7	10,581
장시성	8	4,894	9	4,227	7	5,591	-	0
후난성	10	2,668	10	3,540	10	2,884	9	3,582
	소계	109,985	소계	138,673	소계	107,888	소계	123,620
기타 지역	10개 지역	6,965만 위안	8개 지역	7,585만 위안	9개 지역	2,983만 위안	11개 지역	12,184만 위안
연간총합계		116,950		146,258		110,871		161,439

출처: China Statistical Yearbook on Culture and Related Industries 2014 p.158, 2015 p.146, 2016 p.140, 2017 p.145 자료 재정리.

상기 표와 같이 광둥성이 지속적으로 연간판매액에서 1위를 차지하고 있는데 중국의 연간 국내 총 판매액에 대한 광둥성의 비중이 2013년 16.34%에서 2014년 40.54%, 2015년27.59%, 2016년에도 33.12%를 각각 차지하고 있다. 그리고 상위 10위의 지역이 중국 전체 국내 판매액의 2013년 92.45%, 2014년 97.31%, 2015년 94.81%, 2016년 94.04%를 각각 점하고 있어 역시 경제우위 도시의 저력을 보여주는 현상이기도 하다.

다음은 중국이 해외와의 애니메이션 교역 현황을 살펴보자. 중국은 해외와의 애니메이션 수출입이 상당히 활발하게 이루어지고 있는 느낌을 준다.

나. 수출입 동향

중국은 애니메이션에 대하여 매년 수입량을 늘리고 있다.

〈최근 7년간 중국의 애니메이션 수출입 현황〉

연도		2011	2012	2013	2014	2015	2016	2017
수입	금액(만 위안)	702.01	1,489.01	4,432	11,028	44,472.1	105,645	82,254
	시간량(분)	279:4	385:0	2,879:0	4,560:0	12,690:0	7,752:0	12,022
수출	금액(만 위안)	3,662.29	3,104.72	4,894	3,190	10,059.2	3,662	-
	시간량(분)	426:2	1,678:0	2,507:0	2,628:0	3,091:0	1,407:0	-

출처: ①Annual Report on Development of China's Animation Industry 2014 p.11 ②China Statistical Yearbook of the Tertiary Industry 2012 p.504 ③China Statistical Yearbook of the Tertiary Industry 2013 p.510 ④China Statistical Yearbook of the Tertiary Industry 2014 p.552 ⑤China Statistical Yearbook of the Tertiary Industry 2015 p.594 ⑥2016 China Statistical Yearbook on Culture and Related Industries p.159 ⑦2017 China Statistical Yearbook on Culture and Related Industries p.162 ⑧2018 China Statistical Yearbook on Culture and Related Industries p.150-p.151 자료 정리.

여기서 중국이 한국, 미국, 일본과 애니메이션 교역을 얼마나 하고 있는지 파악해보자.

이 3개 국가들의 대중국 애니메이션 수출입 규모에 현격한 차이를 볼 수 있다. 미국은 차체하고서도 이웃나라 일본과 비교해보면 한국의 대중국 애니메이션 수출입 규모는 턱없이 부족함을 느낀다. 그리고 중국의 연간 총 수출입 규모와 대비하면 아예 없는 경우도 있고 교역이 있는 해에도 2013년도는 1%대를 보이고 있으며 2014년도는 한국의 애니메이션 중국 수출이 아예 전무하고 2013년도는 겨우 1%대를 맴돈다. 그리고 2016년도에 와서는 금액에서 중국 전체 수입액의 0.05%를 기록하고 있어 애니메이션 중국 진출의 새로운 발전 전략 수립이 필요할 것 같다.

최근 5년간 중국의 애니메이션 수출입 총규모와 한·미·일과의 수출입 현황을 비교하는 표를 작성해보면 한국의 위치를 알 수 있을 것이다.

〈중국의 최근 5년간 한·미·일 애니메이션 수입 현황〉

연도	구분	중국 연간총 규모	한국	미국	일본	한국 비중(%)
2017	금액(만 위안)	82,254	416	15,135	54,926	0.51
	시간량(시간)	12,022	147	2,394	7,387	1.22
2016	금액(만 위안)	105,645	156	2,232	82,237	0.15
	시간량(시간)	7,752	210	2,900	3,259	2.7
2015	금액(만 위안)	44,472.1	164	1,619.6	38,083.7	0.37
	시간량(시간)	12,690	296:0	1,765:06	8,431	2.33
2014	금액(만 위안)	12,028	0	1,019	8,384	0
	시간량(시간)	4,560	0	1,041	2,421	0
2013	금액(만 위안)	4,432	60	1,147	1,970	1.35
	시간량(시간)	2,879	30	639	1,004	1.04

출처: ①China Statistical Yearbook of the Tertiary Industry 2014 p.552 ②China Statistical Yearbook of the Tertiary Industry 2015 p.594 ③2016 China Statistical Yearbook on Culture and Related Industries p.159 ④2017 China Statistical Yearbook on Culture and Related Industries p.162-p.163 및 2018 p.151 자료 재정리.

중국의 한국애니메이션 수입부문과 중국의 일본애니메이션 수입부문을 비교하면 비교가 되지 않을 정도로 차이가 크다. 즉 2014년도의 경우 일본은 중국의 애니메이션 연간수입총액(금액)의 76%를 차지하고 연간 수입 총 시간량에서는 53%를 차지한다. 2013년도를 보면 연간수입총액(금액)에서는 44.5%, 연간수입 총 시간량은 34.9%를 차지하고 있으며 2015년의 경우 일본의 애니메이션 수입이 급증하여 중국 연간 총 수입액(总输入額)의 85.63%에 이르고 있는데, 역시 일본의 애니메이션 산업은 평가받을 만한 위치에 있는 것 같다.

다음은 중국이 국산애니메이션 작품을 한·미·일에 얼마나 수출하고 있는지를 보면 다음 표와 같다.

〈중국의 최근 4년간 자국 애니메이션 한·미·일 수출 현황〉

연도	구분	중국 연간총규모	한국	미국	일본	한국 비중(%)
2017	금액(만 위안)	-	-	-	-	-
	시간량(시간)	-	-	-	-	-
2016	금액(만 위안)	3,662	343	752	0	9.36
	시간량(시간)	1,407	6	153	0	0.43
2015	금액(만 위안)	10,059.2	1,763.4	959.2	0	17.53
	시간량(시간)	3,091	20	121	0	0.65
2014	금액(만 위안)	3,190	23	1,238	617	0.72
	시간량(시간)	2,628	3	419	9	0.11
2013	금액(만 위안)	4,894	53	518	1,018	1.08
	시간량(시간)	2,507	45	417	121	1.79

출처: ①China Statistical Yearbook of the Tertiary Industry 2014 p.552 ②China Statistical Yearbook of the Tertiary Industry 2015 p.594 ③ 2016 China Statistical Yearbook on Culture and Related Industries p.159 ④2017 China Statistical Yearbook on Culture and Related Industries p.162-p.163, 2018 p. 자료 재정리.

중국 애니메이션에 대한 한국의 수입에서도 마찬가지로 저조한 편이다.

이제 중국의 주요 애니메이션기업들의 최근 운영 실태를 파악해보자.

7. 주요 애니메이션기업 운영 실태

최근 3년간 중국 정부가 인정한 주요 애니메이션기업들의 운영 실태를 보면 매년 정부의 보조금 지원을 받고 있는 것으로 집계되고 있다. 이는 중국의 애니메이션기업들의 주요 수입원 중의 하나인데 즉 ①TV방송 ②정부보조금 ③파생산업상품 판매로 요약될 수 있다.

〈중국 애니메이션 주요 기업(动漫企业) 영업수입 및 이윤(천 위안(千元)/2015년)〉

기업 유형	기업수	근무자수	영업총수입	자체개발动漫상품 수입	정부보조	이윤총액
①만화창작기업	59	2,178	1,008,293	506,227	23,027	157,236
②동화창작·제작기업	437	27,533	5,614,827	3,025,914	296,206	868,206
③인터넷动漫창작 제작기업	37	1,202	319,279	235,776	14,179	24,815
④动漫무대극 프로 창작연출기업	3	75	19,293	17,925	-	2,057
⑤动漫소프트웨어 개발기업	35	1,932	598,197	457,587	18,770	75,193
⑥动漫파생상품연구 개발설계기업	32	2,174	996,733	296,102	14,726	120,537
합계	603	35,094	8,556,622	4,539,531	366,908	1,248,044

출처: 中國文化文物統計年鑑 2016 p.422.

중국에서는 규모 이상의 애니메이션기업들이 증가하고 있는데 이는 그만큼 시장의 수요를 반증한다.

〈중국 애니메이션 주요 기업 영업수입 및 이윤/2014년〉

기업 유형	기업수	근무자수	영업 총수입	자체개발동 화상품 수입	정부보조	이윤총액
①만화창작기업	60	2,311	863,272	505,077	57,521	69,234
②동화창작·제작기업	428	24,143	5,614,950	2,994,652	258,793	829,088
③인터넷 动漫창작 제작기업	33	1,285	237,656	141,580	16,889	63,504
④动漫무대극프로 창작연출기업	3	22	13,153	12,470	375	2,104
⑤动漫소프트웨어 개발기업	34	1,789	523,350	385,867	31,109	-42,640
⑥动漫파생상품연구 개발설계기업	28	1,926	759,417	404,060	9,482	101,650
합계	586	31,476	8,011,798	4,443,706	374,169	1,022,940

출처: 中國文化文物統計年鑒 2015 p.408-p.411 자료 재정리.

상기 애니메이션기업은 정부가 인정한 애니메이션기업으로 대체적으로 양호한 편이나 애니메이션 소프트웨어 개발기업만 4264만 위안 (한화 약 76억 7520만 원)의 적자를 냈다.

그리고 상기 기업들은 정부보조금이 상당한 동력이 되고 있으며 이와 관련한 다양한 효과도 있을 수 있어 애니메이션의 새로운 상품개발에도 적극적일 수 있다.

<중국 애니메이션 주요기업 영업수입 및 이윤/2013년>

기업 유형	기업수	근무자수	영업 총수입	자체개발 動漫상품구입	정부보조	이윤총액
①만화창작기업	56	1,983	986,880	235,034	45,023	-91,336
②동화창작·제작기업	395	24,805	12,002,621	8,537,408	1,953,519	3,412,979
③인터넷 動漫창작 제작기업	28	1,704	224,580	137,193	14,940	26,045
④動漫소프트웨어 개발기업	28	1,801	480,706	342,846	22,516	74,599
⑤動漫파생상품연구 개발설계기업	18	834	280,648	174,413	5,724	18,906
합계	525	31,127	13,975,435	9,426,894	2,041,722	3,441,193

출처: 中國文化文物統計年鑒 2014 p.432-p.433 자료 재정리.

2013년도의 또 다른 특징은 동화 창작·제작기업에 국고보조금을 대폭 지원하였으며 가장 기초가 되는 만화창작기업은 91,336천 위안(한화 약 164억 4080만 원)의 적자를 냈다는 점이다.

앞서 일부 언급했듯 애니메이션업계의 상당수 기업이 수지타산이 맞지 않는다고 토로하고 있는데 이들 기업 대부분은 정부인정기업이 아닌 일반 영세 애니메이션기업으로 보인다.

여기서 중국 내 주요 인터넷 만화플랫폼을 파악해보면 다음과 같다.

<중국의 주요 인터넷 만화플랫폼 규모/2016>

순위	인터넷만화플랫폼	작품수(부)	그림수량(万幅)	클릭량(억 번)	작가수(인)
1	腾讯만화	22,502	/	1387.5	9,905
2	有妖气	27,792	221.25	433.81	16,004
3	网易만화	4,510	80.10	73.02	1,524

4	微만화	601	12.43	57.15	446
5	可米酷만화	1,314	/	40.26	877
6	动漫之家	17,569	/	30.45	2,001
7	漫客栈	132,561	88.53	10.78	61,676
8	咪咕动漫	4,196	/	10.70	1,306
9	大角虫	3,426	30.97	10.36	1,658
10	爱动漫	1,734	/	4.28	690
11	轻漫画	1,144	/	2.80	836
12	i尚漫	4,436	27.96	2.75	2,071
13	我爱漫画	3,498	23.00	1.82	2,042
14	锋绘	3,395	/	0.61	1,528
15	N次元	4,438	18.81	0.40	1,710

출처: Annual Report on Animation and Game Industry in China 2016 p.42 자료 재정리.

이러한 만화플랫폼이 사실상 중국의 애니메이션시장에 막강한 영향을 미치고 있기 때문에 어떠한 만화플랫폼이 이용자들의 관심을 끄는지 이해할 필요가 있다.

8. 완구시장

2016년 세계 완구시장 완구판매액 규모가 900억 달러를 넘어서고 있는데 중국의 완구판매액은 여러 가지 어려운 상황 속에서도 8% 성장했다. 중국 국내 완구영업수입이 2295.4억 위안으로 동기대비 6.5%가 늘었다고 한다. 중국은 세계 완구시장으로써 전 세계 완구소비시장의 11%를 차지한다고 전해진다.

중국의 2015년도 완구 총 수출액이 308.03억 달러로 2014년도보다 16.96% 증가했는데 수입은 4.9억 달러로 가히 완구 수출 대국이다.

광둥성 완구협회가 제공한 데이터를 '2016년 중국애니메이션 산업 발전보고'에서 인용한 자료에 의하면 2015년도 중국의 완구산업 총 생산액은 2,166.7억 위안(한화 약 39조 원)에 이르고 있으며, 이 중 90%가 수출상품이고, 10%인 216.7억 위안만 내수 상품으로 집계되고 있다. 그리고 전국의 완구시장을 값으로 따지면 650억 위안(한화 약 11조 7천억 원)으로 환산했다.

2016년도 완구시장의 특징 하나를 언급한다면 중국의 제1의 완구기업인 奧飞动漫(2016년2월 奧飞娱乐으로 개명)의 2016년 연간 총 영업수입이 33.6억 위안으로 전년도보다 29.8% 늘었으며, 이 회사가 출시한 '超級飛俠'과 '爆裂飛車' 등은 정품 애니메이션 브랜드로 자리매김하면서 2016년도 이윤총액만 4.98억 4억 9800만 위안을 거두었다는 것이 시장의 전언이다. 또한 2015년도 중국 완구업계의 최대 뉴스는 LEGO(乐高玩具)로 이는 상대적으로 비용이 저렴한 장점을 갖추고 있다는 것이 시장의 분석이다.

그리고 파생상품으로 완구시장 이외에도 애니메이션 출판물인 신문, 잡지, 도서들이 있는데 2015년도의 판매 상황을 보면 인터넷사이트에서 유머류 동화책 45,034종과 어린이용 만화책 16,655종이 판매된 것으로 파악되었다. 이는 2015년 도서 총판매량 9,390,286종의 0.66%에 해당하는 숫자이다.

9. 국내 개최 주요 애니메이션 페스티벌

중국 국내에는 여느 국가와 마찬가지로 애니메이션 관련 각종 행사들이 적지 않다. 상당한 영향력이 있는 연례행사들을 살펴보면 다음과 같이 정리할 수 있다.

①2015년 5월 3일에 폐막식을 가진 저장성 항저우의 제11회 중국국제애니메이션페스티벌(中国国际动漫节, 4~5월)에서는 세계 78개 국가 및 지역에서 617개의 중외기업과 기관, 137만 2,900명이 참여하여 148.46억 위안에 이르는 현장 교역 등이 이루어졌으며, ②5월경 개최되며 14년의 역사를 가진 베이징영화대학애니메이션페스티벌(北京电影学院漫画节) ③7월에 개최되며 7년의 역사를 가진 광둥성 선전애니메이션페스티벌(동만节) ④제11회 행사를 상하이에서 개최한 중국국제 애니메이션 게임박람회(中国国际动漫游戲博览会) ⑤제13회 행사를 저장성 자싱(嘉兴)에서 9월~10월에 개최한 전국미술작품전람 종합회화·애니메이션작품전람(全国美术作品展览综合画种·动漫作品展览) ⑥중국 촨메이대학(中国传媒大学)에서 10월에 10년의 역사를 지켜온 중국(베이징)국제대학생 애니메이션페스티벌(中国(北京)国际大学生动画节) ⑦매년 12월에 중국미술관(中国美术馆)에서 개최되는 13년 역사의 전국미술작품전람 및 중국미술상·창작상 추천작품전 ⑧ 매년 6월에 11차례나 개최해온 중국국제애니메이션 예술박람회(China Joy Cosplay) ⑨매년 8월경에 개최되고 있는 중국국제원창휴대폰(中国国际原创手机)애니메이션 게임경연대회 ⑩매년 8월 광둥성 둥완에서 7차례나 개최해온 중국국제영상판권보호와 무역박람회(中国国际影视动漫版权保护和贸易博览会) ⑪매년

9월경 장쑤성 창저우에서 15년을 개최해온 중국(창저우)국제애니메이션예술주간(中国(常州)国际动漫艺术周) ⑫충칭시에서 9~10월에 7차례나 개최해온 중국서부애니메이션 문화페스티벌(中国西部动漫文化节) ⑬산시성 타이옌(山西省 太原)에서 개최되는 산시애니메이션예술페스티벌(山西动漫艺术节) ⑭매년 10월 개최하는 14년의 역사를 가진 중국완구전(中国玩具展) 등이 개최되고 있다. 이 밖에도 이른 봄에 개최되는 베이징영화제, 늦은 봄에 치러지는 상하이영화제, 그리고 매년 11월경에 개최되는 청두의 쓰촨페스티벌 등의 행사에서도 애니메이션이 부분적으로 포함되어 행사가 진행되고 있다. 이러한 행사들은 중국의 애니메이션 작품들을 거래하는 창구가 되고 있고 해외에서의 수요를 충족해주는 역할도 하고 있어 중국의 애니메이션 발전에 적지 않은 공헌을 하고 있다.

10. 애니메이션 주제박물관

중국에는 애니메이션을 주제로 하는 박물관들이 전국에 산재해 있는데 이들 박물관들도 예술적인 문헌들을 수장(收藏)하고 경매 등에 참여하면서 일반시민들의 애니메이션에 대한 관심을 제고시키는 등 중국 애니메이션산업 발전에 일익을 담당하고 있다.

중국의 만화 경매는 2011년 제7차 중국 국제 애니메이션페스티벌 기간 西泠경매공사가 중국 만화경매장을 열었는데 이것이 중국 만화경매의 효시라고 전문가들은 말한다.

여기서 중국 국내에 산재되어 있는 애니메이션을 주제로 한 박물관 현황을 보면 아래 표와 같다.

〈중국 국내 애니메이션 주제박물관 현황〉

연번	박물관명	건립 또는 개관일	소재지
1	중국영화박물관 애니메이션청(动画廳)	2007.2	베이징
2	중국애니메이션 예술진열관	2009.10	베이징 传媒대학
3	중국애니메이션 박물관	2009.	저장성 항저우시
4	서주(徐州)애니메이션 박물관	2009.	장쑤성 쉬저우시
5	우시(无锡)애니메이션 완구박물관	2010.1	장쑤성 우시시
6	상하이 애니메이션 박물관	2010.4	상하이
7	광둥애니메이션 박물관	2010.6	광둥성 광저우
8	지린애니메이션대학 애니메이션 게임 박물관(吉林动画学院动漫游戱博物馆)	2011.9	지린성
9	베이징시Cartoon 예술박물관	2011.11	베이징
10	뤄양 애니메이션 박물관	2012.5	허난성 洛阳市
11	중산(中山)만화관	2013.1	광둥성 중산시
12	상하이 영화박물관 애니메이션청 (上海 电影博物馆 动画厅)	2013.6	상하이
13	창저우방직복장학원 애니메이션 사료관 (常州纺织服装学院动画史料馆)	2014.	장쑤성 창저우시

출처: Annual Report on Development of China's Animation Industry 2015 p.278.

여기서 잠시 경매 상황을 보면 완라이밍(万籟鸣)의 〈獅子撈月连环画〉 원작 시리즈가 27.6만 위안(한화 약 4968만 원)에 거래되었고 2014년 춘계 경매장에서는 豊子愷 작품 〈滿園春色關不住〉가 82.8만 위안(한화 약 1억4900만 원)에 거래되었다.

11. 맺는말

중국의 애니메이션산업시장은 여타 문화산업 분야와 같이 방대하다. 그러나 중국 국내시장을 들여다보면 중국 국산 애니메이션영화 티켓판매시장을 차지하고 있는 비중은 대단히 낮은 편이다. 특히 영화관에서 상영된 애니메이션영화 티켓판매액에서 보면 중국 국산 애니메이션영화 티켓판매 흥행수입보다 해외수입 애니메이션영화 티켓판매 흥행수입이 훨씬 앞서 있고 이 중에는 미국의 애니메이션영화의 중국 내 상영에 따른 티켓판매 흥행수입이 시장을 휩쓴다.

2015년도 중국의 포털사이트 바이두의 애니메이션 검색어 인기 랭킹 순위 20위에서 일본작품은 12편으로 검색횟수 2억 70만 5181회, 중국 국산작품 7편은 검색횟수 6142만 4343회, 구미(欧美)작품은 검색횟수 477만 6,105회로 일본상품의 기세가 여전하다. 뿐만 아니라 바이두의 2015년 풍운방이란 검색어 인기 애니메이션 관심작품 577개 중에 일본 318개, 중국 국산 180개, 구미(欧美) 82개, 한국과 뉴질랜드가 각각 1개였음도 일본 애니메이션의 중국 내 영향력을 증명해주는 반증이기도 하다.

정부에서는 애니메이션기업에 대하여 정부인정제도를 2009년부터 도입·시행하면서 다양한 지원책을 강구하고 2014년 1월 1일부터는 다큐멘터리 TV방송을 매일 30분 이상 하도록 전국 각급 TV방송국에 하달했다.

애니메이션 생산, 발행비용을 보면 프린트제작에서부터 각종 세금납부들을 거쳐 최종 투자자의 수입으로 연결되는데 투자자의 최종 수익은

영화 티켓판매 흥행수입 50% 전후라고 시장 전문가들은 전언한다. 먼저 프린트 제작 후 필름영화에서 디지털영화를 거치는데 기존의 필름영화는 영사기가 비교적 값이 싸지만 필름제작비가 높고 운송비도 비교적 높다.

중국의 영화시장은 이미 필름영화에서 디지털영화로 거의 전환이 완료되어 있는 것으로 알려져 있다. 그리고 애니메이션영화 티켓판매액 중 5%는 일반 극영화와 마찬가지로 국가영화사업 발전전용기금으로 납부하고 티켓판매수입의 3%는 세무기관에 세금으로 납부한다.

이러한 정책들이 문제가 되지는 않겠지만 애니메이션 제작기업들도 마찬가지로 80% 전후가 영세기업들임을 고려할 때 세액이나 기금 납부에 관심을 기울이지 않을 수 없다. 그러나 정부는 미니기업들에 대하여 다양한 세제 혜택을 누릴 수 있도록 감면제도를 시행해오고 있다.

애니메이션산업은 게임산업과 동영상산업, 영화산업 등과도 밀접한 관련이 있어 항상 함께 발전을 꾀하고자 갖가지 시책을 진행한다.

인재육성 측면에서도 연간 10만여 명을 대학에서 배출하고는 있지만 대학에서 가르치는 것과 실제 현장에서 필요로 하는 인력에는 상당한 거리가 있다. 이는 여타 국가들과 거의 비슷한 현상이라고 전문가들은 언급한다.

어쨌든 중국 애니메이션시장의 상당 부분을 점령하고 있는 미국과 일본의 애니메이션 작품들과 어깨를 나란히 하기 위해서는 각고의 노력이 필요한 것 같다.

7장

다큐멘터리(영화)산업시장

1. 최근 시장 동향

　다큐멘터리산업도 중국에서는 문화산업의 한 분야로 상당한 시장을 형성한다. 제작과 생산에서부터 방송에 이르기까지 양(量)적인 증가를 가져왔으며 또한 인터넷과 융합된 상업적 모델도 가속화되고 있다. 이와 함께 다큐멘터리 전문 TV채널들의 공사화(公司化) 진행이 순조롭게 이루어졌다.

　중국은 다큐멘터리 제작비 투자는 2017년에 전년대비 14%가 늘어난 39.53억 위안(한화 약 6720억 원)에 이르고 연간 총 생산액도 전년도 대비 15%가 증가한 60.26억 위안(한화 약 1조 244억 원)으로 집계했다 (출처: Study Report of the Development Chinese Documentary in 2018).

　그런데 다큐멘터리 제작·생산으로 벌어들인 수입(收入)을 보면 제작비를 가장 많이 투자하고 있는 TV방송국들의 수입이 32억 위안에 이르고 그다음으로 투자비용이 높은 민영회사들의 수입이 12.36억 위안으로 나타나고 있어 투자비에 비하여 수입액이 훨씬 많다.

　다큐멘터리영화시장에서도 치열한 시장논리가 지배하고 있는데 2015년의 경우 리얼리티쇼프로그램의 극장용 다큐멘터리영화 3편의 티켓판매 흥행수입액이 당해연도 전체 다큐멘터리영화 티켓판매액의

95.46%를 차지하고 있어 다큐멘터리영화에 따라 티켓판매 수입액의 편차가 극심하다.

이렇게 리얼리티쇼프로그램을 극장판 다큐멘터리영화로 탈바꿈하여 티켓판매수입을 상당히 올린 대표적인 사례로 2013년 〈The Voice of China〉가 있고 2014년도에는 〈아빠! 어딜 가세요(爸爸去哪儿)〉, 〈大国崛起〉, 〈舌尖2: 혀 끝으로 만나는 중국〉, 그리고 2015년의 〈런닝맨(奔跑吧!兄弟)〉 등의 작품들이 있다.

2014년도 〈舌尖2: 혀 끝으로 만나는 중국〉의 경우를 보면 3000만 위안을 투자하여 첫 방송 본 7집(1집 당 50분)을 제작·생산하여 CCTV-1(종합채널)과 CCTV-9(다큐채널)에서 동시에 방송했다. 그런데 이 작품의 수입은 광고료 9000만 위안과 해외로의 저작권판매수입 6만 달러, 인터넷사이트동영상에 저작권판매료 1200만 위안, 도서 및 음상 시장에서의 수입 2억 위안 등을 포함하여 2014년도 총수입이 2.69억 위안(한화 약 457.3억 원)을 기록했다.

그도 그럴 것이 이 작품의 주요지역별 시청률을 보면 베이징 3.08%, 항저우 4.09%, 광저우 2.53%, 청두 4.51%로 이보다 앞서 방송된 〈서젠 1〉보다 평균시청률이 56%나 높았다는 것이 방송계 전문가들의 지적이다. 이러한 시청률은 인기 있는 드라마나 종합예능프로보다 높거나 같음을 감안하면 시청률이 대단히 높은 것이다.

그런데 2017년도에 중국의 다큐멘터리영화시장에서 대단한 히트작이 나왔다. 위안부 관련 기록(다큐멘터리)영화인데 〈二十二〉라는 작품이다. 세계위안부기념일인 2017년 8월 14일 개봉된 이 다큐멘터리영화는 티켓판매수입이 무려 1억 7055만 4,700위안에 이르는 상당한 기록을 세운다. 이는 중국의 국산 다큐멘터리영화 티켓판매수입이 2016년도보다 무려 237%나 급등하는 원인을 제공한다.

그러나 2017년도 개봉된 중국의 국산 다큐멘터리영화 나머지 10편의 티켓판매 흥행수입은 고작 9300만 위안 정도에 머물고 있어 보잘것없다.

2017년도 다큐멘터리영화의 극장 개봉이 총 17편인데 이 중 6편은 해외수입이다. 총 17편의 다큐멘터리영화 티켓판매 흥행수입이 3억 9929만 7,300위안인데, 이 중 해외수입 다큐멘터리영화의 티켓판매 흥행수입은 1억 3629만 7,000위안이다. 중국 국산 다큐멘터리 11편 중 〈二十二〉 작품의 티켓판매 흥행수입을 제외한 10편의 국산 다큐멘터리영화 편당 평균티켓판매액과 비교하면 해외수입 다큐멘터리영화의 편당 평균수입이 훨씬 앞선다.

다큐멘터리산업의 육성책의 일환으로 중국에는 몇 개의 다큐멘터리 전용 TV채널이 있다. 이러한 다큐멘터리 전용 채널 중에 BTV(베이징TV)실화다큐멘터리채널과 상하이TV 실화다큐멘터리채널은 2014년 6월 이미 국가신문출판광전총국에서 위성방송을 비준하고 2015년 6월 25일에는 다시 후난성 창샤(长沙)에 위치한 진잉(金鹰)실화다큐멘터리채널도 2016년 1월 1일부터 위성방송 실시를 비준함으로써 중국의 다큐멘터리 전용 TV방송채널 3극체제를 완성했다.

이 밖에도 17개에 달하는 대표적인 인터넷웹사이트동영상 TV채널도 1만여 편의 다큐멘터리를 확보해놓고 있으며 이 중에는 CNTV(중국인터넷TV)의 보유량만도 3,700여 편에 이르는 것으로 알려져 있다.

2014년 1월 1일부터는 중국 정부의 시책에 따라 성급위성TV채널은 매일 30분 이상 다큐멘터리를 방송하게 됨으로써 수요가 점점 확대되어 2014년 1년간 성급위성TV채널이 방송한 다큐멘터리는 835편으로 방송프로그램의 13%를 차지했다는 게 전문가들의 집계다.

그리고 2015년에도 여전히 해외 주요 다큐멘터리 전문기관이나 방송사들과 합작을 진행해왔는데 한국의 KBS, 영국의 BBC, 일본의 NHK, 미국의 Discovery, National Geogrphic사 등이 이에 속한다. 한국의 KBS는 2015년 1월 15~24일 동안 7집으로 구성되어 있는 중국의 다큐멘터리 〈슈퍼차이나(超级中国)〉를 신년특별기획 프로로 방송했는데 평균시청률이 8.38%, 최고시청률 10.2%를 기록했다고 한다.

특히 2017년도 미중(美中)이 합작한 다큐멘터리 〈南京之殇〉이 2017년 12월 13일 미국 역사채널에서 방송되어 적지 않은 반향을 일으켰고, 같은 해 10월 30일 텅쉰동영상은 해양식물을 소재로 한 다큐멘터리 〈藍色星球2〉 7집을 영국 BBC와 동시에 방송하는 등 활발한 국제 간 다큐멘터리 교류가 이어지고 있다.

또한 2017년 12월 11일에 개막한 '2017 중국(광저우) 국제다큐멘터리페스티벌'에는 113개 국가와 지역에서 4,239개의 작품이 참여하는 등 중국 국내 개최 국제다큐멘터리페스티벌 행사를 끊임없이 진행해오면서 다큐멘터리 거래가 활발하게 이루어지고 있다. 중국은 지금 새로운 정보를 얻음으로써 중국의 다큐멘터리산업시장의 활로를 개척하고 있는 상황이다.

2. 생산 및 투자

중국 국내에서 다큐멘터리(영화)를 제작·생산을 하고 있는 기관은 대체로 중앙텔레비전방송(CCTV), 성급TV방송, 성급 다큐멘터리 전용 또는 전문TV채널, 전문 민영회사, 국가기관, 그리고 뉴미디어기업들이다.

여기서 중국의 다큐멘터리산업시장에서 맹활약상을 보이고 있는 이들 기관들의 연간 투자액을 살펴보자.

〈2016년 및 2017년 중국의 다큐멘터리 제작 주체별 투자액(억 위안)〉

연도 및 구분	각급TV방송국		민영회사		국가기관		뉴미디어		합계	
	2016년	2017년	2016년	2017년	2016년	2017년	2016년	2017년	2016년	2017년
투자액(억 위안)	18.47	21.13	6.47	7.27	5.79	5.13	4.0	6.0	34.73	39.53
투자비율(%)	53.2	54	18.6	18	16.7	13	11.5	15	100.0	100.0
시장점유율(%)	55	57	21	22	13	10	11	11	100.0	100.0

출처: ①Study Report of the Development of Chinese Documentary in 2017 p.127-p.129 ②Study Report of the Development of Chinese Documentary in 2018 p.151-p.153 자료 재정리.
주: 상기 국가기관에는 TV방송국이 제외되어 있음.

상기 표에서 제외된 다른 해의 다큐멘터리 제작비 투자액을 보면 2012년 13억 위안, 2013년 15.5억 위안, 2014년 19.32억 위안, 2015년 27억 위안으로 매년 증가 추세에 있다.

여기서 사업주체별 투자액을 보면 2017년 CCTV, 베이징 실화다큐채널, 상하이 실화다큐채널, 후난진잉실화다큐채널에서 투자한 총액은 5.6억 위안으로 2016년도보다 11% 증가했으며, CCTV-9(다큐채널)의 연간수입이 1억 위안이 넘어서고, 연간 제작·생산량도 80편에 이른 것으로 대단히 왕성한 편이다. 민영회사들의 영업수입과 투자액도 매년 12.4~24% 사이로 증가했다.

〈최근 5년간 민영 다큐멘터리 제작사 투자액〉

연도	2013년	2014년	2015년	2016년	2017년
투자액(억 위안)	3.77	4.5	5.21	6.47	7.27

출처: Study Report of the Development of Chinese Documentary in 2018 p.159.

대표적인 민영회사인 三多堂그룹의 2017년도 연간 영업액이 6000만 위안(한화 약 102억 원)이었는데 이 중에 베이징삼다당의 영업액이 4900만 위안으로 그룹 전체 영업액의 81.6%를 차지하고 있어 수도인 베이징의 위력을 알 수 있다. 그리고 그해 三多堂그룹의 순이익이 700만 위안으로 알려지고 있는데, 이는 중국의 다큐멘터리제작시장에서 가장 선두주자인 기업의 활동 실적임을 감안할 때 전체시장을 가늠할 수 있는 좌표가 될 수 있을 것이다. 또한 澳亚传媒의 영업수입도 3000만 위안으로 꽤 좋은 실적을 거두고 있다.

중국에는 다큐멘터리 제작·생산 민영기업들이 공작실을 포함하여 약 200여 개사가 있는데 인터넷동영상사이트와 합작제작을 많이 하는 三多堂, 东方良友, 雷禾传媒, 大陆桥, 新影世纪 등을 포함하여 伯璟文化, 五星传奇, 上海视 등의 기업들이 분주하게 움직이고 있다.

중국의 다큐멘터리 제작·생산 시간양을 보면 2015년도에 총 5만 9,468시간을 제작·생산했고 2014년도에는 5만 7,181시간을 제작·생산했는데 이는 TV프로그램의 특집류 연간 총 제작·생산량 중 2015년도는 6.39%, 2014년도는 6.74%에 지나지 않는다. 따라서 아직까지는

21세기 중국문화산업시장의 이해

제작·생산량에는 한계가 있다는 것이다.

중국의 다큐멘터리 제작·생산량을 지역별로 보면 국가신문출판광전총국 직속기관과 베이징시에서 제작·생산하는 양이 가장 많다. 따라서 2014년과 2015년도 중국의 다큐멘터리 제작·생산량을 다음과 같이 표로 작성해보았다.

〈2014~2015년간 다큐멘터리 지역별 제작생산 상위 6위 현황〉

	2014년		2015년	
	생산량(시간)	총 생산량 비중(%)	생산량(시간)	총 생산량 비중(%)
국가신문출판광전총국직속기관	12,118	21.19	15,987	26.88
베이징시	6,668	11.66	11,312	19.02
광둥성	3,922	6.86	4,560	7.67
후난성	4,020	7.03	3,822	6.43
지린성	2,096	3.67	3,177	5.34
상하이시	2,259	3.95	2,541	4.27
계	31,083	54.36	41,399	69.61

출처: 2016 China Radio & TV Yearbook p.511 자료 재정리.

상기 표와 같이 상위 6개 지역을 제외한 지역의 다큐멘터리 제작·생산량은 모두 연간 2,000시간 이내에 머물고 있어 큰 비중을 차지하지 못한다.

그런데 2015년도 주요기관별 다큐멘터리 제작·생산에 투자한 내용을 좀 더 깊이 있게 접근해보면 국영인 CCTV와 中央新影集团은 12억 위안을 투자하면서 평균분당(分当)제작비를 5,000위안 사용한데 반해, 같은 국영이면서 CCTV10(과학교육) 채널의 평균분당 제작비는 3,000

위안, CCTV 기타 채널들은 평균분당 1,000~2,000위안의 제작비를 쓴 것으로 집계하고 있어 분당 소요비용이 제각기 다르다.

성급TV위성채널은 3.5억 위안을 투자했고 다큐멘터리 전용TV채널도 3억 위안을 투자하여 품격 있는 다큐멘터리 제작·생산에 진력한다.

TV방송국이 여전히 다큐멘터리(영화)산업계의 최대 시장 주체일 뿐만 아니라 이익률도 가장 높다.

국가기관(국유기업)으로는 ①新影集団 ②五洲传播中心 ③军队TV선전기관으로 나뉜다. 2014년도 이들 주체별 다큐멘터리(영화)제작투자 및 생산량을 보면 다음 표와 같다.

〈2014년 다큐멘터리 제작·생산 주체별 투자 및 생산량 비중〉

	TV방송국	민영공사	국가기관	뉴미디어기업	기타
투자액 비율(%)	64	20	12	3	1
생산량 비율(%)	72	16	9	3	0

출처: Study Report of the Development of Chinese Documentary in 2015 p.123-p.124 자료 재정리.

제작·생산 주체별 투자 규모면에서도 역시 TV방송국이 13억 위안으로 가장 많다. 여기에는 역시 국영이나 지방정부 소속의 CCTV와 성급TV 및 성급TV의 다큐멘터리 전문채널 5개사인 ①CETV3(중국교육TV3) ②BTV실화다큐멘터리채널 ③상하이TV 실화다큐멘터리채널 ④후난 진잉(金鹰)실화다큐멘터리채널 ⑤ 랴오닝 베이팡(遼寧北方)다큐멘터리채널이 투자한 7.3억 위안을 포함한다. 그리고 국가기관(국유기업)인 五洲传播中心 등도 2.41억 위안을 투자한 것으로 집계되었다. 어쨌든 수익이 보장된다면 제작·생산에 뛰어드는 것이 대체적인 시장의 분위기다.

이 五洲传播中心은 1993년에 설립되어 10여 년간은 다큐멘터리 제작·생산의 일류기업으로 성장해오면서 2004년 이후부터는 세계 20개국 50여 개 다큐멘터리 제작전문회사들과 합작 관계를 유지하는 등 저력 있는 국영기업으로 알려져 있다.

2014년도에 와서는 지방위성채널들의 다큐멘터리 제작·생산량이 다소 증가했는데 이는 베이징TV(BTV)실화다큐멘터리채널과 상하이TV 실화다큐멘터리채널이 2014년 6월 위성방송으로 비준받은 것과 무관치 않은 것으로 생각된다.

뉴미디어업체들은 주로 인터넷동영상웹사이트기업들인데 ①요우쿠 다큐멘터리채널 ②투도우 실화다큐멘터리채널 ③아이치이 다큐멘터리채널 ④소후 다큐멘터리채널 ⑤迅雷看看다큐멘터리채널 ⑥罔易视频 다큐멘터리채널 ⑦텅쉰동영상 다큐멘터리채널 ⑧凤凰视频다큐멘터리채널 ⑨乐视罔 ⑩酷六 ⑪新浪 ⑬56罔 등이 있다. 이들 역시 다큐멘터리를 제작하거나 IP를 보유하고 있으면서 방송을 함으로써 적지 않은 수입을 창출한다.

그러면 여기서 중국의 TV방송기관들이 다큐멘터리를 제작·생산하는 데 어떠한 방식을 취하고 있는지 살펴보자. TV방송기관들이 연간 다큐멘터리(시리즈물)를 제작·생산하는 방식을 보면 자체 제작이 가장 많고 그다음이 외부로부터의 구입이다. 2013년도의 통계자료이지만 2017년도에도 그렇게 변화가 많아 보이지는 않는다.

〈2013년도 성급TV방송기관의 다큐멘터리 제작 방식 비율(%)〉

구 분	자체 제작	공동제작	위탁제작	가공합성	외부 구입
시리즈물	36.0	20.1	11.5	8.6	23.7
비시리즈물	49.3	32.6	11.8	0	6.3

출처: Annual Report on the development of Chinese Documentary 2014 p.14 자료 재정리.

다큐멘터리영화를 제작·생산하여 발행허가를 받은 수량을 보면 2011년 26편, 2012년 15편, 2013년 18편, 2014년 25편, 2015년 34편에 이르고 있지만 극장 체인관에서의 방영은 2013년 3편, 2014년 5편, 2015년 14편에 불과하다(출처: 2015 China Statistical Yearbook of the Tertiary Industry p.595 및 Annual Report on the Development of Chinese Documentary 2016 p.37). 또한 다큐멘터리 소재를 보면 비시리즈물인 경우 대체로 인문역사 소재가 47%로 가장 많고 그다음으로는 사회실화를 소재로 한 다큐멘터리가 24%이며 자연지리를 소재로 한 것은 11.0% 순으로 제작·생산하고 있다.

이렇게 제작·생산되어 발행한 다큐멘터리(영화)가 수요자인 시청자 또는 관람자들에게 얼마나 많이 제공되고 있는지 찾아보자.

3. TV방송량

다큐멘터리(영화)는 영화관에서도 관객인 수요자들을 만나고 있지만 주로 TV채널을 통하여 수요자들에게 제공된다. CCTV를 비롯하여 성급 다큐멘터리 전문채널이 7개 있는데 ①CETV3 ②충칭TV과학교육채널

③텐진TV과학교육채널 ④랴오닝베이팡채널 ⑤후난진잉실화다큐멘터리채널 ⑥상하이TV실화다큐멘터리채널 ⑦베이징TV실화다큐멘터리채널이다. 그리고 이들 7개의 다큐멘터리(전문9전용)채널과 34개의 전국 성급위성채널, 전국에 산재해 있는 시급(市級)TV방송들로서 대부분의 TV방송사들의 방송량에는 차이가 있지만 다큐멘터리를 방송하고 있는 것으로 보면 된다.

특히 2014년 6월 중국 정부가 베이징TV실화다큐멘터리채널과 상하이TV실화다큐멘터리채널에 대한 2015년 1월 1일 이후 위성방송을 허가하고, 2015년 6월 25일 후난성 창사(長沙)에 위치하고 있는 진잉실화다큐멘터리채널이 2016년 1월 1일부터 위성방송을 할 수 있도록 다시 허가한다. 이 세 개의 전용채널은 전국을 가시청으로 두게 되어 새로운 역량을 발휘하게 되는 기회를 갖게 된다. 이 밖에도 중국에는 Geographic, Pioneer(先峰), 老故事 등 3개의 유로 다큐멘터리채널도 있다.

2015년도 중국의 다큐멘터리 방송량을 보면 2014년의 5만 5,275시간보다 10% 정도 늘어난 6만 1,000시간에 이른다. 이를 다시 방송주체별로 접근하면 중앙텔레비전방송(CCTV) 2만 시간, TV위성채널 1.9만 시간, 다큐멘터리 전용(전문)TV채널 2.2만 시간으로 구분된다.

그러나 2015년도 다큐멘터리의 첫 TV방송량은 좀 다르다. TV를 통해 첫 방송된 다큐멘터리는 2만 1,000시간으로 상당히 줄어든다. 이를 다시 세분하면 CCTV 4,000시간, 성급TV위성채널 1만 9,000시간, 다큐멘터리 전용(전문)TV채널 9,000시간으로 나뉜다. 이는 다큐멘터리의 첫 방송보다 재방송 이상이 적지 않았음을 시사하는 것으로 시장성 없는 다큐멘터리 콘텐츠는 TV방송국에서도 외면받는다는 설명이 가능하다.

〈2015년도 주요도시 급별(級別) 및 TV 채널별 다큐멘터리 방송량 비중(%)〉

구분	CCTV	위성채널	성급지상파채널	도시TV	합 계
1급도시(베이징, 광저우, 항저우, 청두)	44	43	7	6	100
2급도시(충칭, 난징, 우한, 시안)	46	45	5	4	100
3급도시(양저우, 정저우(荊州)	51	43	5	1	100

출처: Annual Report on the Development of Chinese Documentary 2016 p.8-p.9 자료 재정리.

위 표에서와 같이 도시 규모가 작을수록 중앙텔레비전방송(CCTV)을 비교적 많이 방송하고 있는 반면, TV위성채널은 대체적으로 43%대를 유지하고 있어 다큐멘터리방송의 양대 축을 형성하고 있다.

국영인 중앙텔레비전방송(CCTV)이 연간 다큐멘터리를 얼마나 방송하고 있는지를 살펴보자. 2015년도의 경우 1일 평균방송시간은 ① CCTV9(다큐멘터리) 1,360분 ②CCTV10(과학교육) 1,010분 ③ CCTV7(군사농업) 419분 ④CCTV4(중문국제) 329분 ⑤CCTV2(재경) 116분 ⑥CCTV1(종합) 106분 ⑦CCTV15(음악) 63분 ⑧CCTV12(사회와 법) 54분 ⑨CCTV News 44분 ⑩CCTV3(종합예술) 41분 ⑪ CCTV13(신문) 21분 ⑫CCTV5(스포츠) 11분 ⑬CCTV6(영화) 4분 ⑭ CCTV14(소년아동) 1분 ⑮CCTV8(드라마) 0분으로 각각 조사되었다.

그리고 TV위성채널의 1일 평균방송시간은 2014년도의 경우 60분 이하의 위성채널이 48%, 60-120분을 방송한 위성채널이 36%, 120분 이상을 방송한 위성채널은 16%였으나 2015년도 와서는 상황이 달라졌는데 60분 이하를 방송한 위성채널은 26%로 대폭 줄어들었고 60-120분을 방송한 위성채널이 48%, 120분 이상을 방송한 위성채널은 26%로 2014년도에 비해 대폭 늘었다. 이는 중국 정부시책의 힘이 엄청남을 의미하기도 하는 대목이다.

그러면 여기서 각종 TV방송채널을 통하여 방송되고 있는 2013년도 다큐멘터리 방송량을 보자. TV방송의 핵심적 역할을 하고 있는 CCTV와 성급TV방송국에서 방송된 방송량이 14,009.4시간으로 2012년도의 16,351.5시간보다 다소 줄었다. 이를 다시 방송주체별로 접근해보면 CCTV가 3,505.2시간, 성급 TV방송국이 10,499.7시간으로 구분된다. 이 밖에도 여타 TV방송기관들과 인터넷웹사이트동영상TV채널의 방송량을 합하면 연간 방송총량은 훨씬 늘어난다.

4. 뉴미디어와 다큐멘터리

중국의 뉴미디어 문화기업들 중 다큐멘터리 인터넷웹사이트동영상TV 관련 업체들의 설립허가 시기를 보면 ①凤凰视频 다큐멘터리채널은 2003년에 설립했고 ②요우쿠는 2012년 8월 ③Tutou(土豆)다큐멘터리동영상은 2013년 12월 ④소후동영상 다큐멘터리채널은 2009년 8월 ⑤텅쉰은 2011년 8월 ⑦아이치이PPS 다큐멘터리채널은 2010년 4월 22일 ⑧왕이 다큐멘터리채널은 2009년 ⑨러스망 다큐멘터리채널은 2004년 11월 ⑩迅雷看看 다큐멘터리채널은 2014년 ⑪후난위성TV채널 소속의 芒果TV의 다큐멘터리채널은 2014년 4월 20일에 각각 설립된 것으로 파악되었으며, 이들 또한 상당량의 다큐멘터리를 방송하고 있어 다큐멘터리산업에 영향력이 적지 않다.

중국의 인터넷 환경이 급속히 발전·개선되고 있는데 2017년 말 기준으로 볼 때 인터넷보급률 55.8%, 네티즌 수 7억 7198만 명으로 전년도보다 4073만 명이 증가했고, 휴대폰 네티즌 수는 7억 5265만 명에 이르고, 네티즌들의 구성도 10~39세 사이가 전체 네티즌 수의 75.2%로 네티즌들 대부분이 젊은 층으로 미래지향적이다. 인터넷웹사이트동영상 이용자 수도 2027만 명이 늘어난 5억 6482만 명이며 이 중에도 휴대폰으로 인터넷웹사이트동영상을 이용하는 자들도 전년도보다 2536만 명이 늘어 5억 2523만 명으로 집계했다(출처: Report on Development of China's Media Industry 2018 p.166).

여기서 다시 인터넷웹사이트동영상 이용자들의 구성을 보면 남성이 56.4%, 학력수준은 전문대학 및 그 이상의 학력을 소지한 이용자가 24.1%, 직업별로는 화이트클래스 28%, 월수입으로는 5,000위안 이상이 27.9%로 나타났다. 다시 말해 고학력의 고수입, 그리고 옌칭화(年轻化: 젊은층이 대세)로 이어지는 것이 특징이다.

〈2017년 중국의 인터넷웹사이트동영상 이용 네티즌 연령층별 구성(%)〉

연령층별	19세 이하	20-29세	30-39세	40-49세	50세 이상
휴대폰동영상 네티즌 구성비율	23.3	32.7	22.4	13.1	8.5

출처: Report on Development of China's Media Industry 2018 p.167 자료 재정리.

중국의 3대 인터넷웹사이트동영상업체에 속하는 아이치이동영상 이용자의 구성을 보면 성별에서는 ①남성 62.7%, 여성 37.7% 연령층에서는 ②1~17세 2.7%, 18~24세 16.7%, 25~30세 20.0%, 31~35세 27.0%, 36세 이상 33.6%로 조사·분석했다.

2015년 알리바바가 인터넷웹사이트동영상업체 슈—集团을 인수·

합병한 후 바이두의 아이치이, 텅쉰동영상 등 이 3개사가 시장점유율, 이동단말기 시장점유율, 유료이용객 비율 등에서 1~3위를 각각 석권하고 있다.

2015년도의 인터넷사이트 TV동영상 전체 클릭량을 콘텐츠 장르별로 점유율을 구분하면 ①드라마류 58.3% ②종합예능프로류 24.0% ③청소년프로그램류 7.2% ④뉴스 및 시사류 6.0% ⑤특집류(다큐멘터리 포함) 3.0% ⑥기타류 1.5%로 이어진다.

또한 2015년도의 인터넷사이트별 클릭량 점유율로는 ①凤凰 30.2% ②腾讯 28.9% ③아이치이(爱奇艺) 18.1% ④Youku(优酷) 10.6% ⑤Souhu(搜狐) 5.1% ⑥러스망(樂視罔) 4.8% ⑦기타(Tudou, 芒果tv, 风行罔, 我樂罔, 电影罔) 2.4%로 집계했다.

그러나 2017년 12월 기준으로 보면 아이치이(爱奇艺), 텅쉰동영상(腾讯视频), 요우쿠(优酷)가 중국 동영상시장의 3국을 정립하고 있는 상황이다.

〈2017년 12월 중국 온라인동영상 Top 10 APP 활용 이용자 규모 및 비율(%)〉

구분	爱奇艺	腾讯视频	优酷	芒果TV	樂視视频	삐리삐리(哔哩哔哩)	搜狐视频	PP视频	韩剧TV	眯咕视频
규모(만)	46,344	45,835	37,411	7,874	5,838	4,893	3,530	2,419	1,630	1,192
활용률(%)	24.3	22.8	19.1	20.0	1.1	23.1	14.6	22.6	15.5	12.9

출처: Study Report of the Development of Chinese Documentary in 2018 p.130 자료 재정리.

여기서 다시 중국의 인터넷상 다큐멘터리영화 동영상 클릭량을 보면 시청자들의 관심도를 알 수 있어 자료를 아래와 같이 소개한다.

〈2017년 인터넷상 다큐멘터리영화 동영상 클릭 수 상위 10위 현황〉

순위	인터넷 첫 방송플랫폼	프로그램명	동영상 클릭량(次)	순위	인터넷 첫 방송플랫폼	프로그램명	동영상 클릭량
1	腾讯	猎奇笔记	177,433,241	6	CCTV罔	大国外交	51,443,261
2	优酷	了不起的匠人	146,277,658	7	CCTV罔	将改革进行到底	50,800,450
3	CCTV罔	辉煌中国	117,055,263	8	CCTV罔	不忘初心继续前进	48,856,364
4	腾讯	蓝色星球2	95,080,632	9	아이치이	看鉴地理	38,392,676
5	优酷土豆	最美中国2	63,865,449	10	텅쉰	地球脉动	38,005,442

출처: Study Report of the Development of Chinese Documentary in 2018 p.104, p.131 자료 재정리.

따라서 뉴미디어로 대표되는 인터넷은 다큐멘터리 분야뿐만 아니라 문화산업 전 분야의 융합으로 대단한 영향력을 행사하고 있는 것이 현실이다.

특히 2017년 12월에는 5~10분 정도의 길이인 짧은 동영상APP 이용자가 무려 4.14억 명에 이르렀다. 이는 전년도보다 116.5%가 급증한 숫자로 사람들도 놀란다. 그리고 2017년 9월에는 동영상 이용자가 전년 동기대비 311.3%나 급등한 3.05억 명에 이르러 짧은 동영상은 중국 문화산업시장에서 다크호스로 등장했고 인터넷업종에서 선두를 달리고 있는 형국이다.

〈2017년 월별 짧은 동영상APP 이용자(억 명) 변화 추이〉

월별	1	2	3	4	5	6	7	8	9	10	11	12
규모(억 명)	2.03	2.00	2.13	2.27	2.33	2.48	2.83	2.99	3.05	3.46	3.79	4.14

출처: Study Report of the Development of Chinese Documentary in 2018 p.144.

따라서 2016년도의 동영상 시장규모는 19.0억 위안이었으나 2017년도에는 57.3억 위안으로 성장했고 2018년도는 118.1억 위안으로 전망하고 있다.

5. 시청자와 시청률

1998년 〈周恩来外交风云〉 이후 다큐멘터리영화는 중국 영화관에서 거의 사라졌다고 한다. 〈이동하는 새〉, 〈해양〉과 같은 아주 세세하고 아름다우며 권위 있는 작품도 중국 관객들의 마음을 사로잡지는 못했다고도 한다.

리얼리티쇼 〈아빠! 어딜 가세요〉는 다큐멘터리영화라는 두건을 쓰고 성공을 거두었으며 2014년 〈슈퍼남가수(超级男声)〉를 소재로 한 다큐멘터리영화 〈我就是我〉도 그런대로 관객들의 사랑을 받았다. CCTV9(다큐멘터리채널)의 시청자 규모가 2013년도 9.9억 명에서 2014년도에는 10.2억 명으로 늘었고 2017년도에도 10.9억 명으로 다시 증가했으며 해외시청자도 6000만여 명으로 전 세계 97개국 및 지역에 분포되어 있다고 전한다. CCTV다큐멘터리채널은 24시간 방송되는데 이들 시청자들은 고학력자, 상위계층, 고수입자가 많은 것으로 조사되었다. CCTV10(과학교육채널)의 경우는 연평균 시청자가 1.36억 명에 이르고 있으나 중국에서 다큐멘터리부문에서 가장 많은 시청자들을 확보하고 있는 채널은 역시 실화다큐멘터리 전문채널들인데 2017년도 다큐멘터리 전문채널의 평균시청률을 보면 아주 미미하게나마 증가했다.

따라서 다큐멘터리TV시청률은 특별한 계기에 생산·발행된 것을 제외하고는 1%대를 넘기는 경우는 찾아보기 힘들고 대체적으로 0.5%대 이하에서 맴돈다.

2015년도 전국 주요 12개 대도시 다큐멘터리 평균시청률을 보면 ① 베이징 0.20% ②항저우 0.20% ③청두 0.26% ④광저우 0.13% ⑤창사 0.24% ⑥우한 0.24% ⑧난징 0.38% ⑨샤먼 0.21% ⑩쿤밍 0.31% ⑪충칭 0.27% ⑫시안 0.36%로 조사 집계했다. 전국 주요 12개 대도시의 다큐멘터리 주요 채널별 시청률 역시 0.5% 이하다.

〈2015년 전국 주요 12개 대도시 다큐멘터리 주요채널별 시청률(%)〉

	북경	광저우	청두	창사	항저우	우한	난징	샤먼	쿤밍	다롄	충칭	시안
CCTV9	0.27	0.17	0.42	0.42	0.22	0.39	0.10	0.14	0.50	0.41	0.33	0.52
CCTV10	0.25	0.18	0.37	0.37	0.27	0.21	0.64	0.36	0.37	0.45	0.34	0.57

출처: Annual Report on the Development of Chinese Documentary 2016 p.76 재정리.

CCTV9(다큐멘터리채널)의 경우 시청률이 가장 높은 시간대는 17:45~18:00이며 그다음으로 18:45~19:00가 시청률이 높다.

다큐멘터리의 시청률은 드라마, 시사뉴스, 애니메이션보다는 시청률이 상당히 낮다. 주요요인을 보면 여러 가지 이유가 있을 수 있으나 성급위성채널에서 전문적으로 방송하지 않는 것도 하나의 이유가 될 수는 있으나, 우선 시청자들의 흥미를 유발시켜야 한다는 점에서 한계가 있어 보인다. 물론 2014년 6월에 BTV와 상하이TV의 실화다큐채널을 위성방송토록 정부가 허가했으나 시행한 지 얼마 되지 않은 점도 있다. 여기서 다시 2015~2016년간의 중국 다큐멘터리 전문채널의 시청률과 시청시장 점유율을 살펴보자.

〈2015~2017년 다큐멘터리 전문채널 시청률 및 시청시장점유율〉

채널별	시장범위	평균시청률(%)			평균시청시장 점유율(%)			전국TV채널 중 시청순위		
		2015년	2016년	2017년	2015년	2016년	2017년	2015	2016년	2017년
CCTV9	35개 도시	0.09	0.08	0.08	0.77	0.70	0.74	12	14	12
CCTV10	35개 도시	0.12	0.12	-	0.99	1.04	-	10	9	-
CETV3	베이징	0.11	0.04	-	0.86	0.34	-	1	1	-
상하이다큐	상하이	0.14	0.11	0.08	1.25	0.97	0.78	9	9	10
진잉다큐	창사	0.12	0.06	0.05	0.51	0.48	0.48	10	10	11
베이징다큐	베이징	0.05	0.03	0.02	0.42	0.21	0.15	11	11	11

출처: ①Study Report of the Development of Chinese Documentary in 2017 p.72 ②study Report of the Development of chinese Documentary 2018 p.73 자료 재정리.
주: 4세 이상, 일일 02:00-24:00 시간대 대상.

다큐멘터리채널의 시청률에 있어서는 여성보다 남성이 높고 연령 측면에서는 55~64세와 65세 이상에 집중되어 있다. 그다음이 45~54세인데, 이를 보면 대체로 특별한 프로그램을 제외하면 나이 든 연령층에 시청자들이 몰려 있는 것으로 보인다.

평균시청률이 상대적으로 높은 다큐멘터리 전문채널로는 역시 전국적으로 보다 넓은 가시청 지역을 가지고 있는 중앙텔레비전방송이며 다큐멘터리프로그램 전문채널로 전국적 TV채널 중 제일 앞서가는 채널은 중앙교육TV채널인 CETV3이다. 이는 젊은 시청자 층인 학생들이 많은 교육 관련 프로그램을 시청하고 있기 때문이라는 분석이 가능하다.

2017년도 TV 시청률 상위 30위 중에 1~8위까지가 중앙텔레비전방송(CCTV)이 휩쓸고 있는데 평균시청률 1위에도 CCTV-1(종합)에서

1.051%를 기록했다. 그 밖의 CCTV 각각의 채널이 총 23개를 차지하고 있고 후난TV, 후베이TV, 상하이동방위성, 장쑤위성이 각각 1개의 작품과 광둥위성 2개의 다큐멘터리작품을 제외하면 모두 CCTV가 차지하고 있다. 이는 중앙텔레비전방송국이 자금력과 인력 등 모든 면에서 앞서 있음을 입증한 셈이다.

다음은 다큐멘터리(영화)를 제작·생산하여 얼마나 판매하는지 파악해보겠다.

6. 티켓판매 흥행수입과 교역

다큐멘터리산업의 주 수입원은 광고수입이고 그다음이 프로그램 판매수입이다. 2015년도의 다큐멘터리TV 광고수입이 350억 위안으로 2014년도보다 3% 정도 줄어들었다고 알려져 있다. 2014년도의 주요 TV채널별 광고수입을 보면 ①CCTV9(다큐멘터리채널) 4.5억 위안(서젠상적중국(舌尖上的中國)Ⅱ에 대한 협찬사 협찬금 1.18억 위안, 3개 합작사 광고수입 2.69억 위안 미포함) ②CCTV10(과학교육채널) 2.5억 위안 ③상하이TV실화 다큐멘터리채널 9534.8만 위안 ④후난진잉 실화다큐멘터리채널 3000만 위안 ⑤CETV3(중국교육TV) 11,000만 위안으로 집계하고 있으며, BTV(베이징TV)실화다큐멘터리채널은 2011년 방송 이후 계속 무광고방송을 지속하여왔으나 2014년도에 와서는 광고를 접수하여 2015년부터 광고방송을 진행한다.

여기서 지난 7년간의 다큐멘터리영화(리얼리티쇼프로 영화화 작품 제외)

티켓판매 실적을 보면 그리 많지 않다.

〈2011~2017년간 중국의 다큐멘터리영화 극장 티켓판매 흥행수입 현황〉

연도	2011	2012	2013	2014	2015	2016	2017
수입(만 위안)	2630	2707	130	2146	1815.98	7795	39930

출처: ①Annual Report on the Development of Chinese Documentary 2016 p.38 ②Study Report of the Development of Chinese Documentary in 2017 p.163 ③Study Report of the Development of Chinese Documentary in 2018 자료 재정리.

2016년도에는 중국 국산 다큐멘터리영화 11편을 영화관에서 상영했는데 영화 티켓판매 흥행수입에 있어 특정 다큐멘터리영화에 대한 편중이 극심하다. 다시 말하면 〈우리들은 중국에서 태어났어(我们诞生在中国)〉라는 다큐멘터리영화 1편이 전국에서 11만 233회를 상영하여 205만 9,091명의 관객을 확보, 6653만 7,386위안의 티켓판매 흥행수입을 기록했는데, 이는 2016년 다큐멘터리영화 티켓판매 수입 전체의 85.3%를 차지하고 있어 이러한 상황을 설명해준다. 앞 장에서 언급했지만 2017년 8월 14일 개봉한 〈二十二〉 작품의 티켓판매수입 1억 7055만 4,700위안이 당해연도 중국 국산 다큐멘터리영화 티켓판매 흥행수입 전체의 64.8%를 차지하고 있어 이러한 실적이 2017년도 티켓판매 흥행수입을 급격하게 끌어올렸다.

일반적인 다큐멘터리영화와 리얼리티쇼프로를 다큐멘터리 영화화한 작품의 티켓 판매현황을 살펴보면 수입이 확연하게 차이난다.

〈2015년 종합예능오락(리얼리티쇼) 다큐멘터리영화 티켓판매 흥행수입〉

다큐영화명	발행회사	관객수(만 명)	방영횟수	티켓판매액(만 위안)
奔跑吧!兄弟 (Running Man)	万达影视	1,387	559,492	4,3407.5
아빠 어딜가! (爸爸去哪儿)	光线传媒	668.08	208,700	2,2339.0
宝贝, 对不起	国盛影业	17.51	30,520	459.4
합계				6,6205.9

출처: Annual Report on the Development of Chinese Documentary 2016 p.36 재정리.

〈2015년 중국 다큐멘터리영화 티켓판매 흥행수입(만 위안)〉

다큐멘터리영화명	티켓판매흥행수입	다큐멘터리영화명	티켓판매 흥행수입
旋风九日	1,685.7	燃烧的影响	12.5
喜马拉雅天梯	1,051.4	여기는신장(这里是新疆)	10.6
深海挑战	240.5	铁血残阳	6
味道中国	81.7	황허(黄河)	5.6
我的诗编	40.2	10岁18天	0.6
传奇状元 論文叙	15.3	누계 11편	3,150.1

출처: Annual Report on the Development of Chinese Documentary 2016 p.64 자료 재정리.

상기 표에서 적시된 것과 마찬가지로 2015년도의 중국 다큐멘터리영화 티켓 총판매 흥행수입은 14편 상영에 6억 9356만 위안으로 집계된다. 리얼리티쇼라는 종합예능프로를 다큐멘터리 영화화한 작품 3편이 티켓판매 흥행시장에서 대세를 이루는 형국이다.

앞 장에서 일부 언급했지만 2014년도에는 총 7편의 다큐멘터리영화를 영화 체인관에서 상영하여 티켓판매 흥행수입 1815.98만 위안을 확보했다. TV프로그램의 리얼리티쇼프로로 이루어진 〈아빠! 어딜 가세요

〈爸爸去哪儿〉가 다큐멘터리영화로 영화 체인관에서 상영되어 6.99억 위안의 티켓판매 흥행수입을 올려 시장을 놀라게 했지만, 같은 해 7월 25일에는 역시 TV리얼리티쇼 오락프로인 〈슈퍼남가수(超级男声)〉는 겨우 670만 위안이라는 티켓판매 흥행수입을 기록했다.

해외판매도 지속되고 있다. 2014년 CCTV는 약 2,000시간을 해외에 판매했고 상하이TV실화 다큐멘터리채널은 해외판매로 15만 위안의 실적을 거두었다. 주요판매 다큐멘터리로는 〈혀끝으로 만난 중국2(舌尖上的中国Ⅱ)〉, 〈茶. 一片树叶的故事〉, 〈京剧〉, 〈手艺〉, 〈丝路〉, 〈大黄山〉, 〈中国多寺高僧〉, 〈味道〉, 〈瓷路〉 등이 있다.

여기서 중국의 지난 5년간 다큐멘터리 수출입 현황을 파악해보자.

〈최근 중국의 다큐멘터리 수출입 현황〉

구분		2011년	2012년	2013년	2014년	2015년
수입	총 금액(만 위안)	3,682.96	5,796.34	9,273.32	5,274.54	7,488.17
	총량(시간(时间):분)	955:39	1,976:0	2,637:0	2,133:0	3,722
수출	총 금액(만 위안)	1,833.89	3,226.0	2,693.45	745.71	900.62
	총량(시간:분)	111:0	2,369:0	3,241:0	1,546:0	1,233

출처: ①2012, 2013, 2014, 2015 China Statistical Yearbook of the Tertiary Industry p.504, p.510, p.552, p.594 ②2016 China Statistical Yearbook on Culture and Related Industries p.158 ③China Cultural Industries Annual Report 2017 p.258 자료 재정리.

여기서 다시 중국의 한국, 미국, 일본 3국과의 다큐멘터리 교역 현황을 살펴보자. 수입부문에서 역시 중국은 미국의 다큐멘터리를 비교적 많이 수입한다.

〈최근 중국의 한국, 미국, 일본의 다큐멘터리 수입 현황〉

연도	연간총금액(만 위안)/ 연간총량(시간:분)	한국	미국	일본
2015	7488만 위안/3,722시간	67.7만 위안/16시간	1894만 위안/1,624시간	106.1만 위안/56시간
2014	5275만 위안/2,133시간	4만 위안/1시간	1078만 위안/342시간	3만 위안/6시간
2013	9273만 위안/2,637시간	22만 위안/26시간	1097만 위안/417시간	15만 위안/12시간
2012	5976만 위안/1,967시간	72만 위안/148시간	2122만 위안/913시간	27만 위안/11시간
2011	3683만 위안/955:39시간	5만 위안/4:16시간	1011만 위안/249시간	-

출처: ①2012, 2013, 2014, 2015 China Statistical Yearbook of the Tertiary Industry p.504, p.510, p.552, p.594 자료 ②2016 China Statistical Yearbook on Culture and Related Industry p.158-p.159 자료 재정리.

다음은 중국의 다큐멘터리를 한국, 미국, 일본에 얼마나 수출하고 있는지 파악해보자.

〈최근 중국의 자국 다큐멘터리 대(對) 한국, 미국, 일본 수출 현황〉

연도	연간총금액(만 위안)/ 연간총량(시간:분)	한국	미국	일본
2015	901만 위안/1,233시간	9.7만 위안/19시간	331.6만 위안/262시간	11.3만 위안/5시간
2014	746만 위안/1,546시간	43만 위안/28시간	378만 위안/240시간	0/0
2013	2693만 위안/3,241시간	166만 위안/97시간	1217만 위안/1,809시간	2만 위안/7시간
2012	3226만 위안/2,369시간	43만 위안/115시간	711만 위안/498시간	17만 위안/7시간
2011	1833.9만 위안/111시간	34.8만 위안/33시간	843만 위안/ -	14.1만 위안/31시간

출처: ①2012,2013,2014,2015 China Statistical Yearbook of the tertiary Industry ②2016 China Statistical Yearbook on Cdustrulture and Related Industry p.159 자료 재정리.

중국의 다큐멘터리 해외수출 규모는 그렇게 많지 않다. 따라서 다큐멘터리부문에서는 무역역조현상을 빚고 있는 것이다. 그러나 중국의 다큐멘터리의 한국에 대한 수출은 수입보다 훨씬 많다.

7. 맺는말

중국의 다큐멘터리시장은 역시 방대하나 킬러콘텐츠가 많지는 않다. 연간 다큐멘터리영화 생산도 적지 않지만 시장에서 흥행수입을 확보하기란 쉽지 않다. 미국의 경우 일부이긴 하지만 우수 다큐멘터리 1집당 (50분) 가격이 15~40만 달러인 데 비해 중국은 1,000~4,000달러에 불과하다고 전해진다. 이러한 문제는 투자에도 있다.

그러나 중국은 끊임없이 자국 다큐멘터리(영화)산업 발전을 위하여 전국 성급위성채널에서 매일 30분 이상 다큐멘터리를 방송토록 하는 등 다큐멘터리 소비 촉진을 위해 갖은 노력을 아끼지 않는다.

중국은 미국이나 유럽 각국의 우수한 다큐멘터리 제작사들과 공동제작 등을 통해 적지 않은 다큐멘터리를 제작, 생산하여 방송하고 있다.

앞 장에서 언급하였듯 중국은 CCTV9, CCTV10, CETV3, 베이징다큐채널, 상하이다큐채널, 진잉다큐채널, 베이징다큐채널 등 다큐전문채널들의 활동이 대단히 많다. 특히 2016년 1월 1일부터 위성방송으로 비준받은 진잉다큐채널의 활동도 적극적이라 중국 다큐멘터리산업 발전에 많은 기여를 하고 있다.

다큐멘터리시장에서 많은 사람들은 온라인동영상사이트 넷플릭스를 기억한다. 넷플릭스는 10년 전 DVD를 빌려주던 아주 조그마한 회사였는데, 2016년 말에는 세계 온라인 이용자 9380만 명을 확보하고 온라인동영상 수입이 83억 달러에 이른 하나의 상징적 사건을 일으켰다. 주목해야 할 필요가 있다.

또한 2017년도 다큐멘터리산업에서 미국의 Discovery Communication Inc 총수입이 6%가 증가한 68.73억 달러이고, 영국의 BBC 총수입도 49.54억 파운드에 이르며, 일본 NHK의 총수입도 7118억 엔에 이르는 것으로 알려져 있다. 프랑스도 다큐멘터리 해외 판매액이 3500만 유로인 점을 감안하면 중국의 다큐멘터리산업시장의 발전은 아직 여지가 적지 않다.

최근 5년간 중국에서 상영허가증을 받은 국산 다큐멘터리영화 편수는 계속 늘어나는데 실제 극장에 개봉되는 편수는 이에 비례하여 증가하지 않고 있는 것이 경쟁력이 다소 약하다는 평가를 받고 있다고 봐야할 것이다.

〈최근 5년간 중국의 다큐멘터리영화 상영허가증 편수와 극장 개봉 편수 비교〉

연도	2013	2014	2015	2016	2017
상영허가증취득 국산다큐멘터리 영화편수	18	25	38	32	44
극장개봉 국산다큐멘터리 영화편수	4	7	13	11	10

출처: Study Report of the Development of Chinese Documentary in 2018 p.178-p.180.

어쨌든 한중 양국이 보유한 무한한 문화자원을 소재로 하여 다양한 다큐멘터리(영화)를 생산할 수 있는 방안은 적지 않다고 본다. 상호협력 모델을 개발하면 가능성은 충분히 있다. 21세기 아시아문화의 시대에 부응하면서 세계시장으로 뻗어나갈 수 있는 모델을 찾아 양국이 공히 진지하게 노력하길 기대한다.

8장

공연산업시장

1. 시장 동향

중국 공연산업시장과 관련 깊은 주위의 환경에 여러 가지 변수가 생겨났는데 2012년 말에 전해진 당중앙의 소위 '팔항규정(八项规定)'을 비롯하여 정부의 '한사령'과 '新旅游法'의 시행이다. 2013년부터 공연산업시장이 다소 위축되어오다가 2014년도에는 상당한 충격으로 시장이 적응하는 데 여러 가지 어려운 시간을 보낸다. 2015년도에 와서는 다소 회복하는 기미를 보이고 있는데 여기에는 정부의 건실한 공연산업시장 육성이라는 여러 가지 지원책들이 한몫을 한다.

이러한 공연산업시장 현상의 사례를 보면 2013년 '팔항규정' 시행 이후 정부의 행정기능 일부가 변화 조짐을 보였는데 2014년까지 중국 문화부가 취소했거나 권한의 지방 이전 항목 비율이 본래 문화부 본부에서의 심사비준항목의 69%에 이르렀다는 것이 시장의 분석이다. 이러한 권한 이전과 관련하여 중국 문화부는 '영업성공연관리조례'를 두 차례에 걸쳐 개정했다.

그러나 2014년 말 중국 문화부는 행정심사비준 일부의 지방 이전을 보류했는데 주로 해외와의 합자나 합작운영과 관련된 사안들이다. 즉 ①중외합자경영(中外合资经营) ②중외합작경영의 공연(演出)경영기구설립비준 ③중외합자경영 및 중외합작경영의 공연장소경영 단위(単位)설립비준 ④인터넷문화단위(文化単位)의 인터넷 문화상품콘텐츠수입심사비준 ⑤해외(境外)기구 또는 개인이 중국경내(中国境内) 2개 이상의 성, 자치구(自治区), 직할시(直轄市) 행정구역에서 진행하는 무형문화유산 조사심사비준이다.

한사령(限奢令)은 2013년 1월 广播电影电视总局이 '검소하고 온전한 프로그램 마련에 관한 통지(关于节俭安全办节目的通知)'를 공포하면서 전국 각급 라디오. 텔레비전방송국의 프로그램에 대한 근검절약과 호화스런 포장을 하지 않도록 요청하게 된 것에서 기인한다. 물론 이 한사령은 당 중앙의 '팔항규정'에서 출발한다고 봐야 한다. 이러한 한사령은 중국 중앙텔레비전방송(CCTV)에서 매년 인기리에 방송되는 '음력설날특집프로(春晩)'가 불필요한 비용을 줄이고 근검절약을 통하여 프로그램의 수준 향상과 공익사업 지원으로 연결될 수 있도록 방향을 제시했다. 다시 말하면 절검령(节俭令)인 셈이다.

보다 더 구체화된 것은 2013년 8월 당중앙선전부, 재정부, 문화부, 新闻出版广电总局, 심계서(审计署)가 공동으로 호화포장제지와 완후이(晩会, 주요 명절 또는 축제일 때 개최하는 대형 TV쇼프로)의 근검절약 제창을 요구했는데 국가재정으로 문예완후이(文艺晩会)를 진행할 수 없고 고가의 연예인 초청도 불가하며 국유기업자금을 사용하여 인기 있는 배우나 운동선수를 초청하지 않도록 요청한 내용들이 포함되어 있다. 이러한 상황 속에 2014년도 완후이프로그램은 56개 프로그램이 감소하여 전년 방송량의 60% 선이었다.

특히 베이징의 공연(演出)시장은 과거 성탄절, 원단(元旦), 설날(春节)

기간 진행했던 대형음악회가 150개 정도로, 기업에서 빠오창(包场: 정 장소에서 특정 관객을 초청하는 무료공연) 공연 티켓대금을 지불해왔으나 중앙에서 실시한 일련의 근검절약과 사치풍조퇴치 정책 등으로 적지 않은 국유단체들이 한파를 피할 수가 없었다. 공연 횟수도 줄고 수입도 60% 내외가 감소했다는 것이 시장의 전언이다.

2013년 12월 중공중앙판공청(中共中央办公厅)과 국무원 판공청은 '당정기관의 국내 공무접대관리규정(党政机关国内公务接待管理规定)' 제16조를 "접대단위는 영업성 오락, 헬스장소 활동을 할 수 없고, 전문문예공연을 안배해서는 안 된다"라고 개정했다.

2014년도에 와서 중국 정부는 연예산업 발전을 위하여 적극적인 촉진정책들을 추진하는데 일부 사례를 보면 2014년 문화산업발전 전용자금지원사업 1,163개 항목 중 연예류 산업지원 항목이 43%에 이르렀다.

정부가 출연한 '국가예술기금'도 2013년 12월 30일 정식으로 설립되었는데 2014년도 국가예술기금의 394개 항목 4.29억 위안의 자금지원액 중 181개 항목 2.3억 위안을 무대예술창작 항목으로 지원했다. 그리고 12·5규획 기간이 끝나는 2015년도의 국가예술기금 총 투입액은 20억 위안에 이른다.

따라서 2014년도는 다소 침체된 연예산업시장은 전국적인 공연장 신규 건립이 거의 완성단계에 있고 유행음악공연산업이 인터넷의 영향을 받아 급속히 증가하고 있으며 산업 간 융합이 가속화되어가는 상황 속에서 새로운 활로를 모색하고 있는 실정에 있다.

2015년도 공연시장에서는 연극(话剧), 뮤지컬, 아동극이 시장을 선도했는데 연극의 티켓판매 흥행수입은 7.67억 위안으로 0.8%가 상승했고 뮤지컬은 무려 44%가 늘어난 2.26억 위안에 이르고 있는 상황 속에 아동극도 10.8%가 증가한 3.6억 위안을 기록했다.

2016년과 2017년에 와서는 과거의 긴 터널을 지나 본격적인 활동에 나선다. 특히 '인터넷+'라는 새로운 상업공연모델의 등장은 시장에 신선한 느낌을 전해주는 분위기를 조성하고 있다.

2. 시장규모

중국 연예시장의 대표적 1급 도시는 베이징, 상하이, 광저우이다. 이들 대도시들은 경제와 문화산업 발전의 선두주자 도시다. 2015년도 뮤지컬공연은 베이징과 상하이 두 지역에 집중되었는데 뮤지컬 공연횟수가 1,548회로 전국 뮤지컬시장의 74%를 차지했다. 베이징은 중국의 최대공연시장으로 2015년도 15.49억 위안의 티켓판매 흥행수입을 올렸다.

베이징, 상하이, 광저우를 제외하면 윈난성, 저장성, 후난성, 랴오닝성, 텐진, 쓰촨성 등의 공연시장이 점차 활기를 찾고 있는 추세에 있다.

2013년도의 중국공연산업시장 규모가 463억 위안인데 여기에는 무대, 조명, 음향 관련 산업시장이 포함되어 있는 수치다. 이는 또한 2012년도보다 9%가 감소한 것으로 집계하고 있다. 공연시장에서의 가장 핵심인 티켓판매 흥행수입도 2012년 135억 위안에서 2013년 168.79억 위안으로 잠시 증가했다고 전한다.

〈중국 공연시장 티켓판매 흥행수입(억 위안)/2014년, 2015년〉

	전문극장공연	뮤직페스티벌·콘서트	관광공연	체육관공연	합계
2015년	70.69	31.80	35.17	24.07	161.73
2014년	66.09	25.69	38.37	19.17	149.32

출처: The Annual Development Report Of Chinese Cultural Industries 2016 p.67.

물론 본 장에서는 음악산업시장 중에 음악공연 티켓판매 흥행수입이 포함되어 있음을 착오 없기 바란다.

그리고 2015년도 공연 티켓판매 흥행수입 중 농촌공연 티켓판매수입이 22.32억 위안으로 2014년도 21.17억 위안보다 5.45%가 증가했다. 이러한 농촌지역의 공연 티켓판매 흥행은 잠재적 시장으로서의 가능성을 보여주고 있어 전망을 밝게 해주는 것으로 이해가 된다.

2015년을 기준으로 하면 중국에 있는 공연 가능한 체육관은 2,255개소가 있고 소극장 위주인 라이브하우스 공연과 공연전문극장의 증가속도가 가파르다. 2015년 한 해에만도 베이징텐차오(北京天桥)예술중심, 보나싱후이(博纳星辉)극장 등 새로운 전문극장이 전국적으로 31개소가 건립되었다.

3. 예술공연단 주요 활동

가. 시장 일반

중국에는 예술공연단 등록수가 매년 증가한다. 그만큼 수요가 많다는 뜻이다. 이들 예술공연단의 지난 7년간의 주요활동 실적을 보자. 미등록된 예술공연단 수를 포함하면 그 숫자는 급격하게 늘어난다.

〈최근 7년간 중국의 등록된 예술공연단 주요활동 실적〉

연도	2011	2012	2013	2014	2015	2016	2017
공연단수	7,055	7,321	8,180	8,769	10,787	12,301	15,742
종사자수(명)	226,599	242,047	260,865	262,887	301,840	332,920	402,969
총공연횟수(천 회)	1,547.2	1,350.2	1,651.1	1,739.1	2,107.8	2,306.0	2,935.8
-국내공연	1,465.9	1,249.8	1,628.1	1,710.8	2,092.7	2,290.3	2,921.5
-농촌공연	1,006.7	811.6	1,050.7	1,140.4	1,390.8	1,516.0	1,843.1
국내관객수(천 명)	745,850.5	825,050.9	900,642.5	910,196.8	957,989.0	1,181,377	1,247,391
-농촌관객	439,235.2	521,024.3	529,734.4	558,626.7	584,536.9	620,521.1	829,564
연간총수입(천 위안)	15,402,630	23,104,600	28,002,661	22,640,460	25,764,994	31,122,760	34,196,180
-정부재정보조	8,971,009	11,407,182	13,938,109	11,959,138	12,810,423	13,763,579	14,834,229
-공연수입	5,267,448	6,414,804	8,207,373	7,570,279	9,393,130	13,085,910	14,767,860

출처: ①2013中國文化及相關産業統計年鑒 p.160 ②中國文化文物統計年鑒 2013 p.251 ③中國文化文物統計年鑒 2014 p.199 ④中國文化文物統計年鑒 2016 p.192-p.199 ⑤2017 Statistical Analysis Report on Cultural Development p.10 ⑥2018 Statistical Analysis Report on Cultural Development p.4 p.363 ⑦中國文化文物統計年鑒 2018 p.198-p.199 자료 재정리.

본 연도 총 지출액에서도 2011년부터 2017년까지 수입보다 지출이 많은 적이 없다. 그런데 정부재정보조가 전체 수입에서 2011년 58.24%, 2012년 49.37%, 2013년 49.77%, 2014년 52.82%, 2015년 49.72%, 2016년 44.22%를 기록하고 있어 정부재정지원의 힘이 크지 않을 수 없다.

여기서 공연단은 소위 국유(国有) 및 집체(集体) 소속인 공유제(公有制)와 자영업자, 또는 사영기업(私营企业), 삼자기업(叁资企业: 중외합자,

중외합작, 외국독자기업) 소속인 비공유제로 구분하고 있는데 최근 5년간
의 공유제 소속의 공연단 주요 운영실적을 보면 다음과 같다.

〈최근 5년간 중국의 공유제 예술공연단 최근 주요활동 실적〉

연도	2013	2014	2015	2016	2017
공연단수	2,261	2,152	2,125	2,111	2,159
종사자수(명)	122,947	120,869	120,044	119,469	120,176
총 공연횟수(천 회)	414.1	411.7	399.7	400.2	418.3
-국내공연	391.1	383.4	384.7	384.5	404.0
-농촌공연	248.3	246.8	253.8	252.5	264.0
국내관객수(천 명)	364,276.1	346,522.0	344,810.2	344,309.6	361,855.2
-농촌관객수	241,955.1	229,188.5	229,616.6	227,286.3	228,974.1
총수입(천 위안)	14,431,821	15,337,596	16,943,524	18,394,519	19,755,221
-정부재정보조	10,133,165	11,093,885	12,464,957	13,395,783	14,396,574
-공연수입	2,464,762	2,351,574	2,585,564	2,682,342	2,959,285
총 지출액(천 위안)	13,511,241	14,987,591	16,812,282	17,555,272	19,844,655

출처: ①中國文化文物統計年鑑 2014 p.199 ②中國文化文物統計年鑑 2015 ③中國文化文物統計年鑑 2016 p.192-p.199 ④中國文化文物統計年鑑 2017 p.194 ⑤中國文化文物統計年鑑 2018 p.198-p.201 자료 재정리.

상기 표와 같이 사실상 국유단체인 공유제 예술공연단의 경우도 마찬가지로 매년 적자를 본 해가 없으며, 특히 정부재정보조가 전체 수입액의 2013년 70.21%, 2014년 72.33%, 2015년 73.57%, 2016년 72.82%, 2017년 72.87%로 수입액의 절대액을 차지한다.

공연 관객수에 있어서는 농촌의 관객수가 전체 관객수의 60% 내외를 유지하고 있다. 여러 가지 어려운 상황 속에서 공연수입은 전체수입의 2013년 17.08%, 2014년 15.33%, 2015년 15.26%, 2016년

14.58%를 각각 기록하고 있는데 공연수입의 저조현상은 2012년 12월 당중앙의 '팔항규정'과 '한사령(限奢令)'의 영향이 적지 않다 할 것이다.

중국의 국유예술공연단체(문화부문 소속 공연단체)의 연도별 경비자급률을 보면 낮은 수준에 머물고 있어 개선의 공간이 적지 않다.

〈최근 7년간 중국의 문화부문 소속 공연단체 경비 자급률(自給率)(%)〉

연도	2011	2012	2013	2014	2015	2016	2017
전국평균(%)	27.3	24.1	23.2	21.8	20.3	22.0	19.9
베이징	27.8	23.3	22.7	21.2	19.9	25.1	22.1⑪
상하이	49.2①	471.1①	53.0①	44.6②	36.6②	45.5①	37.6①
광둥성	33.4	32.8	30.8	29.9	30.2	27.7⑥	24.8⑩

출처: ①中國文化文物統計年鑒 2016 p.184 ②中國文化文物統計年鑒 2017 p.184 ③中國文化文物統計年鑒 2018 p.190 자료 재정리.
주: ○속의 숫자는 전국 순위를 가리킴.

위 표와 같이 중국의 공연산업시장의 70% 내외를 장악하고 있는 3개 지역의 경비자급률을 알아보았다. 역시 상하이시의 자급률이 비교적 높은데 전국적으로 계속하여 1위와 2위를 마크했다. 베이징의 경우는 수도로서 예술공연단체들의 공연활동이 반드시 상업성을 띠어야만 하는 것이 아니라 여러 가지 상황이 있을 수 있기 때문에 수준 높은 예술공연단을 보유하고 있으면서 자급률이 낮은 것으로 이해할 필요가 있다.

여기서 중국의 주요 대도시와 비교적 경제적 우위에 있는 지역의 공연단수를 알아보자.

<중국의 주요지역별 등록 예술공연(表演) 단체 수>

	2011	2012	2013	2014	2015	2016	2017
전국 합계	7,055	7,321	8,180	8,769	10,787	12,301	15,742
베이징	118	324	292	344	395	485	451
톈진	53	48	58	66	86	84	103
상하이	102	147	148	158	180	205	199
충칭	282	244	443	512	730	770	1,283
장쑤성	370	434	291	287	369	444	628
광둥성	401	337	405	325	391	357	390
저장성	498	609	733	891	1,024	1,245	1,410

출처: ①中國文化文物統計年鑒 2014 p.181 ②中國文化文物統計年鑒 2016 p.177 ③中國文化文物統計年鑒 2017 p.177 ④中國文化文物統計年鑒 2018 p.183 자료 재정리.

국공유극단(国公有剧团)과 민영극단(民营剧团)의 주요 특징을 살펴보면 국유극단의 경우 대부분 운영방식을 기업형 경영체제로의 전환 가능한 것은 전환을 거의 완료하였으나 아직까지 자체 경영능력이 저하되어 있고 시장에서의 경쟁력도 취약하며 거대한 생존과 발전이라는 압력이 존재하고 있다.

국유라는 여러 가지 특혜 때문에 오랫동안 정부의 재정지원과 보호막 속에서 성장해온 결과 시장을 보는 인식에 한계가 있을 수밖에 없는 가운데 '한사령'의 시행은 적지 않은 충격으로, 특히 소규모의 국유단체들은 직접적인 생존문제가 걸려 있다. 지금의 국유단체들은 기업형 경영체제로의 전환과 한사령이라는 이중고의 시련을 겪고 있는 과정을 거쳐 최근에 와서는 거의 안착되어가는 상황이라는 것이 시장의 시각이다.

그런데 민영극단의 경우는 대체로 연예시장(演艺市场)에서 상당한 노하우로 원만한 발전을 계속한다. 2014년의 경우만 봐도 각지의 민영연예시장이 빠르게 발전을 거듭하는데 상하이에서 개최된 '제1차 민영연예상품 마케팅 교류회'에 70여 개의 무대극 작품과 40여 개의 민영예술공연단체들의 참여로 상당한 붐을 이루었다는 것이 전문가들의 분석이다.

후난성도 2,000여 개의 민영문예단체들이 활발한 활동을 전개하면서 연예산업수입이 6.5억 위안(한화 약 1170억 원)에 이르고 중국 부동산시장에 막강한 영향을 행사하는 것으로 알려져 있는 원저우시에서도 70여 개의 직업극단(职业剧团)의 3,500여 명의 예술인들이 매년 2만여 회의 공연을 통하여 천만 명 이상의 관객을 확보, 억 위안을 훨씬 상회하는 수입을 기록하는 것으로 알려져 있다.

그러면 이러한 수많은 예술공연단들은 어느 지역에서 얼마나 활동하고 있는지 파악해보자.

〈최근 3년간 중국의 각 지역별, 등록지별 예술공연단 주요 활동실적〉

연도	지역별 등록별	단체수	종사자	공연횟수 (만 명)	농총공연 (만 명)	국내관객 (만 명)	농촌관객 (만 명)	수입(천 위안)		
								총수입	재정보조	공연수입
2017	성급	214	29,574	5.84	2.01	3541.53	1213.3	7,560,482	5,378,301	1,241,159
	지시급 (地市級)	506	38,421	10.19	4.20	8255.4	4224.9	6,583,758	5,078,675	786,785
	현급	15,006	330,075	277.23	178.09	112,687	77,501	18,322,589	3,242,554	12,489,273
	합계	15,726	398,070	293.26	184.3	124,484	82,939	32,466,829	13,699,530	14,517,217
2016	성급	191	29,381	5.86	1.76	3788.79	1203.8	7,100,614	5,026,316	1,097,550
	지시급	496	37,769	9,56	4.12	8486.60	4451.5	5,867,773	4,573,603	689,328
	현급	11,598	260,353	214.86	145.64	105,558	56,344	16,327,013	2,947,015	11,025,855
	합계	12,285	327,503	230.28	151.52	117,833	61,999	29,295,400	12,546,934	12,812,733

2	성급	187	29,662	6.13	2.09	4208.46	1696.1	6,819,633	5,024,784	1,072,421
0	지시급	503	37,966	9.55	4.45	8458.62	4753.6	5,527,607	4,327,872	665,268
1	현급	10,080	229,133	194.77	132.54	82732.1	51,953	11,874,796	2,525,291	7,366,334
5	합계	10,770	296,761	210.45	139.08	95399.2	58,403	24,222,036	11,877,947	9,104,023

출처: ①中國文化文物統計年鑑 2016 p.232-p.237 ②中國文化文物統計年鑑 2017 p.230-p.235 ③中國文化文物統計年鑑 2018 p.234-p.239 자료 재정리.
주: 지역별 합계가 전체 숫자와 다소 차이가 있는 것은 기타 특별단체와 소수점 이하 삭제 또는 반올림으로 차이가 발생한 것임.

등록지별, 지역별 예술공연단 활동 실태를 보면 성급 예술공연단들의 숫자가 가장 적고 대부분이 현급 도시에 위치한 예술공연단들의 활동이 두드러진다. 예술공연단 숫자 측면에서 94% 내외가 현급 예술공연단 소속이고 전체 공연횟수의 93% 정도가 현급 예술공연단이 차지한다. 전체 공연수입 역시 80% 이상을 현급 예술공연단이 차지하고 있는 실정이다. 이와 같이 현급 예술공연단들의 활동 실적이 많다는 것은 지방의 전통희곡공연이 적지 않다는 것을 의미하기도 한다.

그런데 정부의 재정보조금 지원은 성급이나 지시급 예술공연단에 비해 현급 예술공연단들은 연간 전체수입의 23% 내외의 재정보조금을 지원받는 것으로 계산이 나온다.

나. 전통공연시장

중국의 국토면적이 방대하고 인구도 14억 명에 거의 인접하고 있으며 56개 소수민족으로 구성되어 있다는 것은 누구나 다 아는 사실이다. 그런데 56개 소수민족들의 전통예술은 관광자원으로도 그 부가가치를 톡톡하게 인정받고 있다. 따라서 전통극인 희곡공연시장의 눈길을 끌

수밖에 없다. 소위 Chinese Opera라고 하는 지방극인 희곡(戲曲)에는 京劇, 昆劇, 评劇, 越劇, 婺劇 등이 대표적인데 전국에는 348종에 달하는 지방극인 희곡이 산재해 있다고 한다.

이러한 348종이라는 숫자는 중국 문화와여유부(文化和旅游部)가 '희곡전승발전지원에 관한 약간정책'을 추진하면서 전국의 지방극인 희곡 전수조사를 완성한 데서 나온 자료로 알려져 있다. 여기서 중국의 전통 예술에 대한 정부의 관심을 알아보자.

〈최근 7년간 중국의 희곡(Chinese Opera) 예술공연단 주요활동〉

연도	2011	2012	2013	2014	2015	2016	2017
공연단 수	2,417	2,250	2,505	2,621	3,046	3,414	4,205
종사자 수(명)	94,003	92,528	93,967	95,770	107,695	115,079	-
공연횟수(만 회)	43.77	49.16	51.65	54.95	65.60	70.04	83.25
-공익공연(만 회)	3.80	4.69	4.84	5.69	7.30	7.67	-
관객수(만 명)	37,218	41,718	39,104	42,454	43,075	46,304	-
-공익공연관객(만 명)	4,189	5,413	5,186	5,798	7,010	7,083	-
정부재정지원(억 위안)	34.14	42.14	47.68	47.42	49.01	50.63	-
공연수입(억 위안)	14.29	15.07	19.75	20.63	24.87	28.65	-
민영희곡공연단비중(%)							
-공연횟수(%)	50.5	60.1	61.2	64.4	69.7	71.6	-
-관객(%)	35.7	36.1	44.9	51.7	53.0	55.7	-
-공연수입(%)	54.5	55.6	59.6	61.5	66.2	69.0	-

출처: ①2017 Statistical Analysis Report on Cultural Development p.23-p.29 ②2018 Statistical Analysis Report on Cultural Development p.5 자료 재정리.
주: 공익공연(公益表演) 및 공익관객이라 함은 전국의 각급 국유희곡단체들이 펼친 공익성 공연을 말함.

전국의 희곡 공연횟수에서 공익목적의 공연횟수는 전체 공연횟수의 약 1/10을 차지하고 있고 정부재정지원액은 매년 증가 추세에 있으며

21세기 중국문화산업시장의 이해

민간이 상업적으로 운영하고 있는 민영회곡예술공연단들의 관객 확보와 공연수입은 매년 늘어나는 추세에 있는 것으로 파악된다.

그리고 공연단체수 증가와 더불어 공연횟수도 늘었으며 1개 공연단이 연간평균 198회의 공연을 진행하는 것으로 분석된다. 이는 지역주민들의 당해지역 전통극을 선호하는 것으로도 볼 수 있고 전통예술의 전승과 보존 발전이라는 정부정책적 지원에 대한 긍정적 효과로 나타나는 것이라고도 볼 수 있을 것이다.

2016년도 전통극 공연을 보면 전국 현급 희곡공연단 수가 3,162개로 전체의 92.62%를 차지하고 있는 것을 감안한다면 희곡공연단은 대부분이 소도시에 산재해 있음을 알 수 있다. 중국 전국에는 행정상 현급도시가 2,851개로 희곡공연단이 1개 현에 평균 1.1개가 있는 것으로 분석이 가능하다.

그리고 민영희곡 공연단은 2,440개로 전체의 71.5%를 차지하고 있으며 2016년 연간 50.16만 회의 공연을 통하여 2.58억 명의 관객을 확보, 19.77억 위안의 공연수입도 올렸다. 이는 전년도보다 20%나 증가한 액수이다. 따라서 지방에서의 전통극 공연은 상당히 활발하게 이루어지고 있다고 보면 무리가 없을 것 같다.

다. 주요지역별 공연시장 특징

앞서 언급했듯 중국 공연시장의 60~70%를 장악하고 있는 베이징, 상하이, 광저우 중 베이징과 광저우를 省會(省 수도)를 가지고 있는 광둥성, 그리고 상당한 경제력을 누리고 있는 장쑤성에 대해 간략하게 최근 예술공연시장을 설명토록 하겠다.

① 베이징

수도 베이징은 중국 전역에서 예술공연 활동이 가장 빈번한 곳이기도 하다. 베이징에는 상업적 예술공연을 할 수 있는 전문극장 140여 개가 산재해 있다.

2017년 베이징에서의 상업적 예술공연 활동을 보면 2만 4,557회의 공연을 통하여 1076만 명의 관객을 확보하고 17.17억 위안(한화 약 2918.9억 원)의 티켓판매 흥행수입을 거두었다고 한다. 이는 2016년도 139개의 극장에서 2만 4,440회의 공연 활동을 통하여 1071만 명의 관객확보와 17.13억 위안의 티켓판매 흥행수입 실적과 거의 비슷한 수준이다(출처: 2017 및 2018 Statistical Analysis Report on Cultural Development p.53-p.55).

그런데 베이징의 공연시장에서는 중대형공연장의 예술공연 활동이 대세를 이룬다. 2017년 이러한 중대형공연장 48개 주요 예술극장에서 연간 1만 4,617회의 공연을 진행함으로써 베이징 시내 전체 상업공연 횟수의 59.2%를 차지하고 있고, 관객은 676만 명으로 전체의 62.83%를 점하고 있으며, 공연수입도 52.18%를 차지하고 있는 사실들이 이를 반증한다. 이들 중대형 예술극장들의 평균좌석률도 58%에 달하는 것으로 알려져 있다.

2015년의 경우는 총 135개의 예술극장에서 상업공연이 2만 4,238회 이루어졌고, 1036만 명의 관객들로부터 15.49억 위안이라는 공연 티켓판매 흥행수입을 거두었는데, 이 중 중대형극장 55개소에서 전체 공연횟수의 66.16%인 1만 6,035회의 공연으로 관객 646만 명과 8.37억 원의 공연 티켓판매 흥행수입을 거둔 사실도 중대형공연장의 우세를 설명해준다(출처: 2017 Statistical Analysis Report on Cultural Development 2016 p.59).

그런데 막상 베이징시 소속의 예술공연단수는 13개에 불과하다. 이들 단체들의 몇 년간 예술공연 활동들을 보면 연간 1개 단체가 평균 수백 회의 공연 활동을 진행하는 것으로 파악된다.

〈베이징시 소속 예술공연단 최근 공연 활동 현황〉

연도	2014	2015	2016	2017
공연단수	11	12	13	13
공연횟수(회)	8,961	7,851	6,519	6,298
공연수입(만 위안)	21,292	21,582	18,143	21,960
1회 공연 평균수입(위안)	23,761	27,489	27,831	34,868
관객수(만 명)	389	369	339	275

출처: ①2016 Statistical Analysis Report on Cultural Development p.59 ②2017 Statistical Analysis Report on Cultural Development p.69 ③2018 Statistical Analysis Report on Cultural Development p.54-p.55 자료 재정리.

시소속 예술공연단들은 주로 공익적인 혜민(惠民)서비스 공연 활동을 진행하고 있어 공연수입과는 다소 거리가 있어 보인다.

그런데 베이징시에는 베이징시 소속뿐만 아니라 소속 단위가 다른 예술공연단들이 대단히 많다. 2017년도에는 811개의 예술공연단들이 시정부의 비준을 받아 1만 223회의 공연으로 532만 명의 관객을 확보하여 4.9억 위안의 공연수입을 올렸다고 한다.

〈베이징시 소재 각종 예술공연단 공연 활동 현황/2016년〉

구분	합계	소속별				
		중앙 및 기타 부위(部委)	베이징시	구(區)	사회가관	부대(部队) 학교
단체수	640	17	12	7	587	17
공연횟수(회)	21,321	3,256	7,851	869	9,345	-
국내공연관객(만 명)	1134	400	369	27	338	-
공연수입(만 위안)	55,329	28,908	21,582	402	4,437	-

출처: 2017 Statistical Analysis Report on Cultural Development p.58 자료 재정리.

그리고 베이징시의 재정지원액도 계속 증가 추세다. 문화업종과 관련한 기관에 종사자수가 2013년 2,746개 기관 3만 6,551명이던 것이 2017년도에는 3,683개 기관에 9만 8879명이 종사하는 것으로 알려져 있는데 2017년 시정부에서 문화사업비로 36.2억 위안을 지원했다. 기본적 건설비는 제외된 액수이다.

② 광둥성

광둥성(广东省)에는 지시급 도시가 21개가 있고 현급(县级) 도시가 121개가 있으며 1억 1169만 명의 인구를 가진, 모든 분야에서 앞서가는 비중이 큰 성이다. 이 성은 연간 4만여 회의 예술공연횟수를 유지하고 있으며 예술공연장 83개소에 9만 194개의 좌석을 보유하고 있다.

그리고 성 문화부문 소속 예술공연단들에 대한 정부 티켓구입 공익공연이 전년보다 9.84% 늘어난 1,340회로 관객도 145만 8,110명으로 13.57% 증가했다. 광둥성은 선전 등 발전된 대도시도 적지 않지만 지방의 소도시도 적지 않음을 보여주기도 한다.

〈최근 5년간 광둥성 예술공연단 주요활동 현황〉

연도	단체수	종사자(명)	공연횟수(만)	국내공연 관객수(명)	총수입(만 위안)	공연수입(만 위안)
2017	390	11,983	4.15	23,501,470	14 6755.5	59319.8
2016	357	11,532	3.875	24,272,760	11 5249.2	3 8915.1
2015	391	11,392	4.13	21,419,500	14 5227.5	7 6153.5
2014	325	10,759	4.698	27,416,770	11 4275.8	3 1783.0
2013	405	13,363	4.239	46,010,000	10 2373.1	3 8839.6

출처: 2018 Statistical Analysis Report on Cultural Development p.233 자료 재정리.

광둥성에는 문화시장 경영업체수가 2016년보다 1,350개사 늘어나면서 종사자수도 1만 9,891명이 증가한 것으로 알려져 있다. 오락장소도 5,893개소로 여기에 8만 244명이 종사하고 있으며 인터넷서비스영업장도 9,071개소에 3만 6,818명이 종사한다. 이러한 현상을 보면 광둥성에는 문화시장에 대한 주민들의 기대치가 크다는 것을 보여주는 것이기도 하다.

2017년 광둥성의 문화산업 부가가치 증가속도가 GDP 증가 속도보다 훨씬 높고 애니메이션, 인터넷게임, 온라인음악, 게임레크레이션 설비 등 신흥문화산업 경영 상태는 전국에서 선두그룹을 달린다. 또한 성의 규모에 걸맞게 문화사업비에 투입하는 금액도 적지 않은데 2017년 81.43억 위안(한화 약 1조 3843.1억 원)에 이르렀다.

③ 장쑤성

장쑤성 역시 타 지역에 비해 경제적으로 중국 전역에서 선두그룹에 속하는 성이다. 지시급이 13개나 있고 현급도시가 96개가 있는 성으로 인구도 적지 않은 8029만 명인데 쓰촨성 다음으로 다섯 번째이다.

〈최근 3년간 예술공연단 주요활동 현황〉

연도	예술공연단		공연장(극장)		총수입 (만 위안)	예술공연 수입(만 위 안)	정부재정 보조(만 위안)
	공연단수	종사자(명)	공연장수	종사자(명)			
2017	628	13,353	254	5,669	302,541	92,382	111,927
2016	444	11,163	223	5,796	224,258	81,035	75,262
2015	369	10,529	207	5,229	270,696	75,826	67,542

출처: ①2016 Statistical Analysis Report on Cultural Development p.143 ②2017 Statistical Analysis Report on Cultural Development p.151 ③2018 Statistical Analysis Report on Cultural Development p.141, p.137, p.379 자료 재정리.

2015년도의 장쑤성 전체 공연횟수를 보면 9만 6,000여 회 공연에 3112만 5,700명의 관객을 확보한 것으로 알려져 있다. 그리고 예술공연 수입은 총수입에서 28~36% 선에 머물고 정부재정지원액은 총수입의 25~37% 선에서 유지되고 있다.

그리고 장쑤성 역시 정부재정지원이 해마다 늘어나고 있다. 그런데 2017년도를 기준으로 하여 접근해보면 장쑤성에는 인터넷서비스영업장이 1,183개 소 늘어난 1만 1,124개소가 있고 종사자도 2만 9,210명에 이른다. 이 중에는 상업적 인터넷문화 단위가 370개소인데 여기에 종사하는 사람이 1만 9,867명이며 영업이윤이 28억 6830.4만 위안으로 동기대비 무려 276.5%나 폭등했다고 전해진다.

예술공연시장 역시 공연기획사가 454개사로 전년보다 100개사가 늘어났고 여기에 종사자도 2,445명이 증가한 6,536명이다. 영업이윤도 지난 3년간 계속하여 3억 위안 선을 초과하면서 상당히 활발한 시장의 움직임으로 여겨진다.

장쑤성에는 성회인 난징을 비롯하여 수저우, 우시, 창저우, 난통, 타이저우(泰州), 양저우, 옌청(盐城) 등 대도시들이 전성에 산재해 있어 문화시장벨트화에도 용이한 환경 등을 갖추고 있다.

4. 공연장소(公演場所)

2017년 말 기준으로 중국 전역에는 전문공연장(장관(场馆))이 2,455개 있는데 이 중에 각급정부 문화부문소속의 공연장은 1,253개이다. 이곳에서 7만 1,000여 회의 공연을 통하여 2713만 2,400명의 관객을 확보하면서 6억 9150만 4,000위안의 예술공연수입을 거두었다.

여기서 문화부문 소속예술공연단들의 연간 활동 내용을 간략히 찾아보면 다음과 같다.

〈최근 3년간 중국의 문화부문 소속 전문공연장 수지 현황〉

연도	예술공연단수	종사자수	예술공연·영화상영회수(만)	예술공연회수(만)	영화및예술공연관객(만)	예술공연관객(만)	연간총수입(천 위안)	정부재정수입(천 위안)	예술공연수입(천 위안)
2017	2,455	53,765	141.99	21.18	13,453.8	3234.22	12,403,063	2,542,869	4,327,539
2016	2,285	51,296	119.41	19.09	12,883.61	3098.05	9,645,631	1,877,096	2,730,601
2015	2,143	46,734	106.46	13.68	10,775.42	2853.63	8,676,304	2,178,436	2,571,733

출처: ①中國文化文物統計年鑒 2016 p.260, p.261 ②中國文化文物統計年鑒 2017 p.258, p.259 ③中國文化文物統計年鑒 2018 p.266-p.273 자료 재정리.

그런데 전문공연장에는 영화상영도 하고 예술공연 활동도 하고 있는데 좌석규모는 2017년 179만 6,055석이다. 따라서 상기 표에서와 같이 전문공연장이라고는 하지만 예술공연횟수는 영화상영횟수 등 보다는 대단히 적은 것으로 파악된다.

다시 이러한 전문극장들의 지역별 운영 현황을 보자.

〈중국의 문화부문 소속 전문극장(장관) 지역별 운영 실태/2017년〉

구분	예술공 연단수	종사자 수	예술공연·영화 상영회수(만)	예술공연 회수(만)	영화및예술 공연관객(만)	예술공연 관객(만)	연간총수입 (천 위안)	정부재정 보조(천 위안)	예술공연 수입(천 위안)
성급	117	5,010	13.64	1.42	1,333.74	877.88	2,052,176	880,177	531,616
지시급	372	9,046	43.62	3.75	2,291.64	1,086.17	2,071,646	722,518	403,189
현급	1,959	39,471	84.61	15.89	9,742.02	1,202.87	8,207,738	939,539	3,341,058
합계	2,448	53,527	141.87	21.06	13,267.4	3,166.92	12,331,560	2,542,234	4,275,863

출처: 中國文化文物統計年鑑 2018 p.266-p.271 자료 재정리.

다른 기관이나 단체 소속의 전문극장보다는 문화부문 소속의 전문극장 역시 예술공연단과 마찬가지로 성급 소속이나 지시급 소속보다 현급 전문극장의 활동이 현저히 많다. 따라서 전통적인 예술공연프로그램들이 지역에 널리 산재해 있다는 것으로도 이해가 되고, 앞서 지적했듯 Chinese Opera에 대한 주민들의 관심이 높다는 것을 반영하기도 한다. 그런데 정부재정지원도 역시 전체수입의 11.45%를 차지하고 있어 열악한 사정을 피하기 쉽지 않을 것으로도 보인다.

그런데 중국에는 전문적인 공연장도 많지만 앞 장에서 언급한 체육관(场) 2,255개소에서도 공연을 할 수 있고 대중(群众)문화기구인 문화관(文化馆)이나 문화참(文化站:Culture Center)이 전국적으로 4만 4,521개소가 있어 이곳에서도 지역주민들을 위한 소형의 다양한 문화활동들이 이어지고 있는 것을 고려하면 공연장 숫자는 엄청나다.

〈2017년도 중국의 대중문화기구 주요실적 현황〉

구분	기구수	종사사 (명)	연간총수입 (천 위안)	중앙재정 보조 (천 위안)	주요활동			
					소속 단체	공연횟수 (회)	관객수 (천 명)	군중취미 예술단체수
합계	44,291	180,911	25,338,917	23,846,311	8,241	158,231	82,288.9	416,673
문화관	3,328	55,320	12,097,605	11,398,017	8,241	158,231	82,288.9	90,339
문화참	41,193	125,591	13,241,312	12,448,294	-	-	-	326,334

출처: ①中國文化文物統計年鑑 2016 p.126-p.129 ②中國文化文物統計年鑑 2018 p.123-p.133 자료 재정리.

군중예술관인 문화관은 성급에 31개소가 있는데 1개 성에 1개가 있고 지시급에 359개소가 운영되고 있으며 현급에는 2,938개소가 운영되고 있다. 현급은 1개 현에 평균하여 1개소가 운영되고 있는 것으로 보인다.

또한 중국 전역에 산재해 있는 소위 Culture Center인 문화참은 소규모 기구로 최하위 행정기구인 향(乡)과 진(鎭)에 3만 3,997개소가 있다.

여기에는 주민들을 위한 문화기구에 정부의 보조금이 상당히 지원되고 있는데 전국에 산재해 있는 대중문화기구는 거의 정부재정으로 운영되고 있음을 알 수 있다. 이러한 문화기구에서는 예술공연, 노인대학 운영, 각종 취미예술활동 등 다양한 문화활동들이 진행되고 있다.

5. 주요지역 예술공연단 활동 실적

중국의 31개 성, 자치구, 직할시 중 비교적 경제적으로 여유 있는 일부 성, 직할시의 예술공연단체들의 12·5규획 기간 주요활동 실적을 살펴보면 중국의 공연시장에 대한 이해를 높일 수 있어 다음과 같이 표를 작성해보았다.

물론 중국의 공연산업시장의 70% 전후를 장악하고 있는 지역이 베이징, 상하이, 광저우라는 데는 아직 이견이 없지만 베이징시는 앞 장에서 기술하였고 광저우를 포함하고 있는 광둥성과 상하이와 인접한 저장성, 베이징과 접해 있는 톈진시와, 열심히 공연산업 활로를 모색하고 있는 산둥성, 그리고 동북3성 중의 하나인 랴오닝성에 대한 예술공연단체들의 활동 실적을 개략적으로 정리해보았다.

⟨중국의 주요지역 12·5 규획 기간 예술공연단 활동 실적⟩

지역	연도	단체수	근무자 수	공연횟수 (천 회)	국내공연관 객수(천 명)	총수입 (만 위안)	공연수입 (만 위안)
톈진시	2015	86	2,909	17.6	6,726.3	52,217	5,635.9
	2014	66	2,761	11.0	4,183.8	45,609	3,541.0
	2013	58	2,564	6.9	2,849.4	39,707	1,822.0
	2012	48	2,328	5.2	2,314.6	–	2,467.0
	2011	53	2,180	4.3	2,866.4	–	2,590.0
광둥성	2015	391	11,392	41.30	21,419.5	145,227.5	76,153.5
	2014	325	10,759	46.98	27,416.77	114,275.8	31,783.0
	2013	405	13,363	42.39	46,010.0	102,373.1	38,839.6
	2012	337	13,712	49.96	90,820.0	62,668.2	27,859.0
	2011	400	12,736	54.50	44,010.0	123,817.3	32,206.7

산둥성	2015	104	5,368	25.5	23,040	69,196	6,665
	2014	104	5,728	23.0	21,720	61,298	6,906
	2013	103	5,557	21.0	21,750	65,838	5,416
	2012	104	5,722	20.3	19,010	52,826	7,397
	2011	116	6,163	20.1	22,960	49,115	6,741
저장성	2015	1,024	31,525	218.2	153,367.3	237,508	157,500
	2014	891	27,293	182.7	146,696.3	183,996	112,186
	2013	733	24,968	145.5	92,720.8	448,562	110,646
	2012	609	19,503	136.3	86,243.5	161,224	84,219
	2011	498	16,833	136.1	50,914.5	133,481	88,287
랴오닝성	2015	23	1,828	2.86	2,161	*29,204	1,538.7
	2014	23	1,872	3.563	2,636	*24,442	1,765.0
	2013	23	2,234	2.650	2,550	*23,758	2,147.2
	2012	23	2,314	2.70	2,459	*23,638	2,028.5

*출처: 2016 Statistical Analysis Report on Cultural Development p.67, p.111, p.152 p.190, p.229 자료 재정리.

상기 표의 이해를 돕기 위해 중국의 주요지역 경제적 환경을 일부 소개하면 2015년을 기준으로 수출입 규모와 인구 측면에서 광둥성은 인구 1억 849만 명에 수출입 규모가 1조 224억 9656만 달러이고, 저장성은 인구 5539만 명에 수출입 규모는 3467억 8373만 달러에 달한다. 산둥성의 경우는 인구 9847만에 수출입 규모 2406억 780만 달러이고, 톈진시는 인구 1547만 명에 수출입 규모가 1142억 8280만 달러에 이르렀다.

그리고 지역별 예술공연단체들의 연간 평균공연횟수도 대단히 높은데 톈진시 205회, 광둥성 106회, 산둥성 246회, 저장성 213회, 랴오닝성 125회에 달하고 있어 쉴 새 없이 공연활동이 진행되고 있음을 보여주고 있다. 그런데 예술공연단들의 1회 공연 시 공연수입을 파악해보면 가장 높은 지역이 광둥성으로 1회당 1만 8,439위안으로 상위를 차지하고 있고, 그다음이 저장성으로 7,218위안을 나타내고 있어 역시 경제적으로 우세에 위치한 도시가 많은 성의 수입이 많다. 여기에는 무료공연이 적지 않은 농촌공연이 포함되어 있음을 간과해서는 안 될 것이다.

이러한 예술공연단들은 당해 성이나 시가 보유하고 있는 예술공연장을 보면 ① 톈진시 50개에 좌석 수 2만 3,438석을 확보하고 있으며 이중 문화부문 소속 예술공연장은 65개, 좌석 수 6만 400석을 가지고 있다. ② 광둥성의 경우는 66개의 예술공연장에 7만 3,363석의 좌석을 보유하고, 이 중에 문화부문 소속의 예술공연장은 42개, 좌석 수 4만 8,500석이다. ③ 산둥성의 경우는 101개의 예술공연장에 10만 7,195석의 좌석을 보유하고 있고, 이 중 문화부문 소속의 예술공연장은 92개, 4만 8,500석의 좌석을 보유하고 있는 것으로 집계하고 있어 역시 예술공연장의 경우는 자영업자나 사영기업 소속의 예술공연장보다 국유나 집체(集体) 소속의 예술공연장이 대부분이다.

6. 중국 연예기업의 해외투자

'The Annual Development Report of Chinese Cultural Industries 2016 p.325'에 의하면 중국의 연예기업들이 해외진출의 걸음걸이와 역량이 빠르게 진행되고 있음을 알 수 있는데 대외직접투자방식으로 국제시장에 진입, 국제화 경영을 확대하고자 해외에서의 합작기업과 독자기업 창립을 진행하고 있다.

이와 동시에 국가는 연예기업들의 해외투자에 대하여 정책적 지원역량을 강화시키고 각종 재정과 세제정책 및 금융을 아우르는 종합적인 문화산업 발전에 대한 구체적인 정책들을 시행해나가고 있다.

아시다시피 2009년 9월 공포된 '국무원의 문화산업진흥규획' 이래로 다양한 정책들이 이어져오면서 2014년 국무원은 '국무원의 대외문화무역 조속한 발전에 관한 의견'을 공포·시행함으로써 문화기업의 문화수출 플랫폼과 수출경로를 확대 지원하고 각종 기업 창립을 북돋우며 M&A나 합작방식 등을 지원하고 있는 추세다. 재정과 세제지원 역량의 확대를 비롯하여 생산품의 수출수익의 해외투자 유도 등도 하나의 특색이라 할 수 있을 것이다.

2006년부터 많은 관련부서가 공동으로 시행해오고 있는 '문화생산품과 서비스 수출지원 격려에 관한 약간의 정책'으로 문화의 해외진출 전용자금과 연구로 문화생산품 수출세액환급 정책을 제정하여 시행해오고 있으며 2009년에는 재정부, 해관총서, 세무총국이 '문화기업 발전 지원에 관한 약간의 세수정책문제 통지'를 공동 발포하여 문화기업들이 해외공연으로 취득한 수입에 대해 영업세 징수를 면제하고 있다.

2014년 중앙문화기업 국유자본경영예산의 자금은 10억 위안으로, 72개사에 지원되었는데 경쟁력이 우수하고 경영관리 능력이 있는 중앙의 문화기업과 해외의 능력 있는 문화기관이 진행하는 합작 항목, 문화생산품 국제네트워크 건립, 문화생산품과 서비스 수출 촉진, 해외시장 확대 등에 지원되었다.

2009년부터 2015년간 중국의 연예기업 해외투자 현황을 보면 다음 표와 같다.

해외투자기업	해외투자 대상	국가별	투자방식	투자금액	투자목적 등
中国天创国际演艺制作交流유한공사	白宫(White house)극장 *미국(美国) 미조리주 Branson시 위치	미국	M&A (2009년)	354만 달러	• 2010.7.1- 2012.12.31간 '功夫传奇' 공연 • 2013년: 대형무대극 102회 • 2014. 4-12(8개월): 324회공연 • 2015.7-(5개월간) 150회 사업공연
东上海国际文化影视集团	미국 테네시주 대설산(大雪山)관광구 2개 극장	미국	M&A (2010년)	-	-
云南文化产业投资控股集团	〈화가(昗哥)의 미소〉연출(공연)	사이프러스	직접투자 (2010년)	500만 달러	-
中国天创国际演艺制作交流유한공사	维也纳一베이징 天创公司	오지리	직접투자 (2010년)	-	• 각국 문화활동 중· 오지리 공동개발, 기획 등 • 중·오지리연예상품시장 진출
重庆演艺集团	ELAI문화전파 유한책임공사	스페인	직접투자 (2013년)	-	-
中国对外文化集团	中·美글로벌연예 주식유한공사	미국 (뉴욕)	직접투자 (합자/2013년)	-	-
宋城演艺发展 주식유한공사	宋城演艺国际发展유한공사	홍콩	직접투자 (2014년)	5000만 홍콩달러	-

*출처: The Annual Development Report of Chinese Cultural Industries 2016 p.327 자료 재정리.

어쨌든 중국의 공연시장은 경제적 발전과 더불어 국내의 방대한 시장은 지속적으로 확대되어갈 것임은 부인하기 어려울 것이다. 베이징, 상하이 광저우, 선전 등 1급 대도시 이외에도 2 내지 3선 도시로의 확산이 진행되고 있어 전망이 밝다 하겠다. 특히 어린아이들을 대상으로 한 아동극, 최근에 와서는 뮤지컬이 상당한 인기를 얻고 있는 것도 고무적인 시장의 현상이라 하겠다.

시장의 규모는 티켓판매 흥행수입뿐만 아니라 조명, 무대, 의상 등의 시장규모도 적지 않아 연관산업을 포함하면 수백억 위안에 이른다.

7. 맺는말

중국의 공연기획사 4,000여 개가 상회하고 있는 것으로 알려지고 있는데 이들 공연기획사 약 90% 내외가 민영기업이다. 그리고 중국 정부가 근검절약을 내세우는 節儉令을 내린 상황을 보면 무대장치, 조명, 음향, 메이크업, 의상, 소품 등의 낭비적 요소가 적지 않은 것으로 알려져 있는데, 이런 분야에서 과소비되는 예산이 공연 전체비용의 30% 이상을 차지했고 완후이의 경우, 갈수록 호화스러운 무대장치에 수백만 위안에서 수천만 위안을 지출하는 등 관계자들의 눈살을 찌푸리는 상황들이 종종 벌어졌다는 게 시장의 전언이다. 특히 1개 TV방송국의 완후이 1개 프로 무대제작비에 무려 몇 억 위안을 소비함으로써 전체비용의 50~70%까지 소비하여 과소비를 부채질한다는 비판을 받았다는 전문가들의 지적도 있었다.

한편 많은 공연관련업체에서는 지역을 뛰어넘어 회원 간 느슨한 합작 관계를 유지, 공연시장의 공동이익 확보를 위해 공연연맹을 결성했는데 ①北方劇院聯盟 ②西部演出聯盟 ③东部劇院聯盟 ④长叁角演出

聯盟 ⑤珠叁角演出聯盟 등이 이들이다. 또한 공연업의 이익 창출 결합을 위한 긴밀한 공동체를 형성하는 공연체인관(演出院线)을 운영하고 있는데 베이징에 본부를 둔 빠오리극장(保利劇院)관리유한공사가 대표적이며 전국적으로 30여 개의 체인이 있다.

중국공연시장에서 빼놓을 수 없는 티켓판매회사들인데 약 200여 개 사가 영업 중이나 제대로 된 영업시스템을 갖추고 있는 회사는 10여 개사 정도이다. ①永乐票务 ②大麦罔 ③中演票务通 ④中票온라인 ⑤中国售票罔 ⑥中国票务罔 ⑦买票罔 ⑧卓越票务罔 등이 그들인데 이들은 티켓판매 서비스를 제공하고 티켓값의 10~15%의 이윤을 챙긴다.

어쨌든 중국의 공연시장은, 지방 관객들이 나날이 증가하고 있고 경제발전과 국민들의 문화예술에 대한 인식 제고 등이 어우러져 계속 확대·발전되어가는 것만큼은 틀림없어 보인다.

1. 2015中國社會統計年鑒(中國統計出版社)
2. 2016中國社會統計年鑒(中國統計出版社)
3. 2014文化發展統計分析報告(中國統計出版社)
4. 2015文化發展統計分析報告(中國統計出版社)
5. 2016文化發展統計分析報告(中國統計出版社)
6. 中國文化文物統計年鑒2014(國家圖書館出版社)
7. 中國文化文物統計年鑒2015(國家圖書館出版社)
8. 中國文化文物統計年鑒2016(國家圖書館出版社)
9. 中國文化及相關産業統計年鑒2014(中國統計出版社)
10. 中國文化及相關産業統計年鑒2015(中國統計出版社)
11. 中國文化及相關産業統計年鑒2016(中國統計出版社)
12. 中國紀錄片發展報告(2015)(社會科學文獻出版社)
13. 中國紀錄片發展報告(2016)(社會科學文獻出版社)
14. 中國紀錄片發展研究報告(2017)(社會科學文獻出版社)
15. 2015中國電視收視年鑒(中國傳媒大學出版社)
16. 2016中國電視收視年鑒(中國傳媒大學出版社)
17. 2017中國電視收視年鑒(中國傳媒大學出版社)
18. 中國傳媒産業發展報告(2015)(社會科學文獻出版社)
19. 中國傳媒産業發展報告(2016)(社會科學文獻出版社)
20. 中國傳媒産業發展報告(2017)(社會科學文獻出版社)
21. 中國移動互聯罔發展報告(2015)(社會科學文獻出版社)
22. 中國移動互聯罔發展報告(2016)(社會科學文獻出版社)
23. 中國移動互聯罔發展報告(2017)(社會科學文獻出版社)
24. 2013中國藝術品市場年度報告(人民美術出版社)

25. 2014中國藝術品市場年度報告(人民美術出版社)

26. 廣播影視法規滙編(2012年版:增補本:2015.9 法制出版社)

27. 2014中國社會統計年鑒(中國統計出版社)

28. 中國出版年鑒2014(中國出版年鑒雜誌社有限公司)

29. 中國出版年鑒2015(中國出版年鑒雜誌社有限公司)

30. 中國出版年鑒2016(中國出版年鑒雜誌社有限公司)

31. 中國第三産業統計年鑒2014(中國統計出版社)

32. 中國第三産業統計年鑒2015(中國統計出版社)

33. 中國第三産業統計年鑒2016(中國統計出版社)

34. 2014中國游戲産業報告(中國書籍出版社)

35. 2015中國游戲産業報告(中國書籍出版社)

36. 中國文化消費指數報告2016(人民出版社)

37. 中國文化産業年度發展報告(2014)(北京大學出版社)

38. 中國文化産業年度發展報告(2015)(北京大學出版社)

39. 中國文化産業年度發展報告(2016)(北京大學出版社)

40. 中國文化産業年度發展報告(2017)(知識産權出版社)

41. 中國動漫産業發展報告(2014)(社會科學文獻出版社)

42. 中國動漫産業發展報告(2015)(社會科學文獻出版社)

43. 中國動漫産業發展報告(2016)(社會科學文獻出版社)

44. 中國傳媒産業發展報告(2014)(社會科學文獻出版社)

45. 中國傳媒産業發展報告(2015)(社會科學文獻出版社)

46. 中國傳媒産業發展報告(2016)(社會科學文獻出版社)

47. 中國傳媒産業發展報告(2017)(社會科學文獻出版社)

48. 中國新媒體發展報告(2014)(社會科學文獻出版社)

49. 中國新媒體發展報告(2015)(社會科學文獻出版社)

50. 中國新媒體發展報告(2016)(社會科學文獻出版社)

51. 中國新媒體發展報告(2017)(社會科學文獻出版社)

52. 中國廣播電影電視發展報告2015(社會科學文獻出版社)

53. 中國廣播電影電視發展報告2016(中國廣播影視出版社)

54. 中國音樂産業發展報告2014(中國傳媒大學出版社)

55. 中國音樂産業發展報告2015(人民音樂出版社)

56. 中國音樂財經(2016.11.13/2016中國音樂產業發展報告)

57. 2016中國電影產業研究報告(中國電影出版社)

58. 中國文化企業報告2014(清華大學出版社)

59. 中國文化企業報告2015(清華大學出版社)

60. 中國文化企業報告2016(清華大學出版社)

61. 中華人民共和國2014年國民經濟和社會發展統計公報(中國統計出版社)

62. 中華人民共和國2015年國民經濟和社會發展統計公報(中國統計出版社)

63. 中華人民共和國2016年國民經濟和社會發展統計公報(中國統計出版社)

64. 2014中國廣播電視年鑒(中國廣播電視年鑒編輯部)

65. 2015中國廣播電視年鑒(中國廣播電視年鑒編輯部)

66. (2016)中國外商投資發展報告(對外經濟貿易大學出版社)

67. 2018 中國文化產業年度報告(2018年4月/知識産權出版社/范周主編)

68. 中國視聽新媒體發展報告(2018) (2018年8月/中國廣播影視出版社/田進외)

69. 中國游戲産業發展報告(2017)(2017年11月/中國社會科學文獻出版社/孫立軍외)

70. 中國動畫産業發展報告(2017)(2017年10月/中國社會科學文獻出版社/王英외)

71. 中國傳媒産業發展報告(2018)(2018年5月/中國社會科學文獻出版社/崔保國외)

72. 中國廣播電影電視發展報告(2018)(2018年8月/中國廣播影視出版社/聶辰席외)

73. 中國紀錄片發展研究報告(2018)(2018年4月/中國廣播影視出版社/張同道외)

74. 中國紀錄片發展報告(2017)(2017年10月/中國社會科學文獻出版社/何蘇六외)

75. 中國新媒体發展報告(2018)(2018年7月/中國社會科學文獻出版社/唐緖軍외)

76. 中國移動互聯罔發展報告(2018)(2018年6月/中國社會科學文獻出版社/余清楚외)

77. 2017-2018中國數字出版産業年度報告(2018年7月/中國書籍出版社/張立외)

78. 2016-2017中國數字出版産業年度報告(2017年7月/中國書籍出版社/張立외)

79. 2016年中國動漫游戲産業年度報告(2017年11月/中國書籍出版社/魏玉山외)

80. 2017中國電視劇産業調查報告(2018年1月/中國廣播影視出版社/王衛平외)

81. 2017中國罔絡借貸行業藍皮書(2018年5月/清華大學出版社/王家卓,徐紅偉,馬駿)

82. 罔紅經濟學(2017年中1月/國宇般出版社/張師著)

83. 중국음악산업발전보고2017(2018年10月/中國人民音樂出版社/趙志安외)

84. 2018中國文化及相關産業統計年鑒(2018年11月/中國統計出版社/張仲梁외)

85. 2018中國音樂産業發展總報告(2018年12月19日/中國知識産權訊罔)

86. 中國文化文物統計年鑒2018(2018年11月/國家圖書館出版社/王明亮외)

21세기 중국문화산업시장의 이해

1판 1쇄 인쇄 2019년 3월 6일
1판 1쇄 발행 2019년 3월 11일

지은이 유재기

발행인 양원석
본부장 김순미
편집장 최은영
책임편집 한송현
디자인 RHK 디자인팀 마가림, 김미선
제작 문태일
영업마케팅 최창규, 김용환, 정주호, 양정길, 이은혜, 조아라,
　　　　　　신우섭, 유가형, 임도진, 김유정, 우정아, 정문희

펴낸 곳 ㈜알에이치코리아
주소 서울시 금천구 가산디지털2로 53, 20층 (가산동, 한라시그마밸리)
편집문의 02-6443-8888　　**구입문의** 02-6443-8838
홈페이지 http://rhk.co.kr
등록 2004년 1월 15일 제2-3726호

ISBN 978-89-255-6581-1 (03320)